Susanne Offenbartl

Keine Moderne ohne Patriarchat?

Studien zur Sozialwissenschaft

Band 151

Susanne Offenbartl

Keine Moderne
ohne Patriarchat?

*Das Geschlechterverhältnis als
handlungsleitende Denkstruktur der Moderne.
Ein politikwissenschaftliches Modell*

Westdeutscher Verlag

Diese Arbeit wurde als Dissertation zur Erlangung des Doktorgrades der Philosophie an der Ludwig-Maximilians-Universität in München 1993 angenommen.

Der Westdeutsche Verlag ist ein Unternehmen der Bertelsmann Fachinformation.

Umschlaggestaltung: Christine Huth, Wiesbaden

Gedruckt auf säurefreiem Papier

ISBN 978-3-531-12708-8   ISBN 978-3-322-92511-4 (eBook)
DOI 10.1007/978-3-322-92511-4

Inhalt

1. Die Analyse patriarchaler Denkstrukturen in einem politikwissenschaftlichen Rahmen

Erwerbsleben, Arbeitsteilung, Sozialisation, Sexualität, gesellschaftliche und politische Institutionen usw. sind von der Dominanz des Männlichen über das Weibliche geprägt und prägen umgekehrt auch diese Dominanz. Patriarchale Strukturen sind allgegenwärtig. Das patriarchale Geschlechterverhältnis ist in unserer Gesellschaft nicht nur eine Struktur, die alle gesellschaftlichen Bereiche formt und damit unser Zusammenleben bestimmt, sondern es ist auch eine Denkstruktur. Das Patriarchat ist eine Struktur, die unser Denken durchzieht und dadurch in politischen Zusammenhängen handlungsleitend wirkt. Mit Hilfe patriarchaler Deutungsmuster interpretieren wir Situationen und stimmen unsere politischen Handlungen ab. In der Moderne nimmt die Denkstruktur 'Männlich-Weiblich' eine spezifische Form an, die die Entwicklungen und die Kontinuität patriarchalen Denkens (und Handelns) in der Moderne gewährleisten. Dabei wirken das Wissen über geschlechtsspezifische Unterschiede, die tradierten Normen für die Rollenverteilung und die individuellen Erfahrungen innerhalb der Gesellschaft ineinander.

Ich suche eine Möglichkeit, die Denkstruktur Patriarchat in einem politikwissenschaftlichen Rahmen so darzustellen, daß seine Stabilität und Anpassungsfähigkeit deutlich wird. Das Darstellungsmodell muß dazu vor allem zwei Bedingungen erfüllen. Zum einen muß es so offen sein, daß es möglich ist, das Modell zu variieren, genauso wie sich auch die Denkstruktur Patriarchat ständig entwickelt. Zum anderen muß ein solches Modell die Linearität und Eindimensionalität von einfachen Ursache-Wirkungs-Zusammenhängen überwinden.

Das politische Ziel einer nichtpatriarchalen Gesellschaft motiviert diese Arbeit. Sie will zeigen, wie tief verankert patriarchale Strukturen im modernen Denken sind, und damit die Analyse patriarchaler Phänomene in der Gesellschaft und die Beurteilung von Veränderungsstrategien erleichtern. Diese politische Motiviertheit der Arbeit verortet sie in der politikwissenschaftlichen Frauenforschung. Daraus ergibt sich die Notwendigkeit der Auseinandersetzung mit der etablierten Politikwissenschaft und die Chance, einen Beitrag zu ihrer Veränderung zu leisten.

Um das Denkmodell Patriarchat zu erfassen, verfolge ich drei gedankliche Schritte:

1) Aus der Kritik der Politikwissenschaft und den Ansätzen feministischer Politikwissenschaft ergibt sich ein Politikbegriff, der es ermöglicht, die Dominanz des Männlichen über das Weibliche als Denkstruktur in einem politikwissenschaftlichen Rahmen zu kritisieren.

2) Die Unterscheidung zwischen System und Lebenswelt und die Ausdifferenzierung der Lebenswelt in einen objektiven, einen sozialen und einen subjektiven Aspekt schaffen die Möglichkeit, patriarchale Denkstrukturen in ihrer Stabilität und in ihrer Anpassungsfähigkeit besser zu verstehen. Das Wissen um biologische Geschlechtsunterschiede, die tradierten Normen geschlechtsspezifischer Einordnung in die Gesellschaft und die subjektiven Erfahrungen gesellschaftlicher Differenzierungen nach Geschlecht wahren in ihrem Zusammenspiel sowohl die Kontinuität als auch die Entwicklungsfähigkeit patriarchaler Denkstrukturen in der Moderne. So werden konsistente Situationsdeutungen und Handlungsabstimmungen gewährleistet. Vor allem die Infragestellung des wissenschaftlich angeblich letztbegründeten Wissens um biologische Geschlechtsunterschiede ist in der Moderne notwendig, um die gesamte Denkstruktur Patriarchat und die darauf aufbauenden politischen Entscheidungen zu erschüttern.

3) Die Kontinuität der Denkstrukturen wird nur dadurch gewahrt, daß sie bei jeder erfolgreichen Situationsdeutung bestätigt und damit wiederhergestellt werden. Durch die Anwendung des patriarchalen, lebensweltlichen Hintergrundes konstituieren und konstruieren sozial Handelnde die geschlechtsspezifischen Unterschiede, die ihre Lebenswelt als mögliche Interpretationsmuster bereithält. Diese ständige Neukonstruktion patriarchaler Denkstrukturen wird vermittelt über die Sprache, in der selbst die Dominanz des Männlichen über das Weibliche verankert ist. Gleichzeitig bietet die Sprache das Medium, um die reflexiven Potentiale der Moderne zur Geltung zu bringen. Modernes Reflexionspotential einerseits und die Notwendigkeit lebensweltlicher Verankerung von Veränderungen andererseits zeigen, daß die Kritik an patriarchalen Denkstrukturen auch an dieselben gebunden ist. Daher sind für Strategien zur Überwindung patriarchaler Strukturen einerseits Stabilität und andererseits Anpassungsfähigkeit an lebensweltliche Veränderungen wichtig.

Die Ansprüche, die sich aus der Analyse an die wissenschaftliche Argumentation ergeben, sollen immer gleich auch für die vorliegende Arbeit gelten und auf sie angewendet werden, soweit sie hier relevant sind. Dadurch gelange ich an die Grenzen der Kritik. Analyse, Kritik und der Entwurf von Alternativen bilden dann zusammen einen Prozeß, der sowohl die endgültige Analyse als auch das Formulieren von feststehenden Alternativen unmöglich macht. Dieser Mechanismus hat weitreichende Folgen für die Konzeption einer feministischen Politikwissenschaft. Sie bleibt eingebunden in den patriarchalen Diskurs, kann sich jedoch an dessen Grenzen begeben und ihn verändern, indem sie die gleiche Flexibilität und Anpassungsfähigkeit gewinnt, wie das Denkmodell Patriarchat selbst.

1.1   Zeitliche und räumliche Eingrenzung der Moderne

Die hier versuchte Momentaufnahme hat als grobe zeitliche und räumliche Eingrenzung die Moderne und bildet innerhalb der Moderne nur einen Ausschnitt patriarchaler Realität ab - die handlungsleitenden Denkstrukturen. Die explizite Eingrenzung der Moderne ist nötig, um deutlich zu machen, welches spezifische Muster patriarchale Denkstrukturen in der Moderne bilden, und auch um die Einordnung der verwendeten Begrifflichkeit zu erleichtern.

Zwar wird der Begriff 'modern' bereits im fünften Jahrhundert zur Abgrenzung von der Antike verwendet.[1] Doch die Moderne als Epoche beginnt erst, als sich die "Vorstellung vom unendlichen Fortschritt der Erkenntnis und eines Fortschreitens zum gesellschaftlich und moralisch Besseren"[2] durchsetzt. Die Moderne hängt also mit der gesellschaftlichen Umsetzung der Ideen der Aufklärung in politische und ökonomische Strukturen zusammen und dauert noch an. Dies bedeutet eine zeitliche Eingrenzung, nach der die Moderne mit der 'Doppelrevolution'[3] Ende des 18. Jahrhunderts zum Durchbruch gelangt, und eine räumliche Eingrenzung, denn von einer Umsetzung der Ideen der Aufklärung kann nur in den sogenannten westlichen Gesellschaften gesprochen werden.

Da es im folgenden nicht so sehr um konkrete Ausprägungen, als vielmehr um die Konzeption der Moderne geht, ist eine genauere regionale Bestimmung

---

[1]   vergleiche Habermas (1981a), S. 445

[2]   Habermas (1981a), S. 445

[3]   französische und industrielle Revolution

der Moderne nicht nötig. Da die feministische Auseinandersetzung mit der Moderne bisher vor allem im englischsprachigen Raum stattfindet, liegt der regionale Schwerpunkt dieser Arbeit im deutsch- und englischsprachigen Raum, der als bürgerlich-kapitalistische Gesellschaft näher beschrieben werden kann.

Wichtig ist die genauere Diskussion der inhaltlichen Abgrenzung der Moderne von anderen geistesgeschichtlichen Epochen. Die Legitimationen und die Ausprägungen patriarchaler Herrschaft sind über die Jahrhunderte und Jahrtausende Veränderungen unterworfen. Die Moderne ist also mit einer ganz spezifischen Konzeption des Patriarchats verbunden.[4] Die hier analysierten patriarchalen Deutungsmuster haben jedoch unterschiedliche historische Entstehungszusammenhänge, die teilweise auch vor die Wende zum 19. Jahrhundert zurückgehen. Die oben genannte erste Eingrenzung der Moderne kann daher nicht als starrer Zeitrahmen gehandhabt werden. Die Moderne ist ein Prozeß, in dessen Verlauf die patriarchale Denkstruktur ihre heutige Gestalt erhält.

Um einige Spezifika der Moderne herauszuarbeiten, differenziere ich die Entstehung des Prozesses Moderne. Als Ursprung der Moderne kann, je nach gewähltem Blickwinkel, der Beginn der Neuzeit (15./16. Jahrhundert), das 'Zeitalter der Vernunft' (17./18. Jahrhundert) oder erst das Ende des 18. Jahrhunderts gesetzt werden. Ich umreiße kurz die möglichen Begründungen für die Wahl dieser drei Entstehungszusammenhänge der Moderne, um die historische Einordnung der im folgenden analysierten Deutungsmuster zu ermöglichen. Ich bestimme damit auch den Begriff von Moderne, dessen ich mich bediene.

a)   Beginn der Neuzeit (Humanismus und Rennaissance)

Im 15. und 16. Jahrhundert findet nicht nur eine geistige, sondern auch eine grundlegende politische, wirtschaftliche und soziale Umwälzung statt, die bis heute nachwirkt. Zahlreiche Erfindungen und Entdeckungen bringen das Weltbild und die Sozialstruktur des Mittelalters ins Wanken.

-       So führen die Entdeckung Amerikas (1492) und des Seewegs nach Indien (1498) sowie die erste Weltumsegelung (1519-21) nicht nur zum endgülti-

---

[4]   Dabei ist klar, daß das Patriarchat keine 'Erfindung' der Moderne ist, sondern schon sehr viel länger und auch in Kulturkreisen besteht, in denen keine Moderne stattfindet oder stattfand.

gen Beweis der Kugelgestalt der Erde, sondern auch zu einer Europäisierung der ganzen Welt.

- Das Aufblühen der Städte und des städtischen Bürgertums sowie die große Bedeutung der Verkehrswirtschaft etablieren eine neue weltliche Macht in der als gottgewollt betrachteten Feudalgesellschaft. Die dadurch bedingte stärkere Trennung zwischen weltlicher und geistlicher Macht bereitet die Ablösung religiöser Begründungen von Herrschaft vor.

- Die Erfindung des Buchdrucks (1445) und seine schnelle Verbreitung über Europa ermöglicht eine weite Streuung von Wissen und Informationen. Bedrucktes Papier ist eine Voraussetzung für einen hohen Bildungsstand breiterer Bevölkerungsschichten. Druckerzeugnisse werden zum ersten Massenmedium ausgebaut. Die Entwicklung weiterer Massenmedien ermöglicht die heutige Informationsgesellschaft.

- Die Formulierung des mathematischen Erkenntnisideals durch Kepler und seine ersten Ausprägungen in mathematischen Naturgesetzen durch Galilei begründen die heutige Naturwissenschaft. Die Mathematisierung und Quantifizierung der Natur führt zur zweckrationalen Gestaltbarkeit der Natur, die die heutige technisierte Welt prägt.

- Durch die Entwicklung neuer wissenschaftlicher (und damit philosophischer) Methoden und unter dem Einfluß nichtkatholischer, griechischer Gelehrter (die nach der Eroberung Konstantinopels durch die Türken 1453 nach Westeuropa kamen) wird die antike Philosophie jenseits der Scholastik als geistige Ressource wieder erschlossen.

- Die Reformation bricht die alleinige Autorität der Kirche in Glaubensfragen und bietet den Gläubigen einen direkten Zugang zu Gott. Die Individualisierung des Glaubens bereitet der Individualisierung auf anderen Gebieten den Weg.

Die für die heutige Zeit selbstverständlichen Merkmale (Natur-) Wissenschaftlichkeit, Weltlichkeit des Denkens und Individualismus haben ihre Wurzeln am Beginn der Neuzeit im 15. und 16. Jahrhundert.

Vor allem die Bedeutung des naturwissenschaftlichen Denkens und das Verhältnis zur Natur innerhalb der patriarchalen Denkstruktur der Moderne kann bis in die frühe Neuzeit zurückverfolgt werden. Der Übergang zur

Moderne ist demnach gekennzeichnet durch eine völlige "Umstrukturierung der Weltanschauung und Geisteshaltung"[5], die im Mittelalter galt.

b)   'Zeitalter der Vernunft' (Barock und Aufklärung)

Im 17. und 18. Jahrhundert werden die oben angeführten Linien weiter verfolgt.

- Die europäischen Kolonialreiche erschließen und beherrschen einen großen Teil der Erde. Die Machtposition gegenüber den kolonialisierten Ländern setzt sich in der Abhängigkeit der Dritten von der Ersten Welt heute fort (wichtigste Ausnahme ist Nordamerika).

- Der Absolutismus führt die Feudalherrschaft zu einer Blüte, die aber bereits auch jenseits der Religion, theoretisch begründet wird (Hobbes).

- Die Prämisse, daß die Natur mathematisch geordnet ist, setzt sich vollends durch. Das naturwissenschaftliche Weltbild wird durch immer neue Erfindungen und Entdeckungen bestätigt und systematisiert (Entwicklung empirischer und technischer Verfahren).

- Die entstehende wissenschaftliche Forschung bedeutet zunehmend auch systematische Eingriffe in die Natur und ist damit mehr und mehr mit der ökonomischen Verwertbarkeit ihrer Ergebnisse verflochten. Die Erfindung von Dampfmaschine (1769) und mechanischem Webstuhl (1785) führen schließlich zu völlig neuen ökonomischen Strukturen.

- Die Legitimationskraft der Religion zerfällt zunehmend. Nach dem Vorbild der Naturwissenschaften (systematisch, methodisch) und unter Rückgriff auf die Natur des Menschen als Vernunftwesen werden Theorien entwickelt, die menschliches Zusammenleben (Politik, Wirtschaft, Gesellschaft, Recht, Staat, Moral, Wissenschaft) nur mit Hilfe der Vernunft gestalten wollen (Rationalismus). Philosophie soll auf die Gemeinschaft bezogen und für diese nützlich sein.

Das Individuum als autonomes Vernunftwesen tritt immer mehr in den Mittelpunkt. Das wirtschaftlich starke Bürgertum beruft sich auf die Autonomie des Vernunftwesens, wenn es das Recht jedes einzelnen (d.h. des Bürgers) auf Mitgestaltung der Gesellschaft fordert. Die Konzeption des autonomen

---

5   Scheich (1985), S. 77

Subjekts, die Frauen ausschließt, und das bürgerliche Frauenideal werden in der Zeit der Aufklärung entworfen.

c)   Ende des 18. Jahrhunderts

Ab Ende des 18. Jahrhunderts finden grundlegende politische und wirtschaftliche Veränderungen statt.

-    Politische Revolutionen lösen nach und nach feudale Herrschaft durch unterschiedliche Formen der Souveränität des Volkes ab. Immer größere Teile der Bevölkerung haben die Möglichkeit, die Gesellschaft mitzugestalten.

-    Die einsetzende industrielle Revolution liefert durch neue Produktionsmethoden und Organisationsformen die Voraussetzungen für das kapitalistische Wirtschaftssystem. Die so etablierten neuen sozialen Strukturen prägen auch die heutigen spätkapitalistischen und prägten die früheren realsozialistischen Gesellschaften.

-    Parallel zur industriellen Revolution und mit den großen politischen Revolutionen wird versucht, die aufklärerischen Ideale des 17. und 18. Jahrhunderts in reale Politik, Strukturen und Organisationen umzusetzen. Die Aufklärung ist der Ausgangspunkt der modernen Welt, deren Gestaltung die Aufgabe der menschlichen Vernunft wird.

"Das Projekt der Moderne, das im 18. Jahrhundert von den Philosophen der Aufklärung formuliert worden ist, besteht nun darin, die objektivierenden Wissenschaften, die universalistischen Grundlagen von Moral und Recht und die autonome Kunst unbeirrt in ihrem jeweiligen Eigensinn zu entwickeln, aber gleichzeitig auch die kognitiven Potentiale, die sich so ansammeln, aus ihren esoterischen Hochformen zu entbinden und *für die Praxis, d.h. für eine vernünftige Gestaltung der Lebensverhältnisse zu nützen.* [Hervorhebung: S.O.]"[6]

Seit Ende des 18. Jahrhunderts dehnt sich der normative Geltungsbereich der Konzeption des autonomen Subjekts und des bürgerlichen Frauenideals aus, so daß die moderne Zuweisung und Bewertung geschlechtsspezifischer Eigenschaften ein wesentlicher strukturierender Faktor der bürgerlich-kapitalistischen Gesellschaft wird.

Aus den historischen Zusammenhängen entsteht bereits ein erster Eindruck davon, wie tief patriarchale Denkstrukturen in der Konzeption der

---

[6]   Habermas (1981a), S. 453

Moderne verankert sind. Denn die politischen, wirtschaftlichen und sozialen Umwälzungen, die Erfindungen und Entdeckungen, werden von Männern entwickelt und vorangetrieben, deren spezifische Erfahrung einer patriarchalen Zeit in die Konzeption der neuen Epoche einfließen. Von Anfang an entwickelte sich die Moderne als Bruch mit dem vorangegangenen Weltbild unter Beibehaltung des patriarchalen Charakters der Gesellschafts- und Denkstruktur. Die Dominanz des Männlichen über das Weibliche erhält in der Moderne lediglich eine neue, für die Moderne spezifische Gestalt. Patriarchale Denkstrukturen sind also so eng mit der Moderne verbunden, daß erst eine sehr grundsätzliche Auseinandersetzung und Kritik die Mechanismen zu Tage fördern kann, die die patriarchalen Denkstrukturen in der Moderne immer wieder entstehen lassen.

1.2   Voraussetzungen der Arbeit

Die theoretische Auseinandersetzung um diesen ständigen Neukonstruktionsprozeß liefert die Materialien zu dieser Analyse und wird dadurch ein Stück nachgezeichnet. Es sind vor allem Wissenschaftler*innen* (die sich zum großen Teil auch als Feministinnen bezeichnen), die Erklärungsmuster für das Patriarchat entwickeln.

Die Diskussion in der Neuen Frauenbewegung in Deutschland wurde von Anfang an sehr stark angeregt durch die Übersetzung englischsprachiger Titel.[7] Auch die erst in den letzten ca. fünfzehn Jahren erstarkte philosophisch-politische Diskussion um den Stellenwert des Patriarchats im Projekt der Moderne wird im englischsprachigen Raum intensiver geführt als beispielsweise in der Bundesrepublik.[8] Die Ursachen dafür liegen meines Erachtens weniger darin, daß die Neue Frauenbewegung in den USA ca. fünf Jahre älter ist als die in der Bundesrepublik,[9] sondern in den eher hemmenden Vorbehalten vieler deutschsprachiger Feministinnen gegenüber theoretischen Entwürfen.

Die theoretische Auseinandersetzung mit dem Patriarchat beschränkte sich in der Bundesrepublik länger als beispielsweise in den USA auf Ansätze, die

---

[7]   z.B. Betty Friedan: Der Weiblichkeitswahn (dt. 1963), Kate Millet: Sexus und Herrschaft (dt. 1969), Shulamith Firestone: Frauenbefreiung und sexuelle Revolution (dt. 1974)

[8]   Wie das zu weiten Teilen englischsprachige Literaturverzeichnis dieser Arbeit zeigt, stehen jedoch nur wenige Texte übersetzt zur Verfügung.

[9]   zur ungefähren Abgrenzung:
- Neue Frauenbewegung: seit Mitte der 60er Jahre
- Alte Frauenbewegung: Mitte des 19. Jahrhunderts bis zum ersten Weltkrieg

die 'Frauenfrage' in den Marxismus zu integrieren versuchten. Außerhalb dieser marxistischen Richtung der Neuen Frauenbewegung bestand (und besteht teilweise noch) große Skepsis gegenüber Theorie und Philosophie. Ruth Großmaß begründet diese Reserviertheit mit den Entstehungsbedingungen der Neuen Frauenbewegung:

> "- Eine Auseinandersetzungsfront, *gegen* die die neue Frauenbewegung ihre Artikulation erkämpfen mußte, war in den sechziger Jahren die fortschrittlich-philosophische Theorie (und die Politik) der 'Genossen' ...
>
> - Philosophische Theoriebildung arbeitet mit Abstraktionen, die die Vermittlung mit der konkreten Erfahrung häufig kaum noch ahnen lassen. Dies als Kriterium für Aufgeklärtheit und Rationalität ist uns allen aus alltäglichen Auseinandersetzungen als männliches Kampfmittel bekannt.
>
> - Philosophie als wissenschaftliche Disziplin ist historisch wie aktuell ein männliches Ressort. - Mit dem doppelten Effekt, daß sie ein wahres Residuum sich gelehrt gebender Misogynie geblieben ist und daß die Ausbürgerung der Frau in diesem Bereich bis heute nahezu vollständig ist. Das macht zornig und hilflos zugleich."[10]

Auf andere theoretische und wissenschaftliche Gebiete ist die Argumentation von Großmaß übertragbar. In Abgrenzung von der theorielastigen Studentenbewegung gibt sich die Neue Frauenbewegung teilweise ausgesprochen theorielos. Mit der in den letzten Jahren zunehmenden Integration der Frauenforschung in den Wissenschaftsbetrieb änderte sich jedoch die Diskussion auch in der Bundesrepublik. Das Verhältnis der Neuen Frauenbewegung in den USA zu theoretischer Auseinandersetzung ist wesentlich weniger verkrampft als in der Bundesrepublik. Dazu mag beitragen, daß es in den USA schneller und umfassender gelungen ist, frauenspezifische Schwerpunkte in den wissenschaftlichen Betrieb zu integrieren.[11]

Die Tendenz zur theoretischen Auseinandersetzung mit dem Patriarchat ist jedoch auch im deutschsprachigen Raum seit Mitte der siebziger Jahre zu beobachten. Immer mehr Feministinnen sehen ein: "Klares und veränderungsorientiertes Bewußtsein bedarf der Reflexion und somit auch der theoretischen Auseinandersetzung."[12] Die theoretische Auseinandersetzung ist also eng ver-

---

10   Großmaß (1981), S. 128

11   Ein vor allem privat organisierter Universitätsbetrieb kann neue Forschungsrichtungen schneller aufnehmen als ein staatlich organisierter. Zu den strukturellen Schwierigkeiten der Institutionalisierung von Frauenförderung und Frauenforschung in der Bundesrepublik vergleiche Kriszio (1993).

12   Großmaß (1981), S. 128

knüpft mit der politischen Zielsetzung der Überwindung des Patriarchats. 'Wertfreie' Wissenschaft, unabhängig von jedem sozialem Bezug und jeglicher Praxis wird weitgehend nicht erwogen - auch nicht von mir. Der in dieser Arbeit verwendete Begriff 'Patriarchat' hat also durchaus eine Doppelbedeutung: Zum einen bezeichnet 'Patriarchat' das gesellschaftliche Geschlechterverhältnis, in dem das Männliche über das Weibliche dominiert. Zum anderen hat der Begriff 'Patriarchat' eine normative Konnotation, die die Zielsetzung der Überwindung dieses Herrschaftsverhältnisses beinhaltet.

Meines Erachtens ist 'objektive' Wahrheit genausowenig möglich wie 'richtige' Erkenntnis. Dem Ideal der Wertfreiheit anzuhängen, bedeutet letztlich, objektive Wahrheit nicht nur für existent, sondern auch für prinzipiell erkennbar zu halten. Die eigene Begrenztheit wird dabei nicht respektiert. Vom Ideal der Wertfreiheit abzugehen heißt aber nicht, der normativen Beliebigkeit Raum zu geben. Die normativen Implikationen, die in eine wissenschaftliche Arbeit notwendig einfließen, müssen so weit wie möglich offengelegt werden und diskursiv begründbar sein.

Es wird sich herausstellen, daß in der Diskussion um die patriarchale Struktur unseres Denkens vor allem die anthropologischen Voraussetzungen von entscheidender Bedeutung sind und daher offengelegt werden müssen. Zum Aufzeigen patriarchaler Denkstruktur als historisch und veränderbar bedarf es einer Überzeugung, wie oder was der Mensch außerhalb dieses Denkens und der jetzigen gesellschaftlichen Ausprägung des Geschlechterverhältnisses sein kann.

Meine einzige anthropologische Voraussetzung ist, daß der Mensch ein gesellschaftliches Wesen ist. Das heißt, wir leben immer und nur in einer Gemeinschaft mit anderen Menschen. Die Gemeinschaft können wir aber selbst gestalten, und von der von uns gestalteten Gesellschaft sind wir geprägt. Es gibt also nur den gesellschaftlich geformten Menschen. Von einem Menschen an sich, ohne Gesellschaft, kann nicht ausgegangen werden. Unter den unendlich vielen möglichen Gesellschaften und damit gesellschaftlichen Ausprägungen des Menschen gibt es prinzipiell auch solche, in denen Mann und Frau nicht biologisch, aber gesellschaftlich gleich sind. In diesem Sinne sind Mann und Frau potentiell gleich.

Eine dieser Gesellschaftsformen, die ohne Herrschaft zwischen den Geschlechtern auskommt, strebe ich als Feministin an. Wobei ich nicht weiß, wie diese Gesellschaft aussehen wird. Der herausragende Stellenwert patriarchaler Denkstrukturen in der Konzeption der Moderne begrenzt auch meine Analyse.

Da mir keine anderen als moderne Denkstrukturen zur Verfügung stehen, kann ich mich lediglich an die Grenzen modernen Denkens herantasten und versuchen, sie zu kritisieren und vielleicht ein Stückchen zu verschieben - überschreiten kann ich sie nicht, wenn meine Äußerungen innerhalb des jetzigen Denksystems verständlich bleiben sollen. Diese Gradwanderung formulieren Conrad/Konnertz am Beginn der von ihnen herausgegebenen *Ansätze feministischer Vernunftkritik* beispielhaft für die gesamte Auseinandersetzung mit patriarchalen Denkstrukturen:

> "Dieser Denkansatz [die feministische Vernunftkritik; S.O.] impliziert eine permanente Reflexion auf den eigenen Standpunkt und eine schwindelerregende, manchmal vielleicht problematische Nähe zum Objekt."[13]

1.3 Skizze des Argumentationsgangs

Ziel der Arbeit ist es, die patriarchalen Denkstrukturen der Moderne in verschiedene Gedankengebäude aufzuteilen - Gedankengebäude, die als erst einmal unerschütterliche Überzeugungen in unserer Lebenswelt verankert sind (Deutungsmuster). Die ständige Neukonstruktion dieser Deutungsmuster, auf deren Basis wir unsere Handlungen koordinieren, will ich aufzuzeigen. Sowohl die Entwicklung als auch die Kontinuität patriarchaler Deutungsmuster sollen dabei deutlich werden. Das Zusammenwirken patriarchaler Deutungsmuster weist dabei gleichzeitig auf deren Veränderungsmöglichkeit hin.

Der Argumentationsgang der Arbeit läßt sich folgendermaßen zusammenfassen:

- Zunächst analysiere ich, wie die Politikwissenschaft von der modernen Denkstruktur männlich-weiblich geprägt ist (Kapitel 2). Die speziellen Schwierigkeiten der Politikwissenschaft mit feministischen Einflüssen zeigen beispielhaft, wie die Konzeption der Trennung von weiblich und männlich mit der verzerrten Definition der Wirklichkeit zusammenhängt (Abschnitt 2.1). Die Diskussion von Möglichkeiten, die sich aus feministischen Ansätzen in der Politikwissenschaft ergeben, verorten die vorliegende Arbeit innerhalb der Politikwissenschaft, da sich daraus vor allem eine Erweiterung des Gegenstandes der Politikwissenschaft ergibt (Abschnitte 2.2 und 2.3).

---

13   Conrad/Konnertz (1986a), S. 7f

- Um der Denkstruktur Patriarchat näher zu kommen, beziehe ich mich auf das Lebensweltkonzept von Jürgen Habermas, da mit Hilfe der Unterscheidung von System und Lebenswelt und der von Habermas analysierten Ausdifferenzierung der Lebenswelt ein neuer Zugang zur Geschlechterproblematik gefunden werden kann (Kapitel 3). Nach einem kurzen Abriß der Lebensweltkonzeption (Abschnitt 3.1) und des Stellenwerts von Frauen darin (Abschnitt 3.2) kritisiere ich die Lebensweltkonzeption, da sie die Dominanz des Männlichen über das Weibliche in der Moderne nicht erfaßt (Abschnitt 3.4). Die Dominanz des Männlichen über das Weibliche in der Moderne kennzeichne ich als Denkstruktur, die in der Lebenswelt verankert ist. Vermitteltes Wissen, sozialisierte Normen und individuelle Erfahrungen, die die Lebenswelt ausmachen, sind patriarchal geprägt. Die Lebenswelt versorgt uns also mit Deutungsmustern, die unsere patriarchale gesellschaftliche Realität widerspiegeln. Dabei wird die Lebenswelt ständig wiederhergestellt und ist historischen Veränderungen unterworfen (Abschnitt 3.4).

- Eines der Deutungsmuster in der Lebenswelt ist das Wissen um biologische Geschlechtsunterschiede. Die Verankerung geschlechtsspezifischer Unterschiede in der Lebenswelt bedarf in der Moderne der wissenschaftlichen Fundierung und Letztbegründung. Ich analysiere daher, wie und mit welchen Ergebnissen Konstanten menschlicher Existenz wissenschaftlich gefunden werden (Kapitel 4). Der Wahrheitsanspruch auch heutiger wissenschaftlicher Modelle zu biologischen Geschlechtsunterschieden wird dabei relativiert zum einen durch die prinzipielle Schwierigkeit, aus gesellschaftlichen Überformungen natürliche Konstanten herausfiltern zu müssen, und zum anderen durch die historische Entwicklung der Erkenntnisse über biologische Unterschiede, die die historische Begrenztheit auch heutiger Modelle zeigt (Abschnitt 4.1). Die biologischen Unterschiede, die zur Zeit diskutiert werden, umreiße ich in ihrer politischen Relevanz und beschreibe auch, wie sie (natur-)wissenschaftlich in Frage gestellt werden (Abschnitt 4.2). In die Lebenswelt eingegangenes Wissen über biologische Geschlechtsunterschiede hat auf verschiedenen Ebenen direkte Auswirkungen auf die Politik, die dadurch wiederum zur ständigen Neukonstruktion dieser Unterschiede beiträgt (Abschnitt 4.3).

- Voraussetzung und Folge biologischer Geschlechtsunterschiede sind die gesellschaftlichen Ansprüche, mit denen Frauen und Männer in der Moderne konfrontiert sind (Kapitel 5). Der normative Gehalt der Denkstruktur Patriarchat liegt zum einen im bürgerlichen Frauenideal (Abschnitt 5.1) und zum anderen in der Konzeption des autonomen Individuums in der Moderne (Abschnitt 5.2). Diese beiden Entwürfe ergänzen sich in der dichotomen Denkstruktur der Moderne (Abschnitt 5.3).

- Die Gültigkeit dieser Standards und ihr Einfluß auf die individuellen Erfahrungen zeigen sich darin, daß die entsprechenden Ansprüche immer noch gestellt und erlebt werden (Kapitel 6). Die Zuweisungen geschlechtsspezifischer Eigenschaften verläuft im wesentlichen parallel zu den Entwürfen des bürgerlichen Frauenideals und des autonomen Individuums (Abschnit 6.1). Die konkrete Umsetzung moderner Ansprüche in Lebensentwürfe ist in der Bundesrepublik auch stark an den lebensweltlich verankerten Konzeptionen orientiert (Abschnitt 6.2).

- Die Analyse der Sprache ist gerade in Hinblick auf Veränderungen der patriarchalen Deutungsmuster wichtig, da sie eng sowohl mit dem Denken als auch mit dem Handeln verknüpft ist (Kapitel 7). Die Sprache kann selbst als patriarchales Deutungsmuster analysiert werden (Abschnitt 7.1) und führt prinzipiell zu Verzerrungen unserer Wahrnehmung (Abschnitt 7.2). Die Sprache bietet aber auch das Reflexionspotential, durch das der ständige Neukonstruktionsprozeß patriarchaler Strukturen aufgebrochen werden kann (Abschnitt 7.3).

- Die Differenzierung der Denkstruktur Patriarchat in verschiedene, historisch gewachsene Deutungsmuster erleichtert die Beurteilung der Veränderungsmöglichkeiten und -tendenzen der patriarchalen Denkstruktur (Kapitel 8). Entwicklung und Kontinuität der patriarchalen Deutungsmuster zeigen nicht nur die Stabilität patriarchaler Denkstrukturen, sondern auch deren Veränderungsmöglichkeit (Abschnitt 8.1). Die feministische Politikwissenschaft, die ja auch an die Denkstruktur Patriarchat gebunden ist, ist daher ebenfalls durch diese begrenzt. An ihr zeigt sich jedoch auch, daß die Reflexion über die lebensweltliche Verankerung feministischer Politikwissenschaft zu einer kreativen Instabilität der wissenschaftlichen Kategorien führen kann (Abschnitt 8.2).

2. Paradigmen feministischer Politikwissenschaft

Aus meinem Selbstverständnis als Politikwissenschaftlerin und meinem Interesse, das Patriarchat als Denkstruktur darzustellen, entstand zunächst das Problem, daß die Politikwissenschaft viele Aspekte des hier analysierten Denkmodells nicht als ihren Gegenstand bezeichnet und an andere Wissenschaften verweist (Geschichte, Philosophie, Linguistik, Soziologie, Psychologie, Biologie usw.). Daraus entwickelte sich eine intensive Auseinandersetzung mit der Politikwissenschaft unter feministischen Gesichtspunkten. Aus der Kritik an der Politikwissenschaft und der Perzeption feministischer Ansätze zur Politikwissenschaft ergibt sich eine Erweiterung des Gegenstandsbereiches der Politikwissenschaft, die geeignet ist, das Denkmodell Patriarchat als politische Struktur zu analysieren.

Wie sich zeigen wird, ist die Politikwissenschaft ein Gedankengebäude, das auf den patriarchalen Denkstrukturen aufbaut, die die Moderne prägen und die ich in dieser Arbeit darstellen will. Eine Zielsetzung dieses Kapitels ist es daher, die speziellen Schwierigkeiten aufzuhellen, die die Politikwissenschaft mit feministischen Einflüssen hat. Sie erweist sich als sehr resistent gegenüber der Frauenforschung (Abschnitt 2.1). Die Definition des Gegenstandsbereiches (Abschnitt 2.1.1), die Konzentration auf das autonome Individuum (Abschnitt 2.1.2) und die dichotome Konzeption der Moderne (Abschnitt 2.1.3) behindern die Integration frauenspezifischer Fragestellungen in die Politikwissenschaft. So wird plausibel, warum die Politikwissenschaft als Sozialwissenschft gilt, die erst sehr spät von feministischen Ideen beeinflußt wird (Abschnitt 2.1.4). Nach der kritischen Auseinandersetzung mit der traditionellen Politikwissenschaft umreiße ich die bisherige Entwicklung feministischer Ansätze in der Politikwissenschaft (Abschnitt 2.2.1), wobei ich charakteristische Merkmale sowohl herausarbeiten (Abschnitt 2.2.2) als auch kritisch hinterfragen will (Abschnitt 2.2.3). Dadurch ist der Stand der Frauenforschung innerhalb der Politikwissenschaft grob umrissen. Zuletzt geht es mir darum, aufzuzeigen, welche Veränderungen feministische Ansätze innerhalb der Politikwissenschaft anregen können, und zwar bezüglich des Gegenstandsbereiches (Abschnitt 2.3.1), des Menschenbildes (Abschnitt 2.3.2) und der von der Politikwissenschaft praktizierten und analysierten Diskursformen (Abschnitt 2.3.3).

Die Auseinandersetzung mit der Politikwissenschaft zieht sich als roter Faden durch die ganze Arbeit. Denn die Analyse der Denkstruktur Patriarchat ist in einem politikwissenschaftlichen Rahmen nur möglich, wenn der sich aus der feministischen Diskussion ergebende Politikbegriff Anwendung findet.

Auch feministische Politikwissenschaft, die patriarchale Denkstrukturen überwinden will, kann jedoch herrschenden Denkmustern nicht einfach ablegen. Sie kann sie reflektieren und damit beeinflussen, aber sie bleibt von ihnen geprägt und begrenzt. Dieser Wechselwirkung zwischen herrschender und feministischer Denkart müssen feministische Modelle Rechnung tragen - durch eigene Anpassungsfähigkeit und Entwicklungsfähigkeit, das heißt durch Instabilität.

2.1 Spezielle Schwierigkeiten feministischer Ansätze zur Politikwissenschaft

Die Politikwissenschaft ist weitgehend von Männern für Männer definiert als Wissenschaft über Männer. Einige Daten aus der Bundesrepublik verdeutlichen diese Einschätzung: 1975 promovierte die erste Frau in Politikwissenschaft zur Frauenfrage (Hannelore Schröder).[1] Die Neue Frauenbewegung - unzweifelhaft ein mögliches Thema politikwissenschaftlicher Analyse - gab es seit 1968. Zur Zeit gibt es in der Bundesrepublik zwei politikwissenschaftliche Lehrstühle, die sich explizit mit Frauenforschung befassen (Barbara Riedmüller und Eva Kreisky, beide am Otto-Suhr-Institut der FU Berlin). Erst seit 1992 existiert in der Deutschen Vereinigung für Politische Wissenschaft einen Arbeitskreis Politik und Geschlecht. Die Sektion Frauenforschung in der Deutschen Gesellschaft für Soziologie wurde bereits 1979 gegründet.[2]

"Whoever decides what the game is about also decides who can get into the game."[3]

---

[1] vergleiche Trömel-Plötz (1992), S. 35ff

[2] zu Formen der Institutionalisierung sozialwissenschaftlicher Frauenforschung in der Bundesrepublik vergleiche Brück/Kahlert/Krüll/Milz/Osterland/Wegehaupt-Schneider (1992), S. 226-242

[3] Evans (1980a),S. 107 (Hervorhebung der Autorin)

Zunächst liegt es nahe, die Ursachen für diese Lücke in der Politikwissenschaft einerseits in der geringen Zahl an Frauen (und der noch geringeren Zahl an Feministinnen) in der Politikwissenschaft[4] und andererseits in den Reaktionen der etablierten Politikwissenschaft auf Frauenforschung zu suchen.

Das Verhalten der wenigen Wissenschaftlerinnen und der vielen Wissenschaftler, das politikwissenschaftliche Frauenforschung meist eher behindert, reicht jedoch meines Erachtens nicht aus, um zu erklären, daß die Politikwissenschaft als die zuletzt feministisch inspirierte Sozialwissenschaft gilt. Das Problem darf weder individualisiert werden, noch darf das Augenmerk nur auf den politischen Interessen einer wissenschaftlichen Disziplin liegen. Die schwerwiegenden Hemmnisse, die in der Konzeption der Politikwissenschaft selbst liegen, bedürfen der genauen Untersuchung.

"... political science may prove to be one of the most difficult social sciences to transform. The paradigms in political science may make it one of the most intractable in this regard since so much of its subject matter is profoundly masculine."[5]

Die Schwierigkeiten der Politikwissenschaft mit feministischen Ansätzen sind meines Erachtens in drei wesentlichen Voraussetzungen der Politikwissenschaft begründet: in der Trennung zwischen öffentlichem und privatem Bereich, im Stellenwert des autonomen Individuums und in der dichotomen Denkstruktur der Moderne.

2.1.1 Die Definition des Gegenstandes der Politikwissenschaft durch die Trennung zwischen öffentlichem und privatem Bereich

Die Politikwissenschaft blendet den Lebenszusammenhang von Frauen weitgehend aus, da sie ihren Gegenstand weitgehend in der institutionellen Politik etablierter politischer Akteure sieht. "Reflecting the traditional association of the political with public life, political science has virtually ignored any areas of life seen as private."[6] Während in der Soziologie eher ein interner Ansatzpunkt vorhanden ist, von dem aus die Bedeutung des Privaten in der Gesellschaft analy-

---

4   Evans neigt zu dieser Interpretation. Um nicht in das Begründungsmuster der politischen Inferiorität von Frauen zu fallen, müßte jedoch die statistische Unscheinbarkeit von Frauen in der Politikwissenschaft (nicht so sehr bei der Zahl der Studentinnen, sondern vor allem im wissenschaftlichen Überbau) hinterfragt und in Relation zum Frauenanteil in anderen Sozialwissenschaften gesetzt werden.

5   Hartsock (1990), S. 153

6   McAdam (1988), S. 61

siert werden kann (z.B. in Familiensoziologie und Religionssoziologie), ist in der Politikwissenschaft das Private genau das, was definitiv außerhalb des Gegenstandsbereiches liegt.[7]

Die statistische Unscheinbarkeit von Frauen in der Politikwissenschaft korrespondiert damit, daß Frauen als Thema in der Politikwissenschaft weitgehend fehlen. Beides hängt damit zusammen, daß sowohl die politische Theorie als auch die empirische Politikwissenschaft von Männern für Männer erarbeitet wurde. "... the chorus sings not only in a strong upper class accent, but with a marked bass tone."[8] O'Brien spricht in diesem Zusammenhang sehr treffend von 'male-stream' Politikwissenschaft.[9] Speziell für politische Theorien gilt: "their subject matter reflects male concerns, deals with male activity and male ambitions and is *directed away from* issues involving, or of concern to, women."[10]

In unserer Gesellschaft wird der private Raum weitgehend gleichgesetzt mit dem Lebenszusammenhang von Frauen. Mit dem Privaten werden also auch frauenspezifische Themen an andere Wissenschaften verwiesen, beispielsweise an die Soziologie oder die Psychologie. Dies wird auch auf begrifflicher Ebene deutlich.

> Denn die "zentralen Begriffe der Politikwissenschaft, Staat, Öffentlichkeit, Politik, Macht, Entscheidungen, Konflikte, Institutionen, Partizipation usw ..., sind (politischer) Ausdruck einer männlich beherrschten äußeren Welt mit globalen Dimensionen. Das organisierte Zusammenleben erfolgt äußerlich/formell nach den Gesetzen und Werten der politisch und ökonomisch dominierenden Männer"[11].

Das Bild des Privaten, Apolitischen, Subjektiven, Emotionalen, Nichtrationalen, Weiblichen ist die Antithese, gegen die sich die Politikwissenschaft abgrenzt. Während sich jedoch andere Wissenschaften darauf beschränken, ihren objektiven, rationalen Anspruch gegen diese Antithese zu stellen, braucht

---

[7] Ein Blick auf die Einzeldisziplinen, in die die Politikwissenschaft beispielsweise an der Ludwig-Maximilians-Universität München aufgeteilt ist, bestätigt diesen Eindruck: Politische Theorie, internationale Politik, politische Systeme. Die "Politikwissenschaftliche Erforschung der Geschlechterbeziehungen" gehört erst seit Mai 1992 neben politischer Wirtschaftslehre, politischer Rechtslehre, politischer Kommunikation und politischer Ökologie zu den ergänzenden Bereichen der Politikwissenschaft in München. Eine Institutionalisierung dieser Forschungsrichtung über die Studienordnung hinaus ist bisher nicht erfolgt.

[8] Evans (1980b), S. 210

[9] O'Brien (1989)

[10] Thiele (1986), S. 30

[11] Kreisky/Schröcker (1984), S. 403

die Politikwissenschaft die Gegensätze 'öffentlich-privat', 'rational-emotional', 'männlich-weiblich' usw. auch, um ihren Gegenstandsbereich abzugrenzen - sie beruht auf der strikten Trennung zwischen öffentlich und privat.

> "... politics is something that takes place in public domains between officially recognized political actors. Moreover, those domains are defined as masculine - they represent authority, rationality, justice, and order."[12]

Die Politikwissenschaft bildet diese vertraute Trennung zwischen privat und öffentlich nicht nur ab, sondern sie weist dem öffentlichen Bereich auch politische Signifikanz zu, die sie dem Privaten abspricht - dadurch verstärkt sie geschlechtsspezifische Zuweisungen.

> "Political science is a discipline that reflects and reinforces our collective construction of the public world in the West over the last several thousand years."[13]

Durch die Ausdehnung des Politikbegriffs in den privaten, subjektiven, nichtrationalen Bereich ist die Politikwissenschaft daher nicht nur in ihrem objektiven Anspruch in Frage gestellt (wie andere Wissenschaften auch durch feministische Fragestellungen), sondern feministische Politikwissenschaft stellt die ganze Disziplin zur Disposition. Bei der feministischen Kritik sowohl der empirischen als auch der theoretischen Politikwissenschaft wird sehr schnell die Trennung zwischen öffentlich und privat ad absurdum geführt und damit die Disziplin Politikwissenschaft in einer ihrer Grundvoraussetzungen erschüttert - nämlich in ihrer Gegenstandsabgrenzung.

Der enge Zusammenhang zwischen der Trennung 'öffentlich-privat' und der Politikwissenschaft wird auch historisch deutlich, denn als 'Erfinder' der Trennung 'öffentlich-privat' gilt Aristoteles, der Begründer der Politikwissenschaft. Aristoteles legte den Grundstein der Politikwissenschaft dadurch, daß er ihren Gegenstandsbereich umriß.

> "Aristotle inscribed into his political theory (and into the notion of political life that has prevailed in the West until today) a distinction between 'public' and 'private' spheres, defining the first as masculine, and the latter as feminine (and lesser)."[14]

Der Bezug der Politikwissenschaft auf Aristoteles darf jedoch nicht als ununterbrochene Tradition der Politikwissenschaft seit Aristoteles interpretiert

---

12   McAdam (1988), S. 61

13   Hartsock (1990), S. 158

14   Ackelsberg/Diamond (1987), S. 506

werden. Die Politikwissenschaft ist als eigenständige wissenschaftliche Disziplin noch sehr jung. Sie bezieht sich zu ihrer Gegenstandsabgrenzung auf Aristoteles, das heißt, die moderne Rezeption des Aristoteles stellt Aristoteles als Begründer der Politikwissenschaft fest. Dadurch schafft sich die Politikwissenschaft ihre Tradition im nachhinein.[15]

Nach Aristoteles ergänzen sich Mann, Sklave, Frau und Kind gegenseitig, sie haben als Haushaltsverband ein gemeinsames Interesse, und der freie Mann vertritt dieses Interesse angemessen im öffentlichen Bereich. Diese Interessenvertretung wiederum ist Gegenstand der Politikwissenschaft.

"Unfortunately, no discipline [der Politikwissenschaft; S.O.] seems to have escaped Aristotelian assumptions about women and the non-political nature of the private sphere they supposedly inhabit. Even when politics has been re-defined informally as 'who gets what, when and how', the influences on 'what women get, when and how' have been assumed to be outside the boundaries of political science."[16]

Daher betrachtet auch die zeitgenössische politische Theorie die Interessen von Frauen als konzeptionell irrelevant für den politischen Diskurs.

"The major concepts of contemporary Western political thought are built on an acceptance of the idea that the public is fundamentally distinct from the private and the personal. This distinction ... contributes to making women and their political interests invisible."[17]

Da die Trennung zwischen privatem und öffentlich/politischem Bereich eine dichotome Trennung ist,[18] funktioniert der Ausschluß der Frauen in zwei Richtungen: Zum einen kommen Frauen in der Politikwissenschaft nicht vor, da sich die Politikwissenschaft nur mit dem öffentlich/politischen Bereich beschäftigt, Frauen aber mit dem Privaten assoziiert werden. Zum anderen können Aktivitäten von Frauen gar nicht politisch und damit Thema der Politikwissenschaft sein, da aufgrund der dichotomen Zuordnung Frauen nur im Privaten agieren.

"Why has it been taken for granted that men but not women exist in the public sphere?"[19]

---

[15]   Die Geschichte des Begriffspaares 'öffentlich-privat' zeigt dies deutlich. Vergleiche Hausen (1992)

[16]   Meehan (1986), S. 128

[17]   Jones (1988), S. 11f

[18]   vergleiche Abschnitt 2.1.3

[19]   Hartsock (1990), S. 152

An der Schnittstelle zwischen politischem und privatem Bereich wird besonders anschaulich, daß die Aktivität von Frauen nicht als politisch angesehen wird. Die Verbindungen zwischen Familie und Schule, Familie und Wohlfahrtsstaat, Familie und Wirtschaft usw. werden durch unsere geschlechtspezifische Arbeitsteilung vorwiegend von Frauen hergestellt, da sie es sind, die die Kinder betreuen, einkaufen, zu Ämtern gehen usw. Obwohl diese Schnittstelle noch direkt im politischen Bereich angesiedelt ist, wird sie verstärkt erst durch die Fragestellungen der feministischen Politikwissenschaft in die Politikwissenschaft einbezogen.[20] Es liegt nahe, diese Lücke der traditionellen Politikwissenschaft auf die Assoziation zurückzuführen, daß ja nicht politisch sein kann, womit sich Frauen beschäftigen.

Mit dem zentralen Slogan 'das Private ist politisch' greift die Neue Frauenbewegung die Trennung zwischen 'privat' und 'politisch' und die Ausgrenzung der Frauen an. Der Slogan meint den politischen Charakter des Privaten in zweierlei Hinsicht:[21] Zum einen ist das Private politisch, weil die Situation von Frauen nicht individuell ist, sondern überall von Frauen geteilt wird - sie ist gesellschaftlich bedingt. Zum anderen ist das 'private' Verhältnis zwischen Männern und Frauen politisch, weil es ungleich ist. Beispielsweise sind Frauen in vielen ihrer Tätigkeitsbereiche (in der gesamten Haus- und Familienarbeit) weitgehend isoliert und von den Bewertungen des Mannes abhängig. Während Männern, die ihren Tätigkeitsschwerpunkt eher in der Erwerbsarbeit haben, zusätzlich vielfältige gesellschaftliche Anerkennungsmechanismen offenstehen. Die eigene Verortung in der Beziehung und in der Gesellschaft ist daher bei Frauen in größerem Maße durch die Abhängigkeit von Männern gekennzeichnet als umgekehrt.[22]

Die Auseinandersetzung mit der Trennung 'öffentlich-privat' nimmt in den Ansätzen feministischer Politikwissenschaft breiten Raum ein. Die gemeinsame Basis dieser feministischen Kritik sind folgende Thesen:

"(1) The public and the private domains are integrally related; (2) the distinction between public and private is itself a political one, deserving of substantial explorations and analysis; (3) and the particular

---

[20]   vergleiche Abschnitt 2.3.1

[21]   vergleiche Evans (1986b), S. 105. Evans bietet hier einen sehr guten Überblick über die feministische Auseinandersetzung zur Trennung 'öffentlich-privat'.

[22]   vergleiche Abschnitt 5.1.3

construction of each of the domains is political rather than
'natural'."[23]

Neben der für die Gegenstandsbestimmung der Politikwissenschaft
unentbehrlichen Trennung 'öffentlich-privat' sind zwei historisch jüngere Paradigmen für die Schwierigkeit feministischer Zugänge zur Politikwissenschaft entscheidend: die Autonomie des Individuums und die dichotomen Denkstrukturen
der Moderne.

2.1.2 Das autonome Individuum als Untersuchungsobjekt der Politikwissenschaft

Entsprechend dem "Aristotelian hangover"[24] werden Frauen, "whose capacity
'remains inconclusive'"[25], eher als Teil der Familie oder des Haushalts gesehen
und nicht so sehr als Individuen. In der politischen Theorie der Neuzeit, und damit in modernen, westlichen politischen Systemen, hat das Individuum jedoch
eine herausragende Bedeutung - und wird zum Untersuchungsobjekt der Politikwissenschaft.

> "Die Welt außerhalb des Hauses verwandelte sich [in der Folge der
> Aufklärung; S.O.] zunehmend in eine Welt, die nicht von Haushalte
> repräsentierenden Männern bevölkert wurde, sondern von Männern,
> die allein sich selbst repräsentierten ... Ähnliche Veränderungen
> vollzogen sich im Bereich der Politik, wo Partizipation weniger als
> Repräsentation der Hauhalte denn als Repräsentation von Indivi-
> duen begriffen wurde."[26]

Die Individuen, die im Zentrum moderner politischer Bestrebungen stehen, sind zunächst Männer. Nur ihnen werden die anthropologischen Voraussetzungen zugesprochen, die die Zielsetzungen aufklärerischer Politik erst sinnvoll
machen. Nur für Individuen, die vernunftbegabt und in der Lage sind, ein unabhängiges Leben zu führen, ist es sinnvoll, politische Partizipation und Selbstbe-
stimmung einzufordern. Sowohl die Vernunftbegabung als auch die Unabhängigkeit wird Frauen von den politischen Theoretikern der Aufklärung jedoch
nicht in gleichem Maße zugesprochen oder sogar abgesprochen.[27] Die weniger

---

[23] Ackelsberg/Diamond (1987), S. 507

[24] Stiehm (1983), S. 31

[25] Stiehm (1983), S. 32

[26] Benhabib/Nicholson (1987), S. 553

[27] vergleiche Abschnitt 5.2.1

vernünftigen und natürlichen Determinierungen unterworfenen Frauen können nicht den Gesellschaftsvertrag der Freien und Gleichen abschließen.

Die geschlechtsspezifischen Konzeptionen der naturnahen Frauen und der unabhängigen, freien Männer sind nicht nur als Gegenstandsabgrenzung der Politikwissenschaft wichtig. Vielmehr zeigt sich in der Politikwissenschaft beispielhaft, wie die lebensweltliche Verankerung dieser normativen Ansprüche - auf die ich noch genauer eingehen werde - zu einer bestimmten Wahrnehmung sozialer Wirklichkeit führt.

Die der Frau zugewiesene politische Inferiorität, die als Voraussetzung auch in empirischen Studien meist nicht hinterfragt wird, ist nicht nur ein Vorurteil, das in der Politikwissenschaft leicht ausgeräumt werden kann, sondern sie ist in der politischen Theorie begründet, sie ist ein Paradigma der Politikwissenschaft.[28] Die Frau ist in der Konzeption der Moderne das nichtautonome andere, das nicht das Subjekt der Politikwissenschaft sein kann. Die praktischen Folgen dieser theoretischen Konzeption können dabei kaum überschätzt werden.

> "The anti-feminist arguments so forcefully carried on in political history ... functioned as operative principles in jurisprudence and were carried out in practice without mercy, when put to the test, as was often the case ... the deep-rooted devaluation of women might continue to function as ideological power, as so-called historical rest, and thus influence the attitudinal structures of men today, even after the disappearence of the legal foundation of this devaluation."[29]

Die Konzeption des autonomen Subjekts ist eine politische Konzeption, die alles Nichtautonome ausschließt, abwertet und unterordnet. Sie ist der dominierende Part eines Machtverhältnisses. Wenn die Konzeption des autonomen Individuums jedoch zum Thema der politikwissenschaftlichen Untersuchung wird, wird das autonome Individuum auch selbst in Frage gestellt, da es sich mit modernen Gleichheits- und Gerechtigkeitsansprüchen konfrontiert sieht. Da das autonome Individuum ein Paradigma der Politikwissenschaft ist, steht damit auch die Politikwissenschaft in ihrer jetzigen Konzeption in Frage.

---

[28] Feministische Kritiken zu allen sogenannten großen politischen Theoretiker seit Platon finden sich in Einzeldarstellungen in Shanley/Pateman (1991).

[29] Jónasdóttir (1988), S. 303f

2.1.3 Die dichotome Moderne - die Bedeutung des 'anderen', des aus der Politikwissenschaft Ausgeschlossenen

Der Anspruch auf Autonomie, der von der Neuen Frauenbewegung gestellt wird, ist die Antwort auf den Ausschluß der Frauen aus der Gruppe der autonomen Subjekte. Die männliche Seite des Menschenbildes der Moderne muß auf Frauen ausgedehnt werden, so daß sie als gleich und gleichwertig gesehen werden und zumindest prinzipiell die gleichen Möglichkeiten haben, an Politik und Gesellschaft zu partizipieren. Wenn Frauen dieses gleiche politische Potential zugesprochen würde, wären sie auch gleichwertiges Objekt der Politikwissenschaft. Das heißt, die geschlechtsspezifisch unterschiedlichen Zugangsbedingungen zur Politik würden ausführlich untersucht.

Wenn jedoch Frauen autonom werden, wenn die Konzeption der Moderne dahingehend verändert wird, daß Frauen Männern gleich sind, dann bleibt die Position des nichtautonomen anderen unbesetzt, gegen das sich das autonome Individuum abgrenzt. Dies zerstört - wie ich im folgenden zeigen werde - die dichotomen Denkstrukturen der Moderne und damit wiederum ein Paradigma der Politikwissenschaft.

Die Weltsicht der Moderne ist dichotom,[30] sie geht von zwei Polen aus (z.B. 'autonom-determiniert'), die sich gegenseitig gleichzeitig konstituieren ('autonom' = 'nicht determiniert') und ausschließen ('autonom' und 'determiniert' können nicht gleichzeitig zutreffen).

> "These epistemological and ontological assumptions fit together to constitute a firm and familiar framework for understanding nature, human nature, and human knowledge."[31]

Das autonome Individuum ist demnach dichotom abgegrenzt gegen alles Nichtautonome, Abhängige, Unfreie.[32] Da das autonome Individuum die Person ist, mit der sich die Politikwissenschaft beschäftigt, grenzt sich auch die Politikwissenschaft gegen das 'andere' ab, gegen Natur, Sinnlichkeit, das Nichtautonome usw. Die dichotome Weltsicht ist also auch ein Paradigma der Politikwissenschaft. Denn der Gegenstand der Politikwissenschaft überschreitet die Grenzen der dichotomen Paare 'öffentlich-privat', 'autonom-determiniert' nicht, sondern wird mit Hilfe dieser Paare konstituiert.

---

30   vergleiche Abschnitt 5.3

31   Jaggar/Bordo (1989a), S. 3

32   Ich gehe auf die Bedeutung des 'anderen' in der modernen Konzeption der Geschlechtercharaktere in Abschnitt 5.3 ausführlich ein.

Dieses autonome (männliche) Subjekt ist es auch, das den Gesellschafts-vertrag schließt. Eine andere Übereinkunft wird dabei weiterhin vorausgesetzt - die Dominanz des Mannes über die Frau.[33]

Die Delegation des 'anderen' an die Frauen paßt auch zu der scharfen Trennung zwischen öffentlicher und privater Sphäre, die Ende des 18. Jahrhunderts einsetzt. Da die der Autonomie widersprechenden Eigenschaften (z.B. Emotionalität) nicht zu den Ansprüchen passen, die die Männer in der öffentlichen Sphäre zu erfüllen haben, werden sie an die Frau delegiert und die Frau wird "zur privaten Angelegenheit des Mannes."[34] Reale Ungleichheit und ungleiche philosophische Konstruktion untermauern sich gegenseitig. Die Entpolitisierung und Entrechtlichung der Familie als soziale Institution wird mit einer neuen Metaphysik polarer Geschlechtscharaktere ideologisch abgesichert.[35] Der autonome Mann macht im öffentlichen Raum die Politik, die die Politikwissenschaft untersucht, während die nichtautonome 'andere', die Frau, zu Hause im privaten Raum agiert, was die Politikwissenschaft nicht interessiert.

Empirische Untersuchungen zur Selbstkonzeption von Frauen[36] zeigen, daß sich Frauen auch als dieses andere, Ausgegrenzte der Vernunft erfahren und diese Rolle zu einem großen Teil akzeptieren. Sie unterstützen damit die Konzeption des 'anderen' und ihre eigene sekundäre Stellung in der Gesellschaft.

Die Frau kann sich somit 'natürlich' nicht in gleicher Weise im öffentlich-politischen Bereich engagieren wie der Mann. Die Abwesenheit der Frauen in der Politikwissenschaft ist damit kein Problem, sondern erwächst aus dem Gegenstand 'Politik', der 'natürlich' weitgehend frauenfrei ist, weil er von autonomen Individuen ausgefüllt wird. Dem geläufigen Satz "Politik ist nichts für Frauen" entspricht ganz harmonisch "Politikwissenschaft beschäftigt sich nicht mit Frauen".

Der Gleichheitsanspruch in der Neuen Frauenbewegung wendet sich gegen diese Identifikation der Frau mit dem 'anderen', Nichtpolitischen, aus der Politikwissenschaft ausgeschlossenen. Sobald jedoch der Anspruch auf gleiche Möglichkeiten und Rechte gestellt wird, steht auch die Konzeption des autonomen Subjekts und damit der Gegenstand der Politikwissenschaft in Frage.

---

33   vergleiche Abschnitt 5.2
34   Scheich (1985), S. 83
35   vergleiche List (1986), S. 76f
36   vergleiche Abschnitt 6.1

Da nämlich Abhängigkeiten dann nicht mehr an die nichtautonome anderen delegiert werden können, sind sie dem autonomen Subjekt selbst zur Verarbeitung aufgegeben. Der Anspruch der Autonomie kann nur sinnvoll gestellt werden, wenn die Abhängigkeiten delegiert werden können. Ohne die Delegationsmöglichkeit bricht die dichotome Konzeption von Autonomie und Determiniertheit zusammen. Der Anspruch auf gleiche politischen Teilnahme(-möglichkeiten) der Frauen ist daher gleichzeitig aus den modernen Ansprüchen heraus selbstverständlich und für die Konzeption des modernen autonomen Individuums zerstörerisch. Die Frau kann nicht in den politischen Diskurs integriert werden, ohne denselben grundlegend zu verändern. Für die Politikwissenschaft heißt das: Da die politikwissenschaftliche Frauenforschung die Konzeption des autonomen Individuums ad absurdum führt, muß der 'homo politicus', mit dem sich die Politikwissenschaft beschäftigt, neu konzipiert werden.

2.1.4   Frauen - weder Objekt noch Subjekt der Politikwissenschaft

Die konzeptionellen Schwierigkeiten der Politikwissenschaft mit feministischen Ansätzen passen zu der Einschätzung feministischer Politikwissenschaftlerinnen, daß Frauen als Objekt der Politikwissenschaft bis jetzt entweder gar keine Rolle spielten[37] (wie in weiten Teilen der politischen Theorie) oder einem nichthinterfragten Image der apolitischen Häuslichkeit entsprachen.[38]

"Traditionally, political science has painted a sombre picture of female political attainment."[39] Die mangelnde Beteiligung an als politisch geltenden Aktivitäten (wie zum Beispiel das Bekleiden von Wahlämtern) und das Desinteresse an der Politik, so wie sie von der Wissenschaft definiert wurde, galten als Beweis für die fehlende politische Kompetenz der Frauen, die wiederum als Ausdruck ihrer politischen Inferiorität gewertet wurde.[40] Wie sich gezeigt hat, ist

---

[37] Ich verzichte darauf, immer wieder zu betonen, daß sich noch nicht viel geändert hat.

[38] vergleiche die Typologie der Unsichtbarkeit von Thiele (1986), die die Techniken des Verschwindens von Frauen systematisiert

[39] Evans (1980b), S. 210

[40] Evans gibt einen sehr guten Einblick in die Verzerrungen der Partizipationsforschung, die gelegentlich auch zu falschen Ergebnissen führen (Evans 1980a und b).
Die geschlechtsspezifischen Unterschiede bezüglich des Interesses an der Politik sollen hier nicht geleugnet werden. Beispielsweise erbrachte die Shell-Studie "Jugend '92", daß sich 65 % der männlichen aber nur 50 % der weiblichen Jugendlichen für Politik interessieren. Der geschlechtsspezifische Unterschied ist in den neuen Bundesländern gerin-

diese Minderwertigkeit der Frauen geradezu eine Bedingung der traditionellen Politikwissenschaft.

Die empirische Politikwissenschaft bediente sich eines Bildes von der apolitischen Frau, das nicht hinterfragt wurde. Weder die Untersuchungsmethoden noch die ausgewählten Untersuchungsgegenstände wurden dahingehend überprüft, ob sie nicht automatisch bezüglich Männern und Frauen unterschiedliche Ergebnisse bringen müssen, wobei die Frauen immer die Apolitischen sind. Auch hörte die Analyse bei der Feststellung der mangelnden Kompetenz auf. Die Frage nach unterschiedlichen Möglichkeiten und Bedingungen des Zugangs zur Politik für Frauen und Männer wurde nicht gestellt. Geschlechtsspezifische Verzerrungen beim Erarbeiten und beim Interpretieren von Ergebnissen werden auch heute noch nicht systematisch verhindert.

> "Theories continue to be constructed as if women, and their interests as a group, were conceptually irrelevant to political discourse."[41]

Dadurch, daß die Annahmen über Frauen in der Politikwissenschaft bisher weitgehend geteilt und nicht hinterfragt wurden, mußten sie im wissenschaftlichen Diskurs auch nicht als Verzerrung auffallen. Wie sich auch im Zusammenhang mit biologischen Erklärungsmustern für Geschlechtsunterschiede zeigen wird, werden geschlechtsspezifische Verzerrungen in der Wissenschaft erst deutlich, wenn in dem jeweiligen Gebiet konkret nach Aussagen über Frauen gesucht wird. Frauenspezifische Fragestellungen in der Wissenschaft haben daher nicht nur den Effekt, daß Lücken der Wissenschaft gefüllt werden, sondern führen auf der wissenschaftstheoretischen Ebene sehr schnell zur Suche nach geschlechtsspezifischen Vezerrungen in der Konzeption der Wissenschaft.

Hinterfragt wird das Bild der apolitischen Frau im englischsprachigen Raum seit Beginn der 70er Jahre. "Interessanterweise ist aber im deutschen Sprachraum eine feministische Kritik an der Politikwissenschaft bislang ausgeblieben."[42] Daß dieser Satz auch nach 1984 noch gilt, zeigt die zum ganz großen Teil englischsprachige Literatur zu diesem Kapitel.[43]

---

ger (64 % zu 59 %) als in Westdeutschland (65 % zu 48 %). Gegenüber 1985 ergab sich keine Veränderung (nur Westdeutschland 1985: 64 % zu 47 %). Zu den Shell-Studien "Jugend '92" und "Jugend '85" vergleiche ausführlich Abschnitt 6.2.2.

[41] Jones (1988), S. 11

[42] Kreisky/Schröcker (1984) S. 402

[43] Die deutschsprachige Literatur ist oft aus dem Englischen übersetzt, z.B. die von Schaeffer-Hegel/Watson-Franke (1989) veröffentlichten politikwissenschaftlichen Aufsätze.

Auch im englischsprachigen Raum entwickelt sich die Auseinandersetzung mit Politik und Politikwissenschaft jedoch vor allem außerhalb der institutionalisierten Politikwissenschaft.[44] Meehan charakterisiert dies als sehr erstaunlich:

> "... political science above all disciplines, ought to lead rather to lag, in dealing with questions about women's rights and roles. That it does not is particularly surprising in view of its explorations in the last twenty or thirty years into more informal political processes, into how issues are kept off political agenda and into more complex understanding of power relationship."[45]

Frauenforschung führt in der Politikwissenschaft ein Randdasein. Sie genießt kein großes Ansehen und steht unter Legitimationsdruck. Dabei ist nach Hartsock in den USA (aber sicher nicht nur dort) eine Kluft zu beobachten zwischen den Studierenden und den Wissenschaftlerinnen und Wissenschaftlern:

> "... despite the growth of feminist scholarship in political science, it remains vastly under-represented in the discipline."[46]

Der Widerstand gegen politikwissenschaftliche Frauenforschung ist dabei sowohl politisch als auch psychologisch[47], da sie die Machtposition der (meist männlichen) Wissenschaftler sowohl innerhalb des Fachs als auch privat angreift.[48] Da sich politikwissenschaftliche Frauenforschung mit den 'Machtlosen' beschäftigt, marginalisiert sie sich auch selbst. Diese doppelte Marginalisierung impliziert, "that those who choose to study women will strive to be, vis-a-vis the discipline ... making it even less likely that their work will be pathbreaking."[49]

---

[44]   im Vergleich dazu: Die Dritte-Welt-Problematik wuchs innerhalb der Politikwissenschaft und veränderte so direkt die Disziplin. Vergleiche dazu Meehan (1986), S. 127
Die hier zitierten Autorinnen ordnen sich nicht unbedingt explizit der Politikwissenschaft zu, sind aber nach meiner Einschätzung in diesem Kontext zu sehen.

[45]   Meehan (1986), S. 121

[46]   Hartsock (1990), S. 151

[47]   vergleiche Evans (1986a), S. 5

[48]   zum Umgang der Politikwissenschaft mit feministischer Wissenschaft vergleiche Kreisky/Schröcker (1984) und Neyer/Wiederschwinger (1987)

[49]   Evans (1986b), S. 117

2.2 Entwicklung und Merkmale der feministischen Politikwissenschaft

Wie sich gezeigt hat, führt feministische Kritik an der Politikwissenschaft zur Infragestellung des Politikbegriffes sowie zentraler Voraussetzungen des politikwissenschaftlichen Diskurses und damit zur Neubestimmung des Gegenstandsbereiches der Politikwissenschaft. Dieser grundsätzliche Charakter feministischer Kritik bedingt auch die bisher nur sehr begrenzte Einflußmöglichkeit auf die Politikwissenschaft.

> "Despite a substantial increase in published research on women and politics, the feminist revolution has clearly bypassed political science ... feminist work in political science has had remarkably little impact on the discipline as a whole."[50]

Bevor ich zu den möglichen Leistungen feministischer Politikwissenschaft komme, will ich feministische Politikwissenschaft näher charakterisieren.

2.2.1 Entwicklung der feministischen Auseinandersetzung mit der Politikwissenschaft

Obwohl die feministische Auseinandersetzung mit der Politikwissenschaft noch sehr jung ist und nicht auf einer breiten Basis steht, kann bereits von einer Entwicklung gesprochen werden. Harding, Gross und Ackelberg/Diamond versuchen, diese Entwicklung zu systematisieren.[51]

So wie meine Argumentation in diesem Kapitel von den geltenden Paradigmen ausgeht, um sie dann zu relativieren, so verlief die Entwicklung feministischer Ansätze in der Politikwissenschaft von der Akzeptanz zur Ablehnung der etablierten Politikwissenschaft. Bevor die Politikwissenschaft einer grundsätzlichen Kritik unterzogen wurde, versuchte die politikwissenschaftliche Frauenforschung, Frauen in die existierenden Modelle zu integrieren. In der theoretischen Diskussion gingen Feministinnen von einer Gleichheitsvoraussetzung aus, die die Übertragung der politischen Theorien auf Frauen ermöglichen sollte.

---

[50] Silverberg (1990), S. 887. Silverberg vergleicht die Politikwissenschaft mit anderen Sozialwissenschaften.

[51] Harding (1989), Gross (1986), Ackelsberg/Diamond (1987). An dieser Stelle sei auch auf die ausgezeichnete Systematik sozialwissenschaftlicher feministischer Theorien von Chafetz hingewiesen. Die explizite Nennung feministischer Politikwissenschaft fehlt in dieser Systematik jedoch, da sich Chafetz nicht an wissenschaftlichen Disziplinen orientiert (Chafetz, 1988). Einen guten Überblick über feministische Kritik an politischer Theorie bieten Jones/Jónasdóttir (1988a).

"If women's natures and activities are as fully social as are men's, then our theoretical discourses should reveal women's lives with just as much clarity and detail as we presume the traditional approaches reveal men's lives. We had thought that we could make the categories and concepts of the traditional approaches objective ... where they were not already."[52]

Diese Methode mußte zu Widersprüchen führen, da auch in theoretischen Modellen, in denen Frauen nicht vorkommen, Annahmen über das Geschlechterverhältnis enthalten sind, die nicht mit dem Bild der Frauen als "surrogate men"[53] zusammenpassen. Ins Blickfeld der Untersuchung fielen nun "... the sexist assumptions about women's nature that were central to the male canon."[54] Es stellte sich heraus: "... neither women's activities nor gender relations ... can be added to these theoretical discourses without distorting the discourses and our subject matters."[55]

In der empirischen Forschung fiel zunächst auf, daß bei den Fragestellungen (und damit auch bei den Ergebnissen) Interessen von Frauen nicht vorkamen und dadurch Frauen automatisch marginalisiert wurden.[56] Die sich aufdrängende Frage nach dem Politikbegriff empirischer Studien führte zu der Infragestellung bisher nicht problematisierter Stereotypen in der Politikwissenschaft.

"They [die feministischen Kritiken; S.O.] pointed to the ways in which societal beliefs about differences between men and women were 'naturalized' by political scientists - conceived as biological in origin - and (therefore) relegated to a place completely outside the realm of political analysis."[57]

Biologische Argumentationen schließen letztendlich die Geschlechterdifferenz aus der politikwissenschaftlichen Betrachtung aus. Hier wird bereits augenfällig, wie eng der von feministischen Ansätzen hinterfragte Zusammenhang zwischen der Vorstellung biologischer Geschlechtsunterschiede und der Konzeption

---

52   Harding (1989), S. 15

53   Gross (1986), S. 192

54   Ackelsberg/Diamond (1987), S. 506

55   Harding (1989), S. 15f

56   Beispielsweise kommt Inglehart in seinen umfassenden, vieldiskutierten Untersuchungen zu zunehmend postmateriellen Wertstrukturen ohne geschlechtsspezifische Differenzierung aus. Obwohl er, wie sich an einigen Stellen zeigt, über das Datenmaterial verfügt, verzichtet er auf eine geschlechtsspezifische Auswertung der Entwickung zu postmateriellen Wertstrukturen. Selbst in seiner neuen Untersuchung von 1989 hat das Kriterium 'Geschlecht' keinen Platz. Vielleicht wäre ja seine These nicht mehr zu halten, würde Inglehart die Daten für Männer und Frauen gesondert auswerten (Inglehart, 1979 und 1989).

57   Ackelsberg/Diamond (1987), S. 506

der Politikwissenschaft ist.[58] Im Zentrum feministischen Interesses stand und steht daher, wie die Geschlechtsrollenerwartungen, die mit diesen biologischen Stereotypen korrespondieren, die Partizipation von Frauen an den männerdominierten Politikbereichen hemmen.

"The most widely explored example of the workings of conventional expectations was the so-called public-private split - the division of social life into a private/domestic domain (the purview of women), considered to be *outside* of 'politics' properly understood, and a public/political domain (the purview of men/citizens), perceived as the appropriate focus of political/social analysis."[59]

Die Diskussion der theoretischen wie auch der empirischen Politikwissenschaft gelangte also sehr schnell an den Punkt, an dem die für die Politikwissenschaft konstitutive und geschlechtsspezifisch interpretierte Trennung zwischen politischem und privatem Raum angegriffen werden mußte. Wie sich zeigen wird, bedeutet dies jedoch nicht unbedingt eine völlige Abkehr von der Politikwissenschaft, sondern bedingt einen neuen Umgang mit deren Terminologie, Modellen und Fragestellungen. In diesem neuen Umgang liegt ein wichtiger Bereich dessen, was der Feminismus zur Politikwissenschaft beitragen kann.

2.2.2 Charakteristische Merkmale feministischer Konzeptionen

Da der traditionelle Politikbegriff durch feministische Kritik aufgelöst wird, muß feministische Politikwissenschaft über die Grenzen der Wissenschaften hinweg diskutiert werden. Ein neues Verständnis von Politik kann meines Erachtens nur im Zusammenhang mit anderen Sozialwissenschaften gesucht werden - und auch mit den Naturwissenschaften, wie sich in der Auseinandersetzung um biologische Geschlechtsunterschiede zeigt. Feministische Politikwissenschaft ist daher nicht scharf gegenüber anderen Disziplinen abgrenzbar.

Eine Beschränkung auf die etablierte Politikwissenschaft ist nicht sinnvoll, da innerhalb der Politikwissenschaft sehr wenig und nur sehr langsam feministische Ansätze entstehen. Gerade in der theoretischen Diskussion finden sehr viele Entwicklungen außerhalb der Politikwissenschaft statt. Die aufzuzeigenden Möglichkeiten feministischer Politikwissenschaft müssen aber sowohl den Ansätzen innerhalb als auch denen außerhalb der Politikwissenschaft Rechnung tragen.

---

[58]   vergleiche Kapitel 4

[59]   Ackelsberg/Diamond (1987), S. 505

Die Herkunft der Gedanken, die in einer Auseinandersetzung mit der institutionalisierten Politikwissenschaft stehen, ist dabei nebensächlich. Die Vielfalt der Quellen kann in Anlehnung an Chafetz, die von feministischer Soziologie spricht, gesehen werden

> "... as a diverse set of practical tools from which we can select those most helpful in solving any given intellectual or practical problem. The more tools we have in our disposal, the more adequately we can understand that which we seek to understand."[60]

So wie feministische Politikwissenschaft nicht gegen andere Disziplinen abgegrenzt werden kann, so kann sie auch nicht eindeutig definiert werden. Einige charakteristische Merkmale feministischer Konzeptionen sind nämlich auch in anderen kritischen Wissenschaftsansätzen enthalten. Da feministische Ansätze jedoch nicht den Anspruch haben, in jeder Hinsicht einzigartig zu sein, fechten solche Überschneidungen sie nicht an. In der Kombination von Themen, Methoden und Bewertungen ist feministische Wissenschaft spezifisch genug, um einen solchen Oberbegriff zu rechtfertigen. Es kann jedoch nicht von der einen feministischen Wissenschaft oder von der einen feministischen Politikwissenschaft gesprochen werden. Die Themen, die vorausgesetzten Menschenbilder, die Denkstrukturen - kurz die zugrundeliegenden Paradigmen - sind sehr unterschiedlich. Nähe und Ferne zu den etablierten Paradigmen bilden ein sehr breites Spektrum.

Politikwissenschaftliche Frauenforschung hat nach Ackelsberg/Diamond bisher drei Formen angenommen, die in der folgenden Reihenfolge entstanden sind und jetzt gleichzeitig weiterverfolgt werden:

> "(1) critiques of conventional (male) views of women, as reflected both in the canon (classic texts of political philosophy) and in empirical studies of political participation and citizenship; (2) attempts to fill in the gaps and correct the misconceptions by 'reading women in' to the existing bodies of literature and, more recently (3) exploring how a focus on women's experience may force us to transform the ways we theorize about politics, challenging conventional paradigms and understandings."[61]

Wie ich bereits gezeigt habe, führen die ersten beiden Versuche, Frauen zur Geltung zu bringen, automatisch zu der grundlegenden Infragestellung der Politikwissenschaft, die in (3) angesprochen wird. Um letztlich herauszuarbeiten, was feministische Politikwissenschaft leisten kann, gilt es, sich auf Merkmale

---

60   Chafetz (1988), S. 1

61   Ackelsberg/Diamond (1987), S. 505

feministischer Auseinandersetzung zu konzentrieren, die 'an die Substanz' der Politikwissenschaft gehen.

Meines Erachtens können die hier verarbeiteten Versuche, diese feministische Ansätze zu systematisieren, aufgrund der Offenheit der Diskussion 'nur' als Diskussionsangebot verstanden werden, an dem sich andere Systematisierungen und Entwürfe reiben können. So ist beispielsweise zu klären, ob die vorgeschlagenen Charakterisierungen auch auf empirische politikwissenschaftliche Frauenforschung übertragbar ist, denn sie beziehen sich zum großen Teil auf die Auseinandersetzung mit der politischen Theorie.

Da es keine gültige Definition feministischer Theorie gibt, ist eine negative Abgrenzung gegenüber traditionellen Ansätzen einfacher, denn bestimmte Annahmen sollen ja nicht mehr reproduziert werden. Gross ist bei ihrem Versuch einer solchen negativen Abgrenzung sehr konsequent und stellt vor allem heraus, daß feministische Theorie nicht einfach das Gegenstück zu patriarchaler Theorie sein kann:

> "It cannot be regarded ... as the reverse or opposite of patriarchal texts, transforming their objexts but not their underlying assumptions."[62]

Zugrundeliegende Annahmen dürfen einerseits nicht einfach übernommen werden, denn sie enthalten eventuell patriarchale Implikationen. Andererseits können Annahmen auch nicht einfach negiert werden. Denn die bloße Negation z.B. des Rationalitätsanspruches der Wissenschaft ändert im geltenden dichotomen Weltbild nichts an dem Maßstab 'rational-nichtrational' und damit auch nichts an dessen patriarchalen Implikationen. Es geht also um eine 'Transformation' von Annahmen, das heißt, aus den 'alten' Annahmen werden 'neue' erstellt, die die Nachteile der 'alten' nicht haben sollen.

Der ganz zentrale gemeinsame Nenner jenseits aller verschiedenen theoretischen Ausprägungen ist die Parteilichkeit feministischer Ansätze:

> "While there are deep and sometimes bitter ideological disagreements between feminists, any feminist is, at the very minimum, committed to some form of reappraisal of the position of women in society. Feminism, then, is avowedly not value-neutral, but politically engaged."[63]

Das spezifisch Feministische ist dabei nicht das politische Engagement. Denn die traditionelle politische Theorie ist auch politisch engagiert - sie schließt

---

[62]   Gross (1986), S. 196

[63]   Evans (1986a), S. 2

40

Frauen aus, disqualifiziert sie und ist dadurch Teil eines Machtverhältnisses. Das Spezifische an der feministischen politischen Theorie ist, daß sie ihr politisches Engagement bewußt bejaht, und daß dieses Engagement dem Ziel einer anderen Position der Frauen in der Gesellschaft verpflichtet ist.

"The politics of feminist theories are only more self-conscious and explicit, not more intrusive or biasing, than those of most other theories."[64]

Unter diesem Gesichtspunkt ist ihr Verhältnis zur Wahrheit ganz anders als in der traditionellen politischen Theorie. Gross konzentriert sich in ihrer Abgrenzung feministischer von traditioneller Politikwissenschaft vor allem auf Formen des Wahrheitsanspruches, die sie in der politischen Theorie findet, und denen feministische Theorie entgegentritt, ohne sie einfach zu leugnen oder zu negieren. Aus der Kritik dieser Wahrheitsannahmen kristallisiert Gross eine positive Abgrenzung gegenüber traditionellen Ansätzen heraus.[65] Damit stellt sie eine Art Raster zur Verfügung, an dem feministische Ansätze gemessen werden können. Dieses Raster darf jedoch nicht absolut gesehen werden. Es ist eine Art Momentaufnahme der Ansprüche, die zur Zeit von vielen (vielleicht den meisten) Feministinnen an feministische Ansätze gestellt werden - Ansprüche, von denen feministische Politikwissenschaft momentan meint, nicht mehr hinter sie zurück zu können, die aber auch (noch) nicht überwunden sind. Die Ansprüche an feministische Ansätze lassen sich folgendermaßen zusammenfassen:

- Die eigene Kontextbezogenheit wird angenommen und positiv akzeptiert. Feministische Theorie hat einen bestimmten Standpunkt mit spezifischen Zielen.

- Es wird akzeptiert, daß die Forscherinnen und Forscher immer eine Position (zeitlich, sexuell, politisch usw.) gegenüber ihrem Objekt haben. Die Trennung zwischen Objekt und Subjekt wird damit aufgehoben. An die Stelle 'objektiver' Kriterien tritt jedoch nicht eine beliebige subjektive Verzerrung. Die Kriterien der Bewertung werden intersubjektiv entwickelt und können intertextuell Systeme und Strukturen beurteilen.

- Alle Theorien sind sexualisiert, das heißt geprägt durch die gesellschaftliche Bewertung von Männlichkeit und Weiblichkeit. Mit dieser Bewertung und damit der Sexualisierung hängen auch politische und persönliche In-

---

64 Chafetz (1988), S. 6

65 vergleiche Gross (1986), S. 200-203

teressen zusammen, von denen die Forscherinnen und Forscher geprägt sind. Speziell, wenn es dezidiert um das Geschlechterverhältnis in der Forschung geht, ist eine Trennung zwischen Subjekt und Objekt nicht mehr möglich.

- Wahrheit, Objektivität, Universalität, Neutralität und abstrakter Vernunft wird kein Eigenwert zugemessen. Praxis und Theorie gehen ineinander über. Sowohl entspricht die Theorie den eigenen politischen Ansprüchen, ist also Praxis, als auch bedient sich die Praxis der Theorie. Die Theorie ist Hilfsmittel in der alltäglichen Auseinandersetzung, zum Beispiel auch gegen die patriarchale Theorie.

- Feministische Theorie will eine Erweiterung der Vernunftkonzeption, die Ablösung des ausschließenden Konzepts (Ausschluß des Nichtrationalen). Feministische Theorie sucht eine Rationalität, die Erfahrung, Geschichte, Subjektivität einschließt. Dies kann nur eine Rationalität sein, die nicht über der Erfahrung schwebt, sondern auf ihr aufbaut.

- Feministische Theorie akzeptiert das eigene Eingebundensein in Sprache, Ziele, Macht usw. Das eigene Theoretisieren hängt beispielsweise von der sozioökonomischen Dominanz des Mannes ab.

- Geltende Strukturen auch des Denkens werden nicht automatisch akzeptiert (auch nicht die formale Logik, die Strukturierung nach binären Kriterien, die Grammatik, die Syntax). Es findet ein ständiges Experimentieren mit neuen Formen des Schreibens statt.

Gross geht davon aus, daß feministische Theorien bereits diesen Kriterien entsprechen. Dies kann hier nicht im einzelnen und umfassend nachgeprüft werden. Gross' Ausführungen sind jedoch meines Erachtens nicht so sehr als Tatsache, sondern als Anspruch zu sehen. Von den Kritikpunkten ausgehend, die ich in Abschnitt 2.1 entwickelt habe, ist der Vorschlag von Gross eine sinnvolle Möglichkeit, dem Wahrheitsanspruch der Politikwissenschaft entgegenzutreten, neue Maßstäbe in die Politikwissenschaft einzuführen, ohne sich ganz von ihr zu verabschieden.

2.2.3   Sind feministische Modelle wirklich anders?

Die Frage, ob feministische Modelle wirklich anders sind, stellt sich nicht aus einem Anspruch auf Originalität heraus. Vielmehr erwächst sie aus dem grundlegenden Charakter feministischer Kritik an politischer Theorie. Machen nicht feministische Modelle die gleichen 'Fehler', die sie an traditionellen Modellen kritisieren? Benutzen sie nicht die gleichen Methoden und Versatzstücke wieder? Welche Voraussetzungen haben feministische Ansätze? Impliziert eine grundsätzliche Kritik nicht auch den Anspruch, es selbst anders und besser zu machen?

An zwei Beispielen will ich diese selbstreflexiven Fragestellungen näher erläutern: (a) an der Kritik der Theoriekritik und (b) an der Kritik feministischer Autonomiekonzeptionen.

a)   Kritik der Theoriekritik

Die Kritik an politikwissenschaftlichen Theorien ist - so die feministische Kritik an der feministischen Kritik - wieder theoretisch. Das heißt, sie bedient sich auch der instrumentellen Rationalität, sie bedient sich der gleichen, patriarchalen, dichotomen Denkstrukturen, die sie kritisiert. Nicht nur die Theorien, sondern das Theoretisieren selbst ist geprägt von patriarchalen Strukturen, denen sich auch feministische Theoretikerinnen nicht entziehen können. Beispielsweise enthalten die Mechanismen des Theoretisierens auch bei Feministinnen die folgenden Schwachpunkte:

-    Es findet eine Trennung zwischen Subjekt und Objekt statt, die dann in einem Über- und Unterordnungsverhältnis zueinander stehen.

"However, we sometimes claim that theorizing itself is suspiciously patriarchal, for it assumes separations between the knower and the known, subject and object, and the possibility of some powerful transcendental ... standpoint from which nature and social life fall into what we think is their proper perspective."[66]

-    Durch die zum Theoretisieren notwendige Abstraktion entstehen Verzerrungen, die sich kaum von den Verzerrungen traditioneller Theorien unterscheiden.

"In trying to develop theories that provide the one, true (feminist) story of human experience, feminism risks replicating ... the patriarchal theories ... by assuming that only the problems of *some* women are human problems and that solutions for them are the only reasonable ones."[67]

---

66   Harding (1989), S. 17
67   Harding (1989), S. 17

- Die naheliegendste Verzerrung ist die Einschränkung auf den Blickwinkel bestimmter Frauen mit den sozialen Erfahrungen westlicher, bürgerlicher, heterosexueller, weißer Frauen.

- Diese Verzerrung ist ein Beispiel dafür, daß die Herausarbeitung von Unterschieden, von spezifischen Differenzen in der Erfahrungsweise von Frauen beim Theoretisieren verloren geht.

"Yet despite (or perhaps because of) the effort to take gender differences seriously - in the variety of ways in which they do so - many of these feminist theorists and activists are becoming aware that one price of these theoretical achievements may be obfuscation, or the virtual erasure, of the diversity of women's experience."[68]

Neben dem Theoretisieren wird auch die Auseinandersetzung mit der Wissenschaft selbst kritisiert. Der Wissenschaftskritik wird eine Art positivistischer Optimismus vorgeworfen. Indem die Wissenschaftskritik der Wissenschaft vorwirft, etwas falsch zu machen, stellt sie den Anspruch, daß es möglich ist, es richtig zu machen.

Es wäre jedoch verfehlt, diese Kritik an der Theoriekritik als grundsätzliche Ablehnung jeglicher Theorie und Abstraktion zu sehen. Beispielsweise argumentiert Harding, die diese wissenschaftstheoretische Diskussion sehr konsequent führt, selbst auf sehr hohem theoretischem Niveau.

Für die feministische Politikwissenschaft ergibt sich die Notwendigkeit, nicht einfach alles zurückzuweisen, was bisher in theoretischen politischen Diskursen (auch über Frauen) gesagt wurde. Denn die feministische Politikwissenschaft hat ja eine politische Zielsetzung sowohl gegenüber der Politikwissenschaft als auch gegenüber der Politik. Die feministische Politikwissenschaft kann sich daher auch nicht aus dem theoretischen Diskurs völlig ausklinken.

Die oben skizzierte Kritik der Theoriekritik und der Wissenschaftskritik kann der Einstieg in einen unendlichen Regreß sein. Selbstverständlich ist die Kritik an der Theoriekritik wieder theoretisch und hat die Kritik der Wissenschaftskritik wieder einen Wahrheitsanspruch. Diese Argumentation wäre jedoch ausweglos und unfruchtbar. Feministische Politikwissenschaft muß, um sich nicht selbst ad absurdum zu führen, mit der Kritik der Theoriekritik anders umgehen.

Die wiederum theoretische Kritik an der Theoriekritik zeigt, wie die kritische Auseinandersetzung am Kritisierten hängt. Sie bedient sich des gleichen

---

68   Ackelsberg/Diamond (1987), S. 517

Instrumentariums: Abstraktion, Logik, Prämissen usw. Feministische Kritik an dem politikwissenschaftlichen theoretischen Diskurs bleibt Teil des kritisierten Diskurses. Mit Hilfe dieser expliziten Anerkennung der eigenen Gebundenheit an den kritisierten Diskurs kann meines Erachtens eine reflexive Auseinandersetzung mit der traditionellen Theorie und Wissenschaft stattfinden. Unter Einbeziehung dieses selbstkritischen Blicks gilt es zu klären, wie mit den Problemen des Theoretisierens und des wissenschaftlichen Arbeitens anders umgegangen werden kann, als es bei der etablierten Wissenschaft der Fall ist. Das feministische Experimentieren an diesen Fragestellungen ist einer jener Aspekte, die die feministische Politikwissenschaft leisten kann.

b)   Kritik der feministischen Autonomiekonzeptionen

Jedoch nicht nur bei Methoden, Denkstrukturen und Voraussetzungen läuft die feministische Politikwissenschaft Gefahr, das Kritisierte gleich wieder zu reproduzieren. Auch in den Autonomieansprüchen der Neuen Frauenbewegung steckt ein Stück des modernen, autonomen Individuums, das alles Nichtrationale, Determinierte ausschließt und im Zentrum politikwissenschaftlicher Analyse steht.

Es ist Aufgabe der feministischen Politikwissenschaft, diese Tradition des feministischen Autonomiebegriffs herauszuarbeiten. Im Autonomiebegriff zeigt sich ebenfalls ganz deutlich die Gebundenheit der Kritik an das Kritisierte, des Gegenentwurfs an den Entwurf. Woraus sollten wir politische Forderungen auch entwickeln, wenn nicht aus dem, was schon da ist?

Grimshaw[69] findet drei Annahmen, die sich durch die feministischen Autonomiebegriffe ziehen, und die dem modernen Autonomiebegriff sehr ähnlich sind:

> "First, that it [das Selbst; S.O.] is, at least potentially, a unitary, rational thing, aware of its interests. Second, that 'splits' within the psyche should be seen as resulting from the interference of patriarchal or male-dominated socialisation or conditioning. Third, that the task of undoing this conditioning is one that can be achieved solely by a ratio-

---

69   Zur Autonomiekonzeption in der Neuen Frauenbewegung vergleiche Grimshaw (1988). Die Beispiele, die Grimshaw bringt, decken die Spannbreite der feministischen, theoretischen Literatur gut ab. Nach Grimshaw zieht sich die traditionelle Autonomiekonzeption von Kate Millet bis Mary Daly, also von den Anfängen feministischer Literatur bis zur ganz aktuellen Diskussion weiblicher Subjektivität.

nal process of learning to understand and fight against the social and institutionals effects of male domination."[70]

Dabei muß zwischen zwei Autonomieansprüchen der Neuen Frauenbewegung unterschieden werden: Der eine ist der Gleichheitsanspruch, das heißt, Frauen sollen genauso als autonome Individuen konzipiert sein und die gleichen Möglichkeiten haben wie Männer. Bei dieser Art Autonomie ist klar und beabsichtigt, daß sie eine Reproduktion des modernen Anspruches ist. Die Moderne wird auf Frauen ausgedehnt.

Schwieriger gestaltet sich die Fragestellung bei der Forderung nach Autonomie in dem zweiten Sinne eines eigenständigen Weges von Frauen, ohne dem Einfluß der Männer ausgesetzt zu sein. Frauen wollen autonom ihren eigenständigen und 'eigentlichen' Weg gehen. Auch dieser Autonomieanspruch bleibt letztlich der Moderne verpflichtet, da er von einer Befreiung von äußeren Zwängen ausgeht, die dann zur 'eigentlichen', freien Frau führt. Dahinter steht ein ganz rationaler Begründungszusammenhang, von einer Ablösung von patriarchalen Maßstäben kann daher nicht gesprochen werden.

"And still others press us to look anew even at the feminist language of 'the right to one's body', suggesting that, while it poses important challenges to male power over women and clearly articulates female subjectivity, it too is grounded in the psychology of instrumental rationalism."[71]

Die Zurückweisung der Deformationen, Zwänge und Machtverhältnisse, denen Frauen unterworfen sind, setzt ein potentiell autonomes, von der Gesellschaft unabhängiges Wesen voraus.

"But behind this victimised female self, whose actions and desires are assumed to be not truly 'her own', since they derive from processes of force, conditioning or psychological manipulation, there is seen to be an authentic female self, whose recovery or discovery it is one of the aims of feminism to achieve."[72]

Die Loslösung von gesellschaftlichen Maßstäben, die mit der Selbstbezeichnung 'autonome Frauenbewegung' gemeint ist, ist also nicht so konsequent, wie sie erscheint. Auch diese selbstreflexive Wendung muß jedoch nicht in den unendlichen Regreß führen, sondern kann dazu genutzt werden, bewußt zu einem neuen Verständnis des Individuums zu gelangen. Feministische Politikwissenschaft kann den Autonomiebegriff, der in ihrem politischen

---

[70]   Grimshaw (1988), S. 95

[71]   Ackelsberg/Diamond (1987), S. 520

[72]   Grimshaw (1988), S. 93

Anspruch auch immer steckt, bewußt an den der Politikwissenschaft anschließen. Die Kritik am "'humanist' paradigm of the self"[73] auch bei Feministinnen ist notwendig, um herauszustellen, was diesem Individuum immer noch fehlt, auch wenn es eine Frau ist.

2.3 Ansätze neuer Paradigmen

Aufgrund der Offenheit der Diskussion kann an dieser Stelle nicht eine Würdigung der Leistungen feministischer Politikwissenschaft stehen. Denn solch eine 'Laudatio' würde voraussetzen, daß die Diskussion eine Reife und Abgeschlossenheit hat, die noch nicht erreicht ist. Daher ist das Folgende als Anregung zu verstehen, in welche Richtungen meines Erachtens die Entwicklung feministischer Politikwissenschaft weitergehen könnte und sollte.

Zunächst erweitert die feministische Politikwissenschaft die Politikwissenschaft um die Frage nach den Frauen in den bereits bestehenden empirischen und theoretischen Ansätzen. Es sollen Lebensbereiche von Frauen untersucht werden, die bisher im politikwissenschaftlichen Diskurs gefehlt haben. Die Einführung dieses spezifischen Blickwinkels hat jedoch nicht nur den Anspruch, Lücken zu füllen, sondern will auch die Verzerrungen und Fehler vermeiden, die der androzentische Blickwinkel mit sich brachte.

"... we could ... try to write theory from a gynozentric perspective, one which instead of being grounded in the experiences of men has at its centre a female ego."[74]

Während bisher Modelle auf geteilten und nichthinterfragten Erfahrungen von Männern aufbauten, sollen durch den Einfluß politikwissenschaftlicher Frauenforschung Erfahrungen und Lebenszusammenhänge von Frauen in den wissenschaftlichen Prozeß integriert werden. Dies ersetzt jedoch nicht eine Verzerrung durch die andere und verhindert auch nicht prinzipiell Verzerrungen, sondern soll spezielle Blickwinkel bewußt, nachvollziehbar und handhabbar machen, dadurch, daß sie als solche ausgewiesen werden.

Neue Paradigmen müssen genau an den Punkten ansetzen, die bisher kritisiert wurden: (a) an der Abgrenzung des Gegenstandes (also an der Trennung zwischen privat und politisch), (b) am Menschenbild (an dem autonomen, politisch aktiven Subjekt und seinem Gegenbild, dem 'anderen' Geschlecht) und -

---

[73]   Grimshaw (1988), S. 98

[74]   Thiele (1986), S. 41

damit zusammenhängend - (c) an der Art des politikwissenschaftlichen und politischen Diskurses.

2.3.1 Gegenstandsabgrenzung der Politikwissenschaft

Aus feministischen Fragestellungen ergibt sich, daß der politische Charakter des Privaten bei der Gegenstandsabgrenzung berücksichtigt werden muß.

> "Feminist scholars insisted that what went on in the private sphere was also political, and that political scientists ought to broaden their scope of study to incorporate a range of behaviors and concerns that has traditionally been relegated to that 'private' (read: female) arena. Further, some began to point out the political nature of making the split at all."[75]

Feministische Politikwissenschaft erweitert den Gegenstandsbereich der Politikwissenschaft meines Erachtens in vier Richtungen:

1) Die Machtverhältnisse innerhalb des 'privaten' Bereichs werden analysiert. Das Ungleichheitsverhältnis zwischen Mann und Frau wird in seinem Zusammenhang mit Ungleichheitsverhältnissen in der Gesellschaft herausgearbeitet.

2) Der Zusammenhang zwischen privatem und politischem Raum wird analysiert. Eine Folge der geschlechtsspezifischen Arbeitsteilung ist, daß Frauen das Scharnier zwischen dem Staat und dem sogenannten privaten Raum bilden - zwischen Wohlfahrtsstaat und Familie, Bildungssystem und Familie, Gemeinde und Familie, Wirtschaftssystem und Familie. Und Frauen solidarisieren sich auch in diesen Bereichen: in Elternbeiräten, Bürgerinitiativen, Gemeinderäten usw. Die notwendige Verknüpfung zwischen politischem und privatem Bereich, die zum großen Teil von Frauen geleistet wird und daher bisher nicht Thema der Politikwissenschaft war, findet damit Eingang in die Politikwissenschaft.

3) Die Unterscheidung zwischen öffentlichem und privatem Bereich wird als politische Trennung erkannt. Der Gegenstand der Politikwissenschaft wird nicht mehr als selbstverständlich angesehen, sondern hinterfragt. Die Gegenstandsabgrenzung wird zum bewußten Akt, dessen weitreichende Folgen diskutiert werden.

---

[75]   Ackelsberg/Diamond (1987), S. 505f

4) Sowohl von 'öffentlichen' als auch von 'privaten' Phänomenen werden jene Aspekte als politisch untersucht, die in die Gestaltung sozialer Ordnung eingreifen. Diese Erweiterung ist die weitreichendste, da sie das Politische über die Fragestellung und nicht mehr über die Einteilung der beobachteten Phänomene in entweder politisch oder privat erfaßt.

Bei der Erweiterung des Gegenstandes der Politikwissenschaft geht es meines Erachtens nicht um die Aufhebung der Trennung zwischen privat und öffentlich im Sinne der Integration des Privaten ins Politische. Denn privat und öffentlich/politisch sind zwei dichotome Pole, die sich - wie ich bereits in Abschnitt 2.1.3 erörtert habe - gegenseitig gleichzeitig ausschließen und konstituieren. Es ist daher nicht möglich, alle Lebensbereiche als politisch zu bezeichnen, ohne daß die Definition des Politischen zusammenbricht. Denn der private Pol bliebe unbesetzt, und der Begriff 'Politik' würde alles umfassen und damit inhaltsleer. Der Slogan 'das Private ist politisch' sagt nichts aus, wenn er als Streichung des Privaten verstanden wird.

Die intendierte Aufhebung der Trennung zwischen politisch und privat kann also nicht in der Eliminierung einer der Pole bestehen. Vielmehr muß die Trennung zwischen 'politisch relevant' und 'nicht relevant' auf eine andere Ebene transferiert werden.

Dazu bedarf es einer Definition von politisch und privat, die unabhängig ist vom konkreten Gegenstand politikwissenschaftlicher Untersuchung. Diese Definition muß es ermöglichen, alle Lebensbereiche oder alle gesellschaftlichen Phänomene, unabhängig davon, ob sie bisher dem privaten oder dem politischen Pol zugeordnet waren, dahingehend zu untersuchen, ob sie politische Aspekte haben, die dann Gegenstand politikwissenschaftlicher Untersuchung sein können. In diesem Sinne beschäftigt sich die Politikwissenschaft intersubjektiv nachvollziehbar mit jenen Aspekten von Entscheidungen (einschließlich ihrer Bedingungen und Folgen, sowohl als Prozeß als auch als Ergebnis), die in die Gestaltung sozialer Ordnung eingreifen.

Die Trennung zwischen privat und politisch ist damit immer noch entscheidend für die Abgrenzung des Objekts der Politikwissenschaft, aber nicht mehr im Sinne des "Aristotelian hangover"[76] als Einteilung der Welt in politische Aktionsfelder und private Räume, sondern als Trennung, die quer durch alle Lebensbereiche führt. Der Unterschied zwischen privaten und politischen Aspekten ist dabei durchaus angelehnt an das, was im aristotelischen Modell in

---

[76]   Stiehm (1983), S. 31ff

der Politik stattfindet, nämlich Entscheidungen für oder über die Gemeinschaft - etwas, das über das Individuum hinausgeht.

So kann auch der Slogan 'das Private ist politisch' mit Inhalt gefüllt werden. In dem Slogan prallen demnach zwei Definitionen des Politischen aufeinander: 'das Private' ist der nach dem aristotelischen Modell unpolitische, häusliche Lebensbereich; und 'politisch' ist dieser Lebensbereich nach meiner Definition, weil er Entscheidungen mit überindividueller Bedeutung enthält, beziehungsweise Bedingungen von Entscheidungen über die Gemeinschaft setzt.

Die Trennung zwischen öffentlich/politisch und privat findet damit nicht mehr über das Untersuchungsobjekt, sondern über die Fragestellung statt. Politisch ist das, was über das Individuum hinausgreift. Die Trennung ist nicht aufgehoben, aber der Gegenstandsbereich der Politikwissenschaft ist sehr viel größer und schließt vor allem - und gerade das ist für feministische Politikwissenschaft entscheidend - die Lebensbereiche, die Frauen zugewiesen sind, und das Geschlechterverhältnis (z.B. diesen Mechanismus der Zuweisung) mit ein.

Feministische Politikwissenschaft wendet diese abstrakte Trennung zwischen öffentlich und privat auf die sie interessierenden Lebensbereiche von Frauen an und erschließt dadurch ein neues Untersuchungsobjekt - die (Geschlechter-)Differenz. Auch bezüglich der Geschlechterdifferenz stellt sich dann die Frage der politischen Relevanz. Die Geschlechterdifferenz kann als Bedingung von Entscheidungen über die soziale Ordnung analysiert werden und muß letztendlich als eine solche Bedingung auch begründbar sein. Die bisher allgemein geteilten Annahmen der Politikwissenschaft über das Geschlechterverhältnis geraten unter Legitimationsdruck.

Die Trennung zwischen privat und politisch, die nicht durch die Zuweisung von Gegenständen, sondern mit Hilfe von Fragestellungen erfolgt, liegt der vorliegenden Arbeit zugrunde. Der Schwerpunkt der Arbeit liegt dabei auf den Bedingungen der Entscheidungen, die die Dominanz des Männlichen über das Weibliche in unserer Gesellschaft gewährleisten.

Das Denkmodell Patriarchat ist eine Bedingung konkreter politischer Entscheidungen. Sie ist ein wesentlicher Bestandteil der Lebenswelt, die es als Reservoir unerschütterlicher Überzeugungen ermöglicht, soziale Realität zu deuten und auf der Basis dieser Deutungsprozesse politische Entscheidungen zu treffen. Ich suche beispielsweise in der Vorstellung biologischer Geschlechtsunterschiede für politische Entscheidungen relevante Aspekte.

Das Denkmodell Patriarchat ist jedoch nicht nur eine Bedingung, sondern auch eine Folge patriarchaler Entscheidungen. Auf diese Wechselwirkung kann aber nur punktuell (z.B. im Zusammenhang mit der Entstehung des Denkmodells) eingegangen werden.

2.3.2 Das Menschenbild der Politikwissenschaft

Was für die Trennung zwischen privat und öffentlich gilt, läßt sich auch auf die dichotomen Pole 'autonom-determiniert', 'rational-nichtrational', 'kulturell-natürlich' usw. anwenden. Das Menschenbild der Politikwissenschaft, das unterschiedliche Aspekte tendenziell entweder Frauen oder Männern zuweist, muß ersetzt werden durch die Vorstellung eines Menschen, durch dessen Persönlichkeit die genannten Trennungslinien hindurchlaufen, ohne daß die Pole scharf voneinander abgegrenzt werden können. Dadurch ist das Subjekt, das politisch agiert, nicht mehr das autonome Individuum, sondern es ist eingebunden in seine natürlichen Bedingungen und seine gesellschaftlichen Überformungen. Dieses nicht nur rationale Individuum entspricht auch eher den Erfahrungen des/der einzelnen.

> "Dichotomy is the simplest, most reductionistic and uninteresting way to render and organize difference ... Active/passive, dominant/submissive, aggressive/receptive, violent/peaceful - what living creature finds its own complexity or its relations with others accurately rendered by these terms?"[77]

Auch diese Integration dichotomer Pole in das einzelne Individuum kann jedoch noch nicht prinzipiell verhindern, daß beobachtete Unterschiede auf geschlechtsspezifisch verschiedene, natürliche Bedingungen zurückgeführt werden. Dazu bedarf es zusätzlicher Überlegungen zu dem Verhältnis zwischen biologischer und gesellschaftlicher Prägung. Wird geschlechtsspezifisch unterschiedliches politisches Verhalten als biologisch bestimmt (und damit unveränderbar) oder als gesellschaftlich geprägt (und damit veränderbar) gesehen? Die Unterscheidung zwischen biologisch und gesellschaftlich ist wiederum eine politische Entscheidung. Dieses Menschenbild, das nicht zwischen dem autonomen Individuum und dem nichtautonomen 'anderen' unterscheidet, muß dann eingebaut werden in eine Gesellschaftstheorie und in Gesellschaftsmodelle.

---

[77] Brown (1988), S. 191

Die Forderung nach einem anderen als dem dichotomen Menschenbild, in dem das politische Subjekt gleichzeitig autonom und determiniert ist, läßt auch die Trennung 'rational-nichtrational' in bezug auf die Diskursform fraglich erscheinen.

> "Feminist scholars ... have urged us to develop new ways of thinking and speaking, which would avoid the instrumental rationalism central to the liberal paradigm ... feminist theorists have argued that it is necessary to transform both institutions and speech ... and to incorporate into our models new ways of relating thought and emotion, reason and experience."[78]

Die Herausforderung an den Diskurs meint einerseits den (theoretischen) wissenschaftlichen Diskurs. Andererseits gilt es, nach den Ansprüchen feministischer Politikwissenschaft vor allem auch die institutionalisierten Formen des politischen Diskurses unserer Gesellschaft, die politischen Strukturen und Einrichtungen, so zu verändern, daß sie die dichotome Trennung 'rational-nichtrational' überwinden und nicht alles Nichtrationale delegieren und von sich weisen. So gilt es beispielsweise auch, die Demokratie unter der Voraussetzung des nichtgeteilten Individuums zu überdenken.[79]

> "... how the undividable/the individual - and yet divided into man and women - human being is, and could be, related to democratic citizenship."[80]

Die Überwindung der geschlechtsspezifischen Teilungen kann jedoch auf keinen Fall durch das Ersetzen des sogenannten männlichen durch den sogenannten weiblichen Pol erfolgen. Dabei würde die Trennung reproduziert. Darüber hinaus ist der 'weibliche' Pol gar nicht in der Lage, die politischen Aspekte aller Lebensbereiche zu bewältigen.

> "... 'female values' have not been shaped for public purposes nor under conditions of freedom but rather have been developed under conditions of oppression and bent to the service of power in the private sphere ... Moreover they do not, any more than their masculine counterpart, bear full humanity."[81]

---

[78] Ackelsberg/Diamond (1987), S. 519f

[79] vergleiche Philipps (1992)

[80] Jónasdóttir (1988), S. 299

[81] Brown (1988), S. 190

Das bürgerliche Frauenideal, auf das ich in Kapitel 5 näher eingehe, wird als normativer Anspruch an Frauen herangetragen. Frauen identifizieren sich zu einem gewissen Grad auch mit diesem Anspruch und versuchen, ihm zu entsprechen (Kapitel 6). Letztendlich wird auch noch versucht, die modernen Zuweisungen wissenschaftlich zu legitimieren (Kapitel 4). Bei jeder sozialen Handlung, in der Situationsdeutungen abgestimmt werden, werden die Ansprüche an Frauen reproduziert - durch die Anwendung patriarchaler Sprache selbst und durch den Anschluß der Situationsdeutungen an die vorhandene Gewißheit geschlechtsspezifischer Unterschiede (Kapitel 7). Die lebensweltlichen Gewißheiten, in denen die patriarchale Struktur moderner Gesellschaften verankert ist, sind notwendigerweise genauso patriarchal geprägt wie die Gesellschaft (Kapitel 3).

Diese weiblichen Werte werden ständig neu konstruiert und sind in keiner Weise geeignet, in den gesellschaftlichen Bereichen zu dominieren, die mit Hilfe des männlichen Gegenpols interpretiert werden müssen. Weibliche Werte sind konzipiert, um Situationen im sogenannten privaten Bereich zu deuten und zu bewältigen, für den sogenannten politischen Bereich bieten sie kein ausreichendes Instrumentarium. Sowohl die Spezialisierung der Konzeptionen 'weiblich' und 'männlich' auf bestimmte Lebensbereiche als auch deren geschlechtsspezifische Zuordnung sind in politischen Entscheidungen lebensweltliche Hintergrundannahmen.

Ich will im folgenden diesen ständigen Neukonstruktionsprozeß transparenter machen. Durch die Offenlegung der patriarchalen Lebenswelt wird diese selbst auch veränderbar (Kapitel 8). So können politische Strukturen denkbarer werden, die auf die Trennung 'öffentlich/privat' und 'männlich/weiblich' in der jetzigen Form nicht angewiesen sind.

3. Die ständige Neukonstruktion patriarchalen Denkens in der Moderne

Die Analyse der Politikwissenschaft macht deutlich, wie tief verankert das Patriarchat im modernen Denken ist. Es gibt von allen geteilte Annahmen über das Geschlechterverhältnis, die wegen ihrer vordergründigen Selbstverständlichkeit nicht kritisch hinterfragt werden, und daher die Politikwissenschaft so sein lassen, wie sie ist. Diese allgemein geteilten Annahmen sind jedoch nicht nur in der Politikwissenschaft zu finden. Vielmehr kann die Politikwissenschaft als ein Beispiel für einen Raum sozialen Handelns gesehen werden, der durch diese nichthinterfragten Voraussetzungen strukturiert ist, und in dem diese Prämissen über geschlechtsspezifische Unterschiede handlungsleitend wirken. Im Ergebnis tauchen Frauen als Gegenstand der Wissenschaft kaum auf und sind in großer Zahl nur auf der Ebene der Studierenden zu finden.

Die nicht nur in der Politikwissenschaft, sondern gesellschaftlich geteilten Annahmen über Frauen und Männer haben für die Moderne spezifische Inhalte und Begründungsmuster. In jeder Situation, die wir deuten, um unsere Handlungen abzustimmen, können diese geteilten Annahmen eine Rolle spielen. Ich analysiere in der vorliegenden Arbeit diese zunächst nicht hinterfragten, patriarchal geprägten Wissensvorräte, Normen und Erfahrungen als einen Teil dessen, was von Jürgen Habermas als Lebenswelt bezeichnet wird.

Jürgen Habermas gehört gegenwärtig zu den am intensivsten diskutierten Sozialphilosophen.[1] Vor allem die "Theorie des kommunikativen Handelns" (erschienen 1981), in der der Begriff der Lebenswelt eine herausragende Rolle spielt, ist Anlaß zu Zustimmung aber auch Kritik. Auch in der feministischen Diskussion sind Bezüge zu Habermas' Ideen häufig zu finden, und zwar in der Form, daß die von ihm entwickelte Begrifflichkeit Verwendung findet, z.B. 'Lebenswelt', 'Kolonialisierung', 'Abkoppelung von System und Lebenswelt'. Die

---

[1] Mir geht es nur um Auseinandersetzung und Kritik im Zusammenhang mit dem Geschlechterverhältnis. Auf die Diskussion um die Ideen von Jürgen Habermas außerhalb dieses Themenschwerpunktes gehe ich nicht ein.

explizite Auseinandersetzung ist dagegen eher selten.[2] Die Zielsetzung feministischer Kritik an Theorien der Moderne - und so auch das Ziel meiner Auseinandersetzung mit Habermas - hat Kulke beispielhaft formuliert:

> "Für die Auswahl dieser klassischen Theoriepositionen [gemeint sind die Theorien von Weber, Horkheimer, Adorno, Habermas; S.O.] war die Vermutung maßgeblich, mit Hilfe der Kritik einer Funktionalisierung der Vernunft und der Rationalisierungskonzepte theoretische Kategorien zu gewinnen für einen veränderten, ja neuen Zugang zur Geschlechterproblematik"[3].

Ich werde zunächst das Lebenswelt-Konzept anhand einiger zentraler Begriffe kurz darlegen (Abschnitt 3.1). Dabei arbeite ich vor allem mit der *Theorie des kommunikativen Handelns*.[4] Dann prüfe ich, in welchen Zusammenhängen Frauen in diesem Werk eine Rolle spielen (Abschnitt 3.2). Dies führt mich zu der Kritik, die von feministischer Seite an Habermas geübt wird (Abschnitt 3.3). Schließlich werde ich das vorgestellte Instrumentarium auf das Geschlechterverhältnis anwenden, um die ständige Neukonstruktion patriarchalen Denkens in der Moderne zu beleuchten, die Habermas nicht erfaßt (Abschnitt 3.4). Damit entwerfe ich den theoretischen Rahmen, in dem die Analyse der modernen Vorstellungen über biologische Geschlechtsunterschiede, der dichotomen Ansprüche an Frauen und Männer, der individuellen Erfahrung geschlechtsspezifischer Unterschiede und der Sprache steht.

3.1 Die Konzeption von Lebenswelt und System nach Jürgen Habermas

Im Zentrum der "Theorie des kommunikativen Handelns" stehen sozial handelnde Personen. Diese Personen sind in unterschiedliche soziale Zusammenhänge durch verschiedene Mechanismen integriert. Habermas unterscheidet Systemintegration und Sozialintegration. Systemintegration meint die Integration, die über die Sanktionierung von Handlungsfolgen in das wirtschaftliche und administrative System einbindet. Die Handelnden merken an den Reaktionen aus dem administrativen und dem wirtschaftlichen System, ob sie im Sinne der Erreichung ihres eigenen Ziels richtig gehandelt haben. Dabei spielen die entsprachlichten Kommunikationsmedien Geld und Macht eine herausragende Rolle, da

---

2   Die zentralen Aufsätze sind: Gerecht/Kulke/Scheich (1984), Kulke (1985a), Schmidt-Waldherr (1985), Woesler de Panafieu (1985), Weisshaupt (1986), Fraser (1992a)

3   Kulke (1985a), S. 57

4   Ich zitiere nach der dritten, durchgesehenen Auflage 1985.

sie diese Sanktionierung von Handlungsfolgen vermitteln. Sozialintegration dagegen setzt an den Orientierungen der Handelnden an. Über die Vermittlung von Wissen und von gesellschaftlich geteilten Normen und über individuelle Erfahrungen, die die gesellschaftliche Umsetzung dieser intersubjektiv vermittelten Kompetenzen zeigen, fügen sich die einzelnen in die Gesellschaft ein. Die, die mit ihrer sozialen Umgebung zu einer Verständigung kommen, sind sozial integriert. Über die Verständigung hinaus gibt es bei der Sozialintegration kein Ziel, kein Erfolgskalkül.

> "Indem sich die Interaktionsteilnehmer miteinander über ihre Situation verständigen, stehen sie in einer kulturellen Überlieferung, die sie gleichzeitig benützen und erneuern; indem die Interaktionsteilnehmer ihre Handlungen über die intersubjektive Anerkennung kritisierbarer Geltungsansprüche koordinieren, stützen sie sich auf Zugehörigkeiten zu sozialen Gruppen und bekräftigen gleichzeitig deren Integration; indem die Heranwachsenden an Interaktionen mit kompetent handelnden Bezugspersonen teilnehmen, internalisieren sie die Wertorientierungen ihrer sozialen Gruppe und erwerben generalisierte Handlungsfähigkeiten."[5]

Die einzelnen werden integriert und integrieren sich in die gesellschaftlich geteilten Annahmen, die es ermöglichen, daß Individuen zu gemeinsamen Situationsdefinitionen gelangen und ihre sozialen Handlungen aufeinander abstimmen können. Diese gesellschaftlich geteilten Annahmen nennt Habermas die Lebenswelt.

> "Mit Lebenswelt soll der Horizont bezeichnet sein, in dem sich die kommunikativ Handelnden 'immer schon' bewegen. Konstitutives Moment dieses Lebensweltkonzepts ist die Annahme, daß die Lebenswelt, in der sich die Handelnden immer schon bewegen, im wesentlichen aus 'Wissen' besteht, einem Wissen, auf dessen Grundlage die einzelnen handeln, das heißt Deutungen von Handlungssituationen vornehmen und anschließend ihr Handeln aufbauen. Dieses Wissen ist zum großen Teil unbewußtes Wissen, das den Charakter von Selbstverständlichkeiten hat."[6]

Die Lebenswelt ist also ein kulturelles Vorverständnis, das als Ganzes nicht problematisiert wird. Wenn jedoch eine Situation von sozial Handelnden interpretiert werden muß, damit sie ihre Handlungen abstimmen können, dann wird ein Teil dieses Hintergrundwissens benutzt, thematisiert und damit auch zur Disposition gestellt und überprüft. Dieser Teil des lebensweltlichen Hintergrunds muß sich in der zu deutenden Situation bewähren. Entscheidungen, die

---

[5]   Habermas (1985b), S. 208

[6]   Gripp (1984), S. 93

die soziale Ordnung betreffen (politische Entscheidungen), werden durch die Deutung von Situationen auf der Basis des lebensweltlichen Hintergrundwissens vorbereitet.

> "Die kommunikative Alltagspraxis ist ... in einen lebensweltlichen Kontext eingebettet, der durch kulturelle Überlieferungen, legitime Ordnungen und vergesellschaftete Individuen bestimmt ist."[7]

Alle drei hier genannten Dimensionen der Lebenswelt - das kulturell überlieferte Wissen, die tradierten Normen legitimer Ordnung und die subjektiven Erfahrungen vergesellschafteter Individuen - haben offensichtlich einen konservativen Charakter, denn sie werden gespeist aus dem, was bereits besteht, was sich bisher als situationsgerecht bewährt hat. Mit Hilfe des bisher angesammelten Wissens, der tradierten Normen und der teilweise geteilten individuellen Erfahrungen soll auch die aktuell zu deutende Situation einvernehmlich interpretiert und auf der Basis von Verständigung eine soziale Handlung abgestimmt werden können.

> "Die Lebenswelt speichert die vorgetane Interpretationsarbeit vorangegangener Generationen; sie ist das konservative Gegengewicht gegen das Dissensrisiko, das mit jedem aktuellen Verständigungsvorgang entsteht."[8]

Während im System der Typ der strategischen (egoistisch-erfolgsorientierten) Handlung vorherrscht, ist die Lebenswelt die Domäne des kommunikativen Handelns, das alleine die Verständigung zum Ziel hat.

> "Kommunikatives Handeln spielt sich innerhalb einer Lebenswelt ab, die den Kommunikationsteilnehmern im Rücken bleibt. Diesen ist sie nur in der präreflexiven Form von selbstverständlichen Hintergrundannahmen und naiv beherrschten Fertigkeiten präsent."[9]

Das kommunikative Handeln ist dabei als Grundtyp des Handelns zu sehen. Denn jede soziale Handlung (und auch die Lebenswelt) ist konstitutiv sprachlich, und daher werden bei jeder sozialen Handlung Geltungsansprüche gestellt, die der Sprachanwendung immanent sind und eine kommunikative Handlung umreißen.

> "Sofern er [der sozial Handelnde; S.O.] überhaupt an einem Verständigungsprozeß teilnehmen will, kann er nicht umhin, die folgenden, und zwar genau diese universalen Ansprüche zu erheben:

---

7   Habermas (1985b), S. 272

8   Habermas (1985a), S. 107

9   Habermas (1985a), S. 449

- sich verständlich *auszudrücken*,
- *etwas* zu verstehen geben,
- *sich* dabei verständlich machen,
- und sich *miteinander* zu verständigen."[10]

Die Geltungsansprüche Verständlichkeit, Wahrheit, Wahrhaftigkeit und Richtigkeit sind der Sprache immanent und daher universell. System und Lebenswelt sind dagegen historischen Veränderungen unterworfen. Diese historische Entwicklung ist eine Differenzierung des Gesellschaftssystems, die sich sowohl im System als auch in der Lebenswelt niederschlägt. Dabei gehen die Anstöße für die Entwicklungen von dem Bereich der materiellen Reproduktion aus.[11]

> "Ich verstehe die soziale Evolution als einen Differenzierungsvorgang zweiter Ordnung: System und Lebenswelt differenzieren sich, indem die Komplexität des einen und die Rationalität des anderen wächst, nicht nur jeweils als System und als Lebenswelt - beide differenzieren sich gleichzeitig auch voneinander."[12]

In der Moderne erlangen System und Lebenswelt eine Unabhängigkeit voneinander, die es ermöglicht, daß sie aufeinander einwirken: "... das kapitalistische Muster der Modernisierung ist dadurch gekennzeichnet, daß die symbolischen Strukturen der Lebenswelt unter den Imperativen der über Geld und Macht ausdifferenzierten und verselbständigten Subsysteme verformt, d. h. verdinglicht werden."[13]

> "Wenn man diesen Trend der Entkopplung von System und Lebenswelt auf die Ebene einer systematischen Geschichte der Verständigungsformen abbildet, verrät sich die unaufhaltsame Ironie des weltgeschichtlichen Aufklärungsprozesses: die Rationalisierung der Lebenswelt ermöglicht eine Steigerung der Systemkomplexität, die so hypertrophiert, daß die losgelassenen Systemimperative die Fassungskraft der Lebenswelt, die von ihnen instrumentalisiert wird, sprengen."[14]

Die systemischen Integrationsmedien Macht und Geld dringen in die lebensweltlichen Integrationsmechanismen ein, die "auf kulturelle Überlieferung, soziale Integration und Erziehung spezialisiert sind und auf Verständigung

---

10   Habermas (1976), S. 176

11   vergleiche Habermas (1985b), S. 251

12   Habermas (1985b), S. 230

13   Habermas (1985b), S. 420

14   Habermas (1985b), S. 232f

als Mechanismus der Handlungskoordinierung angewiesen bleiben"[15]. Diesen Prozeß nennt Habermas die Kolonialisierung der Lebenswelt.

Die Sprache hat eine herausragende Rolle in dem Modell von Habermas. Sie ist "Medium der Verständigungsprozesse, durch die sich die Lebenswelt erhält. Indem sie [die sozial Handelnden; S.O.] eine kulturelle Überlieferung benutzen, setzen sie sie auch fort."[16] Das heißt, die sozial Handelnden verständigen sich sprachlich aus ihrer gemeinsamen Lebenswelt heraus und stellen dadurch gleichzeitig die Lebenswelt auch immer wieder her. Dabei ist auch die Sprache Entwicklungen unterworfen, denn die Sprache muß das jeweilige Entwicklungsstadium von System und Lebenswelt fassen können.

> "Dabei prägt die Kultur auch die Sprache; denn die semantische Kapazität einer Sprache muß der Komplexität der gespeicherten kulturellen Inhalte, der Deutungs-, Wert- und Ausdrucksmuster angemessen sein."[17]

3.2   Frauen in der Theorie des kommunikativen Handelns

Habermas spricht durchgängig von Menschen, sozial Handelnden, Interaktionsteilnehmern, Aktoren usw. Er benutzt also das generische Maskulinum, das heißt, er benutzt die grammatikalisch männliche Form, meint damit aber - so unterstelle ich - alle Menschen.[18]

Explizit erwähnt werden Frauen zum einen im Zusammenhang mit Stammesgesellschaften: die Arbeitsteilung in Stammesgesellschaften wird parallel zu unserer heutigen Arbeitsteilung geschlechtsspezifisch dargestellt.[19] Und der Tausch von heiratsfähigen Frauen ist - so Habermas - ein Beispiel dafür, daß der "Austausch von Produkten ... die ihres Gebrauchswertes wegen eigentlich nicht getauscht werden müßten" eine Komplexitätssteigerung einfacher Familienverbände ermöglicht.[20]

---

15   Habermas (1985b), S. 488

16   Habermas (1985b), S. 191

17   Habermas (1985b), S. 191

18   Inwieweit durch dieses implizite Einbeziehen von Frauen auch bei Habermas geschlechtsspezifische Aspekte nicht genannt werden, die für sein Modell wichtig wären, gilt es, im nächsten Abschnitt zu klären.

19   Habermas (1985b), S. 238

20   vergleiche Habermas (1985b), S. 240

Zum anderen und mit ganz anderem Stellenwert nennt Habermas die Neue Frauenbewegung als eine der aktuellen sozialen Bewegungen.

"Antikernkraft- und Ökologiebewegung; Friedensbewegung ... Bürgerinitiativbewegung; Alternativbewegung ... Minderheiten ... die Psychoszene mit Lebenshilfegruppen und Jugendsekten; religiöser Fundamentalismus; Steuerprotestbewegung, Schulprotest der Elternverbände, Widerstand gegen 'modernistische Reformen'; und schließlich die Frauenbewegung."[21]

Habermas unterscheidet einerseits Emanzipations- und andererseits Widerstands- und Rückzugspotentiale, wobei er die Neue Frauenbewegung als einzige dem Emanzipationspotential, alle anderen sozialen Bewegungen dem Widerstands- und Rückzugspotential zuordnet.

"Nach der amerikanischen Bürgerrechtsbewegung ... steht nur die feministische Bewegung in der Tradition der bürgerlichsozialistischen Befreiungsbewegungen: der Kampf gegen patriarchalische Unterdrückung und für die Einlösung eines Versprechens, das in den anerkannten universalistischen Grundlagen von Moral und Recht seit langem verankert ist, verleiht dem Feminismus die Schubkraft einer offensiven Bewegung, während die übrigen Bewegungen einen eher defensiven Charakter haben."[22]

Mit dieser Umschreibung trifft er ohne Zweifel die schlagkräftigsten und am breitesten akzeptierten Forderungen der Neuen Frauenbewegung, die letztlich auf eine Fortsetzung der Modernisierung im Sinne einer Ausdehnung der modernen Ansprüche und Bürgerrechte auf Frauen abzielen. Offensiv fordern die Frauen die Einlösung der Versprechen ein, die in der Moderne allen Menschen gemacht werden. In einem anderen Zusammenhang zieht Habermas 1992 eine Linie von der Arbeiterbewegung zur Frauenbewegung:

"Like the social emancipation of wage workers, it [feminism; S.O.] is a phenomenon of the universalization of civil rights."[23]

Dabei hat die Ausdehnung der Bürgerrechte auf Frauen viel weitgehendere Folgen, da der Ausshluß der Frauen viel tiefer in der Konzeption der Moderne verankert ist als der Ausschluß von Männern.

"... the exclusion of women has been constitutive for the political public sphere not merely in that the latter has been dominated by men as a matter of contingency but also in that its structure and relation to the private sphere has been determined in a gender-specific

---

21   Habermas (1985b), S. 578

22   Habermas (1985b), S. 578

23   Habermas (1992a), S. 428

fashion. Unlike the exclusion of inderprivileged men, the exclusion of women had structuring significance."[24]

Diese strukturierende Kraft des Geschlechterverhältnisses, die Habermas 1992 konstatiert, hat jedoch in der *Theorie des kommunikativen Handelns* - wie sich zeigen wird - keinen eigenständigen Platz. Wohl in dem Bewußtsein, mit der Parallele zur Bürgerrechtsbewegung der Neuen Frauenbewegung nicht gerecht zu werden, setzt Habermas in der *Theorie des kommunikativen Handelns* hinzu:

"Mit diesen [Widerstand- und Rückzugs-; S.O.] Bewegungen verbindet den Feminismus freilich ein partikularistischer Kern: die Emanzipation der Frauen soll nicht nur formale Gleichberechtigung herstellen, männliche Vorrechte beseitigen, sondern konkrete, von männlichen Monopolen geprägte Lebensformen umstürzen. Im übrigen verfügen die Frauen aus dem historischen Erbe der geschlechtlichen Arbeitsteilung, der sie in der bürgerlichen Kleinfamilie unterworfen waren, über Kontrasttugenden, über ein zur Männerwelt komplementäres, der einseitig rationalisierten Alltagspraxis entgegengesetztes Wertregister."[25]

Mit dieser Weiterführung trägt er auch den Teilen der Neuen Frauenbewegung Rechnung, die nicht nur oder nicht so sehr eine quantitative Gleichstellung der Frauen mit den Männern in allen gesellschaftlichen Bereichen anstreben, sondern qualitative Veränderungen fordern, also die Dominanz des Männlichen beenden wollen.

Die Tragweite des Zusatzes, daß "im übrigen" Frauen über "Kontrasttugenden", ein "entgegengesetztes Wertregister" verfügen, für seine eigene Theorie des kommunikativen Handelns reflektiert Habermas allerdings nicht. Wertregister und Tugenden sind nach Habermas' Modell in der Lebenswelt angesiedelt. Habermas sagt hier nichts anderes, als daß die Lebenswelt von Frauen spezifisch anders aussieht als die von Männern.

Noch an einer anderen Stelle stellt Habermas eine Verbindung her zwischen der patriarchalen Realität unserer Gesellschaft und der Ausgestaltung der Lebenswelt, ohne diesen Zusammenhang genauer herauszuarbeiten:

"Wenn sich die Systemimperative weniger in die Familie einschleichen, in systematisch verzerrten Kommunikationen festsetzen und unauffällig in die Formierung des Selbst eingreifen, als vielmehr geheimnislos von außen auf die Familie zukommen, dann bilden sich umso eher Disparitäten zwischen Kompetenzen, Einstellungen und

---

24   Habermas (1992a), S. 428

25   Habermas (1985b), S. 579

Motiven auf der einen, funktionalen Erfordernissen der Erwachse-
nenrollen auf der anderen Seite."[26]

Es geht hier um Adoleszenzprobleme. Habermas assoziiert implizit die
Familie mit dem Ort, an dem Kompetenzen, Einstellungen und Motive - also die
Lebenswelt - herausgebildet werden. Einer der Orte, an denen die Lebenswelt
rekonstruiert und an die nächste Generation weitergegeben werden, ist demnach
die Familie. Entsprechend der geschlechtsspezifischen Arbeitsteilung in modernen Gesellschaften ist die Familie vor allem der Arbeitsbereich der Frauen. Die
Trennung zwischen System und Lebenswelt, die Habermas vornimmt, ist also
auch eine Trennung entlang der Linien der geschlechtsspezifischen Arbeitsteilung in der Moderne.

Frauen und Männer haben gleichermaßen eine Lebenswelt als Interpretationsmuster zur Verfügung, die Lebenswelten von Männern und Frauen habe
jedoch aufgrund geschlechtsspezifischer Sozialintegration unterschiedliche Inhalte, und die Anteile an der Reproduktion der Lebenswelten sind geschlechtsspezifisch unterschiedlich, was durchaus nicht heißen muß, daß die Frauen die
Inhalte der an die nächste Generation vermittelten Lebenswelt frei bestimmen
können.

Bereits aus diesen Erörterungen von Habermas' Äußerungen zu Frauen
und Familie ergibt sich, daß im Zentrum feministischer Kritik die Lebenswelt-
Konzeption von Jürgen Habermas steht.

3.3   Die feministische Kritik an der Konzeption der Lebenswelt

Die Lebenswelt hat nach Habermas eine herausragende Funktion innerhalb gesellschaftlicher Bezüge, sie hilft uns die Realität zu deuten und unsere Handlungen entsprechend dieser Deutungen zu planen und zu koordinieren. Die Hervorhebung dieses durch kommunikatives Handeln geprägten Bereichs wird von
Feministinnen gelobt, weil in anderen Theorien dieses verständigungsorientierte
Handlungsfeld fehlt.

So "kann Habermas immerhin zugute gehalten werden, daß er überhaupt diesen bislang in der Theoriebildung schlicht negierten Bereich
benennt: die Lebenswelt, in der symbolisch vermittelte Interaktion
statt instrumentellen Handelns zu Hause ist"[27].

---

26   Habermas (1985b), S. 569f

27   Woesler de Panafieu (1985), S. 39

Es wird Habermas außerdem nicht abgesprochen, daß er sehr kompetent gesellschaftliche Entwicklungslinien und Phänomene erklären kann.[28] Kritisiert wird die "Geschlechterblindheit des Habermas'schen Modells"[29]. Die Schwachpunkte seiner Theorie aus feministischer Sicht zeigen jedoch, wo eine feministische, kritische Theorie der Gesellschaft ansetzen muß. Ich will anhand feministischer Habermaskritik die Grenzen der Theorie kommunikativen Handelns aufzeigen und dann die Konzeption der Lebenswelt nutzbar machen, um genau das darzustellen, was die Theorie kommunikativen Handelns nicht berücksichtigt: den patriarchalen Charakter der Denkstruktur, die Habermas Lebenswelt nennt.

Einerseits sind die lebensweltlichen Aufgaben von den Frauen weder selbst gewählt, noch hatten Frauen starken Einfluß auf ihre inhaltliche Gestaltung (Abschnitt 3.3.1). Andererseits besteht die Gefahr, daß Frauen in ihren Lebensbezügen zur Erhaltung eines Systems funktionalisiert werden, an dem sie kaum Anteil haben (Abschnitt 3.3.2). Ein weiterer Ansatz der Kritik ist die Ausgrenzung des Nichtrationalen im Rationalisierungskonzept von Habermas und damit zusammenhängend Habermas' Vernunftbegriff (Abschnitt 3.3.3).[30]

3.3.1   *Der Ausschluß der Frauen aus der Gestaltung der Lebenswelt*

Die Lebenswelt ist geprägt durch die drei Weltbezüge objektiv, sozial und subjektiv. Wir deuten also Situationen mit Hilfe unseres Wissens, das wir uns angeeignet haben, mit Hilfe von Normen, die wir im Rahmen unserer Sozialisation erlernt haben, und mit Hilfe unserer Erfahrungen, die wir in dieser Gesellschaft gemacht haben. Die Anbieterin dessen, aus dem wir unsere Lebenswelt bilden, ist im weitesten Sinn die Gesellschaft. Da diese Gesellschaft patriarchal strukturiert ist, sind auch die Chancen, auf die Lebenswelt-Inhalte Einfluß zu nehmen, ungleich verteilt. Welches Wissen wir uns über die Schule, die Medien usw. aneignen können, wird weitgehend von Männern im Sinne der Erhaltung der patriarchalen Gesellschaft bestimmt. Die Definitionsmacht liegt weitgehend bei Männern. Die Normen, in die wir sozialisiert werden, sind patriarchale Normen, die die Dominanz des Männlichen über das Weibliche in unserer Gesellschaft reproduzieren. Die Erfahrungen, die wir machen, sind geschlechtsspezifisch sehr

---

28 vergleiche Fraser (1992a)

29 Fraser (1992a), S. 121

30 Auf die Kritik an dem Stellenwert der Sprache in der *Theorie des kommunikativen Handelns* - die den zweiten großen Bereich der feministischen Kritik an Habermas' Modell ausmacht - gehe ich in Abschnitt 7.3.1 näher ein.

verschieden und konfrontieren uns geschlechtsspezifisch mit der patriarchalen gesellschaftlichen Realität.

Frauen haben also auf die Inhalte der Lebenswelt wenig Einfluß, und aus den Entstehungsbedingungen unserer Lebenswelten ist klar, daß sich patriarchale Aspekte in der Konzeption der Lebenswelt finden müssen. Habermas muß sich also fragen lassen, ob er diese Aspekte von Herrschaft berücksichtigt, und was er an Vorschlägen zur Beseitigung formuliert.

> "Frauen [sind an der Herausbildung der Lebenswelt; S.O.] historisch und strukturell nicht maßgebend beteiligt gewesen ... [Die Lebenswelt; S.O.] enthält vorab patriarchal bestimmten Vereinbarungscharakter und solche Vorentscheidungen, die keiner Legitimation bedürfen, auf die sich Frauen jedoch beziehen müssen, wenn sie kommunikativ rational handeln wollen"[31]

Teil der Lebenswelt ist die Tradition, und somit sind in der Lebenswelt auch Herrschaftsverhältnisse - nicht nur zwischen den Geschlechtern - tradiert und festgeschrieben.

> "... die Lebenswelt enthält ... immer noch jene Traditionspolster, von denen der Kapitalismus zehrt, ohne die er nicht existenzfähig wäre"[32].

Die Tatsache, daß auch Herrschaftsverhältnisse in der Lebenswelt verankert sein müssen, widerspricht der Konzeption der Lebenswelt, da verständigungsorientiertes, kommunikatives Handeln, das die Lebenswelt ausmacht, ja nur unter Gleichen stattfinden kann. Konkret auf die Situation der Frauen in der Moderne bezogen heißt das: Die Zweitrangigkeit der Frau, wie sie in der Konzeption der Moderne zu finden ist, ist in der Lebenswelt verankert als geteilte und nichthinterfragte Annahme. Und gleichzeitig sollen Frauen und Männer gleichrangig gemeinsam kommunikativ handeln können. Die, die hier gleichrangig kommunikativ handeln, haben ihre Ungleichrangigkeit als gemeinsames selbstverständliches Hintergrundwissen.

Wenn also Habermas für eine Wappnung der Lebenswelt gegenüber dem System eintritt, schließt er nicht die Forderung mit ein, auch in der Lebenswelt etwas zu verändern (nämlich diese Herrschaftsverhältnisse abzubauen). Das Konzept der Lebenswelt enthält somit konservative Elemente, nicht nur weil es sich aus Traditionen speist, sondern auch weil es sich nicht gegen Herrschaftsstrukturen in sich selbst richtet.

---

[31]   Kulke (1985a), S. 68

[32]   Gerecht/Kulke/Scheich (1984), S. 272

Habermas weist die genannten Forderungen nach Veränderungen inner- halb der Lebenswelt zwar auch nicht ausdrücklich zurück. Das entschuldigt aber sein Versäumnis nicht, da das Nichtausgesprochene auch meist aus dem Denken ausgeschlossen bleibt.[33]

Es besteht also ein Zusammenhang zwischen Lebenswelt und gesellschaft- licher Herrschaft: Auch im kommunikativen Handlungsbereich ist das Geschlechterverhältnis nicht herrschaftsfrei. Machtverhältnisse entstehen also nicht nur durch die Kolonialisierung der Lebenswelt, sondern sind struktureller Bestandteil der Lebenswelt.

> "Handlungen, die von einem normativ gesicherten Konsens in der Kleinfamilie mit männlichem Vorstand koordiniert werden, [sind; S.O.] durch Macht regulierte Handlungen ... Es scheint mir ein schwerer Fehler zu sein, den Gebrauch des Begriffs 'Macht' auf bürokratische Zusammenhänge einzuschränken."[34]

Dem kann jedoch entgegengehalten werden, daß Habermas ja von den konkreten Lebensumständen abstrahiert.

> "Also sind zwei Abstraktionen erforderlich - die Abstraktion der Entfaltung kognitiver Strukturen von der geschichtlichen Dynamik der Ereignisse und die Abstraktion der gesellschaftlichen Evolution von der geschichtlichen Konkretion der Lebensformen"[35].

Zu diesen konkreten Lebensumständen gehört offensichtlich auch das Ge- schlechterverhältnis und die damit zusammenhängenden Herrschaftsbeziehun- gen. Habermas läuft dadurch Gefahr, das Geschlechterverhältnis zu legitimie- ren. Diese legitimierende Wirkung ist ein Effekt der Abstraktion. Wobei ich nicht das Prinzip der Abstraktion kritisiere. Sie ist notwendig, um eine Theorie zu bilden. Aber die Sätze, die nach der Abstraktion übrigbleiben und von denen aus die Theorie gebildet wird, müssen die wesentlichen Bestandteile des Gegen- standes beinhalten. Wenn die Herrschaft der Männer über Frauen bei der Ab- straktion als konkrete Lebensumstände herausfallen, kann die Theorie dieses Herrschaftsverhältnis auch nicht angreifen. Patriarchale Strukturen werden übernommen mit dem Effekt, ihre Legitimation zu bestätigen.

---

[33]   vergleiche Abschnitt 7.1.1

[34]   Fraser (1992a), S. 111

[35]   Habermas (1985b), S. 562

3.3.2 Die Funktionalisierung von Frauen

In scheinbarem Widerspruch zu dem geschlechtsspezifisch ungleichen Einfluß auf die inhaltliche Gestaltung der Lebenswelt steht, daß die Lebenszusammenhänge, in denen die Lebenswelt (re-)produziert wird, und die nach Habermas gestärkt werden müssen, um Pathologien der Moderne entgegenzuwirken, entsprechend der geschlechtsspezifischen Arbeitsteilung stärker im traditionellen Arbeitsfeld der Frauen liegen (Familie, Privatheit) als in dem der Männer (Betrieb, Politik). Es gilt daher zu klären, ob in Habermas' Konzept die kommunikativen, kulturell-reproduktiven Potentiale und Fähigkeiten, die in der Moderne Frauen zugeschrieben werden, funktionalisiert werden zur 'Rettung' einer Welt, für die die Benachteiligung von Frauen konstitutiv ist.

Habermas sieht in der Entwicklung der Kleinfamilie ein kommunikatives Potential wachsen, das sich systemischen Zwängen entzieht und entgegenstellt.

> "Die empirischen Indikatoren sprechen eher für die Autonomisierung einer Kleinfamilie, in der sich die Sozialisationsvorgänge über das Medium eines weitgehend entinstitutionalisierten Verständigungshandelns vollziehen. Hier bilden sich kommunikative Infrastrukturen heraus, die sich aus den latenten Verstrickungen in Systemzusammenhänge gelöst haben."[36]

Aufgrund der geschlechtsspezifischen Zuweisung lebensweltlicher und systemischer Handlungsschwerpunkte ist es vor allem der kommunikative Lebenszusammenhang der Frauen in der Familie, der als Widerstandspotential gegen die Kolonialisierung der Lebenswelt durch systemische Imperative aktiv werden soll.

> Weibliche Lebenszusammenhänge müssen "herhalten zur Erfüllung von Bedürfnissen und Funktionen, die vom gesellschaftlichen System nicht mehr geleistet werden ... um die Entkoppelung von System und Lebenswelt erträglich und lebensfähig zu machen"[37].

Die Lebenswelt muß nicht, wie hier beschrieben, jetzt auf einmal 'herhalten', weil das System nicht mehr kann, sondern das System konnte noch nie ohne Lebenswelt existieren. Das autonome Subjekt, das in der Moderne als Mann konzipiert ist, kann sich in seinen systemischen Lebensbezügen im Konzept der Moderne nicht vollständig verwirklichen.[38] Er bedarf der Ergänzung durch die kommunikativen Fähigkeiten, die in der Moderne Frauen zugewiesen

---

36   Habermas (1985b), S. 568

37   Woesler de Panafieu (1985), S. 36

38   vergleiche Kapitel 5

sind. Die Funktionalisierung der Frau als 'natürliche' Ergänzung des Mannes ist also bereits im bürgerlichen Frauenideal angelegt. Darüber hinaus ist die Frau als nichtrational und natürlich assoziierter Gegenpol zum rationalen Mann für das androzentrisch-dichotome Weltbild der Moderne unabdingbar. Auch in der Konzeption als 'anderes' Geschlecht wird die Frau bereits funktionalisiert. In der momentanen Situation, in der die dysfunktionalen Effekte der Moderne das Fortbestehen des Projekts materiell bedrohen, fordert Habermas Veränderungen im Bereich der Lebenswelt - die Rationalisierung der Lebenswelt.

Die Stärkung weiblicher Lebenszusammenhänge fordern ja auch Feministinnen. Die Aufhebung der geschlechtsspezifischen Zuweisungen und patriarchalen Bewertungen, die die Neue Frauenbewegung anstrebt, kann auch in einer an Habermas angelehnten Terminologie formuliert werden: Eher in der Lebenswelt angesiedelte, weibliche Eigenschaften sollen durch eine Art 'positiver Kolonialisierung des Systems' die Dominanz der Zweckrationalität brechen.

Anstatt diese Gemeinsamkeit als Ausgangspunkt für eine feministische, kritische Theorie der Gesellschaft zu kennzeichnen und zu nutzen, deutet Woesler de Panafieu jedoch auf die Gefahr einer "Instrumentalisierung kultureller Dimensionen von Weiblichkeit"[39] hin.

Von einer 'Instrumentalisierung' im Habermas'schen Sinn kann natürlich nicht die Rede sein, denn die soll ja gerade verhindert werden. Aber Habermas' Forderung nach der Rationalisierung der Lebenswelt sagt nichts darüber aus, ob und wie die Arbeitsteilung Frauen - Männer, Lebenswelt - System aufgehoben werden soll. Habermas kann dahingehend kritisiert werden, daß er nur an den Bewertungen und unterschiedlichen Stellenwerten von lebensweltlichen und systemischen Bezügen ansetzt. Die geschlechtsspezifischen Zuweisungen werden jedoch nicht angegriffen. Insofern kann die Weiblichkeit zum Mittel werden, um die Trennung zwischen Lebenswelt und System, das heißt die Trennung zwischen tendenziell weiblichem und männlichem Lebenszusammenhang funktionsfähig zu erhalten.

Die Lebenswelt muß nach Habermas Institutionen entwickeln, die die Eigendynamik von wirtschaftlichen und administrativen Handlungssystemen begrenzt. Institutionen aber, die sich darin erschöpfen, "die ausgedünnten Traditionspolster wieder aufzuladen und das Chaos tragfähig und erträglich zu

---

[39]   Woesler de Panafieu (1985), S. 36

machen"[40], sind für Frauen nicht akzeptabel. Denn in diesen Traditionspolstern ist über die geschlechtsspezifische Zuweisung unterschiedlicher Lebensbereiche auch die Diskriminierung von Frauen verwurzelt.

Habermas' eigene Einschätzung der Erfolgsaussichten seiner Theorie wird in bezug auf die mögliche Instrumentalisierung der weiblichen Lebenszusammenhänge von Woesler de Panafieu folgendermaßen kommentiert:

> "Kritiklos aber hofft er auf Minderung der Pathologien der Moderne"[41].

'Kritiklos' ist Habermas, was die Übernahme geschlechtsspezifischer Zuweisungen angeht. Darüber hinaus kennt er jedoch durchaus auch die Grenzen seiner Einflußmöglichkeiten. So beschreibt er beispielsweise in seiner Aufsatzsammlung *Die Neue Unübersichtlichkeit*[42], warum er die Chancen einer Verwirklichung seiner Vorstellungen als gering einschätzt.

3.3.3   Die Ausgrenzung des Nichtrationalen

In der feministischen Theoriediskussion haben nichtrationale Aspekte teilweise einen hohen Stellenwert, Habermas hingegen nennt die weitergehende Rationalisierung der Lebenswelt als Möglichkeit, Pathologien der Moderne entgegenzuwirken. In diesem Spannungsfeld wird auch eine Begrenzung des Habermas'schen Modells deutlich.

Da Habermas die Rationalisierung der Lebenswelt als Weiterführung des Projekts der Moderne anbietet, fragen Feministinnen, was mit dem geschieht, was nicht rational oder nicht rationalisierbar ist. In diesem nicht rationalisierbaren Bereich werden die spezifisch weiblichen Denk- und Lebensweisen gesehen, die außerhalb des von Habermas entworfenen Modells stehen.

> "So stellt sich heute für Frauen die Dialektik von Einbezug, Ausgrenzung und Herrschaft in verschärfter Form, weil es nicht mehr nur um die Ausbeutung bzw. Freisetzung des weiblichen Arbeitsvermögens im Beruf, sondern um die Rationalisierung der weiblichen Beziehungsfähigkeit geht"[43].

---

40   Gerecht/Kulke/Scheich (1984), S. 273

41   Woesler de Panafieu (1985), S. 39

42   Habermas (1985d)

43   Woesler de Panafieu (1985), S. 39

Stünde hier statt 'Rationalisierung' 'Kolonialisierung', würde Habermas sicherlich zustimmen, denn die fortschreitende Rationalisierung der Lebenswelt soll ja der Kolonialisierung entgegenwirken.

Die Kritik Woesler de Panafieus zielt aber in eine andere Richtung. Die fortschreitende Rationalisierung der Lebenswelt bedroht die weibliche Beziehungsfähigkeit, das heißt, Woesler de Panafieus Lebensweltkonzept beinhaltet (wie das von Habermas) nicht nur rationale Elemente, sondern auch nichtrationale (die weibliche Beziehungsfähigkeit). Die nichtrationalen sind für sie (im Gegensatz zu Habermas) die wichtigeren.

Habermas' mangelnde Reflexion der Auswirkungen, die die Rationalisierung der Lebenswelt auf nichtrationale Elemente hat, beklagt auch Schmidt-Waldherr:

> Die "individuellen und kollektiven Kosten dieses Aufklärungsprozesses ... sowie die modernen Formen der Bornierung werden von Habermas nicht hinreichend benannt"[44].

Eine moderne Form der Bornierung ist zum Beispiel die ebenfalls von Woesler de Panafieu angesprochene Digitalisierung der Vernunft. Sie meint damit die Entwicklung des Denkens hin zum computergerechten Denken, das nichtrationale Dimensionen des Denkens auch immer mehr ausschließt.

> "Nun werden das Denken und die Sprache selbst der Rationalisierung unterzogen, kommunikative Fähigkeiten werden in eindeutige Informationsdaten umgewandelt. Die Grundlage des neuen Alphabets ist das binäre System, '0-1' oder 'ja-nein' oder 'Zustand-Nichtzustand'."[45]

Anders ausgedrückt lautet die Kritik an Habermas: Nicht nur, daß er Nichtrationalem keinen angemessenen Stellenwert in seiner Theorie gibt, sondern auch dort, wo es noch marginal auftaucht, soll es systematisch zurückgedrängt werden. Einige nichtrationale Aspekte brauchen nicht zurückgedrängt zu werden, sie kommen bei Habermas gar nicht vor (z.B. die Sexualität).

Die Grenzen der Rationalisierungstendenzen der Moderne, die auch nichtrationale Elemente zu erfassen drohen, sieht Woesler de Panafieu in einer weiblichen Ethik.

> "Der weibliche Lebenszusammenhang in seiner Widersprüchlichkeit selbst zeigt die Begrenzung binärer Logik auf. Durch ihn wird sinnfällig ... daß es unentscheidbare Probleme gibt und daß Entscheidungen ständiger Anpassung und Adaption bedürfen. Die weibliche Ethik

---

44   Schmidt-Waldherr (1985), S. 52

setzt Maßstäbe von Verständnis und Emotionalität, die sich in die formalen Maßstäbe ... nicht einpassen lassen"[46].

Die weibliche Beziehungsfähigkeit ist demnach nicht restlos rationalisierbar. Diese These ist vor allem vor dem Hintergrund zu sehen, daß sie aus einer Richtung der Neuen Frauenbewegung geäußert wird, die eine spezifisch weibliche Beziehungsfähigkeit (im Gegensatz zu anderen Theoretikerinnen) überhaupt kennt. Mit dieser Beziehungsfähigkeit hängt auch die Kritik am Vernunftbegriff von Habermas zusammen, die Kulke andeutet:

> "Die Annahme einer kommunikativen Handlungsrationalität, die für Frauen und Männer sich identisch darstelle, impliziert überdies die soziale Gültigkeit von Vernunftstandards, die als allgemeine ausgewiesen werden, sich aber eindeutig als männlich definierte herausstellen"[47].

Kulke verweist hier auf Gilligan, die sich in ihrem Buch *Die andere Stimme* mit der moralischen Entwicklung des Menschen beschäftigt. Gilligan geht davon aus, daß "die Ausblendung der Frauen aus der Geschichte der menschlichen Entwicklung die Konzeption ihrer Stadien und ihrer Abfolge"[48] verzerrt. In ihren Untersuchungen kommt sie zu dem Ergebnis, daß Frauen sozial und historisch bedingt über andere Moralstandards verfügen als Männer. Zum Beispiel haben "das Verdikt der Selbstsucht und die damit einhergehende Moral der Selbstverleugnung nach wie vor Macht über die Frauen"[49].

Da die Entwicklung der Frau nicht nur in bezug auf die Moral bis vor kurzem außerhalb des Blickfeldes (nicht nur wissenschaftlich) lag, vermutet Kulke die Existenz "weiblicher" Vernunftstandards. Eine Beschreibung derselben (auch der männlichen) bleibt sie uns schuldig. Eine Annäherung kann vielleicht Nölleke geben, die die Fortexistenz eines in matrifokaler Zeit entstandenen weiblichen Denkens bis zum heutigen Tag postuliert. Die Vernunftstandards leiten sich danach von den spezifisch weiblichen Denkstrukturen her: Zyklizität, einfühlendes Verstehen, Einheit von Wahrnehmung, Denken und Gefühl, Ganzheitlichkeit.[50]

---

45   Woesler de Panafieu (1985), S. 39

46   Woesler de Panafieu (1985), S. 41

47   Kulke (1985a), S. 67

48   Gilligan (1985), S. 191

49   Gilligan (1985), S. 162

50   Nölleke (1985), Kapitel V

Die Kritik des Vernunftbegriffs von Habermas eröffnet jedoch meines Erachtens die wenigsten Möglichkeiten, mit Habermas in den theoretischen Diskurs zu treten. Denn nach der Feststellung, daß keine Gemeinsamkeit bezüglich des Vernunftbegriffs vorhanden ist, muß der Diskurs über alle anderen Kritikpunkte abgebrochen werden - die Verständigungsbasis fehlt. Lediglich über das Für und Wider verschiedener Vernunftbegriffe kann gestritten werden.

Die Kritik, daß der Vernunftbegriff von Habermas sinnbezogene Erkenntnis (im feministischen Sinn) nicht einschließt, führt letztlich zu der Frage, ob es ein spezifisch weibliches Denken gibt.

> Durch die "kommunikative Handlungsstruktur ... versucht Habermas ... den Vernunftbegriff zu retten, was ihm meiner Ansicht nach nicht ganz gelingt. Denn letztendlich ist das Kriterium eines gelungenen Kommunikationsprozesses wieder der Erfolg, dieses im Sinne der Unterordnung unter ein besseres Argument sowie im Sinne der Fortschreibung des Vorrangs mentaler vor sinnbezogener Erkenntnis"[51].

Das Zitat zeigt, daß sich, von einem 'weiblichen Vernunftbegriff' ausgehend, Brüche zur Habermas'schen Theorie ergeben, die einen kreativen Diskurs nicht mehr ermöglichen: Denn nach Habermas' Vorstellungen findet keine Unterordnung statt, sondern Einsicht. Der gelungene Kommunikationsprozeß steht im Zentrum und nicht der Erfolg im Sinne der Durchsetzung von Inhalten. Außerdem unterscheidet Habermas nicht zwischen mental und sinnbezogen (zumindest nicht sinnbezogen im feministischen Sinn), sondern zwischen zwei Arten von mental (strategisch und kommunikativ). Das heißt, Habermas hat einen anderen Vernunftbegriff als Woesler de Panafieu; seinen rettet er innerhalb seines Systems, ihren nicht.

Die Partikularität eines männlichen Denkens manifestiert sich also bei Habermas nur insofern, als sein Venunftbegriff in der Tradition der Vernunft in der Moderne steht. Diese wiederum ist von Männern so entworfen, daß Lebenszusammenhänge von Frauen weitgehend ausgespart bleiben oder als selbstverständlich vorausgesetzt werden. Dieser eingeschränkte Vernunftbegriff ist jedoch der für unsere Gesellschaft konstitutive, er ist nicht hintergehbar. Darüber hinaus bietet dieser Vernunftbegriff das einzige in unserem gesellschaftliche System kompatible, also vermittelbare Instrumentarium zur Analyse patriarchaler Strukturen. Auf diesen Vernunftbegriff völlig zu verzichten, ist also nicht nur nicht möglich, es wäre auch nicht sinnvoll.

---

51   Woesler de Panafieu (1985), S. 35

Es ist durchaus einleuchtend, daß sich feministische Kritik an Habermas vor allem auf das Lebensweltkonzept bezieht. Denn die Lebenswelt umschreibt weibliche Lebenszusammenhänge. Eine weitgehende Reduzierung der Lebenswelt auf Weiblichkeit, und diese Gefahr sehe ich bei den angeführten Autorinnen, stellt allerdings eine nichtadäquate Verkürzung dar (auch wenn die Weiblichkeit losgelöst von der Frau gesehen wird). Allerdings kann Habermas vorgeworfen werden, daß auf seinem Weg der Abstraktion das Herrschaftsverhältnis zwischen Mann und Frau verlorengeht. Die geschlechtsspezifische Zuweisung der Bereiche, in denen er Handlungsspielräume sieht (die Rationalisierung der Lebenswelt), bleibt daher außerhalb seiner Analyse.

Die Theorie des kommunikativen Handelns spiegelt unsere männlich dominierte Gesellschaft wider. Habermas ist nicht in der Lage, unsere patriarchale Gesellschaft hinreichend zu erklären oder Wege aus ihr zu weisen. Ich will daher mit der Theorie von Habermas umgehen, wie Habermas mit anderen Theorien verfährt. Seine Theorie des kommunikativen Handeln entwickelt er in Auseinandersetzung mit sehr vielen sozialphilosophischen Ansätzen unterschiedlicher Schwerpunkte. Er greift sich jeweils das heraus, was zur konsistenten Konstruktion seines Erklärungsmodells beitragen kann, und verhindert so, daß er alles gänzlich neu entwickeln muß. Nach der gleichen Methode versuche ich mit Hilfe vor allem der Begrifflichkeit, die sich um die Lebenswelt gruppiert, die Denkstruktur Patriarchat darzustellen.

3.4 Die ständige Neukonstruktion des lebensweltlich verankerten, patriarchalen Denkens in der Moderne

Die Lebensweltkonzeption ist begrenzt, da sie den Ausschluß der Frauen aus der Gestaltung der Lebenswelt nicht erfaßt, da die Gefahr einer Funktionalisierung der Frauen besteht und da Habermas' Vernunftbegriff Nichtrationales ausgrenzt. Die letztgenannte Begrenzung führe ich argumentativ nicht weiter, da bei dieser Kritik nichtkompatible Vernunftbegriffe gegeneinander stehen. Der Ausschluß der Frauen aus der Gestaltung der Lebenswelt und die Gefahr einer Funktionalisierung der Frauen können jedoch innerhalb der Konzeption der Lebenswelt diskutiert werden. Sowohl die von Habermas selbst angedeutete Assoziation zwischen Familie und Reproduktion der Lebenswelt als auch die geschlechtsspezifisch unterschiedlichen Inhalte der Lebenswelten von Frauen und

Männern sind selbst in der Lebenswelt verankert.[52] Sie können auch rationalisiert werden im Sinne von 'bewußt machen'. Zu diesem Rationalisierungsprozeß will die vorliegende Arbeit ein Stück beitragen, so daß die patriarchale Struktur der Lebenswelt deutlich wird, auf die Habermas nicht eingeht.

> "Er [dieser Mangel; S.O.] nötigt schlicht dazu, daß man das fragliche Werk vom Standpunkt eines nichtvorhandenen Textes aus liest, daß man von Dingen, die Habermas sagt, auf Dinge schließt, die er nicht sagt; daß man rekonstruiert, wie verschiedene Gegenstände von feministischem Belang in seiner Perspektive erscheinen würden, wären solche Gegenstände thematisiert worden."[53]

Die Denkstrukturen, mit deren Hilfe wir die soziale Realität interpretieren und auf deren Bewertungsgrundlage wir soziale Ordnung schaffen - also politisch agieren - sind patriarchal geprägt, weil sie in einer patriarchalen Gesellschaft tradiert werden. Die patriarchale Lebenswelt kann mit Hilfe der drei lebensweltlichen Bezüge objektiv, sozial und subjektiv, die Habermas unterscheidet, in drei Deutungsmuster unterteilt werden: das objektive Wissen über biologische Geschlechtsunterschiede, die sozialen Normen geschlechtsspezifischen Verhaltens und die subjektiven Erfahrungen des Geschlechterverhältnisses in der modernen Gesellschaft. Diese unerschütterlichen Überzeugungen bilden zusammen ein (einigermaßen) konsistentes Denkmodell. Mir geht es im folgenden nicht so sehr um die Art und Weise der Tradierung der patriarchalen Deutungsmuster, sondern um Entwicklungslinien, die in den Deutungsmustern auszumachen sind, um die innere Konsistenz und Richtigkeit der Deutungsmuster, um eventuelle Widersprüche innerhalb der Lebenswelt und um die Funktionen der einzelnen Deutungsmuster für den Gesamtzusammenhang der Lebenswelt.

> "Die westlichen Gesellschaften nähern sich ... einem Zustand, in dem das Erbe des okzidentalen Rationalismus nicht mehr unbestritten gilt ... Bei der theoretischen Verarbeitung dieser Phänomene geht es an die Substanz der westlichen Traditionen und Inspirationen"[54].

Das Geschlechterverhältnis ist ein substantieller Teil westlicher Traditionen, der in modernen lebensweltlichen Denkstrukturen verankert ist und heute nicht mehr selbstverständlich akzeptiert wird. Dabei ist nicht ein singulärer

---

52   Habermas erwähnt diese Verankerung an einer Stelle im Zusammenhang mit der Klassifizierung von Gesellschaftsformationen. "Die entsprechenden Institutionen [in der Lebenswelt; S.O.] sind Geschlechts- und Generationenrollen, der Status von Abstammungsgruppen, das politische Amt und das bürgerliche Privatrecht." (Habermas, 1985b, S. 249)

53   Fraser (1992a), S. 100

54   Habermas (1985a), S. 9

Aspekt auszumachen, der die patriarchale Struktur der Lebenswelt gewissermaßen verursacht. Um patriarchale Lebenswelt zu erfassen, müssen einfache Ursache-Wirkungs-Zusammenhänge überwunden werden. Die Deutungsmuster vermitteltes Wissens, tradierte Normen und subjektive Erfahrungen greifen ineinander. Sie machen vermittelt über die Sprache gemeinsam die patriarchale Lebenswelt aus und verdeutlichen einzeln analysiert die historische Entwicklung und Kontinuität der patriarchalen Denkstruktur. Die Übertragung der Begrifflichkeit der Lebensweltkonzeption auf den ständigen Neukonstruktionsprozeß der patriarchalen Denkstruktur ist also vor allem hilfreich für die Klärung und Überwindung patriarchaler Denkstrukturen in unserer Gesellschaft, weil auf diese Weise eindimensionale Ursache-Wirkungs-Zusammenhänge überwunden werden können.

Die zu analysierenden Deutungsmuster können gleichzeitig Ursachen und Wirkungen sein. Sie stehen zueinander in einem nichthierarchischen Einflußverhältnis. Es kristallisiert sich kein alleiniger Hauptgedanke heraus, von dem alles abhängt. Die Unterscheidung mehrerer Deutungsmuster ist also ein deskriptiver Rahmen, der es vermag, den Prozeß der ständigen Neukonstruktion patriarchaler Denkstrukturen zu erfassen, ohne wie ein Ursache-Wirkungs-Modell auf eine 'selbstgenerierende Hyperursache' zurückgreifen zu müssen. Die Unterteilung der Denkstruktur Patriarchat in verschiedene Deutungsmuster darf daher nicht als hierarchisches Modell mißverstanden werden.

- Das naturwissenschaftlich begründete und gesellschaftlich (z.B. über die Schule) vermittelte Wissen um biologische Geschlechtsunterschiede liefert als Deutungsmuster in der Moderne die Letztbegründung, die zur Verankerung geschlechtsspezifischer Unterschiede in der Lebenswelt als wahr notwendig ist. (Kapitel 4)

- Die normative Absicherung geschlechtsspezifischer Unterschiede geschieht einerseits durch das bürgerliche Frauenideal und andererseits durch die Konzeption des autonomen Individuums, die sich in der dichotomen Weltsicht der Moderne zu Anspruchspaketen ergänzen, die alle Frauen und Männer umfassen (Kapitel 5).

- Die individuellen Erfahrungen mit geschlechtsspezifischen Unterschieden sind dadurch geprägt, wie jede Person versucht, diesen Ansprüchen gerecht zu werden. (Kapitel 6)

- Die Sprache ist zum einen Vermittlungsmedium zwischen diesen verschiedenen Deutungsmustern und zur Realität, und sie ist selbst ein Deutungsmuster, das patriarchal geprägt ist, und daher vor allem die Realität so deuten kann, wie sich die Realität bereits in ihr spiegelt. (Kapitel 7)

Die Deutungsmuster sind eng miteinander verwoben, bestärken und bestätigen einander und lassen sich daher gegenseitig immer wieder entstehen. Beispielsweise entwickeln naturwissenschaftliche Erkenntnisse normative Kraft, erzeugen Normen durch ihre handlungsleitende Wirkung eine entspechende Art von individuellen Erfahrungen geschlechtsspezifischen Verhaltens, beeinflussen geschlechtspezifische Verhaltensweisen die Annahmen, Versuchungsanordnungen und Interpretationen der Naturwissenschaften. Da die Lebenswelt konstitutiv sprachlich ist, also die Sprache die Verbindumg zwischen den Deutungsmustern selbst und zwischen den Deutungsmustern und der zu deutenden Realität herstellt, gehe ich auf die Sprache gesondert ein. Die Sprache ist selbst ein Teil unserer patriarchalen Hintergrundkompetenzen, und an sie ist auch das Reflexionspotential der Moderne gebunden.

Meine Beschreibung des Zusammenhangs patriarchaler Deutungsmuster ist eine Verkürzung in zweierlei Hinsicht. Zum einen beschränke ich mich auf die patriarchale Denkstruktur. Die Analyse dieses Herrschaftsverhältnisses soll aber weder die Existenz anderer Herrschaftsstrukturen (z.B. ökonomischer) noch deren Interdependenz mit den hier untersuchten leugnen. Das bereits in der Alten Frauenbewegung diskutierte Verhältnis zwischen Kapitalismus und Patriarchat und der auch heute noch verbreitete Versuch, ein Herrschaftsverhältnis aus dem anderen herzuleiten, ist Ausdruck der Schwierigkeit, verschiedene Denkstrukturen analytisch zu trennen. Zum anderen betone ich die Aspekte der Deutungsmuster, die mit der Gestaltung sozialer Ordnung in Zusammenhang stehen. Der Politikbegriff, den ich in Kapitel 2 für diese Arbeit gesetzt habe, findet hier Anwendung. Mich interessieren vor allem die Teile der Lebenswelt, die in Situationsdefinitionen aktualisiert werden, die zu politischen Entscheidungen führen, die wiederum das Geschlechterverhältnis als Teil der sozialen Ordnung in der Moderne betreffen. Die patriarchale Struktur der Lebenswelt ist demnach eine Voraussetzung politischer Entscheidungen bezüglich des Geschlechterverhältnisses.[55]

---

[55] Die Lebenswelt ist auch eine Folge patriarchaler Entscheidungen. Darauf kann ich hier nur partiell eingehen.

Die historische Entwicklung der einzelnen Deutungsmuster und die patriarchale Kontinuität zeigen, daß patriarchale Deutungsmuster durch soziale
Handlungen immer wieder neu entstehen, sich aufeinander einspielen und sich
selbst und auch gegenseitig immer wieder bestätigen.

> "Kommunikative Handlungen sind nicht nur Interpretationsvorgänge,
> bei denen kulturelles Wissen einem 'Test an der Welt' ausgesetzt
> wird; sie bedeuten zugleich Vorgänge der sozialen Intergration und
> der Vergesellschaftung. Dabei wird die Lebenswelt in einer ganz
> anderen Weise 'getestet': diese Prüfungen bemessen sich nicht
> *unmittelbar* an Geltungsansprüchen, die kritiziert werden können,
> nicht an Rationalitätsmaßstäben also, sondern an Maßstäben für die
> Solidarität der Angehörigen und für die Identität des vergesellschaf-
> teten Individuums. Während die Interaktionsteilnehmer, 'der Welt'
> zugewendet, das kulturelle Wissen, aus dem sie schöpfen, durch ihre
> Verständigungsleistungen hindurch reproduzieren, reproduzieren sie
> zugleich ihre Zugehörigkeit zu Kollektiven und ihre eigene
> Identität."[56]

Diese ständige Neukonstruktion patriarchaler Deutungsmuster geschieht
durch die ständige Anwendung von Teilen der Lebenswelt zur Interpretation
von Situationen. Die erfolgreiche Situationsdeutung, die gelungene
Verständigung bestätigt und perpetuiert die Deutungsmuster.

> "Die symbolischen Strukturen der Lebenswelt reproduzieren sich auf
> dem Wege der Kontinuierung von gültigem Wissen, der Stabilisierung
> von Gruppensolidarität und der Heranbildung zurechnungsfähiger
> Aktoren. Der Reproduktionsprozeß schließt neue Situationen an die
> bestehenden Zustände der Lebenswelt an"[57].

Die patriarchalen Deutungsmuster sind historischen Veränderungen unterworfen. Beispielsweise gab es das bürgerliche Frauenideal im Mittelalter
nicht. An seiner Stelle existierte ein stark religiös geprägtes Frauenbild. Auch die
naturwissenschaftliche Begründung der Zweitrangigkeit der Frau war erst möglich und auch nötig durch den wachsenden Stellenwert, die die
Naturwissenschaften im 19. Jahrhundert bekamen.[58]

> Der "Begriff der Rationalisierung der Lebenswelt ... bezieht sich auf
> Trends der Veränderung lebensweltlicher Strukturen, die sich mit
> einer zunehmenden Differenzierung zwischen Kultur, Gesellschaft
> und Persönlichkeit ergeben."[59]

---

[56] Habermas (1985b), S. 211

[57] Habermas (1985b), S. 208f

[58] vergleiche Abschnitt 1.1

[59] Habermas (1985b), S. 427

Entsprechend der Veränderung der Deutungsmuster entsteht immer wieder eine andere Denkstruktur, die als Patriarchat (als Dominanz des Männlichen über das Weibliche) gekennzeichnet werden kann. In der Moderne, wie in anderen Epochen, bildet diese Denkstruktur Patriarchat ein zeitspezifisches Muster.

Wie bereits erwähnt, gehen nach Habermas die Anstöße für die Differenzierung des Gesellschaftssystems und die zunehmende Rationalisierung der Lebenswelt vom Bereich der materiellen Reproduktion aus. Die veränderten Produktionsbedingungen müssen in der Lebenswelt verankert werden und verändern so unsere Denkstrukturen. Daran zeigt sich, daß der Prozeß der gegenseitigen ständigen Neukonstruktion von lebensweltlichen Deutungsmustern auch ein sehr stark stabilisierender Prozeß ist. Die Dynamik der Deutungsmuster und ihre gegenseitige Beeinflussung federn Veränderungen unter Beibehaltung des patriarchalen Prinzips ab. Dennoch halte ich absichtliche Veränderungen in Richtung einer weniger patriarchalen Prägung von System und Lebenswelt für möglich. Diese Möglichkeit sehe ich - wie Habermas - vor allem im reflexiven Charakter der Moderne.

> "Die kulturelle Überlieferung muß ein reflexives Verhältnis zu sich selbst gestatten; sie muß ihrer Dogmatik soweit entkleidet sein, daß die durch Tradition gespeisten Interpretationen grundsätzlich in Frage gestellt und einer kritischen Revision unterzogen werden dürfen. Dann können interne Sinnzusammenänge systematisch bearbeitet und alternative Deutungen methodisch untersucht werden."[60]

---

[60]   Habermas (1985a), S. 109

4. Vorstellungen über biologische Geschlechtsunterschiede

Mit unseren Vorstellungen über unsere eigene Natur und über die natürlich-biologischen Unterschiede zwischen Männern und Frauen definieren wir unser Verhältnis zu unserer natürlichen Gebundenheit, zu unseren nichtrationalen Aspekten, zu unserem Körper, zu Bedürfnissen, Emotionen usw. Wir rationalisieren heute in einer für die Moderne spezifischen Art und Weise natürliche Unterschiede. In jeder Situation, in der gemäß natürlicher Unterschiede argumentiert, gedacht, gehandelt wird, wird dieser natürliche Unterschied zwischen den Menschen sozial auch neu konstituiert und konstruiert. Die Verankerung geschlechtsspezifischer Unterschiede in der Natur hat in der Lebenswelt die Aufgabe, eine Letztbegründung geschlechtsspezifischer Lebensbereiche zu liefern. So können wir mit Hilfe von Wissen über biologische Geschlechtsunterschiede Situationen deuten.

Das Deutungsmuster 'Natur des Menschen' stellt die biologischen Determinierungen fest, die die Möglichkeiten menschlichen Denkens und Handelns begrenzen. In der Moderne müssen diese Konstanten menschlicher Existenz wissenschaftlich begründet und gefunden werden, um in der Lebenswelt als wahr verankert werden zu können. Die lebensweltliche Letztbegründung geschlechtsspezifischer Unterschiede und Lebensbereiche bedarf in der Moderne der wissenschaftlichen Fundierung. Die letzten Beweise für Realitäten liefert in der Moderne die (Natur-)Wissenschaft.[1]

Daher ist es nötig, das (natur-)wissenschaftliche Fundament der biologischen Argumentation zu analysieren. Wenn es gelingt die Frage nach natürlich-biologischen Geschlechtsunterschieden als offen nachzuweisen, gerät die Denkstruktur Patriarchat ins Wanken. Dabei ist zu beachten, daß der Zwang zur naturwissenschaftlichen Letztbegründung auch für die Kritik wissenschaftlich begründeter geschlechtsspezifischer Unterschiede gilt.

Wenn jedoch die Denkstruktur Patriarchat wissenschaftlich untermauert werden könnte, wäre sie immer noch ein soziales Konstrukt. Es wäre aber ein Konstrukt, das versucht, die biologischen Gegebenheiten sozial abzubilden. Zu

---

[1]   vergleiche Abschnitt 1.1

fragen wäre dann allerdings auch, ob nicht die soziale Perzeption des vorhandenen biologischen Unterschieds diesen überinterpretiert. Ob also der Sprung vom biologischen zum sozialen Unterschied ersteren in nichtadäquater Weise extrapoliert, induktiv und ungerechtfertigt auf die gesamte Gesellschaft als wesentliches Strukturmerkmal ausdehnt. Ob nicht ein weniger patriarchales Denkmuster den biologischen Unterschied adäquater sozial abbilden würde.

Die Kritik biologischer Argumentationen leugnet die Notwendigkeit der naturwissenschaftlichen Letztbegründung in der Moderne nicht, sondern nutzt diesen Anspruch, um biologische Modelle in Frage zu stellen und die Kritik an der Denkstruktur Patriarchat abzusichern.

Die Diskussion um natürlich-biologische Unterschiede zwischen Männern und Frauen ist also aus zwei Gründen zentral für die Neue Frauenbewegung. Zum einen läuft die Legitimation geschlechtsspezifischer Ungleichheiten in der Moderne grundsätzlich auf biologische Argumente hinaus. Denn nur so kann eine Letztbegründung geschlechtsspezifischer Unterschiede in der Moderne geleistet werden. Die permanente Konfrontation mit biologischen Argumenten zwingt daher die Neue Frauenbewegung, sich intensiv mit diesen Begründungsmustern zu beschäftigen. Zum anderen hat das Ziel der Beendigung von Diskriminierungen die Implikation, daß die Strukturen der modernen Gesellschaften und die entsprechenden Geschlechterverhältnisse nicht die naturgegeben besten und einzig möglichen sind. Die Prämisse der Veränderbarkeit patriarchaler gesellschaftlicher Strukturen bedeutet eine andere Vorstellung von Natur und Biologie. In der Auseinandersetzung der Neuen Frauenbewegung mit gesellschaftlichen Strukturen muß diese Vorstellung auch explizit genannt und begründet werden, um sinnvoll in politische Forderungen und Modelle umgewandelt werden zu können.

In der Neuen Frauenbewegung ist die Spannbreite der Vorstellungen über natürlich-biologische Geschlechtsunterschiede sehr groß.[2] Sie reicht von der Negation jeglicher biologischer Geschlechtsunterschiede, die über die anatomischen Geschlechtsmerkmale und ihre Funktionsweise hinausgehen, über die Leugnung der Relevanz eventuell vorhandener Unterschiede bis zur Akzeptanz biologischer Geschlechtsunterschiede. Wobei je nach Schwerpunktsetzung auch die politischen Folgerungen und Forderungen variieren. Die Annahmen über biologische Unterschiede gehen zumeist von einer scharfen Trennung zwischen

---

2 Birke (1986), Kapitel 3 beschreibt ausführlich die Diskussion um die Biologie in der Neuen Frauenbewegung.

Natur/Biologie und Gesellschaft aus und führen so zur Notwendigkeit einer entweder-oder-Entscheidung. Seit den 70er Jahren tendiert die Forschung über geschlechtsspezifische Unterschiede jedoch immer mehr dazu, diese Dichotomie zu durchbrechen.

> "Diese Denker/innen lehnen die Suche nach ausschließlichen 'Letztursachen' ab und treten statt dessen für eine komplexere Analyse ein, derzufolge die Fähigkeiten eines Individuums das Ergebnis verflochtener Interaktionen zwischen dem biologischen Geschöpf und seiner sozialen Umwelt sind."[3]

Mir geht es darum, darzustellen, daß die geschlechtsspezifischen Unterschiede, die in unserer Lebenswelt verankert sind, durchaus eine wissenschaftliche Letztbegründung erfahren, daß diese jedoch nicht unkritisiert bleibt. In meinem politikwissenschaftlichen Rahmen ist es zwar nicht möglich, die wissenschaftlichen Ergebnisse zu natürlich-biologischen Geschlechtsunterschieden letztendlich zu widerlegen. Ich kann aber den sehr starken Wahrheitsanspruch von Aussagen über die Natur des Menschen relativieren. Diese Relativierung zeigt, daß von systematischen Verzerrungen innerhalb der Wissenschaften (vor allem der Biologie) auszugehen ist, die zur Fundierung natürlicher Geschlechtsunterschiede beitragen.

Als bereits historische Vertreter der Wissenschaft, die die 'Natur des Menschen' mit entwerfen, werde ich auf Charles R. Darwin und Paul J. Möbius näher eingehen. Charles R. Darwin (1809-1882) wurde berühmt durch seine Selektionstheorie, nach der die an die Umwelt am besten angepaßten Individuen überleben. Er verwarf die bis dahin unangefochtene Vorstellung von der Konstanz der Arten und entwickelte die Hypothese der gemeinsamen Abstammung und der allmählichen Veränderung der Arten. Paul J. Möbius (1853-1907) war Neurologe, Dozent in Leipzig, später Nervenarzt. Sein besonderes Interesse galt funktionellen Nervenkrankheiten (Hysterie, Neurasthenie, Migräne). Er erregte mit der Schrift *Über den physiologischen Schwachsinn des Weibes* großes Aufsehen. Das Buch erfuhr von 1900 bis 1908 bereits 9 Auflagen.

Mit Hilfe von Darwin und Möbius läßt sich sehr gut zeigen, in welchem historischen Kontext heutige biologische Erkenntnisse stehen, wie eng der Zusammenhang zwischen wissenschaftlichen Ergebnissen und sozialem Umfeld ist, und wie wissenschaftliche Ergebnisse mit politischen Implikationen oder Forderungen verknüpft sind.

---

[3]   Fausto-Sterling (1988), S. 22

Als zeitgenössische Wissenschaftsrichtung, die zu unseren Vorstellungen über natürliche Geschlechtsunterschiede beiträgt, gehe ich vor allem näher auf die Soziobiologie ein.[4] Die Soziobiologie steht in der Tradition Darwins, sie enthält (teilweise explizit) politische Folgerungen und Forderungen, und sie versucht, durch leicht verständlich verfaßte Bücher in die Diskussion um die Natur des Menschen nicht nur akademisch, sondern auf breiterer Basis einzugreifen. Sie nimmt damit ohne den Umweg über popularisierende Medien oder die Schule direkt Einfluß auf die lebensweltlich verankerte Vorstellung von der Natur des Menschen und von biologischen Geschlechtsunterschieden. Die Soziobiologie hat auch direkten Einfluß auf die Politik. Lewontin u.a. beschreiben, daß der Zusatzartikel zur Gleichberechtigung in der Verfassung der USA vor allem durch soziobiologische Argumente verhindert wurde.[5]

Die feministische Diskussion um die 'Natur des Menschen' wird inzwischen nicht mehr nur von sozialwissenschaftlicher Seite,[6] sondern auch aus der naturwissenschaftlichen Perspektive geführt. Vor allem Biologinnen untersuchen die eigene Wissenschaft auf soziale Implikationen, die geschlechtsspezifische Verzerrungen zur Folge haben.[7] Ihre Kritik, die ich hier im wesentlichen rezipiere, stellt den Wahrheitsanspruch der Wissenschaften über die 'Natur des Menschen' in Frage, indem einerseits wissenschaftstheoretisch ihre soziale Einbindung dargelegt wird und andererseits konkret die einzelnen wissenschaftlichen Ergebnisse über in der Natur verankerte geschlechtsspezifische Unterschiede in Frage gestellt werden. Die wissenschaftliche Letztbegründung dessen, was in der Moderne als Natur der Frau und des Mannes gilt, ist demnach unzureichend - die Diskussion ist nach wie vor offen.

---

[4]   Sie wird seit Mitte der 70er Jahre in den USA entwickelt, steht aber durch einige Übersetzungen auch in Deutschland zur Diskussion. Hier verwendete, ins Deutsche übesetzte Literatur: David Barash (1981): Das Flüstern in uns. Richard Dawkins (1978): Das egoistische Gen. Zusätzlich verwendete englische Literatur: Edward O. Wilson (1975): Sociobiology. Sarah Blaffer Hrdy (1981): The woman that never evolved.

[5]   Lewontin/Rose/Kamin (1988), S. 14. Zur großen Resonanz der Soziobiologie vergleiche Lewontin/Rose/Kamin (1988), Kapitel 9

[6]   vergleiche beispielsweise Hagemann-White (1985)

[7]   Die wichtigsten Kritikerinnen, auf die ich mich hier beziehe, sind:
Ruth Bleier: Ärztin, Professorin für Neurophysiologie und Frauenstudien an der University of Wisconsin/Madison
Ruth Hubbard: Professorin für Neurobiologie an der Harvard University
Lynda Birke: forscht als Biologin an der Open University, Milton Keynes über Hormone und Verhalten
Donna Jeanne Haraway: Biologin und Wissenschaftshistorikerin, Professorin an der University of California, Santa Cruz

Diese Ergebnisse über die soziale Prägung der Naturwissenschaften stelle ich in meinen politikwissenschaftlichen Rahmen der Analyse des Patriarchats als Denkstruktur. Die 'Natur des Menschen', seine 'biologischen Konstanten', sind dabei als Teil patriarchaler Denkstrukturen schwer zu fassen. Biologische Konstanten sind keinen Veränderungen zugänglich, seien sie absichtlich oder im historischen Kontext, sie sind dem Menschen immanent. Deutungsmuster hingegen sind dynamisch, beeinflussen und reagieren auf soziale Bezüge, sind historischen Veränderungen unterworfen. Daher ist es wichtig, explizit den biologischen Unterschied zwischen Frauen und Männern von dem Bild zu trennen, das wir uns von diesem Unterschied machen.

Eine Umstrukturierung des Deutungsmusters 'Natur des Menschen' könnte nicht nur, wie ich an einigen Beispielen andeuten werde, die realen Unterschiede adäquater wiedergeben, sondern hätte vor allem andere politische Implikationen. Der Zusammenhang zwischen unseren Vorstellungen von der Natur (als nicht veränderbar) und der Politik (die sich im Gestaltungsspielraum sozialer Ordnung abspielt) ist sehr eng. Denn über die Definition des Unveränderbaren wird auch der Gestaltungsspielraum der Politik abgesteckt.

Nach einem wissenschaftstheoretischen, methodischen und historischen Blick auf die Wissenschaften von den natürlichen Geschlechtsunterschieden (4.1.1-4.1.3), gehe ich auf deren Ergebnisse über natürliche Geschlechtsunterschiede näher ein (4.2). Dabei unterscheide ich zwischen Konstanten, die in der Natur des Menschen gesehen werden (4.2.1) und biologischen Unterschieden zwischen Frauen und Männern (4.2.2), und nenne Wechselwirkungen zwischen Natur und Sozialisation, die biologische Erklärungsmodelle fragwürdig erscheinen lassen (4.2.3). In einem dritten Schritt verorte ich 'natürliche' Geschlechtsunterschiede innerhalb der patriarchalen Lebenswelt, indem ich auf die Gefahr der Zirkularität biologischer Modelle hinweise (4.3.1) und Zusammenhänge zwischen Biologie und Politik darstelle (4.3.2).

4.1 Die Wissenschaften von den natürlichen Geschlechtsunterschieden

4.1.1 Methodische Schwierigkeiten

Der Schwerpunkt meiner Analyse liegt auf der Wissenschaft Biologie, da sie stärker als die anderen an der Konzeption des biologischen Unterschieds beteiligten Wissenschaften (z.B. Anthropologie, Ethnologie, Archäologie, Philosophie) als exakte Wissenschaft gilt, deren Ergebnisse durch strenge methodische Anforderungen vor geschlechtsspezifischen Verzerrungen geschützt sind.

> "... people generally seem better able to understand that the social sciences are informed and shaped by the political and cultural perspectives of the researcher than they are to accept this of the 'harder sciences'."[8]

Darüber hinaus ergibt sich das Problem, daß Verzerrungen der momentan gültigen Modelle kritisiert werden müssen. Es ist relativ leicht, Vorstellungen über die Natur des Menschen, die aus dem 19. Jahrhundert stammen, zu widerlegen. Ältere Modelle, die bereits widerlegt sind, können in Relation zu ihrer Entstehungszeit gesetzt werden. Aber zu wissenschaftlichen Modellen der letzten Jahrzehnte fehlt die Distanz, die Methoden, Interpretationen und Ergebnisse der Wissenschaft haben sich noch nicht grundlegend geändert. Wir sind es gewöhnt, die jetzigen Ergebnisse der Naturwissenschaften als endgültige Wahrheiten zu betrachten - als Endpunkt nach den unvermeidbaren Fehlern und Annäherungen der vergangenen Jahrhunderte.

Der Wahrheitsanspruch der Wissenschaft scheint abgesichert durch eine Arbeitsweise, die die Ergebnisse gegen ideologische und politische Einflüsse immunisiert. Der Anspruch der intersubjektiven Nachvollziehbarkeit einerseits und der Ausgleich, der durch Methoden- und Modellvielfalt entsteht, andererseits, können jedoch nicht verhindern, daß Annahmen, die von allen Wissenschaftlern und Wissenschaftlerinnen geteilt werden, unkritisiert stehen bleiben. Die Vorkehrungen, die die Wissenschaften vor Verzerrungen schützen, sind also in bezug auf geschlechtsspezifische Verzerrungen weitgehend außer Kraft. Der wissenschaftliche Streit um die Wahrheit findet nur innerhalb dieser Verzerrung statt, so daß sich der androzentrische Blickwinkel nicht wegkürzt.

> "Yet today's truths are as relative, as changing, and as certain to be superseded in coming decades as they ever were. Biological facts and concepts have always changed over time and there is every reason to believe that they will continue to do so."[9]

---

8   Sapiro (1985a), S. 56

9   Bleier (1985), S. 26.
    Auch Feministinnen können sich des in unserer Gesellschaft geltenden Modells natürlicher Unterschiede zwischen Männern und Frauen nicht gänzlich erwehren. Beispielsweise hat Janssen-Jurreit in dem Klassiker der Neuen Frauenbewegung *Sexismus - über die Abtreibung der Frauenfrage* (erstmals 1976 erschienen) als eine der ersten im deutschsprachigen Raum die Biologieproblematik systematisch untersucht und versucht, die Ergebnisse beispielsweise der Primatologie, der Gehirnforschung, der Verhaltensforschung, der Humangenetik auf ihre Richtigkeit zu prüfen. Dabei arbeitet sie mit genau

Die Methoden, mit denen gegen wissenschaftlich bisher nicht hinterfragte Implikationen über die Natur der Frau und des Mannes gearbeitet wird, sind in den Naturwissenschaften im Prinzip die gleichen, wie in den Sozialwissenschaften. Da es aus den genannten Gründen in den Naturwissenschaften noch schwerer ist, die Androzentrik offenzulegen, kann jedoch davon ausgegangen werden, daß das Instrumentarium noch nicht so ausgereift ist.[10]

> "Allerdings forschen etliche Biologinnen anders als ihre männlichen Kollegen: Sie stellen sich andere Fragen, sie lassen sich anders ein auf ihren Forschungsgegenstand. Z.B. machen sie unverhältnismäßig oft Langzeitstudien, leben über Jahre und Jahrzehnte mit den Tieren, die sie untersuchen ... stellen sich Fragen, die auch für die Frauenbewegung relevant sind."[11]

Die geschlechtsspezifischen Verzerrungen werden dadurch analysiert,

- daß die Themenschwerpunkte nicht so sehr auf Unterschieden zwischen Männern und Frauen, sondern auf Gleichheiten liegen.

- daß die wissenschaftliche Methodik in ihrer historischen Entwicklung gesehen wird. Unterschiedliche Ansätze existierten immer auch nebeneinander mit unterschiedlichen Schwerpunkten. Auch jetzt muß wieder der Schwerpunkt verschoben werden.

- daß die Methodik und die erkenntnistheoretischen Grundlagen kritisiert werden. Was gilt als Erkenntnis, wo sind die Grenzen dieser Art der Erkenntnis, was kann mit diesen Methoden nicht erfaßt werden? Wie ist das Verhältnis zwischen Objektivität und Subjektivität definiert?

- daß Argumentationen umgekehrt werden: z.B. wird in Umkehrung der traditionellen Interpretation geschlechtsspezifischer Eigenschaften nicht von männlichen Fähigkeiten und weiblichen Mankos gesprochen, sondern von weiblichen Fähigkeiten und männlichen Mankos. Oder der Man-the-Hunter Evolutionstheorie wird ein Women-as-Gatherers Modell gegenüberge-

---

den Klischees von männlich und weiblich, die sie kritisiert. Das Frauenbild, das als Prämisse hinter diesen Ergebnissen steht bleibt weitgehend unhinterfragt. So referiert sie über zwei Verhaltensmuster "das männliche Besteigen und ... das weibliche Niederdukken, Offerieren" (S. 423), ohne zu reflektieren, warum denn das eine als männlich und das andere als weiblich bezeichnet werden muß. Und die "Asymmetrie der Fortpflanzungsrollen"(S. 424) bezeichnet sie als "fundamentale natürliche Ungleichheit zwischen Menschen: ... Ungerechtigkeit menschlicher Fortpflanzung"(S. 424f). Sie entgeht damit der Biologisierung patriarchaler Gesellschaftsstrukturen nicht, auch wenn sie nicht den Schluß zieht, daß wir uns in diese Ungerechtigkeit fügen müssen.

10   vergleiche Rosser (1992) und Bleier (1986a)

11   Reimers (1992), S. 18

stellt.[12] Diese Umkehrungen sind weder schlüssiger noch richtiger, aber sie zeigen die Absurdität und Einseitigkeit traditioneller und die prinzipielle Möglichkeit alternativer Modelle auf.

4.1.2 Quellen, aus denen die Natur des Menschen abgeleitet wird

Die 'Natur des Menschen' dient dazu, den Menschen innerhalb der Natur zu verorten und die 'Natur' von Politik und Gesellschaft zu bestimmen. Die Suche nach der Natur des Menschen ist "part of the complex struggle in liberal Western democracies to name who is a mature, healthy citizen and why"[13]. Eine Reihe von Wissenschaften treffen Aussagen, die unser Bild von den natürlichen Eigenschaften und Bestimmungen des Menschen wissenschaftlich untermauern. Diese Aussagen sehen von der gesellschaftlichen Überformung des Menschen ab und dringen zur Natur des Menschen vor. Die Abstraktion von gesellschaftlichen Überformungen geschieht vor allem durch Vergleiche. Da die gesellschaftlichen Überformungen der Menschen nicht offensichtlich sind, und daher nicht einfach bei jeder einzelnen Person 'abgezogen' werden können, wird versucht, durch Vergleiche mit sehr unterschiedlichen Bezugsgrößen die Natur des Menschen herauszukristallisieren.

a)   Vergleiche zu anderen Primaten

Das Verhalten von Halbaffen und Affen wird beobachtet, und Ähnlichkeiten zwischen ihrem und dem menschlichen Verhalten werden als natürlich gegebene Determinierungen des Menschen interpretiert. Als Prämisse geht in diese Argumentation ein, daß die Primaten eine Art genetische Vorfahren des Menschen sind, die im Menschen genetisch weiterleben.

---

12   Danach waren die Frauen (beziehungsweise ihre aufrechtgehenden Vorfahrinnen) die die Entwicklung vorantreibenden Kräfte, da sie zur Erleichterung der Sammeltätigkeit Befestigungsmöglichkeiten für ihre Jungen erfinden mußten, die sich am Körper der Mutter nicht mehr selbst halten konnten. Aus diesen einfachen Befestigungen wurden Transportmöglichkeiten für Nahrungsmittel entwickelt, und erste Werkzeuge dienten ebenfalls zur Erleichterung der Sammeltätigkeit. Vergleiche Bleier (1984), S. 131-134, (1986a), S. 158 und Birke (1986), S. 31

13   Haraway (1991), S. 83. Haraway bezieht sich nur auf die Primatologie. Ich denke jedoch, dies trifft auf alle Versuche zu, die Natur des Menschen näher zu bestimmen.

"Primatenuntersuchungen werden somit zum Bindemittel, das die fragmentarischen Befunde der Studien am Menschen miteinander verknüpft."[14]

Die Primatologie hat zwei wichtige Themen: das Sexualverhalten und die Ökonomie der Primaten - Reproduktion und Produktion.[15] Dabei werden vor allem Machtverhältnisse untersucht, und ihre natürliche Basis offengelegt. So wurde in den 20er Jahren dieses Jahrhunderts aus dem Menstruationszyklus bei Primaten und bei Frauen die permanente Rezeptivität der weiblichen Primaten und der Frauen geschlossen, wobei dieser "fantasy-inspiring 'fact' of constant female 'receptivity'"[16] als Grundmuster des Verhaltens von Frauen weit über die Sexualität hinaus interpretiert wurde. Entsprechend wurde auch die 'natürliche' aggressive Sexualität der Männer auf des Sozialverhalten der Männer und die Struktur der ganzen Gesellschaft extrapoliert.

"Theories of animal and human society based on sex and reproduction have been powerful in legitimating beliefs in the natural necessity of aggression, competition, and hierachy."[17]

Dabei bleibt nicht nur unberücksichtigt, daß es bei verschiedenen Affen eine große Bandbreite an geschlechtsspezifischen Ausprägungen gibt, mit denen nahezu alles belegt werden kann[18], sondern die Primatologie übersieht auch weitgehend, daß Primaten nicht unsere Vorfahren sind, sondern wir mit nur ihnen gemeinsame Vorfahren haben.

"... die meisten Wissenschaftler [übersehen; S.O.] geflissentlich, daß die heutigen Affen eine Entwicklungsgeschichte hinter sich haben, die so alt ist wie unsere, seit der Zeit, als ihre und unsere Wege sich vor Millionen von Jahren trennten. Es gibt keinen theoretischen Grund, warum ihr Verhalten uns mehr über unsere Vorfahren mitteilen sollte als unser Verhalten über ihre."[19]

Außerdem spielen bei der Beobachtung und Interpretation des Verhaltens von Primaten auch unsere Vorstellungen von Gesellschaften eine Rolle. Die Interpretationen des Primatenverhaltens erwecken den Anschein, "als ob darin endlich ein unabweisbares wissenschaftliches Fundament für die bürgerliche Se-

---

14   Fausto-Sterling (1988), S. 202

15   Für eine ausführliche Analyse der Primatologie vergleiche Haraway (1989) und (1991)

16   Haraway (1991), S. 22

17   Haraway (1991), S. 21

18   vergleiche Fausto-Sterling (1988), S. 202-208

19   Hubbard (1989), S. 326

xualmoral, für die Hausfrauenehe und für die Machtverteilung in Staat und Gesellschaft entdeckt sei"[20].

b)   Interkulturelle Vergleiche

Interkulturelle Vergleiche stellen unterschiedliche menschliche Daseinsformen gegenüber und verfolgen dabei vor allem zwei Zielsetzungen: Zunächst werden in heute lebenden sogenannten primitiven Kulturen Gesellschaftsformen vermutet, die beispielsweise denen der Jungsteinzeit entsprechen.[21] Hier gilt das gleiche Argument wie gegenüber der Primatologie: Die sogenannten primitiven Kulturen haben sich bereits genausolange entwickelt wie die sogenannten entwickelten Industrienationen.

"Present-day nomadic foragers are not, after all, living fossils. They are not our ancestors and do not represent our prehistoric existence. They have evolved over the same time span and from the same groups of ancestors as we have, but in their own ecological niches, with varying degrees of direct and indirect contact with technologically more advanced, patriarchal cultures. What they mainly indicate is the extraordinary range of cultural adaptations and solutions to environmental and social challenges that humans have created."[22]

Die Kennzeichnung 'primitive' Gesellschaften leugnet jedoch nicht nur die eigenständige Entwicklung dieser Kulturen, sondern auch den nahezu universalen Einfluß Westeuropas und Nordamerikas.

Die "erforschten Gesellschaften [sind; S.O.] alle bis zu einem bestimmten Grad in weltweite ökonomische und politische Systeme integriert, in denen Frauen unterdrückt werden, und die meisten Gesellschaften sind schon jahrhundertelang Bestandteile dieser größeren Systeme."[23]

Die zweite Zielsetzung interkultureller Vergleiche ist, interkulturelle Konstanten offen zu legen. Durch Vergleiche ist es nach diesem Gedankengang möglich, die interkulturell verschiedenen Ausprägungen sozialer Strukturen als gesellschaftlich konstituiert herauszuarbeiten. Strukturen und Merkmale, die

---

[20]   Janssen-Jurreit (1979), S. 448. Reimers (1992, S. 18f) gibt einen Überblick über Fragestellungen, die von Forscherinnen in den letzten 20 Jahren aufgeworfen werden. Männliche Elternfürsorge, Formen sozialer Kooperation, der Einfluß der Weibchen auf die Hierarchiebildung usw. bei Säugetieren (und speziell bei Primaten) zeigen, daß die Projektion des bürgerlichen Geschlechterverhältnisses auf die Tierwelt inadäquat ist.

[21]   Auch Janssen-Jurreit zieht diese Parallele. Janssen-Jurreit (1979), S. 450

[22]   Bleier (1984), S. 148

[23]   Leacock (1989), S. 29

sich sehr oft wiederholen, sich in dem Sinn als interkulturell nahezu konstant erweisen, gelten dann als durch die Natur des Menschen determiniert.

> "It is possible to attack this doctrine on a conservative level: that is, by conserving its basic premise but questioning its application. We would then ask, how frequent is 'frequent enough?' For example, if research showed that in all but two known human societies women cry more often than men, are we to conclude that the difference is genetic?"[24]

Der Umkehrschluß von der Häufigkeit sozialer Phänomene auf die biologische Determiniertheit interkultureller Konstanten ist im logischen Sinn nicht zulässig, und der Prozeß, der zur Feststellung der Konstanten führt, ist darüber hinaus durchaus fragwürdig. Denn die Wahrnehmung der anderen Kulturen ist dadurch verzerrt, daß in die Modelle, die von der Funktionsweise der untersuchten Kultur entworfen werden, ethnozentrische Annahmen einfließen. Die Erfahrungen aus unserer patriarchal geprägten Kultur werden auf die Institutionen und Verhaltensweisen in anderen Kulturen projiziert. Durch diese Vorgehensweise ergeben sich Modelle von Kulturen, die der unseren vor allem in den Punkten ähneln, die im wissenschaftlichen Diskurs nicht als ethnozentrische Verzerrungen erkannt werden - und das sind genau die, die von den Teilnehmern und Teilnehmerinnen am Diskurs geteilt werden (die sich nicht 'wegkürzen'). Hierarchie als Strukturmerkmal von Gesellschaften und die Zweitrangigkeit der Frauen sind zwei der 'interkulturellen Konstanten', die auf diesem Wege entstehen.[25] Operationalisiert wird diese Verzerrung beispielsweise dadurch, daß andere Kulturen meist von Männern untersucht werden, die dann auch vor allem Männer untersuchen und befragen.[26] Frauen fehlen weitgehend als Untersuchungsobjekt, und Forscherinnen würden darüber hinaus eventuell andere Informationen und Ergebnisse erhalten, da die Untersuchten ja auf das Geschlecht der Forschenden im Sinne ihrer eigenen Kultur bereits reagieren, und sich diese Reaktion in den gegebenen Informationen niederschlägt.[27]

---

[24] Fried (1979), S. 44

[25] Ich diskutiere die Qualität der wichtigsten interkulturellen Konstanten im Abschnitt 4.2.1.

[26] vergleiche MacCormack (1989), S. 92

[27] vergleiche Bleier (1984), S. 140
Inzwischen werden Untersuchungen über andere Kulturen auch als Beweis dafür unternommen und zitiert, daß patriarchale Strukturen eben nicht universell oder gar biologisch determiniert sind (vergleiche beispielsweise Lenz/Luig, 1990). Die Beschreibung von Gesellschaften als nichtpatriarchal hat die bisher angewandten Kategorien Macht, Hierarchie usw. erschüttert.

c) Die Deutung archäologischer Funde

Ebenfalls als interkultureller Vergleich kann auch die Deutung archäologischer Funde interpretiert werden. Nur werden hier nicht existierende Kulturen miteinander verglichen, sondern die jetzigen Kulturen mit den Gesellschaften, die Archäologie und Anthropologie aus Fundstücken aus vorschriftlicher Zeit rekonstruieren.

Neben den bereits erörterten Verzerrungen, die bei interkulturellen Vergleichen möglich sind, ergibt sich hier zusätzlich die Schwierigkeit, daß Funde menschlicher Daseinsformen nicht zeitlich lückenlos vorhanden sind,[28] und daß die vorhandenen Überreste kein vollständiges Bild der jeweiligen Kultur vermitteln. Es ist mehr als fraglich, ob die Überreste überhaupt einen aussagekräftigen Querschnitt der Kulturen repräsentieren. Denn viele Verhaltensweisen, soziale Zusammenhänge und Aktivitäten hinterlassen keine Spuren, die heute noch zu finden wären. Je bruchstückhafter die Funde sind, desto einflußreicher werden jedoch die Interpretationen und die dann nicht mehr abzufedernden Verzerrungen.[29] Vor allem wenn die Fundstücke zu den uns geläufigen Gesellschaftsstrukturen zu passen scheinen, besteht die Neigung, die zur vollständigen Beschreibung der Kulturen fehlenden Informationen aus unserer oder einer uns bekannten lebenden Kultur zu ergänzen.

"Because the hunting of large mammals is usually a male social venture in its contemporary forms, it has been invested with singular evolutionary importance by Western male meat-eating anthropologists."[30]

Sowohl Allesfresser als auch heute lebende Jäger-Gesellschaften decken jedoch den größten Teil ihres Kalorienverbrauchs vegetarisch.[31] Die gefundenen Waffen und Werkzeuge müssen also nicht unbedingt die wichtigsten Tätigkeiten

---

[28] Es fehlen Millionen von Jahren. Vergleiche Bleier (1984), S. 122

[29] Die Archäologin Ehrenberg (1992) beschreibt ausführlich, mit welchen Methoden archäologische Funde in bezug auf das Geschlechterverhältnis der jeweiligen Gesellschaftsformation interpretiert werden können (S. 11-43), und gibt eine sehr anschauliche Einführung in die (mögliche) Rolle der Frauen bei der Entwicklung der Menschheit seit der Steinzeit. Die Suche nach dem Anteil der Frauen ist in der Archäologie eine noch sehr junge Forschungsrichtung. "So haben in der Vergangenheit viele Archäologen in Europa, wenn auch unbewußt, die prähistorischen Frauen außer acht gelassen. Aber wir können uns ein Bild von ihnen machen. Es ist möglich, eine Vorgeschichte der Frau zu schreiben." (S. 201)

[30] Bleier (1984), S. 132

[31] vergleiche Morgan (1989), S. 187

in den untersuchten Gesellschaften anzeigen, vielleicht war die Jagd auch zur Sicherung der Existenz völlig unzureichend. Im entwickelten Kapitalismus wird außerdem weder gejagt noch gesammelt. Daß die geschlechtsspezifische Arbeitsteilung in sogenannten primitiven Gesellschaften auch im Kapitalismus ihre Gültigkeit hat, bedürfte noch einer zusätzlichen Begründung.

d)   Der Vergleich von eindeutig biologisch abweichenden Menschen

Sogenannte normale, gesunde werden mit eindeutig biologisch abweichenden Menschen verglichen, um die natürlich-biologischen Konstanten menschlichen Daseins zu erfassen. Fried und Bleier beschreiben ausführlich eine Untersuchung von Mädchen, die durch vorgeburtliche hormonelle Störungen zusätzlich männliche Geschlechtsmerkmale ausbildeten.[32] Anhand dieser sehr seltenen (es wurden nur 25 Fälle betrachtet), medizinisch relativ leicht zu behebenden Abnormität wurde 1972 die Fragestellung untersucht, inwieweit sich diese Hormonstörungen in einer gesteigerten Aggressivität ('Vermännlichung') im Erwachsenenalter niederschlagen. Eine solche 'Vermännlichung' sollte dann der Beleg sein für die hormonelle Bedingtheit männlichen und weiblichen Verhaltens. Die angenommene Vermännlichung wurde operationalisiert durch

> "... a preference for outdoor play and athletics, for boys as playmates, and for boy's toys; little interest in dolls or in infant care; preference for functional clothes (pants rather than dresses); an interest in career equal to or greater than that in marriage."[33]

Da ein eindeutiger biologischer Unterschied zwischen den hormonell gestörten, wilden Mädchen und den 'normalen', braven Mädchen bestand, wurde nach sozialen Unterschieden, die sich automatisch aus der Mißbildung ergaben, gar nicht gefragt (einige der Mädchen wurden nach der Geburt zunächst für Jungen gehalten und auch so behandelt).

> "They assumed that whatever behavioral differences were found in the 'fetally androgenized' girls could be attributed to a single divergent element in their biographies: that the excess or 'prenatal androgens may have left a presumptive effect on the brain, and hence on subsequent behavior'."[34]

---

32   Fried (1979), S. 41ff, Bleier (1986a), S. 150ff, für weitere hormonelle Modelle vergleiche Fausto-Sterling (1988), Kapitel 4 und 5

33   Bleier (1986a), S. 150

34   Fried (1979), S. 41f

Damit wurde nicht nur die natürliche, in dem Fall hormonelle Basis für Aggressivität belegt, sondern auch den 'normalen' Mädchen die Legitimation abgesprochen, wild und aggressiv zu sein, da dies 'normalerweise' gegen ihre Natur ist.

> "This concept of tomboyism further implies that if little girls do not conform to the cultural stereotype, something must be wrong with them: disordered hormones or chromosomes or gender identity."[35]

Die schnelle und breite Akzeptanz dieser Ergebnisse von 1972 hat aus heutiger Sicht offensichtlich mehr damit zu tun, daß sie harmonisch zu den herrschenden Vorstellungen und Klischees von Männlichkeit und Weiblichkeit paßten, als mit ihrer wissenschaftlichen Qualität. Auch hier wird also deutlich, daß unsere Vorurteile, die in unserer Gesellschaft weitgehend geteilten Vorstellungen über natürlich-biologische Geschlechtsunterschiede, einen wesentlichen Anteil an der Qualität der Ergebnisse haben, die auf der Suche nach wissenschaftlichen Fundierungen biologischer Geschlechtsunterschiede erzielt werden. Diese bereits vorhandenen Deutungsmuster, die sich, da sie allgemein geteilt werden, im Wissenschaftsbetrieb auch nicht 'wegkürzen', können daher ebenfalls als Quellen bezeichnet werden, aus denen wissenschaftlich die 'Natur des Menschen' abgeleitet wird. Vorurteile und Vorverständnis über natürlich-biologische Unterschiede prägen und präjudizieren die Forschungsergebnisse, die wiederum Vorurteile und Vorverständnis bestätigen, untermauern und legitimieren. Die Forschung über natürlich-biologische Geschlechtsunterschiede ist eingebunden in eine weitgehend geteilte Lebenswelt, in der geschlechtsspezifische Unterschiede verankert sind. Die Lebenswelt prägt die Forschungsergebnisse und diese tragen zur wissenschaftlichen Letztbegründung patriarchaler Strukturen bei.

4.1.3 Vorstellungen über natürlich-biologische Geschlechtsunterschiede seit Darwin

Ein Blick auf die Entwicklung der Vorstellungen über natürlich-biologische Geschlechtsunterschiede zeigt zum einen, daß die heutige Forschung zu Geschlechtsunterschieden in einer Tradition steht, die noch Spuren hinterläßt, von der sich unsere Vorstellung aber auch schon ein Stück wegentwickelt hat. Die heutigen Modelle sind differenzierter, ihre Androzentrik subtiler, den Frauen

---

[35]   Bleier (1986a), S. 150

wird in größerem Maß Eigenständigkeit zugeschrieben. Zum anderen wird bei einem Blick in die Geschichte der Erforschung der biologischen Geschlechtsunterschiede der Zusammenhang zwischen wissenschaftlichen Ergebnissen und dem Vorverständnis und den Zielvorstellungen der Wissenschaftlerinnen und Wissenschaftler besonders deutlich. In der Moderne hat vor allem die Evolutionstheorie von Charles Darwin unsere Vorstellungen von biologischen Geschlechtsunterschieden geprägt. Wie sich zeigen wird, ist sein Einfluß auch auf die heutigen patriarchalen Denkstrukturen unverkennbar. Der Nachweis, daß sein Modell der Evolution des Menschen - mit seinen Implikationen über das Geschlechterverhältnis - mehr Ausdruck der sozialen Verhältnisse Mitte des 19. Jahrhunderts ist als Ausdruck der Natur, kann also auch wesentliche Teile unseres heutigen Deutungsmusters des biologischen Geschlechtsunterschieds ins Wanken bringen.

> "... der Darwinismus ... [deckt sich; S.O.] in weiten Bereichen mit der gesellschaftlichen und politischen Ideologie der britischen Gesellschaft des 19. Jahrhunderts und mit viktorianischen Moralvorschriften, besonders im Hinblick auf die Beziehungen zwischen den Geschlechtern."[36]

Die drei Grundbestandteile der Darwinschen Evolutionstheorie: die unbegrenzte Variation, die natürliche Zuchtwahl der Varianten und das sich daraus ergebende Überleben der Tüchtigsten wurden von Darwin ergänzt durch das Bild vom aktiven Männchen und dem passiven Weibchen. Nach Darwin sind es eindeutig die Männchen/Männer, die die Entwicklung vorantreiben, die Frauen reagieren auf diese Triebkraft, beispielsweise indem sie sich schmücken.

> "Der Mann ist an Körper und Geist kraftvoller als die Frau, und im wilden Zustande hält er dieselbe in einem viel unterwürfigeren Stande der Knechtschaft, als es das Männchen irgend eines anderen Thieres thut; es ist daher nicht überraschend, daß er das Vermögen der Wahl erlangt hat. Die Frauen sind sich überall des Werthes ihrer Schönheit bewußt, und wenn sie die Mittel haben, finden sie ein größeres Entzücken daran, sich selbst mit allen Arten von Zierathen zu schmücken, als es die Männer thun."[37]

Und durch die Vererbung profitieren die Frauen auch von der Evolution des Mannes:

> "Es ist in der That ein Glück, daß das Gesetz der gleichmäßigen Überlieferung der Charactere auf beide Geschlechter allgemein bei Säugethieren geherrscht hat; im anderen Falle würde wahrscheinlich

---

36   Hubbard (1989), S. 301

37   Darwin (1986), S. 675

der Mann in Bezug auf geistige Befähigung der Frau so viel überlegen sein, wie der Pfauhahn in Bezug auf ornamentales Gefieder der Pfauhenne."[38]

Allerdings wird dieses Gesetz der gleichmäßigen Überlieferung überlagert durch die gleichgeschlechtliche Vererbung, wodurch die Rückständigkeit der Frauen doch zum Tragen kommt.

"Es wird meist zugegeben, daß beim Weibe die Vermögen der Anschauung, der schnellen Auffassung und vielleicht der Nachahmung stärker ausgesprochen sind als beim Mann. Aber mindestens einige dieser Fähigkeiten sind für die niederen Rassen charakteristisch und daher auch für einen vergangenen und niederen Zustand der Civilisation."[39]

"Die Frau ... steht ... in der Bildung ihres Schädels mitten innen zwischen dem Kinde und dem Manne."[40]

In bezug auf die ökonomischen und sozialen Verhältnisse paßte Darwins Modell "gut zu den gesellschaftlichen Doktrinen des Liberalismus und Individualismus des 19. Jahrhunderts ... [und wurde; S.O.] dazu verwendet, diesen Doktrinen den Charakter von Naturgesetzen zu verleihen"[41]. In bezug auf das Geschlechterverhältnis paßte Darwins Evolutionsmodell gut zur Vorstellung des bürgerlichen Frauenideals und des autonomen, männlichen Individuums,[42] die bereits in der Aufklärung entwickelt werden und im Laufe des 19. Jahrhunderts - ganz wesentlich durch Darwin - eine naturwissenschaftliche Fundierung erfahren. Die Übertragung des biologischen Modells auf die menschliche Gesellschaft prägte als Sozialdarwinismus nicht nur das Denken Ende des 19. und Anfang des 20. Jahrhunderts, sondern noch heute.[43] Damit wurde auch ein Stück des Frauen- und Männerbildes von Darwin weitertransportiert:

"Die Frau scheint vom Manne in Bezug auf geistige Anlagen hauptsächlich in ihrer größeren Zartheit und der geringeren Selbstsucht

---

[38]   Darwin (1986), S. 639

[39]   Darwin (1986), S. 637

[40]   Darwin (1986), S. 630

[41]   Hubbard (1989), S. 310. Die Ähnlichkeit zwischen der Dynamik des wirtschaftlichen Liberalismus und der Evolution der Arten wird besonders deutlich in Darwins Ausführungen zur 'natürlichen Zuchtwahl', durch die sich der Stärkere, Bessere, Intelligentere zum Wohle aller und vor allem im Sinne des Fortschritts durchsetzt. Vergleiche Darwin (1963), Kapitel 3, 4 und 7

[42]   vergleiche Kapitel 5

[43]   Z.B. beruht die Soziobiologie auf ganz ähnlichen Mechanismen. Vergleiche Abschnitt 4.2.2.3.

verschieden zu sein. ... In Folge ihrer mütterlichen Instincte entfaltet die Frau diese Eigenschaften gegen ihre Kinder in einem außerordentlichen Grade."[44]

"Der hauptsächlichste Unterschied in den intellectuellen Kräften der beiden Geschlechter zeigt sich darin, daß der Mann zu einer größeren Höhe an Allem, was er nur immer anfängt, gelangt, als zu welcher sich die Frau erheben kann, mag es nun tiefes Nachdenken, Vernunft oder Einbildungskraft, oder bloß den Gebrauch der Sinne und der Hände erfordern."[45]

Die Männchen treiben die Entwicklung aktiv voran, während die Weibchen die Entwicklung eher passiv erdulden oder von ihr profitieren.[46] So ist sowohl das Aussehen der Frauen als auch die dominierende Stellung des Mannes in der Gesellschaft eine Folge von geschlechtlicher und natürlicher Zuchtwahl, die von den Männern vorgenommen wird.

"Die Weibchen wurden ... zur geschlechtlichen Zierde der Haardecke entkleidet; ... Es ist nicht unwahrscheinlich, daß die Weibchen auch in anderen Beziehungen zu demselben Zwecke [um das andere Geschlecht zu bezaubern und zu reizen; S.O.] und durch dieselben Mittel [durch geschlechtliche Zuchtwahl; S.O.] modificiert wurden, so daß die Frauen angenehmere Stimmen erhalten haben und schöner geworden sind, als die Männer."[47]

"Die größere intellectuelle Kraft und das stärkere Erfindungsvermögen beim Manne ist wahrscheinlich eine Folge natürlicher Zuchtwahl in Verbindung mit den vererbten Wirkungen der Gewohnheit; denn die fähigsten Männer werden beim Vertheidigen und bei dem Sorgen für sich selbst, für ihre Weiber und ihre Nachkommen den besten Erfolg gehabt haben."[48]

Die Ursprünge des Darwinschen Modells in den sozialen, politischen und wirtschaftlichen Verhältnissen im England des 19. Jahrhunderts sind sehr gut untersucht und wurden auch bereits von Zeitgenossinnen und Zeitgenossen Darwins benannt. Engels beispielsweise stimmte zwar den Grundgedanken

---

[44]   Darwin (1986), S. 637

[45]   Darwin (1986), S. 637

[46]   Scheich weist darauf hin, daß das aktiv/passiv-Schema in der Geschichte der Biologie weiter zurückverfolgt werden kann. Im 18. Jahrhundert wurde in der Botanik der Bau der Sexualorgane zum Unterscheidungskriterium für Pflanzen. Die Systematik von Carl von Linné, die in der Nomenklatur heute noch weiterwirkt, weist dem männlichen/aktiven Geschlecht den höheren Rang zu. Vergleiche Scheich (1991), S. 36f

[47]   Darwin (1986), S. 684. Die Einschübe sind ebenfalls Zitate von Darwin, a.a.O.

[48]   Darwin (1986), S. 684

Darwins über die Entwicklung der Arten zu,[49] erkannte aber sehr klar die Zirkularität seiner Argumentation.

> "Die ganze darwinistische Lehre vom Kampf ums Dasein ist einfach die Übertragung der Hobbesschen Lehre vom belum omnium contra omnes und der bürgerlich-ökonomischen von der Konkurrenz, nebst der Malthusschen Bevölkerungstheorie, aus der Gesellschaft in die belebte Natur. Nachdem man dies Kunststück fertiggebracht ... so rücküberträgt man dieselben Theorien aus der organischen Natur wieder in die Geschichte und behauptet nun, man habe ihre Gültigkeit als ewige Gesetze der menschlichen Gesellschaft nachgewiesen. Die Kindlichkeit dieser Prozedur springt in die Augen, man braucht kein Wort darüber zu verlieren."[50]

Mit Entschiedenheit lehnte Engels die Übertragung von Naturgesetzen auf die menschlichen Gesellschaften ab - zu der vorangegangen Übertragung von den Menschen auf die Tierwelt äußerte sich Engels jedoch nicht näher.

> "Der wesentliche Unterschied der menschlichen von der tierischen Gesellschaft ist der, daß die Tiere höchstens *sammeln*, während die Menschen *produzieren*. Dieser einzige, aber kapitale Unterschied allein macht es unmöglich, Gesetze der tierischen Gesellschaft ohne weiteres auf menschliche zu übertragen."[51]

Die Verzerrungen des Darwinschen Modells in bezug auf das Geschlechterverhältnis sind hingegen weniger bekannt und weniger untersucht.[52] Im Zusammenhang mit geschlechtsspezifischen Analysen rückt jedoch immer mehr in den Mittelpunkt, daß Darwins Tiere "Rollen aus einem viktorianischen Drehbuch"[53] erhielten. Hubbard faßt ihre Ergebnisse zur Evolutionstheorie Darwins in der rhetorischen Frage zusammen:

> "Klingt das nicht wie der Wunschtraum eines rechten viktorianischen Gentleman?"[54]

---

49 vergleiche Engels (1878). Herrn Eugen Dührings Umwälzung der Wissenschaft. in: Marx/Engels (1982), Bd. V, S. 77ff; Engels (1884). Der Ursprung der Familie, des Privateigentums und des Staates. in: Marx/Engels (1982), Bd. VI, S. 33; Engels (1888). Ludwig Feuerbach und der Ausgang der klassischen Philosophie. in: Marx/Engels (1982), Bd. VI, S. 300

50 Engels in einem Brief an Pjotr Lawrowitsch Lawrow im November 1875; zitiert aus Marx/Engels (1982), Bd. IV, S. 480f

51 Engels in einem Brief an Pjotr Lawrowitsch Lawrow im November 1875; zitiert aus Marx/Engels (1982), Bd. IV, S. 481

52 Obwohl bereits im 19. Jahrhundert Feministinnen Darwins Androzentrismus analysierten. Vergleiche Hubbard (1989), S. 311

53 Hubbard (1989), S. 312

54 Hubbard (1989), S. 314

Für den Androzentrismus Darwins gilt genauso wie für seinen Anthropozentrismus, daß er auch heute noch unser Denken prägt.[55] Der heutige Umgang mit dem Darwinismus reicht von der hier vorgestellten sehr kritischen Haltung bis hin zu Akzeptanz und Verherrlichung Darwinschen Gedankenguts. So heißt es im Nachwort der 1989 gedruckten Ausgabe von Darwins *Die Entstehung der Arten durch natürliche Zuchtwahl*:

> "Die Selektionstheorie ist richtig ... Mit der ehrwürdigen Gestalt Charles Robert Darwins ... ging ein ethisch hochbedeutender Mensch von uns, der eine wahre Humanitas verkörperte ... Beim Lesen der *Entstehung der Arten* möge man dessen eingedenk sein, daß dieses Buch zu den wesentlichen Schöpfungen des menschlichen Geistes gehört ... Sorgen wir dafür, daß das mit dem Jahre 1959 begonnene Jahrhundert ein Jahrhundert *mit* Darwin wird! Denn die Selektionstheorie bietet der Menschheit die Chance für ihre biologische Zukunft."[56]

Die im 19. Jahrhundert konstatierten Naturgesetze über das Geschlechterverhältnis schlossen harmonisch an das bürgerliche Frauenideal an, das bereits gut 100 Jahre älter ist. Die normative Kraft des bürgerlichen Frauenideals wurde durch die biologische Untermauerung noch wesentlich verstärkt. Denn durch die Verankerung in der Natur wurde der Imperativ 'weiblich' des bürgerlichen Frauenideals zur natürlich-normalen, faktischen weiblichen Eigenschaft der Frau im 19. und 20. Jahrhundert.[57]

Die Vorstellung natürlicher weiblicher Eigenschaften hatte (und hat) für die Lebensumstände von Frauen weitreichende Folgen. Der Arzt Paul J. Möbius, der 1900 den Bestseller *Über den physiologischen Schwachsinn des Weibes* veröffentlichte, ein herausragender Vertreter dieser natürlichen - und, wenn der gesunde Mann als Maßstab angelegt wird, krankhaften - Andersartigkeit der Frau, sah keinen Handlungsbedarf, um die Situation der Frau zu verändern:

> "Auch hier dürfte es am besten sein, die Sache teleologisch zu fassen."[58]

---

55   vergleiche auch Janssen-Jurreit (1979), Kapitel 23: Der Mann als Steuermann der Evolution - der sexyste Affe

56   in: Darwin (1989), S. 686f. 1959 jährte sich die Erstausgabe der *Entstehung der Arten* zu hundertsten Mal. Das Nachwort von Gerhard Heberer wurde Ende der 60er Jahre geschrieben. Heberer weist jeden Einfluß Darwins auf die Politik des 19. und 20. Jahrhunderts entschieden zurück und hofft gleichzeitig auf einen solchen Einfluß in der Zukunft.

57   vergleiche Kapitel 5 und 6

58   Möbius (1990), S. 46

Möbius arbeitete das, was er den *Schwachsinn des Weibes* nennt, durch Vergleiche mit Männern heraus.

"Das normale Verhalten des Kindes ist bei dem Erwachsenen pathologisch, das des Weibes bei dem Manne, das des Negers bei dem Europäer ... Schwachsinn ist eine Relation, und Schwachsinn schlechtweg kann nur bedeuten: im Vergleiche mit Seinesgleichen ... oder sind die Weiber im ganzen genommen schwachsinnig im Vergleiche mit den Männern?"[59]

"Sehen wir uns genötigt, das normale Weib für schwachsinnig im Vergleiche mit dem Manne zu erklären, so ist damit doch nichts zum Nachteile des Weibes gesagt."[60]

Zum "allmählichen Abklingen der 'Krankheit Frau'"[61] im Laufe des 20. Jahrhunderts trugen nach Fischer-Homberg nicht nur die Fortschritte der Medizin und die Relativierung des Objektivitätsanspruchs der Naturwissenschaften bei, sondern auch die zunehmende Unübersehbarkeit von Frauen. Immer stärker und immer zahlreicher traten Frauen auch in der Öffentlichkeit in Erscheinung, "man könnte von einer Menschwerdung der Frau sprechen"[62]. Sie stellten explizit oder auch lediglich durch ihr Auftreten das bürgerliche Frauenideal und die biologischen Erkenntnisse über die Natur der Frau in Frage und ließen sie nach und nach als kontraintuitiv erscheinen. Wie sich im folgenden Abschnitt zeigen wird, sind biologische Begründungen für die Andersartigkeit und Minderwertigkeit der Frau jedoch durchaus noch nicht überwunden, wesentliche Teile des im 19. Jahrhundert konzipierten biologischen Unterschieds haben sich bis heute gehalten.

Die politische Relevanz der biologischen Fundierung der Geschlechtsunterschiede wird an der Entwicklung dieser Forschung in der Moderne immer wieder deutlich. So wurden Ende des 19. Jahrhunderts in der ganzen westlichen Welt mehr Rechte für Frauen gefordert, z.B. mehr Rechte auf Bildung.

"By the last third or the nineteenth century arguments over the power of biology in explaining the conditions and potential of male and female life became important not just in scholarly discussion but in political debate as well."[63]

---

59   Möbius (1990), S. 27

60   Möbius (1990), S. 46

61   Fischer-Homberger (1983), S. 329

62   Fischer-Homberger (1983), S. 329

63   Sapiro (1985a), S. 50f

Die Biologie und die Medizin lieferten zu dieser Zeit gegen die emanzipatorischen Forderungen Argumente, die offensichtlich nicht nur wissenschaftlich, sondern auch durchaus politisch gemeint waren. Der bereits zitierte Arzt Paul J. Möbius war nur ein Anfang des 20. Jahrhunderts prominenter Verfechter der Idee von der geistigen Minderwertigkeit der Frau, der den Schluß von den von ihm beschriebenen biologischen Unterschieden auf das Sozialverhalten und die Sozialstruktur zog. Möbius beschrieb die negativen Folgen auf das soziale Gefüge, die eine veränderte Position der Frau in der Gesellschaft hätte.

> "Daß die Ehen kinderarm würden, das versteht sich von selbst, denn das neue Weib kann nicht viel Kinder gebären und will es auch nicht ... Überdem wird von vornehrein die Qualität der Kinder zu wünschen übrig lassen, denn die Früchte der Gehirndamen zeichnen sich nicht durch Kraft aus, und es fehlt an Muttermilch. Kurz, die Bevölkerung nimmt nach Zahl und Beschaffenheit rasch ab, das Volk tritt in das Greisenalter ein ... so muß ein Feministen-Volk seinen Nachbarn unterliegen"[64].

Die politische Schlußfolgerung, die Möbius zog, wandte sich explizit gegen Forderungen nach gleichen Bildungsmöglichkeiten und gegen die Öffnung der Bildungseinrichtungen für Frauen Anfang des 20. Jahrhunderts.

> "Aber was soll man tun? Zuerst alles unterlassen, was dem Weibe als Mutter nachteilig ist. Da ist vor allem die Erziehung der Mädchen ... Das Beste wäre, die 'höheren Schulen' samt und sonders niederzureißen. Ihr Erfolg ist ohnedies gering, das Üble aber ist, daß in ihnen die Mädchen nervös und schwächlich werden."[65]

Sowohl im 19. als auch im 20. Jahrhundert fällt die Gleichzeitigkeit von emanzipatorischen Forderungen und Ungleichheit legitimierenden biologischen Modellen auf. So zeigte sich während der Bürgerrechtsbewegung in den USA an den Forschungsschwerpunkten ein gesteigertes Interesse an determinierten Unterschieden zwischen Menschengruppen (z.B. am Zusammenhang zwischen Rasse und Intelligenzquotient). In den 70er und 80er Jahren wurde nach biologischen Ursachen für geschlechtsspezifische Unterschiede in bezug auf Temperament, kognitive Fähigkeiten und Rollenverteilung geforscht.[66]

---

[64]   Möbius (1990), S. 59

[65]   Möbius (1990), S. 60

[66]   Lewontin/Rose/Kamin (1988), S. 12f

"Auch heute reagieren viele Naturwissenschaftler auf die Frage nach der Gleichwertigkeit der Geschlechter und den gesellschaftlichen und politischen Umbruch, der sie begleitet hat, indem sie uns ihre Erkenntnisse anbieten und in aller Aufrichtigkeit die Überzeugung vertreten, daß die Frauenbewegung und ihre Mitläufer/innen, so löblich ihre Absichten auch sein mögen, biologisch unnatürliche Veränderungen anstreben, die Unheil über die Menschheit bringen würden."[67]

Hubbard geht sogar soweit, hinter dieser Gleichzeitigkeit von Emanzipationsbewegungen und Forschungen über das Geschlechterverhältnis eine politische Strategie zu vermuten.

"Wenn Frauen drohen, als Gleichberechtigte in die Welt der Geschäfte einzudringen, dann, so scheint es, schließen androzentrische Wissenschaftler die Reihen und weisen darauf hin, daß unser *natürlicher* Platz im Heim ist."[68]

Eine solche Verschwörungstheorie ist sicherlich überzogen. Allerdings liegt es auf der Hand, daß in Zeiten, in denen soziale Verhältnisse in Frage gestellt werden, das Interesse der Politikerinnen und Politiker und der Wissenschaftlerinnen und Wissenschaftler an den problematisierten sozialen Ungleichheiten größer ist. Über in diesem Sinne vergebene Forschungsgelder werden dann auch zahlreichere wissenschaftliche Ergebnisse über diese Ungleichheit produziert. Daß die Ergebnisse dann tendenziell eher die Ungleichheit bestätigen als widerlegen, liegt zum einen an der bereits beschriebenen Gefahr der zirkulären Argumentationsweise der beteiligten Wissenschaften und der damit zusammenhängenden Bestätigung der verzerrenden Prämissen in der Forschung. Zum anderen hängt die tendenzielle Bestätigung der Ungleichheit mit der selektiven Wahrnehmung der wissenschaftlichen Ergebnisse in der Öffentlichkeit zusammen. Emanzipationsbewegungen sind Minderheitenbewegungen, die per definitionem nur in relativ geringem Maß die gültigen Denkmodelle beeinflussen können. Bleier resümiert 1985:

"Today, almost any scientific study or theory, however flimsy the evidence, that offers a biological and hence 'natural' explanation for troublesome social phenomena, is avidly featured by the press and, one assumes, incorporated into popular thought, if not actually welcomed by the populace ... And for each such theory, there is an appropriate implication for social/political policy and biological manipulation."[69]

---

[67]   Fausto-Sterling (1988), S. 16

[68]   Hubbard (1989), S. 322f

[69]   Bleier (1985), S. 37f

4.2 Wissenschaftliche Ergebnisse über natürliche Geschlechtsunterschiede

Zeitgleich mit der Neuen Frauenbewegung wurden wieder verstärkt geschlechtsspezifische Unterschiede auf ihre biologische Basis hin untersucht. Im folgenden versuche ich, verschiedene Erklärungsmodelle zu systematisieren und kurz darzustellen. Dabei liegt mein Schwerpunkt darauf, die politische Relevanz der einzelnen Deutungsmuster zu benennen und wissenschaftliche Argumente zu zitieren, die die einzelnen Ansätze zumindest fragwürdig erscheinen lassen.[70]

Sowohl bei der Darstellung als auch bei der Beurteilung der geschlechtsspezifischen Untersuchungen bin ich auf Autorinnen und Autoren aus verschiedenen Disziplinen (vor allem aus der Biologie) angewiesen, die versuchen, die Ergebnisse der eigenen Disziplin auf ihre soziale Prägung und Relevanz hin zu überprüfen. Diese soziale Einbindung greife ich auf, um herauszuarbeiten, auf welche natürlich-biologischen Argumente die patriarchale Struktur unserer Lebenswelt zur Zeit hinausläuft - also wie und wie gut geschlechtsspezifische Unterschiede einer wissenschaftlichen Letztbegründung zugänglich sind. Die Legitimation politischer Konsequenzen aus geschlechtsspezifischen Unterschieden hängt in der Moderne von der wissenschaftlichen Begründbarkeit der Unterschiede ab. Daher muß die Kritik an patriarchaler Politik auch die wissenschaftlichen Legitimationen kritisieren.

4.2.1 Konstanten in der Natur des Menschen

In allen Wissenschaften, die zu dem Deutungsmuster 'Natur des Menschen' beitragen, zeichnen sich einige Grundgedanken ab, die immer wieder auftauchen, und daher von mir als interdisziplinäre Konstanten der 'Natur des Menschen' bezeichnet werden.

Hier lassen sich Vorstellungen über die Natur im weiteren Sinn unterscheiden von biologisch determinierten sozialen Mustern, die immer wieder auftauchen, da sie als einzig mögliche soziale Ausgestaltung natürlicher Determinanten gelten.

---

[70] Einen sehr guten Überblick über die verschiedenen Ansätze der naturwissenschaftlichen Diskussion um biologische Geschlechtsunterschiede gibt Fausto-Sterling (1988)

4.2.1.1 Vorstellungen über die Natur

a) Hierarchie

Modelle über die Natur und die Natur des Menschen beinhalten immer ein hierarchisches Element. Hierarchie ist ein Phänomen, das wir in der Natur nicht nur beobachten, sondern das wir für das zentrale strukturierende Prinzip der Natur halten. Zum Beispiel prägt der Gedanke der Hierarchie die Vorstellung der Biologie von ihrem Gegenstand.[71] Über eine Hierarchie an Analyseebenen wird die Natur in immer kleinere Einheiten zerteilt: von der Gruppe, über Individuen, Organe, Gewebe, Zellen, Moleküle, zu Atomen usw. Dieses reduktionistische Bild der Natur hat zur Folge, daß komplexere Zusammenhänge zwischen den einzelnen Ebenen außerhalb des Blickfeldes bleiben, und daß die Grenze zwischen 'belebt' und 'unbelebt' verschwimmt.

> "Die Natur des Menschen ... erscheint im Scheinwerferlicht der Moderne als ein entnaturalisiertes Objekt der Molekulargenetik und insofern in Auflösung zu sein. Diese Dekomposition verdankt sich in großen Zügen einer Praxis der durch Labormethoden vergesellschafteten Natur, wo die Differenz zwischen belebt und unbelebt zunehmend aufgehoben wird. Durch die Zerlegung in tausend Partikel entweicht das Humanum."[72]

Es besteht die Tendenz, lediglich Kausalketten von der kleinsten Einheit bis hinauf zur größten zuzulassen, keine Wechselwirkungen. Eine extreme Anwendung finden diese Kausalketten in der Soziobiologie, die den kausalen Bogen von den Genen bis zu gesellschaftlichen Strukturen und auch Werten spannt.[73] Die Hierarchie prägt also nicht nur die Vorstellung von der Natur. Sie geht von den kleinsten biologischen Einheiten über das Individuum weiter in die soziale Struktur, die 'natürlich' auch hierarchisch ist. Hierarchisch, so wie wir unsere eigene Gesellschaft und auch die Tierwelt erfahren.

> "Implicit in ... biological explanations is the assumption that the human behaviors and forms of social organization, such as hierarchies and relationships of dominance and subordinance that we see in our

---

[71] vergleiche Birke (1986), Kapitel 4 und Birke (1982)

[72] Trallori (1992), S. 12

[73] vergleiche Abschnitt 4.2.2.3

Western industrialized cultures, have always characterized human existence."[74]

Als Konstante, die wir überall beobachten, ist die Hierarchie ein wichtiges Bindeglied zwischen verschiedenen Ebenen der Argumentation und des Handelns bezüglich biologischer Konstanten des Menschen - sie verbindet das Physiologische mit dem Politischen.[75] Unserer Vorstellung von der hierarchischen Natur entspricht eine hierarchische Gesellschaft, die sich dieses 'Naturphänomens' bedient, und dadurch ein Höchstmaß an Effizienz erreicht. Dadurch werden nicht nur Dominanz und Unterwerfung, die mit der Hierarchie einhergehen, legitimiert, sondern auch zum Charakteristikum der Höherentwicklung mit normativer Kraft. Gesellschaften beispielsweise, die keine so differenzierten Hierarchien ausgebildet haben wie die westlichen Industrienationen, gelten daher als eher primitiv, als nicht so hoch entwickelt.[76]

b)   Teleologie

Eine zweite Konstante des Naturverständnisses ist seine Teleologie, obwohl gerade mit der Evolutionstheorie Darwins die Teleologie des göttlichen Schöpfungsmodells überwunden schien. Aus der Zielgerichtetheit der göttlichen Schöpfung wird in der Moderne die normative Kraft der Naturgesetze. Sind Naturgesetze und biologische Determinanten erst einmal bekannt, dann dürfen wir aus Gründen der Effizienz und des weiteren Fortschritts gegen diese Konstanten nicht ankämpfen (z.B. gegen Hierarchien). Andernfalls würden wir nicht nur eine weitere Evolution zum noch Höheren verhindern, sondern auch unsere jetzige Existenz gefährden. Als explizites politisches Argument setzte beispielsweise Möbius diese moderne Teleologie ein:

"Den Nachdruck lege ich ... darauf, daß die Inferiorität der Frau nützlich und nötig ist ... Es ist geradezu kindisch, die Beschaffenheit des Weibes, wie sie zu allen Zeiten und in allen Völkern vorhanden ist, für ein Ergebnis der Willkür zu halten. Die Sitte ist das Sekundäre, nicht sie hat das Weib an seinen Platz gestellt, sondern die Natur hat dieses dem Manne untergeordnet, und deshalb wurde die Sitte."[77]

---

[74]   Bleier (1984), S. 115

[75]   vergleiche ausführlich Haraway (1991), Kapitel 1

[76]   Für Politik kann dies heißen, daß in den Entwicklungsländern auch die Herausbildung von Hierarchien gefördert wird.

[77]   Möbius (1990), S. 55

102

Seit Mitte der 70er Jahre dieses Jahrhunderts versucht die Soziobiologie die biologischen, vor allem die genetischen, Grundlagen unseres Verhaltens zu ergründen, die wir zumindest aktzeptieren müßten. In kaum abgeschwächter Form findet sich dann die Teleologie der natürlichen Determiniertheit in dem Alltagswissen, daß ja wohl gegen die Natur nichts zu machen sei. Aus der aktiven Zielgerichtetheit wird hier ein passives Sich-Einfügen in eine vorgegebene Orientierung, die, wie am bisherigen Evolutionsverlauf deutlich zu werden scheint, 'natürlich ideal' verlaufe.[78]

c)   Dichotomie

Eine dritte Konstante ist die dichotome Konzeption der Natur des Menschen.[79] Auf drei Ebenen erscheinen mir Dichotomien wichtig im Zusammenhang mit der Vorstellung über die Natur des Menschen:

-    *nature/nurture*-Dichotomie:
     Die Natur des Menschen wird konstruiert als unveränderbares Faktum in Abgrenzung von den Menschen verfügbaren, sozialen Einflüssen, die aber durch die Natur des Menschen begrenzt sind und auf diese keinen Einfluß haben.

-    *nature/culture*-Dichotomie:
     Natur wird tendenziell mit Unordnung, Chaos und Unberechenbarkeit as- soziiert, während die Konzeption von Kultur die Möglichkeit der Beherr- schung der Natur mit einschließt. Dabei wird die Frau eindeutig als näher an der Natur gesehen.

-    *female/feminine-male/masculine*-Dichotomie:
     Durch die weitgehende Gleichsetzung der Dichotomien weibliches und männliches biologisches Geschlecht und weibliches und männliches sozia- les Geschlecht (sex und gender) wird die Vorstellung der Natur als exakt zweigeschlechtlich zum Konstruktionsprinzip unserer Gesellschaft.

---

[78]   zur Soziobiologie vergleiche Abschnitt 4.2.2.3

[79]   Auf die Bedeutung dichotomer Denkstrukturen in der Moderne gehe ich in Abschnitt 5.3 näher ein.

4.2.1.2 Biologisch determinierte soziale Muster

Das hierarchische, teleologische und dichotome Naturverständnis ist bei der Verortung der Frau in diesem Naturverständnis zur universalen Unterordnung der Frau kombiniert. Der Zusammenhang zwischen biologischem und sozialem Geschlecht wird kausal konstituiert und führt, da das Naturverständnis keine Ausnahmen zuläßt, zur Feststellung der universalen Unterorndung der Frau.[80]

> "A central premise in biological explanations of the asymmetrical positions of women and men in present-day cultures is that the subordinate position of women is universal - across all time and all cultures. It is, as well, a central premise in evolutionary theories, such as Man the Hunter, that seek to describe and explain the origins of such asymmetries."[81]

In den letzten zwei Jahrzehnten wird die Universalität der Unterordnung der Frau jedoch auch grundlegend in Frage gestellt, da Ethnologie und Anthropologie zunehmend ihre eigene Verwendung der westlich geprägten Begriffe Hierarchie, Macht, Autorität usw. kritisieren.[82] Obwohl die Universalität also wieder eine ungelöste Frage ist, haftet sie ganz fest an den Deutungsmustern der Moderne, denn sie wurde ja auch von anderen Wissenschaften (z.B. Biologie und Philosophie) festgestellt.[83]

Diese Vereinheitlichung der Position der Frau macht die Unterordnung der Frau fast unangreifbar. Sie wird einerseits un-faßbar, da die sehr unterschiedlichen Ausprägungen dieses Herrschaftsverhältnisses auf dem Wege der Abstraktion zu einer Universalie verschwinden, und andererseits bekommt sie den Rang eines Naturgesetzes, da sie den Anspruch erhebt, wirklich alle möglichen Formen menschlichen Zusammenlebens zu erfassen.

Die Universalität der Unterordnung der Frau findet ihren konkreten Ausdruck in den sozialen Folgen, die aus den biologischen Vorgängen Gebären und Stillen abgeleitet werden, in der geschlechtsspezifischen Arbeitsteilung und in den sozialen Ansprüchen, die die unterschiedliche Vorstellung weiblicher und

---

[80] Daß die Denkmöglichkeiten aufgrund der kausalen Konzeption eingeschränkt sind, wird anschaulich, wenn eine nichtkausale Formulierung versucht wird. "... the statistical coincidence between sex and gender is just that, a coincidence ... the coincidence between so-called biological sex and gender is 'statistically singificant'" (Delphy, 1993, S. 5).Diese Feststellung läßt auch zu, daß das biologische das soziale Geschlecht beeinflußt.

[81] Bleier (1984), S. 138

[82] vergleiche Bleier (1984), Kapitel 6 und Leacock (1989)

[83] Auch viele Feministinnen gehen von der universalen Unterordnung der Frau aus.

männlicher Passivität und Aktivität nach sich ziehen. Wie vielfältig das Bild der universellen Unterordnung der Frau so konkretisiert wird, will ich an einigen Beispielen zeigen.

a)   Mutter-Kind-Beziehung

Mit den biologischen Vorgängen des Gebärens und des Stillens wird in der Moderne die alleinige Zuständigkeit der Frau für die Kindererziehung begründet. Der Begriff der biologischen Rolle umfaßt also auch eine Fülle von sozialen Rollen.

> "'Biological role' generally refers to a wide variety of behaviors encompassing sexual and reproductive behavior as well as the tendency for women to do the bulk of childraising and to deemphasize other economic roles, and the tendency for men to specialize in other economic roles and do comparatively little childcare."[84]

Dabei ist beispielsweise die Vorstellung der Notwendigkeit des Stillens in der Moderne großen Veränderungen unterworfen. Rousseau sah im Stillen eher eine sittliche Verpflichtung:

> "Wenn sich jedoch die Mütter dazu verstünden, die Kinder selber zu nähren, so werden sich die Sitten von selbst erneuern und die natürlichen Regungen erwachen."[85]

Die Gesellschaft hat sich jedoch nach Rousseau schon zu weit von diesem Naturzustand entfernt.

> "Die Frauen haben aufgehört, Mütter zu sein, und sie werden es nicht wieder: sie wollen es nicht mehr sein. Selbst wenn sie es wollten, sie könnten es kaum."[86]

Daher beschrieb Rousseau detailliert, nach welchen Kriterien eine Amme auszusuchen ist:

> "Die Amme muß an Leib und Seele gesund sein: Charakterfehler und unreine Säfte können die Milch verderben ... Die Wahl der Amme ist um so wichtiger, als ihr Säugling außer ihr keine andere Wärterin ... haben soll ... Die Amme soll etwas bequemer leben und gehaltvoller essen, aber nicht ihre ganze Lebensweise ändern."[87]

---

84   Sapiro (1985a), S. 57

85   Rousseau (1983), S. 19

86   Rousseau (1983), S. 20

87   Rousseau (1983), S. 32f

Im ganzen 19. Jahrhundert war es in bürgerlichen Kreisen dann durchaus üblich, Kinder einer Amme zu überlassen. Eine Amme war selbstverständlich, wenn der Lebensstandard der Familie hoch genug war. Die Theorien Siegmund Freuds drehten die Wertigkeiten jedoch völlig um.

> "Hatten in früheren Zeiten [im 19. Jahrhundert; S.O.] Frauen des Bürgertums ohne weiteres ihr Kind einer Amme oder einem Kindermädchen überlassen, wurde die mütterliche Präsenzpflicht nun [in der Folge von Freud; S.O.] hauptsächlich für diese Frauen gefordert. Die Abwesenheit der Arbeiterin von ihrem Kind wurde sozial geduldet - denn einmal brauchte man sie als billige Arbeitskraft, zum anderen verhalf die intensive und ausschließliche Mutter-Kind-Betreuung dem Bürgertum zum Gefühl einer ethischen Überlegenheit gegenüber den Proletariereltern, die ihre Beziehung zum Kind 'dem Lebensstandard opfern'."[88]

Die Entwicklung von Psychologie und der Forschung über die Mutter-Kind-Beziehung in der ersten Hälfte des 20. Jahrhunderts führte zu einem 'Ideal' der Mutter-Kind-Beziehung - der alleinigen Zuständigkeit der Frauen für die Kindererziehung und die 24-stündige Präsenzpflicht.

> "Die 24 Stunden pro Tag während Unentbehrlichkeit der Mutter für die Kleinkinderziehung wurde Anfang der fünfziger Jahre zum Dogma."[89]

Dieses Dogma schließt Frauen von beruflichen oder politischen Perspektiven aus.[90] Dieser Vorstellung von sozialen Auswirkungen biologischer Gegebenheiten entspricht maximal das 3-Phasen-Lebensmodell für Frauen: Ausbildung - Kindererziehung - Beruf. Daß sich das Problem der Vereinbarkeit von Kindern und Beruf auch heute noch ausschließlich für Frauen stellt, und daß die

---

88   Janssen-Jurreit (1979), S. 476

89   Janssen-Jurreit (1979), S. 475

90   Beispielsweise schrieb der Psychologe Philipp Lersch 1950 in "Vom Wesen der Geschlechter" über den Zusammenhang zwischen biologischen und sozialen Rollen:
"Weil das entscheidende Erlebnis im Dasein der Frau, das Mutterwerden, in ihr selbst und nicht draußen in der Welt geschieht, in der der Mann sein Dasein verwirklicht, gehört es zur Thematik ihres Lebens, zu *verweilen*."(S. 47)
"Nach der Seite der Welt hin bedeutet dies aber nichts anderes, als daß die Frau mehr in einer *geschlossenen*, der Mann mehr in einer *offenen* Welt lebt. Der Offenheit des männlichen Lebenshorizontes entspricht der immer neue Vorstoß auf technische und organisatorische Bewältigung der Welt und ihre denkende Verarbeitung, entsprechen Entdeckung und Erfindung, Abenteuertum und Unternehmergeist, das Umgetriebenwerden von dem noch Unbekannten, Unerkannten und Unbewältigten. Der Geschlossenheit des weiblichen Lebenshorizontes dagegen entspricht die Bewahrung des Lebensraumes, die 'Fixierung des Lebens' ..., die Sicherung eines Daseinsmilieus, seine Ausgestaltung durch pflegerische Sorgfalt und seine Durchseelung mit der Lebendigkeit des Fühlens." (S. 63)

Vereinbarung ohne berufliche Nachteile für die Frauen nicht möglich ist, zeigt die andauernde Gültigkeit dieses Dogmas.

"In our Western industrial and capitalist states, a central ideology (and its institutionalization) is motherhood."[91]

b)   Geschlechtsspezifische Arbeitsteilung

Aber nicht nur die alleinige Zuständigkeit der Frauen für die Kindererziehung ergibt sich aus der Kombination von hierarchischem, teleologischem und dichotomem Naturverständnis. Die gesamte geschlechtsspezifische Arbeitsteilung ist im Zusammenhang mit der vorgestellten Universalität der Unterordnung der Frau zu sehen. Nicht nur die Kindererziehung, sondern auch der größte Teil der Haus-, Familien- und Sozialarbeit gilt als Frauenarbeit (und wird meist auch von Frauen geleistet), während dem Mann die sogenannte Ernährerrolle sowie Funktionen in der Politik zugeschrieben werden. Diese Zuweisung hat ein hierarchisches Element, denn die Lebensbereiche sind in der Moderne unterschiedlich bewertet (der öffentlich/politische Bereich höher und der private niedriger).[92] Die geschlechtsspezifische Arbeitsteilung entspricht auch den teleologischen Vorgaben der Natur, denn schließlich können nur Frauen Kinder gebären, und alle anderen Rollen scheinen aus dieser natürlichen Rolle zu folgen. Widerstand wäre also widernatürlich.[93] Und schließlich entspricht die geschlechtsspezifische Arbeitsteilung auch dem dichotomen Aspekt des Naturverständnisses, denn die Lebensbereiche überlappen sich nicht, bei Männern gar nicht und bei Frauen weist der Begriff der Doppelbelastung darauf hin, daß die Lebensbereiche weniger durchmischt als vielmehr additiv nebeneinander gestellt werden.

"Traditional assumptions begin with the tenet that there has always been a particular sexual division of labor based on biological categories, namely, women's childbearing capacity and men's strength. From this basic division, it is assumed, all the other sexual divisions of tasks and responsibilities are derived, the sexual dichotomies in temperament and behavior, and the gender asymmetries in power, authority, worth, and status with which we are familiar."[94]

---

91   Bleier (1984), S. 163

92   vergleiche Abschnitt 6.1

93   vergleiche Abschnitt 5.1

94   Bleier (1984), S. 143

Eine geschlechtsspezifische Arbeitsteilung, die über das Gebären der Kinder hinausgeht, gibt es in allen bekannten Kulturen. Allerdings nimmt die Aufteilung der Arbeit sehr unterschiedliche Formen an. Es ist also nicht nur möglich, die Universalität der Arbeitsteilung herauszustellen, sondern es könnte auch die große Varietät der Arbeitssysteme betont werden.

c) Aktiv/passiv-Schema der Evolution

Die männlichen Eigenschaften, die der weiblichen Gebärfähigkeit gegenüberstehen, sie gewissermaßen im teleologischen Naturverständnis ergänzen, sind Stärke, Unabhängigkeit und Aktivität.

> "These assumptions construct an evolutionary scenario that sees women as physically constrained by pregnancy, lactation, and infant care to virtual immobility and evolutionary stagnation, and sees men as fundamentally unconstrained and creative, capable of bonding with each other, inventing weapons, and bringing home the meat, each to his dependent domestic unit."[95]

Das Deutungsmuster der Aktivität des Mannes liefert vor allem die Antriebskraft, die Fortschritt und Evolution erst ermöglicht. Auf die Androzentrik der Darwinschen Evolutionstheorie bin ich bereits eingegangen. Jedoch auch zeitgenössische Evolutionsmodelle arbeiten mit diesem aktiv/passiv-Schema und machen dadurch die Frau zu einem notwendigen Anhängsel des Mannes, das nebenbei auch noch ein wenig von der Evolution des Mannes profitiert.[96]

Der Humangenetiker Theodosius Dobzhansky[97] untersuchte beispielsweise 1975 die Vererbung der Intelligenz von den Vätern auf die Kinder:

> "Die Durchschnitts-IQ der Väter variieren ... zwischen 139,7 bei den Akademikern und 84,6 bei ungelernten Arbeitern. Jedoch liegen die

---

95 Bleier (1984), S. 143

96 Birke stellt eine ganze Reihe zeitgenössischer wissenschaftlicher Modelle zusammen, in denen sich der Mann aktiv entwickelt, während die Frauen passiv mitgezogen werden. Vergleiche Birke (1986), Kapitel 2

97 G. Ziegelmayer schreibt im Vorwort zu Dobzhansky (1975): "Die Tatsache, daß Dobzhansky mit seinen Werken über den Kreis seines Faches hinaus in der breiten Öffentlichkeit - auch im deutschen Sprachraum - so reges Interesse gefunden hat, ist nicht zuletzt in seiner Absicht begründet, den oft heißen Diskussionen in Fragen des täglichen Lebens, wie etwa Rassenproblemen, Wandlung von Gesellschaftsstrukturen oder der Bedeutung von Erbe und Umwelt für die individuelle Entwicklung des Menschen eine wissenschaftlich fundierte, sachliche Basis zu geben." (S. 7)

Kinder von Vätern mit hoher Punktzahl im Durchschnitt unter dem elterlichen Mittel, die von Väter mit niedriger Punktzahl darüber."[98]

Dobzhansky zog daraus den Schluß, "daß die Kinder nicht in vollem Umfang das überdurchschnittliche oder unterdurchschnittliche Abschneiden ihrer Eltern erben"[99]. Mütter und ihr Intelligenzquotient tauchen weder im Text noch in der zugehörigen Tabelle auf. Dobzhansky setzte also 'Eltern' mit 'Väter' gleich. Ob die Mütter auch eine Intelligenz zu vererben haben, wenn ja welche, und ob ihnen die Vererbung auch möglich ist und gelingt, erscheint irrelevant.

Hier spiegelt sich die Vorstellung von Evolution und Fortschritt wider, die den Mann als treibende Kraft auf allen Ebenen versteht: technologisch, körperlich, geistig. Nach dieser Vorstellung haben sich die treibenden Kräfte der Entwicklung nicht verändert, seit unsere Vorfahren anfingen zu jagen. Die Wahrnehmung des Fortschritts in der Moderne als von Männern geprägt wird 'natürlich'.

"The theory that humanity originated in the club-wielding man-ape, aggressive and masterful, is so widely accepted as scientific fact and vividly secure in our popular culture as to seem self evident."[100]

Die Kerngedanken der Man-the-Hunter Theorie sind[101], daß sich vor 15 bis 4 Millionen Jahren Männer (beziehungsweise deren aufrechtgehende Vorfahren) zusammenschlossen, um gemeinsam zu jagen und die Beute hinterher aufzuteilen und zu den weiblichen und jungen Abhängigen zu bringen. Um zu jagen wurden Werkzeuge und Waffen entwickelt. Diese erste geschlechtsspezifische Teilung führte zu einer weiteren Differenzierung auch der Charaktere und psychologischen Strukturen.

Das aktiv-passiv Stereotyp, das auf alle sozialen Bezüge angewandt wird, macht die Evolution zu einer Evolution des Mannes - von den Anfängen des Menschen bis heute. Die Evolution verlief in dem Sinn gleichmäßig, als die Familie und die geschlechtsspezifische Arbeitsteilung als Fixpunkte immer wiederkehren.

"'Family' and 'work' are assumed to be historically static phenomena, linked to biology through evolutionary time. That the family, work, and the relationships between them have all changed considerably,

---

[98]   Dobzhansky (1975), S. 30

[99]   Dobzhansky (1975), S. 30f

[100]   Bleier (1984), S. 115

[101]   vergleiche Bleier (1984), S. 116

even in recent history, does not disturb the speculations of biological determinism."[102]

Wenig problematisiert wird, daß es sich um Entwicklungen handelt, die über Jahrmillionen liefen, bei verschiedenen Populationen, zu verschiedenen Zeiten, über verschiedene Zeitspannen, an verschiedenen Orten und in verschiedenen Umgebungen. Daß die Entwicklungen vergleichbar, nach den gleichen Grundmustern oder gar einheitlich verliefen, ist eher unwahrscheinlich.

Da jedoch das moderne Geschlechterverhältnis für das effizienteste gehalten wird und auch in einer Tradition patriarchaler Gesellschaften steht, besteht die Tendenz, Grundzüge unserer jetzigen Ausgestaltung des Geschlechterverhältnisses auf die gesamte Evolution des Menschen zu projizieren.

"Wir haben ein phantastisch beschränktes und stereotypes Bild von Lebensformen entwickelt, die sich über viele Zehntausende von Jahren hinweg herausbildeten und zweifellos Variationen aufwiesen, die wir uns nicht einmal vorstellen."[103]

Im Zusammenhang mit Darwin bin ich bereits auf den Einfluß ökonomischer Modelle eingegangen. Der wirtschaftliche Liberalismus des 19. Jahrhunderts ging als Kriterium der Effizienz in seine Evolutionstheorie ein. Die (geschlechtsspezifische) Spezialisierung auf die Bereiche privat und öffentlich, sowie das hierarchische Über- und Unterordnungsverhältnis werden in Evolutionsmodellen meist für die einzig erfolgversprechenden Strategien der Natur und der Gesellschaft gehalten, genauso wie die marktwirtschaftlich/kapitalistische als die effizienteste Wirtschaftsorganisation gilt. Zu dieser Wirtschaftsorganisation gehört wiederum eine soziale und politische Struktur, die auf der Geschlechterungleichheit aufbaut.

Die geschlechtsspezifische Konzeption des bürgerlichen Frauenideals und seines Pendants, des autonomen Individuums, wird als normativer Anspruch also ergänzt durch wirtschaftliche und politische Argumente der Effizienz. Wobei diese Ansprüche den modernen Vorstellungen von der arbeitsteiligen, spezialisierten 'Natur des Menschen' entsprechen, also auch naturwissenschaftlich biologisch abgesichert erscheinen.

Die hier systematisierten und nur grob skizzierten Konstanten der 'Natur des Menschen' spiegeln unsere heutigen sozialen Gegebenheiten wider - sie sind meines Erachtens eher ein Abbild moderner Gesellschaften und nicht so sehr Erkenntnisse über die 'Natur des Menschen'. Die 'Natur des Menschen' ist so,

---

102   Birke (1986), S. 32

103   Hubbard (1989), S. 326

wie wir sie uns vorstellen, und unabhängig von dieser Vorstellung können wir uns der Natur des Menschen auch nicht nähern. Es gilt jedoch immer wieder klarzustellen, daß Kritiker und Kritikerinnen des Geschlechterverhältnisses nicht gegen die Natur des Menschen argumentieren und handeln, sondern gegen die Vorstellungen von der 'Natur des Menschen'.

4.2.2 Biologische Unterschiede zwischen Männern und Frauen

Die Vorstellungen von der 'Natur des Menschen' sind nicht nur, wie bereits dargelegt, dadurch relativiert, daß sie historisch gewachsen, sozial geprägt, mithin ein soziales Konstrukt sind. Die wissenschaftlichen Erkenntnisse, die hinter der 'Natur des Menschen' stehen, sind darüber hinaus auch noch sehr zweifelhaft, unter anderem weil vielen Interpretationen wenige empirische Untersuchungen gegenüberstehen.

Die wissenschaftliche Untersuchung biologischer Geschlechtsunterschiede ist dabei keine Errungenschaft der Moderne, sondern reicht sehr viel länger zurück. So prägte beispielsweise das Körpermodell von Aristoteles das Denken der westlichen Welt bis weit ins 18. Jahrhundert, als es langsam von einem mechanistischen Bild des Körpers abgelöst wurde.[104] Im späten 19. und Anfang des 20. Jahrhunderts lag der Schwerpunkt der Untersuchungen zu biologischen Unterschieden zwischen Mann und Frau auf Quantifizierungen und Messungen. Schädelgrößen und Hirnschalen wurden vermessen, Hirnvolumen und -gewicht errechnet und gemessen, um daraus auf die Intelligenz zu schließen.[105] Politische Schlußfolgerungen waren selbstverständlich.

Ein theoretisches Problem bei allen Untersuchungen zu Geschlechtsunterschieden ist - ob heute, im 19. Jahrhundert oder zur Zeit Aristoteles' -, daß sie grundsätzlich nur auf Unterschiede hin orientiert sind, diese betonen und dadurch größer erscheinen lassen. Gleichheiten oder weitgehende statistische Überlappungen werden nicht untersucht, sie treten nicht ins Blickfeld.[106]

---

[104] Zum aristotelischen und zum mechanistischen Körperbild vergleiche ausführlich Green (1992) und E. Martin (1989)

[105] vergleiche S. J. Gould (1981). S. J. Gould hat die wissenschaftlichen Ergebnisse von der Zeit vor Darwin bis in die 70er Jahre des 20. Jahrhunderts ausführlich untersucht.

[106] Inwieweit dieses Problem auch für die vorliegende Arbeit relevant ist, erörtere ich in Abschnitt 8.1.2.

4.2.2.1 Größe und Stärke

Am deutlichsten wird dies bei den statistischen Untersuchungen zu Körpergröße und -kraft von Männern und Frauen. Nach Hubbard[107] variiert die Durchschnittsgröße von US-Amerikanerinnen und Amerikanern um ca. 10 cm, während es über die gesamte Bevölkerung der USA betrachtet Größenunterschiede von ca. 60 cm gibt. Die Größenunterschiede zwischen Männern und Frauen sind auch nicht in allen Gesellschaften gleich, und vieles spricht dafür, daß Unterschiede in der Konstitution von Männern und Frauen relativ jung sind,[108] was ja eher auf eine kulturelle als eine biologische Bedingtheit hinweist. Größenunterschiede gibt es auch zwischen verschiedenen Gruppen von Männern. So waren Anfang des Jahrhunderts Arbeiter in England signifikant kleiner als Engländer höherer sozialer Schichten. Die Körpergröße hängt von der Menge aber auch sehr stark von der Zusammensetzung der Nahrung ab. Auch die hormonelle Entwicklung Jugendlicher spielt beim Wachstum eine Rolle, wobei die Ernährungsweise wiederum den Hormonhaushalt beeinflußt.

Die Größenunterschiede zwischen Männern und Frauen sind also gering im Vergleich zu den Größenunterschieden innerhalb der Gruppen der Männer und der Frauen. Dem Unterschied der Durchschnitte wird in der Forschung und vor allem in der Interpretation empirischer Ergebnisse jedoch eine viel größere Bedeutung zugeschrieben. So wird der Größenunterschied zwischen Männern und Frauen betont und biologisiert, während andere Unterschiede, die biologisch nicht zu interpretieren sind (z.B. zwischen Arbeitern und Angehörigen höherer Schichten), aus dem Blickfeld der Wissenschaft und des Alltagswissens herausfallen.

Ein weiterer Bereich körperlicher Unterschiede zwischen Frauen und Männern ist die Kraft.

> "Als wichtigstes Kriterium für die Inferiorität der Frau gilt seit Jahrtausenden der Unterschied in den Körperkräften der beiden Geschlechter. Die Muskellücke wurde schon von Aristoteles und Thomas von Aquin als Grund für die gesellschaftliche Unterlegenheit der Frau angeführt."[109]

---

[107] Alle Angaben zu Größen- und Kraftunterschieden entnehme ich Hubbard (1990), S. 121

[108] Wahrscheinlich sind sie erst in den letzten 15.000 Jahren entstanden. Vergleiche Bleier (1984), S. 144

[109] Janssen-Jurreit (1979), S. 445

Dabei sind die Kräfte von Frauen und Männern in der unteren Körperhälfte einander ähnlicher als in der oberen Körperhälfte.

"This fact is not surprising when we consider the different ways girls and boys are encouraged to move and play from early childhood on. We tend to use our legs much more similarly than our arms ... [Kinderspiele, Sportarten; S.O.] all of which strengthen the arms and upper body, girls are expected to participate much less than boys are."[110]

Auch für die Körperkräfte gilt, daß die Bandbreite innerhalb der Gruppen der Frauen und der Männer enorm ist und mit dem Bewegungsspielraum zusammenhängt, der Mädchen und Jungen, Frauen und Männern gesellschaftlich zugebilligt wird.[111]

Klein, zart, und schwach - das ist die Vorstellung von Frauen, die mit diesen relativ geringfügigen geschlechtsspezifischen Unterschieden in der Statistik korrespondiert. Die wichtigsten politischen Bereiche, in denen mit diesen körperlichen Unterschieden argumentiert wird, sind Arbeitsfähigkeit und geschlechtsspezifische Arbeitsteilung, das heißt die Befähigung beziehungsweise Nichtbefähigung zu bestimmten Arbeiten. Da auch die noch zu nennenden, aktuell diskutierten biologischen Unterschiede in bezug auf die Arbeitsteilung und -fähigkeit interpretiert werden, seien hier nur zwei für die Unterschiede der körperlichen Konstitution spezifische Aspekte herausgegriffen:

-   In der Bundesrepublik Deutschland werden ähnlich wie in anderen Industrienationen ca. zwei Drittel der Arbeit von Frauen geleistet.[112] In Ländern der Dritten Welt geht der Anteil der von Frauen geleisteten Arbeit weit darüber hinaus. Diese ungleiche Verteilung der Arbeitsmenge steht in krassem Widerspruch zu der konstatierten besonderen Schwäche der Frauen. Aber auch von einer scharfen Arbeitsteilung entlang der Grenzen von Befähigungen kann nicht gesprochen werden. Frauen und Männer finden sich in allen Bereichen bezahlter und unbezahlter Arbeit - nur zu sehr unterschiedlichen Anteilen.

---

110   Hubbard (1990), S. 123

111   vergleiche Fausto-Sterling (1988), S. 300-308. Fausto-Sterling zeigt den wachsenden Bewegungsspielraum der Frauen an der Entwicklung verschiedener Sportarten im 20. Jahrhundert auf.

112   Zu den Versuchen des Statistischen Bundesamtes, Haus- und Familienarbeit zu quantifizieren vergleiche Abschnitt 6.2.1. Die gleiche Größenordnung ergibt sich auch aus Saeger/Olson (1986), Tafel 13 links, hier wird auch die stärkere Belastung der Frauen in der Dritten Welt deutlich.

Das Deutungsmuster, nach dem Frauen aufgrund ihrer schwächeren Konstitution zu (bestimmten) Arbeiten weniger befähigt sind, ist also nicht nur wissenschaftlich fragwürdig, sondern findet auch keine Entsprechung in der gesellschaftlichen Realität.

- Qualifizierte Arbeitsplätze erfordern wenig oder keine körperlichen Kräfte. Trotzdem sind in qualifizierten, prestigeträchtigen Positionen kaum Frauen zu finden. Andere, typische Frauentätigkeiten sind jedoch durchaus mit dem Heben schwerer Lasten verbunden (z.b. alle Pflegeberufe und die Arbeit im Haushalt). Dieses Phänomen ist mit Unterschieden in der körperlichen Konstitution offensichtlich nicht zu rechtfertigen. Dazu müssen andere diskutierte biologische Unterschiede zwischen Frauen und Männern herangezogen werden.

4.2.2.2 Funktionsweise des Gehirns

Ein zweiter Bereich neben der körperlichen Konstitution, in dem biologische Unterschiede zwischen Frauen und Männern untersucht werden, ist Struktur und Funktionsweise des Gehirns. Auch diese Forschung hat bereits Tradition. So wurden Ende des 19. Jahrhunderts Gehirne gewogen und Schädel vermessen.[113]

> "Demnach ist es also nachgewiesen, daß für das geistige Leben außerordentlich wichtige Gehirnteile, die Windungen des Stirn- und des Schläfenlappens, beim Weibe schlechter entwickelt sind als beim Manne, und daß dieser Unterschied schon bei der Geburt besteht."[114]

Unterentwickelte Struktur und geringeres Gewicht des weiblichen Gehirns wurden interpretiert als größere Nähe zur Natur und hoher Stellenwert des Gefühls (Gefühl = "Zwischenzustand zwischen dem rein Instinktiven und dem Bewußten"[115]).

> "Der Instinkt nun macht das Weib tierähnlich, unselbständig, sicher und heiter. In ihm ruht ihre eigentümliche Kraft, er macht sie bewundernswert und anziehend. Mit dieser Tierähnlichkeit hängen sehr

---

[113] Eine graphische Gegenüberstellung vom Kopfumfang bekannter Männer und von 'Weibern' findet sich in Möbius (1990), S. 32f.
S. J. Gould (1981), S. 103-107 versucht nachzuvollziehen, wie es zu solchen Meßergebnissen kam.

[114] Möbius (1990), S. 29

[115] Möbius (1990), S. 34

viele weibliche Eigenschaften zusammen. Zunächst der Mangel eignen Urteils."[116]

Zwar werden heute nicht mehr Gehirnvolumen und -gewicht gemessen, dennoch ergibt sich ein harmonischer Übergang von Möbius Annahmen zu zeitgenössischen Ergebnissen der Gehirnforschung. Die Tendenz der neueren Diskussion geht dahin, daß im Gehirn von Männern die Hälften stärker voneinander getrennt sind, unabhängiger arbeiten, während bei Frauen die Spezialisierung der Gehirnhälften nicht so stark ist.[117] Da mit der unterschiedlichen Differenzierung der Gehirnhälften Unterschiede in den kognitiven Fähigkeiten in Verbindung gebracht werden, gilt sie als "one of women's physiological drawbacks"[118].

Als Prämisse zieht sich durch die Untersuchungen zu kognitiven Fähigkeiten (z.B. zum räumlichen Sehen), daß "... differences in performance on tests are due to differences in intrinsic brain lateralization rather than to differences in prior training or experience, or differences in response to specific test situations"[119].

Dabei sprechen einige Ergebnisse genau gegen diese biologische Verankerung und für einen Trainingseffekt.[120] Geschlechtsspezifische Unterschiede in der Fähigkeit, räumlich zu sehen, entwickeln sich erst während und nach der Pubertät. Darüber hinaus zeigen internationale Vergleiche, das die kognitiven Fähigkeiten von Männern und Frauen interkulturell variieren. Die größten Unterschiede in den kognitiven Fähigkeiten bestehen jedoch innerhalb der Gruppen der Frauen und der Männer.[121]

Selbst wenn es einen biologischen Unterschied im physiologischen Zusammenwirken der Gehirnhälften zwischen Frauen und Männern gäbe, so muß dies ja auch noch nichts heißen über Unterschiede in kognitiven Fähigkeiten. Es ist auch möglich, daß ein physiologischer Unterschied besteht, ohne daß er sich in unterschiedlichen Fähigkeiten niederschlägt. Und es ist auch möglich,

---

116 Möbius (1990), S. 34

117 vergleiche Star (1979), S. 66 und Fausto-Sterling (1988), S. 71-83. Es gibt jedoch auch Studien, die das Gegenteil behaupten, oder die zu keinem Unterschied in der Funktionsweise der Gehirne kommen.

118 Sapiro (1985a), S. 58

119 Star (1979), S. 65. Zu den unberücksichtigten Aspekten vergleiche Bleier (1986a), S. 153

120 vergleiche Janssen-Jurreit (1979), S. 497

121 Zur Diskussion, ob und welche geschlechtsspezifischen Unterschiede in kognitiven Fähigkeiten vorhanden sind, vergleiche Fausto-Sterling (1988), S. 30-92

daß ein physiologischer Unterschied besteht, weil durch unterschiedliche gesellschaftliche Erwartungen unterschiedliche Fähigkeiten entwickelt werden, die sich dann biologisch niederschlagen. Das menschliche Gehirn vervierfacht in den ersten vier Lebensjahren sein Volumen.[122] Diese Vergrößerung ist auch mit der Ausbildung von Komplexität verbunden, und es ist unwahrscheinlich, daß diese Strukturbildung nicht von dem beeinflußt wird, was Kinder in dieser Zeit lernen, welche Anregungen sie von ihrer Umgebung erhalten, und welche Erwartungen an sie gerichtet werden.

4.2.2.3 Genetisch bedingtes aktiv/passiv-Schema

Der dritte Komplex geschlechtsspezifischer Unterschiede, der biologisch zu begründen versucht wird, sind Temperamentsunterschiede - hauptsächlich das aktiv-aggressiv/passiv-rezeptiv Schema. Bereits die androzentrischen Vorstellungen der Evolution haben deutlich gemacht, daß Männer tendenziell als aktiv vorgestellt werden, während Frauen eher passiv zu sein scheinen.

Mit diesem Grundmuster sind dann ganze Komplexe an Charaktereigenschaften und Temperamentsunterschieden assoziiert. Ab 1950 wurde in der amerikanischen Psychologie in größerem Maße untersucht, ob Aggressivität, Dominanzverhalten, Interessen, unterschiedliche Identifikationen, Lernstile und Einstellungen geschlechtsspezifische Ausprägungen haben.[123] Neben unterschiedlichen Ausprägungen im Bereich der Intelligenz, auf die ich bereits im Zusammenhang mit der Forschung über die Funktionsweise des Gehirns eingegangen bin, wurden signifikante Unterschiede im aggressiven Verhalten festgestellt. Zu diesem Unterschied wurden auch Erklärungsmodelle entwickelt, die nicht von angeborener Aggressivität ausgehen. So z.B. daß Eltern auf Aggressivität von Mädchen tendenziell entmutigend reagieren, während bei Jungen aggressives Verhalten eher gebilligt oder unterstützt wird. Sich davon absetzende biologische Modelle berufen sich beispielsweise darauf, daß die geschlechtsspezifischen Unterschiede im aggressiven Verhalten bereits im Alter von zwei Jahren festzustellen sind.

Bevor ich auf biologische Erklärungsmuster näher eingehe, sei darauf hingewiesen, daß das aktiv/aggressiv-passiv/rezeptiv-Schema trotz der Versuche

---

[122] vergleiche Bleier (1985), S. 29f

[123] vergleiche Janssen-Jurreit (1979), S. 491ff. Das Interesse an diesen Unterschieden war in Europa wesentlich kleiner.

der Induktion auf das gesamte Sozialverhalten eigentlich gar nicht geeignet ist, die Dominanz des Männlichen in unserer Gesellschaft zu erklären.

"Aggressives Verhalten bietet jedoch kaum eine Erklärung dafür, warum fast alle Herrschafts- und Führungspositionen von Männern besetzt werden ... Intrige, Diplomatie, Geschmeidigkeit, Opportunismus, Kompetenz, Integrationsfähigkeit, Bündnisfähigkeit sind Eigenschaften, die weitaus eher zu sozialem Aufstieg führen als direkte aggressive Akte."[124]

Um eine solche Übertragung zu rechtfertigen, müßte genau begründet werden wie die Aggressivität mit den anderen hier genannten für Dominanz notwendigen Eigenschaften ursächlich zusammenhängt.

Biologische Ursachen des aggressiv-rezeptiv-Schemas werden im Zusammenhang mit dem aktiv-passiv-Klischee bezüglich der Sexualität gesehen.

"The popular mythodology of gender differences in sexuality has it that women are more passive and receptive, men more active and aggressive. It is an idea with a long history in Western thought."[125]

Dabei wird die Sexualität als natürliche Konstante gesehen, die außerhalb jedes gesellschaftlichen Einflusses steht. Die wichtigsten Fragen zu den biologischen Grundlagen des aktiv-passiv-Schemas und seinen sozialen Auswirkungen lauten: Gibt es einen Sexualtrieb? Wenn ja, ist er geschlechtsspezifisch unterschiedlich, und warum? Und warum zieht dieser konstatierte Unterschied in der Sexualität Temperamentsunterschiede nach sich, die weit über die Sexualität hinausgehen?

Die Existenz eines Sexualtriebs auch bei Frauen ist in der Moderne durchaus keine durchgängige und selbstverständliche Vorstellung. Die Vorstellung Johann Gottlieb Fichtes "Im unverdorbenen Weibe äußert sich kein Geschlechtstrieb, und wohnt kein Geschlechtstrieb, sondern nur Liebe"[126] prägt und entspricht dem bürgerlichen Frauenideal des 19. Jahrhunderts. Eine eigenständige Sexualität wurde Frauen nicht zugestanden. So z.B. auch bei Engels, der die Monogamie als Errungenschaft für Frauen interpretierte und damit voraussetzte, daß Frauen ein geringeres Interesse an Sexualität haben als Männer:

---

[124]   Janssen-Jurreit (1979), S. 499

[125]   Birke (1986), S. 14f

[126]   Fichte, "Deduction der Ehe", zitiert nach Duden (1977), S. 139

"... umso dringender mußten sie [die Frauen; S.O.] das Recht auf Keuschheit, auf zeitweilige oder dauernde Ehe mit nur einem Mann, als eine Erlösung herbeiwünschen."[127]

Das aktiv/passiv-Schema läßt sich weiter verfolgen; z.b. beschrieb der Psychologe Philipp Lersch 1950:

"Weibliche *Passivität* und männliche *Aktivität*, weibliches *An-sich-geschehen-lassen* und männliches *Einwirken*, weibliches *Empfangen* und männliches *Sichentäußern*, weibliches *Sich-finden-lassen* und männliches *Suchen* und *Werben* charakterisieren nicht nur die körperliche Begegnung des Begattungsaktes, sondern beherrschen als Stilgesetz auch das an diese Begegnung anschließende Geschehen."[128]

Vor allem in der Folge der sogenannten sexuellen Revolution werden Frauen heutzutage durchaus nicht mehr als asexuelle Wesen betrachtet, der Gedanke der Passivität zieht sich jedoch bis heute durch.

"... we tend now to think of sex as one of the wonders of the world, yet woman is still perceived as relatively passive: ... 'it's the most beautiful thing that can happen to you'"[129].

Sexualität ist danach kein aktiver Akt der Frauen, sondern sie geschieht mit ihnen, "their role remains that of the receiver of sexual acts"[130]. Die Vorstellung unterschiedlicher Intensität des Sexualtriebs beim tendenziell aktiven und aggressiven Mann und bei der tendenziell passiven und rezeptiven Frau bedarf in der Moderne einer naturwissenschaftlichen Fundierung.

Eine aktuell diskutierte Begründung des aktiv-passiv-Schemas liefert die Soziobiologie. Ich gehe auf die Soziobiologie näher ein, weil sie zu dem Schluß gelangt, "daß wir eine eindeutig bestimmte 'Natur' haben"[131]. Die Soziobiologie will uns helfen, "unsere eigene Natur zu entdecken, und uns gestatten, das Flüstern der Biologie in uns allen zu belauschen"[132]. In bezug auf die Vorstellung der Entwicklung des Menschen hat die Soziobiologie eine neue Dimension in die Diskussion eingebracht. Sie überwindet die bisherige Kombination aus Anthropologie, Ethnologie, Biologie usw., indem sie eine eindeutige biologische Basis menschlichen Verhaltens festmacht. Edward O. Wilson, einer der Begründer und herausragenden Vertreter soziobiologischer Modelle, definiert:

---

[127]   Engels (1972), S. 67.

[128]   Lersch (1950), S. 25

[129]   Birke (1986), S. 15

[130]   Birke (1986), S. 15

[131]   Barash (1981), S. 16

[132]   Barash (1981), S. 20

"Sociobiology is defined as the systematic study of the biological basis of all social behavior."[133]

Prämisse der Soziobiologie ist, "that we try to do the thing that help spread our genes about and behaviors that let us do that most effectively become universal"[134]. Unterschiedliche Strategien für dieses individuelle Fortpflanzungskalkül führt die Soziobiologie darauf zurück, daß die Eizellen viel größer und in geringerer Zahl vorhanden sind als die Spermen. Frauen 'investieren' daher viel mehr in ihre Nachkommen und haben daher eine größere Neigung zu Heim, Familie, Erziehung und Monogamie.[135] Ihre soziale Ausprägung finden die unterschiedlichen Fortpflanzungsstrategien in der tendenziellen Polygamie der Männer und der tendenziellen Monogamie der Frauen.

"The male will profit more if he can inseminate additional females, even at the risk of losing that portion of inclusive fitness invested in the offspring of his first mate. Conversely, the female will profit if she can retain the full-time aid of the male, regardless of the genetic cost imposed on him by denying him extra mates ... The outcomes of these conflicts of interest are tension and strict limits on the extent of altruism and division of labor."[136]

Die Individualisierung des Fortpflanzungskalküls paßt sehr gut zur Vorstellung des autonomen Individuums in der Moderne, das nur sich selbst und seine eigenen Interessen repräsentiert.[137] Auch die Fortpflanzung ist demnach keine soziale, von Männern und Frauen gemeinsam getragene Aktivität, sondern im Zentrum steht der Fortpflanzungswille des einzelnen Individuums. Nur durch die Zweigeschlechtlichkeit ist Kontakt nötig.

"Sex is an antisocial force in evolution."[138]

Die geschlechtsspezifische Arbeitsteilung, speziell die Zuständigkeit der Frauen für die Kinderaufzucht erklärt Wilson ganz im Sinne der geschlechtsspezifischen Fortpflanzungskalküle bei Menschen und anderen Säugetieren:

---

133   Wilson (1975), S. 4

134   Hubbard (1990), S. 109. Es gibt auch eine feministische Variante der Soziobiologie: Hrdy (1981 und 1986) - Feministin und Soziobiologin - zeichnet mit Hilfe der Primatologie die soziobiologische Entwicklung der Frauen nach.

135   Für eine ausführliche Darstellung dieses Investitionsmodells vergleiche Barash (1981), Kapitel 3

136   Wilson (1975), S. 314

137   vergleiche Abschnitt 5.2

138   Wilson (1975), S. 314

"... one gamete, the egg, is relatively very large and sessile; the other, the sperm, is small and motile. The adaptive basis of the differentiation is division of labor enhancing individual fitness. The egg possesses the yolk required to launch the embryo into an advanced state of developement. Because it represents a considerable energetic investment on the part of the mother the embryo is often sequestered and protected, and sometimes its care is extended into the postnatal period. This is the reason why parental care is normally provided by the female, and why most animal societies are matrifocal."[139]

Die in unserer kapitalistischen Denkstruktur plausible Vorstellung der Investition in die Keimzellen und der größeren Investition in größere Keimzellen (Eizellen) wird nicht näher gerechtfertigt.

"Erfordert es tatsächlich mehr 'Energie', ein Ei - oder mehrere - zu produzieren als den großen Überschuß an Samenzellen, die zur Befruchtung notwendig sind?"[140]

Da die Soziobiologie diese Frage nicht beantworten kann (wie sollte der Energieaufwand auch gegeneinander aufgerechnet werden), liegt die Vermutung nahe, daß die Soziobiologie in der gleichen zirkulären Argumentationsweise hängenbleibt, die bereits an Darwin kritisiert wurde.

"Man kann nicht umhin, über die anscheinend unbefangene Phantasie Jedermanns zu staunen, wie sie sich reflektiert in soziobiologischen Schilderungen der Männer als listenreich, charmant und legitimerweise betrebt, sich mit so vielen Frauen wie möglich zu paaren, während sie zu erfolgreichen Geschäftsleuten und Wissenschaftlern aufsteigen."[141]

Der Zusammenhang zwischen Biologie und sozialen und politischen Ausprägungen muß dabei nicht erst von den Sozialwissenschaften in soziobiologische Modelle hineingelesen werden, sie wird auch von der Soziobiologie explizit hergestellt.

"Die Weibchen sind mit größerer Sicherheit genetisch mit den Nachkommen verwandt, die sie verhätscheln, und sie investieren notwendigerweise mehr in sie. Die Männchen sind mehr für den Kampf, den Wettbewerb ausgelesen worden als für die Elternschaft, da die Sieger im Kampf ihre Tauglichkeit auf Kosten der Unterlegenen erhöhen, indem sie mehr Zugang zu diesen zärtlichen und daher sehr begehrten Weibchen gewinnen. Auch das ist reine Biologie."[142]

---

139   Wilson (1975), S. 316f

140   Hubbard (1989), S. 322

141   Fausto-Sterling (1988), S. 290

142   Barash (1981), S. 132

"Da Männer ihre Tauglichkeit anders maximieren als Frauen, ist es vollkommen richtige Biologie, wenn Geschäft und Beruf für sie 'süßer' schmecken, während Heim und Kindererziehung Frauen 'süßer' schmecken."[143]

Hier wird besonders deutlich, daß die Grenzen der Biologie auch die Möglichkeiten und Erfordernisse der Politik umreißen. Emanzipationsbestrebungen oder Versuche anderer Lebensformen mißachten - nach den Vorstellungen der Soziobiologie - die Natur. "Das Flüstern der Biologie kann überhört werden, in den meisten Fällen aber um einen hohen Preis."[144] Die soziobiologische Begründung des aktiv-passiv-Schemas hat als politische Implikation jedoch nicht nur die geschlechtsspezifische Arbeitsteilung. Ein bei Männern so spezifischer Sexualtrieb, der auch nach Ventilen sucht, schreibt darüber hinaus die passive Rolle der Frau normativ fest und schränkt die Möglichkeiten der Politik, Übergriffe auf Frauen zu verhindern, ein, da die biologisch hergeleitete männliche Aktivität und Aggressivität auch normative und legitimierende Kraft hat - Vergewaltigungen können beispielsweise damit erklärt und entschuldigt werden. Der mögliche genetische Vorteil ist soziobiologish die 'Letztursache' für gewalttätiges Verhalten von Männern. Die 'unmittelbare Ursache' kann davon durchaus verschieden sein (z.B. der Wunsch zu demütigen).[145]

"Die Unterscheidung zwischen Letztursache und unmittelbarer Ursache ist ein geschickter Schachzug, da sie völlig unangreifbar ist. Jede Motivation einer Vergewaltigung kann, ungeachtet wie wenig sie mit Fortpflanzung zu tun hat, immer noch stammesgeschichtlich erklärt werden, indem man behauptet, sie sei der unmittelbare Auslöser der genetischen Letztursache!"[146]

Die Soziobiologie nimmt eine große Anzahl an menschlichen Verhaltensweisen als universal an - universal für alle Gesellschaften zu allen Zeiten:[147] männliche Aggressivität und Wettbewerbsorientierung, weibliche Passivität und Schüchternheit, geschlechtsspezifische Arbeitsteilung, außerdem Territorialität, nationaler Chauvinismus und Konformität. Zu diesen universalen Eigenschaften werden Szenarien entwickelt, die dieses als die angepaßtesten zeigen, dabei spielen Vergleiche mit Tieren eine große Rolle. Durch solche Parallelen wird je-

---

143   Barash (1981), S. 134

144   Barash (1981), S. 134

145   vergleiche Fausto-Sterling (1988), S. 271 und Brownmiller (1980)

146   Fausto-Sterling (1988), S. 272

147   vergleiche Bleier (1985), S. 28f und Fausto-Sterling (1988), S. 275-279

doch der Sprung, der zwischen der Funktion eines Gens und menschlichen Verhaltensweisen liegt nicht kleiner.

> "... what is never clear about explanations couched in terms of genetic determinism is precisely how the supposed gene's effects manage to be translated into their complex behavioural products. How, for instance, does a gene for (female) 'coyness' get expressed? Or a gene for (male) philandery? What is the gene supposed to do? Even within orthodox molecular biology, all that genes do is to organize the manufacture of proteins. It is a very long way from a protein molecule to *Playboy*."[148]

Bleier nennt vier Gesichtspunkte, unter denen die Soziobiologie, Hauptverfechterin des aktiv-passiv-Schemas, nicht nur schlecht begründet und kontraintuitiv, sondern falsch ist:[149]

- Tiermodelle werden nur selektiv verwendet, so daß die Bandbreite der Daten über Tiere nur verzerrt repräsentiert wird. Außerdem wird der Zusammenhang zwischen Tieren und Menschen durch die Anthropomorphismen in den Konzepten und in der Sprache überzogen (Vergewaltigung bei Pflanzen, Prostitution bei Affen und Vögeln, Homosexualität bei Würmern).

- Die Verhaltensweisen und Charaktereigenschaften, die erklärt werden sollen, sind keineswegs universell - weder innerhalb einer Kultur noch zwischen Kulturen.

- Das Verhalten von Tieren kann nicht grundsätzlich als unbeeinflußt oder natürlich bezeichnet werden. Viele Verhaltensweisen müssen von Tieren erlernt werden, sie sind nicht angeboren.

- Die grundlegenden Dichotomien, mit der die Soziobiologie arbeitet - Gene/Umgebung, Natur/Erziehung - sind so nicht vorhanden. Die 'dichotomen Pole' sind eng miteinander verwoben.

Genauso wie die genannten anderen Argumentationsketten, mit denen geschlechtsspezifische Unterschiede wissenschaftlich begründet werden (Größe/Stärke und Funktionsfähigkeit des Gehirns), ist also die Soziobiologie nicht nur dadurch relativiert, daß sie historisch und sozial eingebunden ist in die Lebenswelt, die sie selbst wiederum prägen. Vielmehr wird sie auch wissenschaftsimmanent in Frage gestellt.

---

148   Birke (1986), S. 69

149   vergleiche Bleier (1985), S. 29

4.2.3 Indizien für Wechselwirkungen zwischen Natur und Sozialisation

Wie sich gezeigt hat, kommt es in der Wechselwirkung zwischen wissenschaftlichen Ergebnissen über geschlechtsspezifische Unterschiede und unserer Lebenswelt zu einer Bestärkung und Legitimation geschlechtsspezifischer Unterschiede. Dies geschieht meines Erachtens durch drei Mechanismen.

- Durch das (auch zeitspezifische) Interesse an geschlechtsspezifischen Unterschieden werden in der öffentlichen Diskussion eben diese betont, während Gleichheiten oder andere Unterschiede in den Hintergrund treten. Argumentationen mit der unterschiedlichen Körpergröße und -kraft zwischen Männern und Frauen zeigen dies deutlich. Es wird vor allem nach den Zusammenhängen wissenschaftlich gesucht, die vordergründig schon wahrgenommen werden.

- Einmal gefundene Unterschiede, die in unsere moderne Vorstellung des Geschlechterverhältnisses passen, können nur schwer wieder aus unserer Lebenswelt entfernt werden, auch wenn sie durch neuere wissenschaftliche Ergebnisse nicht mehr gerechtfertigt sind. So spielt die Universalität der Zweitrangigkeit der Frau - obwohl sie ethnologisch wieder eine offene Frage ist - auch in der feministischen Diskussion eine große Rolle. Neue wissenschaftliche Ergebnisse finden wegen der konservativen Trägheit (Stabilität) der Lebenswelt nur langsam Eingang in diese.

- Die Notwendigkeit, in der Moderne für Ungleichheiten naturwissenschaftliche Letztbegründungen zu finden, führt dazu, daß wir auch wissenschaftlich nach natürlich-biologischen Unterschieden fragen (und dadurch tendenziell auch diese als Ergebnis erhalten). Die psychologische Notwendigkeit der Konsistenz in der Lebenswelt beinhaltet also ein konservatives Element. Wir tendieren dazu, uns das, was ist, als normal (=natürlich) vorzustellen. Im Zusammenhang mit der Letztbegründung geschlechtsspezifischer Unterschiede fragen wir nicht nach immer wiederkehrenden sozialen Mustern der Ausgrenzung von Frauen oder nach der großen Varietät der Ausgestaltung des Geschlechterverhältnisses, sondern nach Konstanten mit einem biologischen Korrelat. Diese werden dann als allein biologische Unterschiede interpretiert.

Diese Letztbegründung wollen die Wissenschaftlerinnen und Wissenschaftler, auf die ich mich in diesem Kapitel beziehe, aufbrechen. Sie rationalisieren und hinterfragen die eben genannten Mechanismen. Die Forschung ist noch nicht so weit, daß sie ein konsistentes Modell hätte, das geschlechtsspezifische Unterschiede nicht mehr nur biologisch letztbegründet oder auf Letztbegründung überhaupt verzichtet. Die Forschung erlaubt jedoch, Verzerrungen der biologischen Modelle aufzudecken.

Die Tendenz der naturwissenschaftlich feministischen Diskussion zu Geschlechtsunterschieden geht nicht dahin, biologische Aspekte einfach zu leugnen und zu behaupten, alle geschlechtsspezifischen Unterschiede seien allein auf Sozialisation und gesellschaftliche Strukturen zurückzuführen. Ziel ist vielmehr, das Ineinanderwirken von Natur und Gesellschaft offenzulegen. Durch die Analyse von Interdependenzen werden sowohl die Gesellschaft als auch das, was wir bisher als natürliche Konstanten bezeichnen, als veränderbar vorstellbar (zum Beispiel in der Physiognomie, bei mentalen Unterschieden, bei den bisher genetisch begründeten Verhaltensweisen Aggressivität/Rezeptivität).

> "Rather than assuming that our bodies determine our social state, we must also consider how our social state shapes facets of our physical being, making both therefore changable."[150]

Die Argumente, auf die ich mich bisher bezogen habe, um naturwissenschaftliche Erkenntnisse zu Geschlechtsunterschieden in Frage zu stellen, deuteten bereits in Richtung der Interdependenz zwischen biologischen und kulturellen Einflüssen. Zur Veranschaulichung seien hier zwei dieser Argumentationsstränge der Interdependenz genannt.

- Ruth Hubbard[151] veranschaulicht den Zusammenhang zwischen Erwartungen, die an Kinder, Jugendliche und Erwachsene gerichtet werden und Unterschieden in der Konstitution und in den Fähigkeiten von Frauen und Männern.

> "If a society puts half its children in dresses and skirts but warns them not to move in ways that reveal their underpants, while putting the other half in jeans and overalls and encouraging them to climb trees and play ball and other active outdoor games; if later, during adolescence, the half that has worn trousers is exhorted to 'eat like a growing boy', while the half in skirts is warned to watch its weight and not get fat, if the half in jeans trots around in sneakers or boots, while the half in skirts totters about on spike heels, then these two groups of people will be biologically as well as socially different. Their muscles

---

150   Star (1979), S. 63

151   Hubbard (1990)

will be different, as will their reflexes, posture, arms, legs and feet, hand-eye coordination, spatial perception, and so on."[152]

Gerade die Tatsache, daß die hier angesprochenen Unterschiede (Größe, Gewicht, Kraft) relativ klein sind, und daß es eine sehr große Bandbreite an Unterschieden innerhalb der Gruppen der Frauen und der Männer gibt, spricht gegen eine allein biologische Argumentation. Es muß davon ausgegangen werden, daß die ebenfalls sehr unterschiedlichen Ansprüche und Erwartungen an Kinder und Jugendliche so signifikant geschlechtsspezifisch sind, daß sich ihre biologischen Auswirkungen in statistischen Konstitutionsunterschieden zwischen Frauen und Männern niederschlagen. Die große Spannbreite an sozialen Bedingungen, unter denen sich die Physiognomie der Menschen entfaltet, macht es unmöglich, zwischen biologischen Determinanten und sozialen Einflüssen zu trennen.

"There is no way to sort out the biological and social components that produce these differences, therefore no way to sort nature from nurture, when we confront sex differences or other group differences in societies in which people, as groups, do not have equal access to resources and power and hence live in different environments."[153]

- Ruth Bleier begründet, warum biologische und kulturelle Einflüsse bei der Untersuchung mentaler Unterschiede gleichermaßen berücksichtigt werden müssen. Sie legt dabei den Schwerpunkt auf die Notwendigkeit externer (kultureller) Einflüsse für die biologische Entwicklung.

"In all mammals, the major proportion of brain growth occurs postnatally, and the human brain is the most immature of all mammalian brains at birth. It doubles in size by the end of the first year of life and doubles again by the end of the fourth year. A major part of the brain's growth is due to the growth in size and complexity of the nerv cells ... Thus the major neuronal and brain growth and development occurs precisely when the immature and growing neurons are exposed to a massive increase in sensory input from the external world. Research on developing animals has shown that these processes of growth and formation of functional connections ... between neurons require input from the external world for normal brain development and function to occur."[154]

Bleier geht es nicht darum, geschlechtsspezifische Unterschiede allein auf soziale Einflüsse zurückzuführen, sondern sie argumentiert gegen die Monokausalität von Modellen, die das genuin Menschliche (Männliche und

---

152   Hubbard (1990), S. 115

153   Hubbard (1990), S. 116

154   Bleier (1985), S. 29f

Weibliche) versuchen mit Hilfe der Dichotomie von Biologie und Lernen zu erfassen. Feststellbare biologische Unterschiede können durchaus soziale Ursachen haben und schlagen sich dann wiederum in den Eigenschaften und Fähigkeiten der Menschen nieder. Die Faktoren Biologie und Lernen scharf zu trennen ist nicht möglich und auch nicht sinnvoll.

"This is not to deny the great importance of efforts to understand the effects that individual factors, whether genes, hormones, neurons, or sensory input and learning, may have on development and behavior, but rather to emphasize the extraordinary complexity of the processes that define what is uniquely human: our mind, its creativity, and its nearly limitless capacity to learn."[155]

4.3 'Natürliche' Geschlechtsunterschiede und die patriarchale Lebenswelt

4.3.1 Zirkularität biologischer Modelle

Die Auseinandersetzung mit der Entstehung biologischer Modelle und mit aktuell diskutierten wissenschaftlichen Ergebnissen zu natürlich-biologischen Geschlechtsunterschieden haben gezeigt, daß die Wissenschaften, die sich mit der Natur des Menschen befassen, von der sozialen und politischen Wirklichkeit genauso geprägt sind, wie die Wissenschaftler und Wissenschaftlerinnen, die diese Wissenschaften betreiben.

"Bei ihrer Analyse der Geschlechtsunterschiede schauen diese Wissenschaftler durch das Prisma der Alltagskultur, das heißt, derart gefiltert und gebrochen beleuchten sie schlaglichtartig ihre Fragen, planen ihre Versuche und interpretieren ihre Ergebnisse. In der Mehrzahl der Fälle stimmen ihre verborgenen Interessen unbewußt und daher natürlich unartikuliert weitgehend mit umfassenderen gesellschaftlichen Interessen überein."[156]

Die Wissenschaften stehen in der gleichen Lebenswelt, die die gesamte Gesellschaft prägt: mit dichotomen Denkstrukturen, einem bürgerlichen Frauenideal, Vorstellungen vom autonomen Individuum, mit einem Paket an Erwartungen an Frauen und Männer (auch an Wissenschaftlerinnen und Wissenschaftler) und mit einem Vorverständnis über natürlich-biologische Geschlechtsunterschiede. Auf der Basis der Wahrnehmung geschlechtsspezifi-

---

155   Bleier (1986a), S. 161f

156   Fausto-Sterling (1988), S. 24

scher Unterschiede wachsen die biologischen Modelle. Der kritische Umgang mit diesem Eingebundensein der Wissenschaft in das soziale und historische Umfeld paßt jedoch speziell bei den Naturwissenschaften nicht zum wissenschaftlichen Anspruch und steht auch nicht im Lehrplan der Universitäten.

> "Als Wissenschaftler lernen wir zu überprüfen, wie unsere experimentellen Methoden unsere Antworten verzerren können, doch es wird uns nicht beigebracht, gleichermaßen gegenüber jenen Verzerrungen auf der Hut zu sein, die durch unsere impliziten, unausgesprochenen und oft unbewußten Glaubensvorstellungen über die Beschaffenheit der Wirklichkeit einfließen."[157]

Ein Stück des lebensweltlichen Hintergrunds auch der Wissenschaftlerinnen und Wissenschaftler ist die in der Lebenswelt verankerte und von ihr geprägte gesellschaftliche Erfahrung der Kategorie Geschlecht. Diese prägt dann auch die Fragestellungen und Ergebnisse der Wissenschaft. Auch die Betrachtung und Feststellung 'objektiv' meßbarer Phänomene ist zwangsläufig verzerrt.

Was in den Sozialwissenschaften selbstverständlich ist, nämlich daß auch die Wissenschaft selbst ein soziales Phänomen ist, ist in den Naturwissenschaften nicht so offensichtlich - im Sinne des sozial Eingebundenseins sind jedoch auch die Naturwissenschaften Sozial-Wissenschaften.

> "It is probably easier for people to understand subjectivity as an influence on (or as part of) research in the social sciences ... Not so easy to understand is that our values, beliefs, and expectations can determine what we actually are able to see or hear with our perfectly functioning senses."[158]

Speziell bei der Erforschung natürlich-biologischer Unterschiede besteht durch diesen Mechanismus der Rückbindung der Wissenschaft an die geteilte Lebenswelt die Gefahr zirkulärer Argumentation. Es entstehen Modelle, die schlüssig und anschaulich genau die Entwicklung erklären, mit der wir am meisten vertraut sind. Als Folge dieser wissenschaftlichen Modelle erscheinen die gesellschaftlich geteilten Vorannahmen als wissenschaftliche Fakten. Das Alltagswissen wird dadurch bestätigt, wissenschaftliche Modelle werden zum Alltagswissen.

Die Verankerung des Wissens über natürlich-biologische Unterschiede in der Lebenswelt zeigt also auch deren konservativen, auf Verläßlichkeit und Stabilität orientierten Charakter. Dieser konservative Aspekt hat auch le-

---

[157]   Hubbard (1990), S. 305

[158]   Bleier (1985), S. 20

gitimierende und normative Kraft, er ist ein Plädoyer für den status quo. Die biologischen Argumentationen führen zu Konstanten, deren Veränderung weder möglich (die Natur des Menschen ist unveränderbar) noch nötig ist, da die Evolution des Menschen sicherstellt, daß sich das beste Prinzip als geschlechtsspezifischer Unterschied durchsetzt.

Die Verbindung zwischen unseren Vorstellungen über natürlich-biologische Unterschiede und den entsprechenden Wissenschaften wird durch die Sprache hergestellt.[159] Bei der sprachlichen (wissenschaftlichen oder nichtwissenschaftlichen) Vorstellung natürlich-biologischer Unterschiede wird allein durch die Anwendung der Sprache, die selbst patriarchal geprägt ist, eine Eingrenzung und eine Interpretation vorgenommen.

"Language is the means by which we abstract an experience from its immediate physical context, and thereby attach to the experience a meaning independent of that context."[160]

Wir ordnen sprachlich Erfahrungen und wissenschaftliche Ergebnisse in unsere Lebenswelt ein, das heißt vor dem Hintergrund unseres Repertoires an Deutungsmustern nehmen wir Eindrücke selektiv war und interpretieren sie tendenziell im Sinne der vorhandenen Deutungsmuster, bauen Eindrücke also möglichst konsistent in unsere Lebenswelt ein.

Für die Veränderung der Denkstruktur Patriarchat ist es wichtig, den sich selbst bestätigenden Zirkel zwischen selektiver Wahrnehmung und Interpretation auf der einen Seite und der Verstärkung der Selektionskriterien auf der anderen Seite aufzubrechen. Wie die Diskussion in diesem Abschnitt zeigt, bietet jedoch auch die Sprache die Möglichkeit, der Zirkularität zu entkommen. Die sprachliche Einordnung der Erfahrungen in die Lebenswelt ist keine Einbahnstraße, sondern die Sprache und die Lebenswelt passen sich ständig den neuen Eindrücken an. So kann das Aufdecken von Widersprüchen und Fehlern in unserer wissenschaftlich letztbegründeten Vorstellung des Geschlechtsunterschieds nicht nur zu neuen Forschungsanstrengungen, sondern auch zu Korrekturen in den bisher gültigen Deutungsmustern führen, die offenbar die natürliche Realität nicht adäquat abbilden und daher als Deutungsmuster nicht durchgängig geeignet sind.

"Durch die Sprache ist unsere vergangene Erfahrung in unsere Geschichte integriert, in der wir neue verbale Kategorien erstellt haben,

---

159   vergleiche Kapitel 7

160   Fried (1979), S. 37f

die uns die Assimilation gegenwärtiger und zukünftiger Erfahrungen gestatten."[161]

Die Sprache bietet uns auch das Rationalisierungspotential, Fehler, Widersprüche, Unklarheiten und Inkonsistenzen offenzulegen - auch Inkonsistenzen innerhalb der Sprache. Als Beispiel für die sprachliche Rationalisierung von sprachlichen Inkonsistenzen bietet sich im Zusammenhang mit der Diskussion biologischer Geschlechtsunterschiede das Wort 'natürlich' an - ein häufig, allerdings unklar und inkonsistent verwendetes Wort.[162] Vier Begriffe können unterschieden werden, die mit dem Wort 'natürlich' bezeichnet werden. Demnach heißt 'natürlich':

- biologisch determiniert, von der Natur festgelegt.

- näher an der Natur, weniger verfremdet, weniger kulturellen Modifikationen unterworfen.

- statistisch normal oder durchschnittlich, sehr weit verbreitet.

- normativ richtig, dem entsprechend, was Menschen tun sollten.

Diese Differenzierung und Rationalisierung von Verzerrungen, die auf uneinheitlichen und unklaren Sprachgebrauch zurückzuführen sind, implizieren den Anspruch, bei der Verwendung des Wortes 'natürlich' auch auszuweisen, welcher Begriff gemeint ist.

"The most important thing to note about statements implying naturalness is that it is often impossible to tell from the context of the statement which (or how many) of these different meanings is implied."[163]

4.3.2   Zusammenhänge zwischen Biologie und Politik

Die Vorstellung von natürlich-biologischen Unterschieden macht Veränderungen sowohl unmöglich als auch unnötig - es besteht weder Handlungsmöglichkeit noch -bedarf. Die lebensweltliche Reproduktion des nichthinterfragten Wissens über biologische Geschlechtsunterschiede "stellt sicher, daß in der semantischen Dimension neu auftretende Situationen an die bestehenden Weltzustände ange-

---

[161]   Hubbard (1990), S. 302

[162]   vergleiche Birke(1986), S. 13f

[163]   Birke (1986), S. 14

schlossen werden: sie sichert die *Kontinuität* der Überlieferung und eine für die Alltagspraxis jeweils hinreichende *Kohärenz* des Wissens."[164]

Genau darin liegt jedoch die politische Relevanz dieser Vorstellung. Politisch sind diejenigen Entscheidungen (und ihre Bedingungen und Folgen, als Ergebnis und als Prozeß), die in die Gestaltung sozialer Ordnung eingreifen. Die Entscheidung hat also eine herausragende Bedeutung, es geht nur um die Phänomene, die überhaupt gestaltbar sind. Eine der primären Entscheidungen ist die, über was überhaupt entschieden werden soll und entschieden werden kann. Die Entscheidung, was als gestaltbar gilt, ist die Definitionsleistung, die die Grenze zwischen Politik und unbeeinflußbaren Konstanten zieht. Die lebensweltliche Verankerung von natürlich-biologischen Geschlechtsunterschieden begrenzt die Möglichkeiten der politischen Gestaltung des Geschlechterverhältnisses, da die Politik nicht in die biologischen Konstanten eingreifen darf und kann. Die Vorstellung biologischer Konstanten zieht also eine bestimmte Politik nach sich.[165] Die Wissenschaft Biologie trägt zu dieser Definitionsleistung wesentlich bei, sie trennt Natur von Kultur, und unsere Vorstellung von biologischen Unterschieden ist die lebensweltliche Verankerung dieser Definitionsleistung.

Zur Verdeutlichung der politischen Implikationen der Biologie unterscheidet Sapiro zwischen zwei verschiedenen Biologiebegriffen, die sie mit der Politik in Relation setzt:[166] einerseits die Wissenschaft und das Wissen über Biologie und andererseits der Gegenstand der Wissenschaft und des Wissens, also biologische Phänomene. Dabei ist klar, daß die Definition und Wahrnehmung biologischer Phänomene von der Wissenschaft und von den Annahmen über Biologie erzeugt werden. Da diese Relativierung bei biologischen Argumentationen jedoch wegfällt und ein naturwissenschaftlicher Wahrheitsanspruch gestellt wird, ist diese Differenzierung wichtig.

Da die Relation beider Dimensionen der Biologie zur Politik wechselseitig sind, also auch die Politik die Biologie beeinflussen kann, ergeben sich vier Verbindungen, die hier nur kurz angedeutet werden, um die Komplexität des Zusammenhangs zu umreißen.

---

[164] Habermas (1985b), S. 212

[165] Bleier (1985, S. 21) nennt als wohl anschaulichstes Beispiel für den Zusammenhang zwischen biologischen Modellen und Politik die Bedeutung und Umsetzung von Rassentheorien.

[166] vergleiche Sapiro (1985a), S. 43-49

- Biologische Phänomene determinieren die Politik.

Biologische Phänomene determinieren die menschlichen Reaktionen auf Stimuli der Umgebung (z.b. durch Instinkte) und damit die Art der politischen Entscheidungen und die mögliche Effektivität einer praktizierten Politik.

- Biologische Phänomene sind die Folge von Politik.

Politik kann die biologische Beschaffenheit und biologische Abläufe des Menschen beeinflussen. So wirkt sich die Politik beispielsweise durch die Beeinflussung von Ernährung, Erziehung und Verfügbarkeit von Verhütungsmitteln auf die Fruchtbarkeitsrate aus.

- Biologische Wissenschaft, Wissen und Annahmen determinieren die Politik.

Biologisches Wissen bestimmt die Grenzen zwischen Natur und Politik und damit was als politisches Problem angesehen wird, wofür nach Lösungen gesucht wird. Biologisches Wissen kann auch Technologien nach sich ziehen, die politische Folgen haben (z.B. Gentechnologie).

- Biologische Wissenschaft, Wissen und Annahmen sind die Folge von Politik.

Politik bestimmt, was in das biologische Alltagswissen eingeht (über das Erziehungssystem), was erforscht wird (über die Vergabe von Forschungsgeldern), und welches biologische Wissen in welchem Ausmaß Politik direkt beeinflußt (über das politische Beratungssystem).

Gerade der Stellenwert der wissenschaftlichen Politikberatung zeigt sowohl die selektive Wirkung der Politik bezüglich biologischen Wissens als auch die Abhängigkeit der Politik von dem, was als biologisch möglich gilt. Die Analyse des Zusammenhangs zwischen Politik und Wissenschaft oder Wissen über die Natur des Menschen darf jedoch meines Erachtens nicht dazu führen, wissenschaftliche Politikberatung abzulehnen. Vielmehr gilt es, den genannten Zusammenhang zu nutzen, um auch anderes Wissen und andere wissenschaftliche Ansätze in die Politik einfließen zu lassen, so daß auch anderes Wissen als Deutungsmuster in der Lebenswelt verankert werden kann. Denn die Wissenschaft ist in der Moderne die "angesehenste Legitimationsinstanz neuer Realitäten."[167]

---

[167]   Hubbard, (1989), S. 302

5. Die dichotomen Ansprüche an Frauen und Männer

Die oben ausgeführten biologischen Begründungsmuster für geschlechtsspezifische Unterschiede liefern die wissenschaftliche Letztbegründung, die in der Moderne nötig ist, wenn für Frauen und Männer unterschiedliche Arbeitsbereiche, Wertstrukturen und Eigenschaften als wahr in der Lebenswelt verankert werden sollen. Wie beispielsweise bei Darwin deutlich wird, setzen diese wissenschaftlichen Modelle jedoch bereits eine soziale Einteilung 'weiblich/männlich' voraus. Das viktorianische Frauen- und Männerbild hat bereits die Entstehung und die geschlechtsspezifische Verzerrung des biologisch-wissenschaftlichen Modells von Darwin beeinflußt. Nicht nur auf England bezogen, sondern auf die ganze Region, die die Moderne umfaßt, heißt das: Das bürgerliche Frauenideal und sein männliches Pendant, das autonome Individuum, sind bereits vor den Versuchen zu ihrer wissenschaftlichen Begründung konzipiert gewesen. Diese Konzeptionen haben Mitte des 19. Jahrhunderts bereits eine so starke normative Kraft entwickelt, daß sie die naturwissenschaftlichen Modelle von Anfang an bis heute sehr stark beinflußt haben. Umgekehrt liefert die Wissenschaft dann die letztendliche Legitimation genau des normativen Rahmens, den sie selbst widerspiegelt.

Die jetzt zu analysierenden, lebensweltlich verankerten Anspruchspakete integrieren Frauen und Männer in die Gesellschaft, weisen ihnen ihre Plätze zu und werden durch die subjektiven Erfahrungen bestätigt und auch vermittelt. Die letztendliche Begründung erfogt über die kulturelle Überlieferung von Wissensvorräten (in der Schule, über Medien, in der Familie), die wissenschaftlich nachvollziehbar sind. Auf die normative Kraft wissenschaftlicher Erkenntnisse bin ich bereits im Zusammenhang mit dem teleologischen Naturverständnis in der Moderne eingegangen.

> "Die soziale Integration der Lebenswelt stellt sicher, daß neu auftretende Situationen in der Dimension des sozialen Raums an die bestehenden Weltzustände angeschlossen werden: sie sorgt für die Koordinierung von Handlungen über legitim geregelte interpersonale Bezie-

hungen und verstetigt die Identität von Gruppen in einem für die Alltagspraxis hinreichenden Maße."[1]

Die Konzeption des bürgerlichen Frauenideals und des autonomen Individuums sind die Deutungsmuster, die es uns erlauben, in einer sozialen Situation
von einem bestimmten sozialen Gefüge bereits auszugehen, ohne die beteiligten
Personen näher zu kennen. Allein über die Zuweisungen, die über das Geschlecht erfolgen, haben wir eine Basisgewißheit über die Qualität der sozialen
Beziehung, die vor uns liegt. Mit einer gewissen Verläßlichkeit können wir davon
ausgehen, daß von beiden Seiten die geschlechtsspezifischen Anspruchspakete
gestellt werden, und daß den Ansprüchen wenigstens ein Stück weit entsprochen
wird. Aufgrund der lebensweltlich geteilten Normen können wir zunächst legitim
annehmen, daß eine soziale Situation von den Beteiligten ähnlich gedeutet wird,
daß die Beteiligten also die soziale Ordnung, die sich über geschlechtsspezifische
Zuweisungen ergibt, akzeptieren oder zumindest diese soziale Ordnung kennen.

Dieses Einverständnis wird im Verlauf der sozialen Situation, bei der
weiteren Situationsdeutung und Handlungsabstimmung, entweder bestätigt,
indem die Beteiligten sich entsprechend den gestellten Ansprüchen verhalten. In
diesem Fall ist es gelungen, die soziale Situation an die normative Konzeption
sozialer Beziehungen anzuschließen. Die lebensweltlich verankerten Anspruchspakete werden dadurch unterstützt, und die als legitim geltenden inter-
personalen Beziehungen werden in jeder sozialen Handlung immer wieder neu
konstituiert. Oder im Verlauf der sozialen Situation stellt sich heraus, daß die legitimerweise vermuteten Ansprüche nicht gestellt und/oder nicht erfüllt werden.
Dann gelingt es nicht, die soziale Sitation an die normative Konzeption sozialer
Beziehungen anzuschließen. Das soziale Gefüge muß neu ausgehandelt werden,
wobei eine Schwierigkeit darin besteht, daß alle Beteiligten versuchen, das momentane soziale Gefüge konsistent an ihre eigene soziale Lebenswelt anzuschließen. Die Verständigung auf eine legitime Ordnung, die die Zustimmung
aller findet, ist nicht gesichert. Das heißt, es entsteht nicht unbedingt ein soziales
Gefüge, eine Gruppe.

"... bei Störungen ... können die Aktoren den mit neuen Situationen
auftretenden Koordinationsbedarf aus dem Bestand an legitimen
Ordnungen nicht mehr decken. Die legitim geregelten sozialen
Zugehörigkeiten reichen nicht mehr aus und die Ressource
'gesellschaftliche Solidarität' verknappt."[2]

---

[1]   Habermas (1985b), S. 213

[2]   Habermas (1985b), S. 213

Obwohl es Hinweise gibt, daß die geschlechtsspezifischen Zuweisungen verblassen,[3] sind das bürgerliche Frauenideal und das autonome Individuum immer noch verläßliche Deutungsmuster sozialer Situationen. Sie finden ihre Entsprechung in den gesellschaftlichen Strukturen, die Frauen und Männern spezifische Aufgabenbereiche zuweisen, in den Ansprüchen, mit denen wir ständig konfrontiert sind, und in den Erfahrungen, die wir mit der Verortung unserer eigenen geschlechtlichen Identität innerhalb des sozialen Gefüges machen.

Im folgenden werde ich sowohl das bürgerliche Frauenideal (Abschnitt 5.1) als auch das autonome Individuum (Abschnitt 5.2) untersuchen. Dabei liegt mein Schwerpunkt auf der Analyse der Qualitäten, die diesen Personenkonzeptionen in der Moderne zugeschrieben werden, und auf der historischen Kontinuität, die das bürgerliche Frauenideal und das autonome Individum als Anspruchsprofile der Moderne haben. Das bürgerliche Frauenideal und das autonome Individuum sind zwei Konzeptionen, die gleichzeitig alle Menschen umfassen und in der eindeutigen Abgrenzung voneinander entworfen wurden. Ich beschreibe sie daher als einen Teil der dichotomen Weltsicht der Moderne (Abschnitt 5.3).

Durch den historischen Zusammenhang, mit dem ich die Konzeptionen verdeutliche, werden die Konzeptionen auch relativiert, sie sind gewachsene Deutungsmuster, die zur Interpretation moderner Realität geeignet sind und gleichzeitig nur solche Situationsdefinitionen hervorbringen, die umgesetzt in soziale Handlungen die heutige moderne Gesellschaft immer weder entstehen lassen.

5.1   Das bürgerliche Frauenideal

Das bürgerliche Frauenideal ist die eine Hälfte des Menschenbildes, auf dem die politischen Theorien und philosophischen Modelle seit der Aufklärung beruhen und die die heutige gesellschaftliche Struktur geprägt haben. Zusammen mit dem Konstrukt des autonomen Individuums schreibt das bürgerliche Frauenideal die Lebenszusammenhänge und -möglichkeiten von Männern und Frauen als grundsätzlich unterschiedliche Qualitäten fest. Das bürgerliche Frauenbild ist das normative Deutungsmuster, das an Frauen immer noch als Anspruch angelegt wird.

---

3   Ich gehe darauf in Kapitel 6 näher ein.

5.1.1 Der Übergang zum bürgerlichen Frauenideal

Die wirtschaftlichen und politischen Veränderungen, die mit der Umsetzung der Ideen der Aufklärung in gesellschaftliche Strukturen einsetzten, erforderten auch veränderte lebensweltliche Strukturen. Umgekehrt forderten die Ideen der Aufklärung, als sie zu einer politisch relevanten Akzeptanz gelangt waren, auch veränderte Gesellschaftsstrukturen.

Die bürgerliche Gesellschaft, die Ende des 18. Jahrhunderts entstanden ist, führt nicht nur die Trennung der Arbeitssphären von Männern und Frauen fort, die bereits in vorbürgerlicher Zeit bestanden hatte. Sie bietet Männern und Frauen auch weiterhin die Möglichkeit, die eigene Persönlichkeit durch die Kontrastierung voneinander zu definieren.[4] Die für diese Kontrastierung in der bürgerlichen Gesellschaft typischen Charakterschemata, das bürgerliche Frauenideal und das autonome Individuum, wurden in der Aufklärung 'erfunden' und verlieren erst heute an Überzeugungskraft.[5]

Entworfen und getragen wird das neue Frauenbild in Deutschland vom sich Ende des 18. Jahrhunderts herausbildenden, meist protestantischen Bildungsbürgertum, aus dem sich das neu entstehende Berufsbeamtentum rekrutiert. Das Bildungsbürgertum, das sich nicht durch Besitz, sondern vor allem durch Bildung vom Handwerksbürgertum unterscheidet, vollzieht die Trennung zwischen öffentlich und privat zuerst und am intensivsten. Es mißt der Ausbildung der Söhne eine besondere Bedeutung bei, damit sie für die Ausbildungs-, Prüfungs- und Laufbahnvorschriften des Staates gerüstet sind. Das männliche Monopol auf Bildung außerhalb des Hauses wird aus vorbürgerlicher Zeit übernommen. Die sich entwickelnde Mädchenerziehung, später die Mädchenschulen, beschränken sich auf die Vorbereitung auf die Aufgaben der Frau in der Familie.[6] Dadurch wird dem Nachwuchs der vorher unbekannte Sonderstatus der Kindheit eingeräumt. Die Verantwortlichkeit für diesen

---

4   "Für das obrigkeitliche Bestreben nach Ordnung und Übersichtlichkeit der [vorbürgerlichen; S.O.] Gesellschaft stellte die eindeutige Trennung und Identifizierbarkeit der Menschen nach ihrem natürlichen Geschlecht die erste Instanz dar, womit die Geschlechtszugehörigkeit zugleich eindeutig sozial determiniert war und die Voraussetzung für weitere soziale Differenzierungen, insbesondere geschlechtsspezifische Arbeitsteilung, bot." (Wunder, 1992, S. 134)

5   vergleiche Duden (1977) und Hausen (1978)

6   vergleiche dazu Hausen (1978), S. 176. Relikte dieser geschlechtsspezifischen Erziehung finden sich auch heute noch zum Beispiel in der Verfassung des Freistaates Bayern, Art. 131, Abs. 4: "Die Mädchen sind außerdem in der Säuglingspflege, Kindererziehung und Hauswirtschaft besonders zu unterweisen."

Zeitraum liegt von Anfang an bei der Frau. So entsteht die bis heute gültige Familienstruktur.

Mit der Schule und der bürgerlichen Familie erwachsen zwei in der Verbreitung und der Form neue Sozialisationsinstanzen, die auch die Aufgabe haben, die veränderten Integrationsanforderungen in der Moderne zu erfüllen. Die Vermittlung einer zunehmend rationalisierten Lebenswelt geschieht über mehrere Integrationsinstanzen, die sich gegenseitig bestätigen und legitimieren. In der Schule und in der Familie vermitteltes Wissen und eingeübte Normen und die individuellen Erfahrungen mit geschlechtsspezifischen Ansprüchen federn sich gegenseitig ab, so daß die durch die Rationalisierung der Lebenswelt zunehmende Notwendigkeit von Gründen für legitime Ordnungen nicht zu einer grundsätzlichen Infragestellung des Geschlechterverhältnisses führt.

Im übrigen "unterscheidet sich die Arbeit der Frau des Bürgers gar nicht so sehr von der Arbeit derjenigen in den Unterschichten"[7]. Aber die Arbeit der Frau erfährt eine neue Bewertung. Die Arbeit des Mannes wird nicht nur völlig aus der Familienwirtschaft ausgelagert, sondern sie wird als Tauschwert schaffende Arbeit zur eigentlichen Erwerbsquelle. Die Gebrauchswert schaffende Arbeit der Frau wird dadurch abgewertet. Aufgrund der Definitionsmacht des Mannes wird die Struktur der Arbeit des Mannes zum Bewertungsmaßstab. Geld wird zum einzigen Maßstab für Arbeit, das heißt, die Arbeit der Frau, die kein Geld bringt, verliert den Charakter von Arbeit. Die Familie wird zum Binnenraum, der völlig von der Erwerbswirtschaft abgetrennt ist.

Die räumliche Trennung zwischen öffentlich und privat ist eine räumliche Trennung der Arbeitssphären von Frauen und Männern und eine räumliche Trennung von systemischen und lebensweltlichen Bezügen. Die systemischen Zwänge der Erwerbsarbeit, in denen vor allem der bürgerliche Mann steht, werden zunehmend integriert über die entsprachlichten Kommunikationsmedien Geld und Macht. Der verlorengegangene Sinn der Familie als ökonomische Gemeinschaft wird durch neue Anforderungen an die Familie ersetzt. Der private Raum ist konzipiert als der durch kommunikatives Handeln ausgezeichnete Ort der Sozialintegration. Der von der durch Konkurrenz und Egoismus geprägten Wirtschafts- und Erwerbswelt abgetrennte Binnenraum soll die Bedürfnisse befriedigen, die aus den "außerfamilialen Gesellschaftsstrukturen ... eliminiert

---

[7]   Duden (1977), S. 132

wurden"[8]. Die Familie liefert den Ausgleich für die zunehmend entfremdeten, außerfamilialen Lebensbezüge der Männer.

"Nicht der faktische, sondern der idealisierte gesellschaftliche Status der Frauen dient als Basis für die projektiven, auf Einheit gerichteten Imaginationen."[9]

Die Trennung zwischen öffentlich und privat ist also auch eine Trennung zwischen den zweckrationalen Zwängen des Systems und der "generativen, konsumtiven und psychischen Reproduktion der gesellschaftlich arbeitenden Menschen"[10] (= Männer) in den kommunikativen Bezügen der Lebenswelt, die den Frauen zugewiesen ist. Ohne die kommunikativen Leistungen der Frau wäre die konsequente Rationalisierung der Lebenszusammenhänge der Männer nicht möglich.

Der moderne Rationalismus fängt an sich durchzusetzen, und gleichzeitig werden die den Frauen bereits in vorbürgerlicher Zeit implizit zugesprochenen Eigenschaften (z.B. emotional, spontan, unbeherrscht) reflektiert.[11] Die diesen Eigenschaften entsprechende Tätigkeit der Frau wird neben der Erwerbsarbeit des Mannes zum konstitutiven Element der bürgerlichen Familie. Die politische Relevanz des daraus entstehenden 'weiblicher Charakters' kann, denke ich, kaum überschätzt werden. Die bürgerliche Familie, die ohne die 'weibliche Frau' nicht denkbar ist, gilt nach wie vor als die Keimzelle des Staates.

Die Entstehung des 'weiblichen' Charakters und der bürgerlichen Familie hängen also eng zusammen.

Die "Glücksvorstellungen der Männer der bürgerlichen Schicht ... zentrieren sich zunehmend auf die Familie, als den eigentlichen Raum der Menschlichkeit, der von der 'großen Welt' abgeschirmt ist ... in der Familie herrschen unter der Anleitung der Frau 'Wohltun und Liebe'"[12].

Die Institution, in der sich diese Liebe verwirklicht, ist die bürgerliche Ehe. Während in vorbürgerlicher Zeit die Ehe eine ökonomische Gemeinschaft war, die mit Liebe nichts zu tun haben mußte, beginnt "in der bürgerlichen Gesell-

---

[8]   Hausen (1978), S. 172

[9]   Bovenschen (1979), S. 38

[10]   Hausen (1978), S. 181

[11]   vergleiche Hausen (1978), S. 176f

[12]   Duden (1977), S. 133

schaft ... der Siegeszug der Liebesehe, ... die allmähliche Angleichung der Vorstellungen von der ehelichen und der außerehelichen Liebe"[13].

Von zentraler Bedeutung ist, daß dieses Ideal der Liebe nur dann in der Familie verwirklicht werden kann, wenn die Frau ihre Arbeit in der Familie nicht aus ökonomischem Zwang leistet. Arbeit aus ökonomischem Zwang kann dem Mann keinen Ausgleich zu den systemischen Zwängen, in denen er steht, bieten. Sie ist lediglich eine Wiederholung der 'großen Welt' im kleinen. Die Qualität, die die Tätigkeit der Frau von der Arbeit des Mannes unterscheidet, und die den Ausgleich ermöglicht, ist dann die Liebe. Das bedeutet gleichzeitig eine Feminisierung der Liebe.[14] Nur Frauen sind, weil sie außerhalb der moralisch verderblichen Zwänge stehen, in der Lage, die Liebe zu verwirklichen. Sie tun dies mit Hilfe ihrer ehemals ökonomischen Fähigkeiten, die im modernen Deutungsmuster eine natürliche, in der Psyche der Frau angelegte Fürsorglichkeit sind.

Mit Sexualität hat der Liebesbegriff, der sich mit dem bürgerlichen Frauenideal entwickelt, immer weniger zu tun.

> "Frauen erscheinen um 1730 noch als Repräsentanten fordernden Begehrens, denen schwer Genüge geschehen kann. Hundert Jahre später erscheint ihr Begehren in veränderter zivilisierter Gestalt. Frauen sind nun 'im allgemeinen Sinne Repräsentanten der Liebe' ... Bei der Liebe wird der sinnliche Trieb ... veredelt."[15]

Aus der Wirtschaftsgemeinschaft wird eine Liebesgemeinschaft, weil "die gegenseitige Ergänzung der Ehegatten weniger an der Ergänzung der Arbeitsfunktionen als an den Kommunikations- und Verhaltensweisen festgemacht wird"[16].

---

13   Schenk (1987), S. 231. Der Siegeszug der Liebesehe hält weiter an. Vergleiche Schenk (1987): "Freie Liebe - wilde Ehe. Über die allmähliche Auflösung der Ehe durch die Liebe". Die hohen Scheidungszahlen (und die hohen Wiederverheiratungsziffern) deuten jedoch nicht auf die Auflösung der an die eheliche Zweisamkeit gestellten bürgerliche Ansprüche hin. "Gerade weil man die Hoffnung auf Erfüllung einer idealen Partnerschaft nicht aufgibt, wird eine Ehe dann aufgelöst, wenn sie konfliktreich und unharmonisch ist ... Es sind vielmehr idealisierte Vorstellungen und hohe emotionale Erwartungen, die dann zu unerfüllbaren Ansprüchen an die Partnerschaft und damit zu Spannungen in den ehelichen Beziehungen führen" (Mreschar, 1991, S. 14). Vergleiche auch Beck (1990), S. 225-230

14   vergleiche Cancian (1986)

15   P. Schmidt/Weber (1986), S.159

16   Hausen (1978), S. 182

5.1.2 Die Naturalisierung der Weiblichkeit

Die theologischen Deutungs- und Legitimationsmuster werden in der Aufklärung konsequent kritisiert. Als die feudale Herrschaft zugunsten des Modells des Gesellschaftsvertrages verworfen wird, gerät auch die bis dahin aus der Bibel hergeleitete Position der Frau unter Legitimationsdruck.[17] Als Ersatz für die göttliche Letztbegründung nicht nur der gesellschaftlichen Strukturen allgemein, sondern auch des Geschlechterverhältnisses, taucht in der Aufklärung die 'Natur des Menschen' auf. Egal jedoch, ob der Mensch als von Natur aus böse/kriegerisch (z.b. bei Thomas Hobbes) oder von Natur aus eher gut (z.b. bei John Locke, Jean-Jacques Rousseau) entworfen wird, die Frauen bekommen immer einen Sonderstatus, wenn sie überhaupt genannt sind. Denn mit 'Mensch' ist normalerweise nur der 'Mann' gemeint. Die Naturrechtsdiskussion wird geschlechtsspezifisch geführt. Auf der Suche nach dem "für Mann und Frau verschiedenen Naturzweck und ... dementsprechend von der Natur eingerichteten verschiedenartigen Naturbegabungen"[18], aus der sich seine oder ihre Rechte und Pflichten ableiten, werden auch Wesensmerkmale der Frau gefunden.

> "In der Auseinandersetzung mit den ... Vorgaben der feudalen Ideologie hatte die aufklärerische Philosophie folglich Konzepte für die Bestimmung eines Frauenbildes und einer daraus abgeleiteten Rollenzuweisung für die Frau in einer postfeudalen Gesellschaft entwickelt"[19].

Das Deutungsmuster verändert sich in bezug auf die Eigenschaften von Mann und Frau damit radikal,

> "... an die Stelle der Standesdefinitionen [treten, S.O.] Charakterdefinitionen. Damit aber wird ein partikulares durch ein universales Zuordnungsprinzip ersetzt: statt des Hausvaters und der Hausmutter wird jetzt das gesamte männliche und weibliche Geschlecht und statt der aus dem Hausstand abgeleiteten Pflichten werden jetzt allgemeine Eigenschaften der Personen angesprochen."[20]

Der Wechsel im Deutungsmuster ist ein ganz wesentliches Merkmal der Moderne: An die Stelle der Religion tritt die Natur als Legitimationszusammen-

---

17   vergleiche Hausen (1978), S. 164

18   Hausen (1978), S. 165

19   Baxmann (1983), S. 130

20   Hausen (1978), S. 163

hang.[21] Während der Mann jedoch dadurch Handlungsspielräume gewinnt, verbessert sich die Situation der Frauen nicht. Ihre Unterdrückung wird lediglich statt aus der Bibel aus der Natur abgeleitet.

Es kommt zu einer geschlechtsspezifischen Definition aufklärerischer Kategorien, die davon ausgeht, daß der Bruch zwischen Natur und Gesellschaft bei den Frauen wegen ihrer Gebärfähigkeit weniger total ist.[22] Einerseits bleiben sie dadurch auf dem gleichen Niveau wie 'Naturmenschen', die auch noch nicht die kulturelle Reife eines erwachsenen Mannes erreicht haben.[23] Andererseits kommt den Frauen wegen ihrer Nähe zur Natur bei der Versittlichung der Gesellschaft eine Vorbildfunktion zu.

"In diesem Deutungsmuster garantiert das Weibliche ein doppeltes Glück: emphatisch als Trägerprinzip einer regressiv-utopischen Einheitssehnsucht, realiter, indem es eine passive, 'natürliche' Knetmasse in männlicher Hand bleibt."[24]

Die Frauen weisen den Weg 'zurück zur Natur', das heißt, sie ermöglichen durch ihre noch intakte (ursprüngliche) Natürlichkeit den Männern die Überwindung der Deformationen der Zivilisation in einer höheren Einheit mit der Natur jenseits der deformierten Gegenwart und auch jenseits der Natürlichkeit der Frau. Die Frau repräsentiert eine frühere (niedrigere) Entwicklungsstufe der Menschheit (= Mannheit), die jedoch idealisiert wird.

"Und so wurde ein wunderbar verklärtes und idealisiertes Bild der Frau entworfen, sie selbst auf ein Podest gestellt ... Nicht sie lernt vom Mann, sondern er soll sich von der Frau lenken lassen, sich ihrer 'natürlichen Sittlichkeit' anvertrauen"[25].

Die Naturalisierung der Weiblichkeit ist also im doppelten Sinn zu verstehen: Zum einen wird die gesellschaftliche Position der Frau mit der Natur der Frau legitimiert. Zum anderen steht die Frau näher an der Natur, sie ist gewissermaßen ein Bindeglied zwischen Mensch/Mann und Natur.

---

21   vergleiche Abschnitt 1.1

22   vergleiche Baxmann (1983), S. 126

23   vergleiche Hausen (1978), S. 177

24   Bovenschen (1979), S. 33

25   Duden (1977), S. 126

5.1.3   Die Androzentrik der Ergänzungsidee

Immer noch leistet die Frau die gleiche, für die Familie ökonomisch notwendige Arbeit. Durch ihre Festlegung auf den Binnenraum bleibt der Frau aber nur die Möglichkeit, durch den Mann, der ihre Verbindung mit der Außenwelt herstellt, Wertschätzung zu erlangen.

Doch nicht nur nach der Konzeption des bürgerlichen Frauenideals sind die Männer "für die Frauen die Mittler zur 'großen' Welt und zum 'wirklichen' Leben"[26]. Der für Frauen selbstverständliche Weg vom Elternhaus direkt in die Ehe programmiert ihre Unterlegenheit gegenüber dem Mann vor. Die darüber hinaus bestehende ökonomische und rechtliche Abhängigkeit der Frau sichert die Machtposition des Mannes innerhalb der Familie auch formell ab.

> "Nicht nur größere Weltläufigkeit, Alters- und Wissensvorsprung sicherten dem Mann die Vormachtstellung in der Familie, sondern auch das Ehe- und Familienrecht, in dem sich die patriarchalische Weltordnung niederschlug."[27]

Er allein entscheidet darüber, ob sie die ihr gesellschaftlich zugewiesenen Aufgaben erfüllt, das heißt, ob sie ihn harmonisch ergänzen kann oder nicht. Von einer 'Gleichrangig- und Gleichwertigkeit' von Mann und Frau kann deswegen nicht gesprochen werden. Der Mann findet seinen Wertmaßstab im außerfamilialen Bereich, während die Frau auf den Mann als wertende Instanz verwiesen ist. Es entsteht eine Wertungshierarchie, in der der Mann das Wertungsmonopol ausübt. Um diese Anerkennung zu erlangen, muß sie versuchen, dem Frauenideal zu entsprechen, das als Kontrast zu den immer mehr von Zweckrationalität geprägten männlichen Lebensbezügen entworfen wird. Die begriffsgeschichtliche Verbindung zwischen 'privat' und 'geheim' und 'heimlich'[28] verdeutlicht die Abgeschlossenheit des Wirkungsbereichs der Frauen und die letztendliche Abhängigkeit von der Bewertung des Mannes. Aufgrund der immer noch unterschiedlichen Arbeitsschwerpunkte von Frauen und Männern in Familien- und Erwerbszusammenhängen besteht diese Wertungshierarchie tendenziell auch heute noch.[29]

Bereits in den Anfängen der bürgerlichen Gesellschaft, und damit in den Anfängen der Moderne, ist also die Trennung von System und Lebenswelt auch

---

[26]   Schenk (1987), S. 93

[27]   Schenk (1987), S. 94

[28]   vergleiche Hausen (1992), S. 82-84

[29]   vergleiche Abschnitt 2.1.1

im Sinne unterschiedlicher Orte, an denen System- und Sozialintegration statt-findet, und geschlechtsspezifisch unterschiedlicher Arbeits- und Wirkungs-schwerpunkte vollzogen. Nur in der Ergänzung von System und Lebenswelt ist die Verwirklichung des modernen Menschen, der autonomen und harmonisch entfalteten Persönlichkeit möglich. Das Deutungsmuster zweier sich ergänzen-der Charaktere verhindert, daß die geschlechtsspezifische Arbeitsteilung aufge-geben werden muß, um die Ergänzung von System und Lebenswelt in einer Per-son und an einem Ort zu jedem Zeitpunkt möglich zu machen.

Die Charakterbestimmungen retten sowohl das Zusammenspiel von systemischen Bezügen und lebensweltlicher Verankerung und Reproduktion als auch die patriarchale Herrschaft über die Naturrechtsdiskussion hinweg. Die Vorstellung der Gleichheit von Mann und Frau hätten das Projekt der Aufklä-rung revolutioniert. Die komplementären Charaktere tragen jedoch den in der Aufklärung formulierten humanen Bedürfnissen ideal Rechnung. Durch den Entwurf der Geschlechtscharaktere gelingt es, "die Dissoziation von Erwerbs- und Familienleben als gleichsam natürlich zu deklarieren und damit deren Gegensätzlichkeit nicht nur für notwendig, sondern für ideal zu erachten und zu harmonisieren"[30].

Ich halte jedoch den Gedanken der Ergänzung 'gleichwertiger' Ge-schlechtscharaktere für ein typisches Beispiel einer perspektivisch aus der Sicht des Mannes entworfen Idee. Denn nur der Mann kann nach dem bürgerlichen Frauen- und Männerideal wirklich eine Ergänzung erfahren. Die Tätigkeit der Frau ist auf ihn gerichtet und dient seiner Vervollständigung. Die Arbeit des Mannes jedoch ist in keiner Weise auf die Frau bezogen, ja darf gar nicht auf sie bezogen sein, um die 'höhere Sittlichkeit' der Frau nicht zu gefährden. In diesem Sinn hat die Frau eine Ergänzung gar nicht nötig, denn sie bildet bereits eine Einheit, die sich in der Vervollkommnung des Mannes verwirklicht. Die Ergän-zung erfährt einseitig nur der Mann.

Negativ formuliert: Der Mann delegiert seine kommunikativen Bedürfnisse an die von ihm ökonomisch abhängige Frau. Die dienende, abhängige Position wird der Frau aber nicht als Unterdrückung bewußt, weil es gelingt, die Befriedi-gung der Bedürfnisse anderer als Deutungsmuster einer natürliche Bestimmung in der Frau zu verankern. So läßt sich das Ideal des aufgeklärten (männlichen) Individuums mit dem Patriarchat in Einklang bringen.

---

30   Hausen (1978), S. 170

"Die streitbare Frauenrechtlerin Hedwig Dohm hat diese Appendix-konstruktion ... gelegentlich als Ergänzungstheorie bezeichnet. Die Frauen sollen die Männer 'ergänzen', ... indem sie das einzelne männliche Individuum stützen, abschirmen, indem sie 'drinnen walten' und bestimmte Sektoren - speziell den des Hauses - so strukturieren, daß der Mann zur materiellen und geistigen Produktion freigesetzt ist."[31]

Die Geschichte der Frauenbewegung, die ebenfalls Ende des 18. Jahrhunderts (in der französischen Revolution) beginnt, sehe ich als Geschichte der Kritik an der Beschränkung der Frau auf die lebensweltlichen Bezüge der Privatheit, die den Mann psychisch reproduzieren und ergänzen. Von Anfang an forderten die Frauen, auch in den Genuß der Möglichkeiten des autonomen Individuums zu gelangen. Bis jetzt ist diese Forderung nur unzureichend erfüllt. In jüngerer Zeit wird in der Neuen Frauenbewegung nicht mehr nur die Einseitigkeit der aufklärerischen Ideen, sondern das Projekt der Moderne an sich kritisiert, also die Kombination an Deutungsmustern, die für die Moderne spezifisch ist.

Die ideale, bürgerliche Frau kann in der 'schönen Tugend' Pflicht und Neigung verbinden, während die 'edle Tugend' des Mannes ständig die Neigung zugunsten der Pflicht überwinden muß. Die Arbeit der Frau verliert in der Konzeption der Moderne den Charakter der Last, sie wird "eine schön anzusehende liebende Zuwendung ... ästhetischer Wert ... anmutige Tätigkeit"[32], die die Anerkennung des Mannes erlangt, "und zwar vermittelt über die erotischen Qualitäten, die ihn ergötzen sollen und die er beanspruchen kann, da sie Teil ihrer Arbeit im Haus geworden sind"[33].

Der Zusammenhang mit der Sexualität verdeutlicht Duden mit den Ideen Johann Gottlieb Fichtes. Durch die Zuweisung männlich - weiblich, öffentlich - privat, aktiv - passiv ist die Frau nur passiv konzipiert. Zwar wird der Frau durchaus ein dem männlichen Geschlechtstrieb entsprechender Trieb zugebilligt, als leidendes Prinzip kann sie ihn jedoch nicht direkt äußern und befriedigen.

"Im unverdorbenen Weibe äußert sich kein Geschlechtstrieb, und wohnt kein Geschlechtstrieb, sondern nur Liebe; und diese Liebe ist der Naturtrieb des Weibes, einen Mann zu befriedigen. Es ist allerdings ein Trieb, der dringend seine Befriedigung heischt: aber diese seine Befriedigung ist nicht die sinnliche Befriedigung des Weibes,

---

31   Bovenschen (1979), S. 26. Hedwig Dohm lebte von 1833 bis 1919.

32   Duden (1977), S. 134f

33   Duden (1977), S. 135

sondern die des Mannes: für das Weib ist es nur Befriedigung des Herzens"[34].

Die Selbstlosigkeit der Frau kann nach dem bürgerlichen Ideal ganz wört-lich als 'Person ohne Selbst' verstanden werden. "Die 'schöne Seele' ist nichts für sich selbst, aber alles für andere; erst dadurch wird sie für sich. Der trübsinnige Hintergrund dieses dialektischen Tricks - Liebe genannt -"[35] ist, daß die Frau für die psychische Regenerierung, die biologische Reproduktion und die sexuelle Befriedigung des Mannes zu sorgen hat.

Die wesentlichen Merkmale der Geschlechtscharaktere sind in der bürger-lichen Ideologie Aktivität und Rationalität bei den Männern und Passivität und Emotionalität bei den Frauen. Diesen Hauptkategorien sind noch viele andere geschlechtsspezifisch assoziierte Charaktereigenschaften zugeordnet. Einige der weiblichen Tugenden hat Duden aus einem Hauskalender von 1785 zusammen-gestellt: Danach ist die Frau niedlich, hold, liebend, gefällig, beständig, gelassen, zufrieden und klug.[36] Die Ähnlichkeit mit den biologisch-naturwissenschaftlich begründeten Eigenschaften der Frau: klein, zart, schwach, schüchtern und passiv ist nicht zufällig. Die naturwissenschaftlichen Ergebnisse entstehen bereits auf der Basis der in den Wissenschaften allgemein geteilten Akzeptanz dieser ge-schlechtsspezifischen Eigenschaften.[37]

Diese Definition der Charaktere von Frau und Mann sind in bezug auf die bereits erwähnte geschlechtsspezifische Erziehung ein Bildungsprogramm, wie es beispielsweise von Rousseau in dem Bildungsroman *Émile* formuliert wird.

"Die ganze Erziehung der Frauen muß ... auf die Männer Bezug neh-men. Ihnen gefallen und nützlich sein, ihnen liebens- und achtenswert sein, sie in der Jugend erziehen und im Alter umsorgen, sie beraten, trösten und ihnen das Leben angenehm machen und versüßen: das sind zu allen Zeiten die Pflichten der Frau, das müssen sie von ihrer Kindheit an lernen."[38]

---

34 Fichte, "Deduction der Ehe", zitiert nach Duden (1977), S. 139

35 Duden (1977), S. 137

36 vergleiche Duden (1977), S. 138

37 vergleiche Abschnitt 4.2. Daß sich Frauen (und Männer) auch tendenziell mit diesen Zuweisungen identifizieren, zeigt die normative Kraft, die diese Ansprüche immer noch entfalten (vergleiche Kapitel 6).

38 Rousseau (1983), S. 394; ich gehe im Zusammenhang mit der Androzentrik der Mo-derne noch näher auf Rousseaus Frauenbild ein (Abschnitt 5.2.1)

5.1.4 Die doppelte Machtlosigkeit der Frau in der Moderne

Der Geltungsbereich dieses Deutungsmusters dehnt sich im Laufe des 19. Jahrhunderts auf die gesamte Gesellschaft aus.[39] 'Bürgerlich' ist schließlich keine Standesbezeichnung mehr, sondern bezeichnet die Ansprüche und Strukturen der modernen, sogenannten bürgerlichen Gesellschaft. Auch bleiben "die einmal eingeführten Zuordnungsprinzipien konstant und werden nicht zuletzt durch Medizin, Anthropologie, Psychologie und schließlich Psychoanalyse 'wissenschaftlich' fundiert"[40]. Gemeinsam mit der Biologie liefern diese Wissenschaften die Letztbegründung geschlechtsspezifischer Lebensbereiche.

Die Unterdrückung der Frau, die auch in vorbürgerlicher Zeit bestand, wird durch die Zuweisung 'natürlicher' Eigenschaften in die Natur der Frau verlagert. Das Geschlechterverhältnis wird dadurch immunisiert. Denn die 'natürliche' Privatheit der Frau ist "gegen die gesellschaftlich verallgemeinerte Leistungskonkurrenz"[41] und gegen jegliche Kritik geschützt, die sich ja gegen die Natur richten müßte. Dadurch daß auf der Basis einer patriarchalen Gesellschaft ein Frauenbild entsteht, das den patriarchalen Charakter der Gesellschaft nicht in Frage stellt, ist es möglich, den Zusammenhang zwischen dem Deutungsmuster Frauenideal und der Machtlosigkeit der Frauen in zwei Richtungen zu lesen: Die Frauen sind machtlos, weil die patriarchalen Deutungsmuster der Moderne keine Eigenschaften für sie vorsehen, die sie zur Machtausübung befähigen würden, und die Deutungsmuster sehen für die Frauen keine Eigenschaften vor, die sie zur Machtausübung befähigen würden, weil sie in vormodernen Zeit machtlos waren und dies sich auch nicht ändern soll. Weibliche Werte sind nicht geeignet, um in Deutungsprozessen im öffentlich/politischen Bereich Orientierungen zu geben. Und da weibliche Werte und Charaktereigenschaften 'von Natur aus' Frauen zugeordnet sind, können Frauen im politischen Bereich nicht bestehen. Das ist der Kern der mangelnden politischen Kompetenz der Frauen, die auch die Politikwissenschaft konstatiert.[42]

---

[39] vergleiche Schenk (1987). Einen beispielhaften literarischen Niederschlag findet das bürgerliche Frauenideal in Leo N. Tolstois 1875-77 in einer Zeitschrift erstmals erschienenen Roman 'Anna Karenina': Anna geht letztlich daran zugrunde, daß sie ihre Sexualität entdeckt und lebt, Dolly ist unglücklich, weil ihr Mann ihr die Anerkennung versagt, und Kitty entspricht dem Ideal und findet die Erfüllung in der Liebe.

[40] Hausen (1978), S. 162

[41] Hausen (1978), S. 181

[42] vergleiche Abschnitt 2.3.3

Diese "Form der Repression [war; S.O.] nie vollständig und gewiß nie unwidersprochen, wer sich aber gegen sie auflehnen wollte, hatte mit der Schwierigkeit zu kämpfen, gegen den 'eigenen' weiblichen Kulturcharakter rebellieren zu müssen"[43], in der Diktion des bürgerlichen Frauenideals sogar gegen den Naturcharakter.

Auch ihre Idealisierung als Vertreterin einer 'höheren Sittlichkeit' verbessert die Position der Frau nicht, denn sie nimmt ihr das Recht auf Unzufriedenheit. Frauen werden nicht als Individuen, sondern als Gruppe wegen ihres Frauseins überhöht. Frauen, die den Platz auf der Säule nicht wollen, treffen nicht nur auf Unverständnis, weil sie freiwillig hinuntersteigen in die 'feindliche' Welt. Sie ziehen auch Feindschaft auf sich, weil sie die Illusionen der Männer (und auch vieler Frauen) zerstören. Sie stoßen die Säule um, sie bringen das Deutungsmuster ins Wanken. Frauen, die sich ihrer Idealisierung entziehen, die teilhaben (wollen) an den systemischen Zwängen, erzeugen Inkonsistenzen im Zusammenhang zwischen System und Lebenswelt. Sie widersprechen dem ansonsten nichthinterfragten Hintergrundwissen, den tradierten Normen und den geteilten Erfahrungen, die die Lebenswelt ausmachen. Und sie erzeugen durch ihr Eindringen in die männlichen Gesellschaftssphären Widersprüche zwischen System und Lebenswelt, da Mitbestimmung und -gestaltung von Frauen in den wirtschaftlichen und administrativen Systemen lebensweltlich nicht institutionalisiert sind. Frauen, die in allen politischen und wirtschaftlichen Bereichen (auch in führenden Positionen) mitwirken, können dann ihre lediglich ergänzende Funktion als das 'andere', das außerhalb der systemischen Zwänge steht, nicht mehr wahrnehmen.[44]

Die unterschiedlichen 'natürlichen' Charaktereigenschaften von Mann und Frau werden mit der Trennung und geschlechtsspezifischen Zuweisung von öffentlich und privat, von systemischen und lebensweltlichen Bezügen postuliert und etabliert. Sie lösen die religiöse Legitimation der geschlechtsspezifischen Arbeitsteilung ab, retten aber das Herrschaftsverhältnis zwischen Männern und Frauen über den egalitären Anspruch der Aufklärung hinweg. Das Projekt der Moderne hat also von Anfang an patriarchale Denkstrukturen.

---

[43]   Duden (1977), S. 140

[44]   Auf die Bedeutung des 'anderen' gehe ich in Abschnitt 5.3 näher ein.

146

5.2   Das autonome Individuum

Das autonome Individuum ist als das männliche Pendant zum bürgerlichen Frauenideal das Ziel der politischen Bestrebungen und der philosophischen Anstrengungen seit der Aufklärung.

Die Theorien der Aufklärung werden erstens von Männern und zweitens in einer Zeit entworfen, die von Männern dominiert ist. Es liegt also nahe, daß die Adressaten der Theorien auch nur Männer sind. Die Entwürfe für ein aufgeklärtes, freies Individuum spiegeln den Androzentrismus der Gesellschaft des 17. und 18. Jahrhunderts wider. Es gilt zunächst aufzuzeigen, daß sich die Ansprüche der Aufklärung nur an Männer richten. Danach ist zu klären, welcher Platz im Projekt der Moderne den Frauen zukommt, wenn sie nicht Subjekt der Aufklärung sind. Den Schlüssel dafür bietet das bereits mehrmals erwähnte Konstrukt, daß Frauen der Natur näher stehen als Männer. Im Rahmen des Verhältnisses zur Natur in der Moderne ist auch der Zusammenhang zwischen Frauen- und Naturbeherrschung zu klären.

5.2.1   Der Mann als Subjekt der Aufklärung

Das Individuum rückt im Zuge der Aufklärung immer mehr in den Mittelpunkt des Interesses. Das Individuum ist von Natur aus autonom, es strebt nach innerer und äußerer Unabhängigkeit und will ein freier Bürger sein.

> "Only men 'by nature' possessed the capacities of 'individuals' that enabled them to make the original contract and then participate as equal citizens in the free civil society they had created through their agreement ... But the social contract is only half of the original contract. The sexual contract, which justifies the government of men over women, is always missing. The original contract is an agreement which creates modern *patriarchal* civil society."[45]

Dieser freie Bürger kann in der Aufklärung nur als Mann gedacht werden. Schon die personelle Beschränkung auf Männer (die theologische Legitimation feudaler Männer-Herrschaft wird von aufklärerischen Männern angezweifelt) legt den Ausschluß der Frauen aus der Diskussion um die Macht nahe. Die Aufklärer wollen die feudale Herrschaft jedoch nicht nur ablösen, sondern die Macht so verteilen, daß viele (Männer) daran teilhaben können. Es geht also darum, einer Gruppe (dem Adel) Macht zu nehmen, um sie in einer anderen Gruppe (den Bürgern) neu aufzuteilen. Die Frage, ob die Aufklärer selbst

---

[45]   Pateman (1990), S. 58

Macht haben (z.B. über Frauen), und ob diese auch neu verteilt werden soll, wird nicht gestellt. Sie kann, denke ich, auch nicht gestellt werden, denn zum einen geht es in dieser Auseinandersetzung der Aufklärung um institutionalisierte staatliche Macht, an der in vormoderner Zeit nur wenige und fast ausschließlich Männer teilhatten, und zum anderen kann wohl nicht erwartet werden, daß die Aufklärer ihre eigene Macht (z.B. über Frauen) problematisieren und aufgeben, wo sie doch ihre eigene Machtlosigkeit beklagen. Sie müßten dann zugleich Macht anstreben und aufgeben.

> "Die bürgerliche Gesellschaft war ein durch und durch männliches Gebilde; ihre Prinzipien - Freiheit, Gleichheit, Rechtsförmigkeit - besaßen Geltung nur für Männer. Auch das Glücksversprechen, das diese Prinzipien enthielten, richtete sich ausschließlich an männliche Bürger."[46]

Das heißt nicht, daß das Menschenbild der Aufklärer einheitlich war. Aber die Zielvorstellungen, die immer wieder auftauchen - z.B. Freiheit, Gleichheit, Rechtsförmigkeit - setzen doch voraus, daß dieser Mensch, für den die aufklärerischen Rechte und Möglichkeiten erkämpft werden sollen, diese Rechte und Möglichkeiten prinzipiell auch nutzen kann. Die Forderung nach Freiheit hat beispielsweise nur einen Sinn, wenn der freie Mensch nicht nur Freiheits- und Entscheidungsspielräume hat, sondern auch die anthropologische Voraussetzung mitbringt, überhaupt entscheiden zu können.

Zur Verdeutlichung der Androzentrik des Konzepts des modernen Individuums können zwei Voraussetzungen herausgearbeitet werden, die den Menschen im Sinne der Aufklärung zum autonomen Subjekt machen:[47] Das autonome Subjekt ist zum einen ein Vernunftwesen, und zum anderen ist es in der Lage, ein (vor allem ökonomisch) unabhängiges Leben zu führen. Diese zwei Kriterien sind der kleinste gemeinsame Nenner des Menschenbildes der Aufklärer, die in welcher Form auch immer, die Macht vom Volk (von den Männern) ausgehen lassen wollen. Frauen können nach der Konzeption der Aufklärung beide Kriterien nicht erfüllen.[48]

---

[46]   Frevert (1988), S. 134

[47]   vergleiche List (1986), S. 81

[48]   Als drittes Merkmal, das Frauen aus der Konzeption des autonomen Individuums ausschließt, nennt Schaeffer-Hegel die 'Liebe'. "Wie die affektfreie Vernünftigkeit zum konstituierenden Wesensmerkmal des männlichen Bürgers, so wird 'Liebe' zu einem Paradigma stilisiert, welches - den Frauen zugeschrieben - deren Ausgrenzung aus den 'vernünftigen' Gefilden von Staat und Politik vollends besiegelt" (Schaeffer-Hegel, 1990a, S. 160). 'Liebe' ist in diesem Sinne der Gegenbegriff zu 'Vernunft'. Entscheidend für das Vorenthalten bürgerlicher Freiheitsrechte ist jedoch meines Erachtens, daß

List weist darauf hin, daß die ökonomische Unabhängigkeit von den aufgeklärten Theoretikern (z.B. Hobbes) zunächst am natürlichen Erwerb von Boden
und Besitz festgemacht wird (und damit Besitzlose ausschließt). Der Ausschluß
der Frauen kann aber auch dadurch nicht aufgehoben werden, daß Marx das
Kriterium auf die (Erwerbs-)Arbeit erweitert. Danach können lediglich alle
(erwerbs-)arbeitenden Menschen die Ansprüche eines autonomen politischen
Subjekts stellen.

> "Wirtschaftliche Selbständigkeit und materielle Unabhängigkeit sind
> ... die entscheidende Voraussetzung für den Anspruch auf individu-
> elle Freiheits- und politische Rechte."[49]

Ich orientiere mich im folgenden an den Kriterien der ökonomischen
Unabhängigkeit und der Vernunft zur Bestimmung des autonomen Subjekts, wie
es als anthropologische Voraussetzung in der modernen Lebenswelt verankert
ist, und ziehe zur Verdeutlichung der zentralen Stellung des Mannes in der
Moderne das Werk von Jean-Jacques Rousseau heran.[50] Jean-Jacques Rousseau
bietet sich aus drei Gründen als Beispiel für einen Wegbereiter der Moderne an:
Zum einen hat er sehr stark die weitere Entwicklung demokratischer politischer
Theorien beeinflußt, die wiederum als Zielvorstellungen in unseren heutigen
Denkstrukturen weiterleben. Zum zweiten war er in der politischen Praxis sehr
einflußreich - z.B. in der Französischen Revolution. Und zum dritten schrieb er
aus einer, wie sich zeigen wird, beispielhaft androzentrischen Perspektive. Wenn
Rousseau allgemein über den Menschen schrieb, kann davon ausgegangen wer-
den, daß er nur den Mann meinte. Darüber hinaus formulierte Rousseau ein
Frauenbild, das genau dem bürgerlichen Frauenideal entspricht. In seinem Werk
Emil oder Über die Erziehung werden sowohl die Androzentrik als auch seine modernen Vorstellungen über Frauen und Weiblichkeit besonders deutlich.[51] Vor
allem kann an Rousseau auch beispielhaft gezeigt werden, daß ökonomische
Unabhängigkeit und Vernunft im Konzept der Moderne den Frauen abgesprochen wird.

Frauen die Vernunft abgesprochen, nicht daß ihnen die Verkörperung der Liebe zugewiesen wird.

[49]   List (1986), S. 82

[50]   Für weitere Beispiele androzentrischen Denkens in der Philosophie vergleiche Stopczyk
(1980)

[51]   Nicht zufällig heißt das Werk *Émile* und nicht *Sophie*, deren Erziehung und Erziehungs-
funktion Rousseau auch beschreibt. Vergleiche Alder (1992), S. 150-156

5.2.1.1 Ökonomische Unabhängigkeit

Ökonomischen Unabhängigkeit ist den Frauen nach dem in der Aufklärung entworfenen bürgerlichen Frauenideal nicht möglich, ja würde dem Wesen der Frau
widersprechen. Die Tätigkeit der Frau verliert in der Moderne immer mehr den
Charakter von Arbeit. Aus der für den Erhalt der Familie ökonomisch notwendigen Arbeit der Frau wird ein Aufgehen in der natürlichen Bestimmung der
Frau. Daß darüber hinaus auch Kinder, Alte und Kranke wegen ihrer ökonomischen Abhängigkeit nicht in den Genuß der aufklärerischen Freiheitsrechte
kommen dürften, wird nicht weiter reflektiert. Denn die männlichen Kinder, Alten und Kranken sind ja einen großen Teil ihres Lebens oder zumindest zeit-
weise ökonomisch unabhängig.

Die Arbeiterbewegung Ende des 19. und Anfang des 20. Jahrhunderts
hatte auch das Ziel, die Ansprüche des autonomen Subjekts auf die Arbeiter-
klasse auszudehnen. Zum einen hieß das, das Recht auf politische Partizipation
und wirtschaftliche Mitbestimmung durchzusetzen. Zum anderen stellten
wirtschaftliche Absicherungen (Sozialversicherungen), Arbeitszeitverkürzungen
und Lebensstandardsteigerungen die ökonomischen Rahmenbedingungen, die
die einzelnen für politische Partizipation freisetzten. Die Forderung nach
ökonomischer Unabhängigkeit der Frauen war um die Jahrhundertwende in der
Arbeiterbewegung jedoch noch immer sehr strittig.

In der Konzeption des autonomen Subjekts bleiben die Frauen aus der
Diskussion von Eigentumsrechten wie selbstverständlich ausgeschlossen.
Rousseau erklärte beispielsweise, "daß die Kinder nur das haben, was sie von
ihrem Vater bekommen. Es ist also klar, daß ihm alle Eigentumsrechte gehören"[52].

Der ökonomischen Unabhängigkeit, so wie sie als Anspruch in den modernen Denkstrukturen verankert ist, enspricht der privilegierte Zugang zu Eigentum und Einkommen, der Männern bis heute erhalten geblieben ist. So erhalten
nach einer Studie der Vereinten Nationen die Frauen nur ca. 10 Prozent des
Welteinkommens für etwa zwei Drittel der weltweit geleisteten Arbeitsstunden,
und nur ca. ein Prozent des Welteigentums ist in den Händen von Frauen.[53]

---

52   Rousseau (1977), S. 11
53   vergleiche List (1986), S. 85

Zwar sind die restlichen 99 Prozent in der Verfügungsgewalt von nur wenigen Männern, aber Frauen sind vom Eigentum bis heute so gut wie ausgeschlossen.[54]

5.2.1.2 Vernunft

Der Frau fehlt jedoch nicht nur die ökonomische Unabhängigkeit, die für das autonome Subjekt unabdingbar ist, sondern es wird ihr im Deutungsmuster des autonomen Subjekts auch die Vernunft abgesprochen oder zumindest nicht zugesprochen. So hat nach Rousseau Gott den Mann mit Vernunft ausgestattet, damit er seine Begierden zügeln kann. Bei der Frau erfüllt die Scham denselben Zweck.[55] Und Gewalt in der Ehe lehnte Rousseau mit der Begründung ab, daß sie sowohl der Natur als auch der Vernunft widerspreche, wobei er eindeutig die Frau mit der Natur und den Mann mit der Vernunft gleichsetzte.[56]

Oft ist jedoch beim Entwurf des autonomen Subjekts von Frauen gar nicht die Rede. So gelangte Rousseau nach Ausführungen über Grundgedanken und verschiedene Arten der Erziehung zu dem Satz: "Man muß es [das Kind; S.O.] lehren, sich selbst als Mann zu erhalten"[57]. Auch den Zusammenhang zwischen Familie und Gesellschaft konstruierte Rousseau ohne Frauen: "Die Familie ist also sozusagen das erste Muster der politischen Gesellschaft: Der Herrscher steht für den Vater, das Volk für die Kinder."[58]

Der hier vollzogene sprachliche Ausschluß und der Ausschluß aus der Konzeption des autonomen Subjekts liegen dicht nebeneinander. Lebensbezüge, die vor allem von Frauen ausgefüllt werden, bleiben außerhalb der Analyse der menschlichen Gemeinschaft und müssen gesondert spezifiziert werden. Sie bedürfen nicht der Verankerung im Bild vom autonomen Subjekt. Rousseau begründete die Herrschaft des Mannes über die Frau letztlich biologisch:

"Wie gering man auch die besonderen Unbequemlichkeiten der Frau einschätzen möge, sie verursachen immer einen Augenblick der

---

54 Ausführliches Zahlenmaterial zu den Arbeits- und Einkommensverhältnissen der Frauen im weltweiten Vergleich findet sich in Saeger/Olson (1986), vor allem Tafeln 13-21 und 28

55 Rousseau (1983), S. 387

56 Rousseau (1983), S. 388

57 Rousseau (1983), S. 15

58 Rousseau (1977), S. 63

Handlungsunfähigkeit. Das ist Grund genug, um der Frau den Vorrang zu nehmen."[59]

Die moderne politische Theorie entwirft also ein Frauen- und Männerbild, das die Machtverhältnisse zwischen den Geschlechtern aus vormoderner Zeit weitertransportiert. Während die feudalen Herrschaftsstrukturen theoretisch delegitimiert und schließlich in der politischen Praxis abgeschafft werden, werden patriarchale Strukturen lediglich neu und anders in Deutungsmustern verankert und damit legitimiert. Die patriarchale Praxis wird zur Privatangelegenheit des Mannes. Der private Bereich gilt als selbstverständliche Randbedingung.

Prominentes Beispiel für den systematischen Ausschluß der Frauen ist Karl Marx, der die Dynamik der Geschichte aus dem ständigen Widerspruch zwischen den Produktionsverhältnissen und den Produktivkräften ableitete. Für Frauen ist allerdings nicht die Produktion, sondern die Reproduktion (die Produktion lebendiger Wesen) spezifisch. Damit befinden sie sich "außerhalb der so analysierten Geschichte und damit außerhalb von deren Machtverhältnissen und Herrschaftstrukturen"[60], sie sind weder mitgedacht noch gemeint.[61]

In Weiterführung der philosophischen Tradition der Antike und des christlichen Mittelalters überträgt sich also "der implizite Androzentrismus dieser 'alteuropäischen' Vernunftkonzeptionen auf der (sic!) Sichtweise des Politischen"[62].

Das in der Aufklärung entworfene Ideal der vernünftigen Persönlichkeit steht als Anspruch den Möglichkeiten der entstehenden bürgerlichen Gesellschaft gegenüber. Da die bürgerliche Gesellschaft die Verwirklichung des autonomen Subjekts nicht ohne Reibungsverluste gewährleisten kann, entsteht ein Spannungsfeld. Sowohl in wirtschaftlichen als auch in administrativen Systemzusammenhängen sind die Freiheits-'und Partizipationsansprüche nur partiell zu verwirklichen. Zur Bewältigung dieses Spannungsverhältnisses ent-

---

59   Rousseau (1977), S. 11. Die Kultivierung der Vorstellung besonderer Unbequemlichkeiten der Frauen (dazu gehören Menstruation, Schwangerschaft, Geburt, Menopause) und deren Zusammenhang mit der Medikalisierung der Andersartigkeit der Frau vor allem im 19. und in der ersten Hälfte des 20. Jahrhunderts beschreibt ausführlich Fischer-Homberger (1983).

60   Gerecht/Kulke/Scheich (1984), S. 266

61   Die Schriften von Engels, die sich dann mit der Frauenfrage beschäftigen, sind in der Frauenbewegung, wie bereits erwähnt, auch sehr umstritten. Vergleiche beispielsweise Burgard/Karsten (1981)

62   List (1986), S. 83

wickelt sich eine Trennung der Ansprüche des aufgeklärten Individuums, die analog zu der Trennung zwischen privat und öffentlich verläuft. Die Entkopplung von systemischen Zwängen und lebensweltlichen Ansprüchen läuft parallel zu den geschlechtsspezifischen Zuweisungen öffentlicher und privater Lebensbereiche. Die lebensweltlichen Bedürfnisse der im öffentlichen Bereich eingebundenen Männer werden im privaten Raum befriedigt. Die Aufspaltung in die unterschiedlich qualifizierte weibliche und männliche Persönlichkeit rettet die Idee des autonomen Individuums dadurch, daß die Frau in ihrer modernen Konzeption die Spannungsverhältnisse, in denen der Mann steht, harmonisiert. Das autonome Individuum verwirklicht sich auch im privaten Bereich - die Frau hilft ihm dabei.

Die Zuweisung der Geschlechtscharaktere "ist demnach zu verstehen als Reaktion auf und zugleich Anpassung an eine Gesellschaftsentwicklung, die dem in der Aufklärung ausgearbeiteten Ideal der autonomen, harmonisch entfalteten Persönlichkeit zunehmend den Wirklichkeitsgehalt entzieht"[63]. Gleichzeitig spiegeln die unterschiedlichen Geschlechtscharaktere die in vorbürgerlicher Zeit bestehende Arbeitsteilung wider. Aus der Perspektive der geschlechtsspezifisch unterschiedlichen Wirkungsschwerpunkte innerhalb der Trennung System-Lebenswelt heißt das, daß die lebensweltlichen privaten Bezüge zur Erhaltung unerträglicher und unbefriedigender systemischer Zwänge herhalten müssen. Der Vorwurf der Funktionalisierung von kulturellen Dimensionen von Weiblichkeit trifft also nicht nur - wie bereits ausgeführt[64] - Jürgen Habermas, der die Lebenswelt gegen das Eindringen von Systemimperativen wappnen will, sondern ist ein Prinzip der Moderne. So können die hohen Ansprüche, die in der Moderne für das autonome Individuum gestellt werden, versöhnt werden mit einer unzureichenden gesellschaftlichen Realität.

Durch die Harmonisierungsfunktion, die die beiden Prinzipien 'weiblich' und 'männlich' füreinander haben, entsteht eine wechselseitige Abhängigkeit. Jeder der dichotomen Pole braucht den anderen. Der Anspruch der Gleichwertig- und Gleichrangigkeit der geschlechtsspezifischen Beiträge zur bürgerlichen Gesellschaft kann damit aber nicht verwirklicht werden. Denn die ideelle Ergänzung erfahren nur Männer durch das Weibliche. Aus der Perspektive der Frau ist die wechselseitige Abhängigkeit als Tausch der materiellen Absicherung

---

63   Hausen (1978), S. 172f

64   vergleiche Abschnitt 3.3.2

durch den Mann gegen psychische und biologische Reproduktion konzipiert.[65]
Das vorbürgerliche Herrschaftsverhältnis zwischen Mann und Frau setzt sich fort.

Scheich faßt dieses Bild der Frau zusammen: Nach den die Moderne begründenden politischen Theorien ist die Frau ein Wesen, das

"1)aufgrund seiner 'natürlichen' Unterlegenheit nicht wie der Mann nach Macht und nach Unabhängigkeit, sondern nach Liebe und Unterwerfung strebt ...

2) nicht wahrhaft vernünftig ist, sich nicht von der Ratio, sondern von Gefühlen leiten läßt ...

3) infolgedessen kein Recht auf Eigentum erwirbt, sondern ökonomisch und politisch von anderen abhängig bleibt, und das schließlich nicht 'arbeitet', sondern unproduktive Hausarbeit verrichtet."[66]

5.2.2   Naturverständnis und Androzentrik

Die Natur tritt in den androzentrischen Denkstrukturen der Aufklärung in dreierlei Bezügen auf:

-    Im Zentrum steht die Natur des Menschen, wobei der Mensch - wie bereits erläutert - als Mann konzipiert ist. Der Mensch/Mann ist potentiell vernünftig.

-    Der Mensch/Mann steht der äußeren Natur gegenüber und nutzt sie mit Hilfe der Naturwissenschaften.

-    Die Frau ist der Natur näher als der Mann und wird teilweise mit Natur identifiziert.

Die Natur des Menschen/Mannes wird zur Legitimation politischer Herrschaft herangezogen, an die Stelle der Religion tritt die 'Natur des Menschen'. Die Natur außerhalb des Menschen/Mannes dient als Ressource, die durch die Naturwissenschaften genutzt werden kann, und die das autonome Subjekt absichert. "So sind politische Emanzipation einerseits und Naturbeherrschung andererseits von Anbeginn verknüpft."[67]
So verschieden die Beschreibungen des Naturzustandes des Menschen auch sind, "sie stimmen in bemerkenswerter Weise darin überein, daß sie die

---

[65]   vergleiche Abschnitt 5.1.3

[66]   List (1986), S. 82

[67]   Conrad/Konnertz (1986a), S. 8

154

Präsenz oder die Bedeutung von Frauen für das menschliche Zusammenleben leugnen oder ignorieren"[68]. Als er dennoch zur Entstehung des Menschen Stellung nehmen muß, läßt Hobbes die Menschen wie Pilze aus dem Boden sprießen, und Locke rekurriert auf die Bibel.[69]

Es gibt in den patriarchalen Denkstrukturen der Moderne einen Naturzustand des Menschen/Mannes. In diesem Naturzustand ist der Mensch/Mann eingebunden in die Natur. Wie harmonisch diese Einbindung ist, hängt davon ab, ob die Natur als rohe Urgewalt oder als geordnetes, friedliches Gefüge gesehen wird. So ist beispielsweise nach den Vorstellungen Rousseaus der Mensch/Mann von Natur aus weder gut noch schlecht, sondern unabhängig von anderen Menschen/Männern. Darin zeigt sich eher ein harmonisches Naturverständnis. Aus diesem Naturzustand tritt der Mensch/Mann heraus und bildet die Kultur, die der Natur handelnd gegenübertritt. In der modernen Denkstruktur wird die Natur zur Ressource, die eine dienende Funktion hat. Die Naturwissenschaften erforschen die Natur und ermöglichen die Indienstnahme für die Ziele des Menschen/Mannes. Die Frau vollzieht in der Konzeption der Moderne diesen Entwicklungsprozeß nicht in gleichem Maße nach, da sie stärker in der Natur verwurzelt ist. Die Vorstellung von unterschiedlichen Anteilen von Männern und Frauen am Evolutionsprozeß lebt auch noch in aktuell diskutierten Evolutionsmodellen.[70]

> "Der Mensch ist der Mann. Die Frau nimmt an diesem Zivilisationsprozeß [der Kultur; S.O.] nicht teil, sondern ist ihm unterworfen, wie die Natur. Zu solcher Naturfähigkeit wird ihre Arbeit erklärt, zu ausbeutbaren, kontrollierten Naturressource jenseits der Kultur."[71]

Die Gegenüberstellung von Natur und Kultur ist also gleichzeitig eine Gegenüberstellung von Frau und Mann, da die Frau in der Natur verhaftet bleibt, während sich der Mann von der Natur gänzlich entfernt. Letztendlich ist die Frau eine der 'natürlichen' Ressourcen, die die Verwirklichung der Ziele des Menschen/Mannes ermöglichen. Die Herrschaft von Männern über Frauen wird so als natürliche und notwendige Dominanz des Mannes über die Frau in der Lebenswelt verankert. Die notwendigen Beweise für die Naturnähe der Frau liefert

---

[68] List (1986), S. 81

[69] vergleiche List (1986), S. 81 und Benhabib (1989), S. 464

[70] vergleiche Kapitel 4

[71] Scheich (1985), S. 83

die Wissenschaft. Die Dominanz entsteht dadurch, daß sich die Kultur über die Natur erhebt. Politische Emanzipation der Frau ist nach diesem Konzept gar nicht wünschenswert, ja widernatürlich.

Auch die Idealisierung der Frau paßt in dieses Konstrukt. Die Frau wird ebenso idealisiert, wie die Natur in der Moderne (auch) idyllisiert wird. Kultur ist ja nicht nur eine Erhebung über die Natur, sondern auch eine Entfremdung von der Natur. Die moderne Männer-Gesellschaft ist durch Macht und Kämpfe geprägt. Die in der Natur vorhandene Harmonie ist in der modernen Gesellschaft endgültig verlorengegangen. Die Idealisierung erleichtert die Bewältigung dieser Entfremdung, da die geordnete Natur und die mit der Natur in Harmonie lebende Frau den Männern einen Gegenpol bietet zu den systemischen Zwängen, in denen Männer stehen.

Der Ausschluß der Frauen aus dem politischen Emanzipationsstreben des Menschen steht letztlich aber im Widerspruch zu bestimmten Ansprüchen und Zielen der Moderne, die ebenfalls in modernen Denkstrukturen verankert sind: z.B. zum Gleichheitsanspruch. Dieser Widerspruch kann in den Deutungsmustern aufgehoben werden, indem er mit dem Verhältnis des Menschen/Mannes zur Natur kombiniert wird. Der Natur wird als dienende Ressource erlebt. Die Kultur der Menschen kann sich von der Natur mit Lebensnotwendigem ergänzen lassen. Dieser Prozeß der Entfernung von der Natur wird in Kombination mit dem Dienstbarmachen der Natur Zivilisation genannt. Der entscheidende Schritt zur Harmonisierung der aufklärerischen Ansprüche mit patriarchalen Strukturen ist die Identifikation der Frau mit Natur, denn "Natur ist der kategoriale Gegenbegriff zu Vernunft, Freiheit und Moralität"[72].

Daraus lassen sich männliche und weibliche Idealtypen herauskristallisieren. Der Charakter des Mannes ist darauf zugeschnitten, in der Kultur zu bestehen. In der bürgerlich-kapitalistischen Gesellschaft heißt das, er muß in den systemischen Zwängen mit Hilfe von instrumenteller Vernunft 'seinen Mann stehen'. Die Frau hingegen ist näher an der Natur. Das heißt, sie ist noch nicht in dem Maße wie der Mann mit der Kultur in Kontakt getreten. Dementsprechend ist ihr Charakter noch von einer natürlichen Ausgeglichenheit. Sie ist in der Lage, mit Hilfe ihrer kommunikativen Fähigkeiten, selbstlos den Mann bei der Bewältigung kultureller Zwänge zu unterstützen.

---

[72]   Bovenschen (1979), S. 247

Das 'wahre' Weiblichkeitsbild wird in der Aufklärung entworfen, indem vormoderne Zuschreibungen nicht in Frage gestellt, sondern positiv gedeutet werden. Der Charakter der Frau ist nach dieser Konzeption nicht nur in der Natur begründet, sondern der Natur auch sehr nah. Durch diesen doppelten Bezug des weiblichen Charakters auf die Natur ist seine Geschichtlichkeit doppelt geleugnet. Umso schwerer ist es auch heute noch, aus dieser 'Natur der Frau' auszubrechen. Denn nur wenn die 'Natur der Frau' als historisch veränderlich gesehen wird, können alternative Frauenbilder entwickelt werden.

Die weiblichen und männlichen Lebensbereiche haben zwei unterschiedliche normative Bezugspunkte. Während das männliche Ideal in die Deutungsmuster als normativer Anspruch der Kultur eingebaut ist, erscheint das weibliche Ideal als ontologische Bestimmung. Das heißt, der Mann hat so zu sein (das fordert die Gesellschaft), die Frau ist so (von Natur aus).[73]

Innerhalb des Wertungsmonopols der Männer, das Höherbewertung mit Leistung verknüpft, ist die Frau, die in ihrer natürlichen Bestimmung aufgeht, niedriger bewertet, als der Mann, der die Ansprüche erfüllt, die an ihn herangetragen werden. Der Natur zu entsprechen, ist ja keine Leistung. Aber es Bedarf einer ständigen Überwindungsleistung, die Neigungen zugunsten der Pflichten zurückzustellen, um den 'männlichen' Ansprüchen gerecht zu werden. Die Idealisierung der Frau kann auch nie im Sinne eines anzustrebenden Ideals gemeint sein, denn die Natürlichkeit ist den Männern verlorengegangen. Das Ideal der Frau ist lediglich eine Idylle, die das beschauliche, einfache Leben zeigt, aber für Männer nicht erstrebenswert ist.

Die nach der Konzeption der Moderne positive, ideale Weiblichkeit steht hier wieder ihrer negativen Bewertung aus dem Blickwinkel der Ansprüche des autonomen Subjekts gegenüber. Die Idyllisierung der Weiblichkeit hat die harmonisierende Funktion eines Gegenpols, der die Reibungsverluste erträglich macht, die die bürgerlich-kapitalistische Gesellschaft der Verwirklichung des autonomen Subjekts abverlangt. Ein normativer Anspruch kann aus der idyllisierten Weiblichkeit nicht abgeleitet werden. Sie ist völlig ungeeignet, in den von der Natur ganz abgekoppelten gesellschaftlichen Bezügen eine Rolle zu spielen. In der Perspektive der Tauglichkeit für die den Männern zugeordnete Lebensbezüge sind weibliche Eigenschaften negativ besetzt. Diese sich aus der theoreti-

---

[73] Diese unterschiedlichen Bezugspunkte können in vorbürgerliche Zeit zurückverfolgt werden. Roper konstatiert für das 16. Jahrhundert: "Die Ehre der Frau ist sehr eng an ihren Körper gebunden, die Ehre des Mannes hingegen ist Sache des Handelns." (Roper, 1992, S. 154)

schen Konzeption von weiblich und männlich ergebende Bewertung findet sich auch in den Bewertungen, die Frauen und Männer tatsächlich vornehmen. Die empirischen Ergebnisse, auf die ich in Kapitel 6 näher eingehe, zeigen sowohl, daß sich Frauen und Männer tendenziell mit diesen Bewertungen identifizieren, als auch, daß die geschlechtsspezifischen Zuordnungen der Eigenschaften im Sinne der modernen Konzeptionen vorgenommen werden.

Die Idyllisierung ist jedoch nur eine Sicht der Natur in der Moderne. Gleichzeitig wird die Natur auch als Gefahr und Bedrohung gesehen, der die Kultur begegnen muß. Einigen Wegbereitern der Aufklärung liegt die harmonische Sicht der Natur fern. Auf diese Theoretiker greifen Feministinnen zurück, die nicht dem oben erläuterten Ergänzungsgedanken folgen, sondern die direkte Parallele zwischen Natur- und Frauenbeherrschung analysieren. Grundlage dieses Gedankengangs ist ein feindseliges Naturverständnis, wie es beispielsweise Hobbes formuliert. Hobbes findet im Naturzustand unter den Menschen den gleichen ewigen Kampf wie in der Natur. Nicht umsonst vergleicht er den Menschen mit einem Wolf - 'homo homini lupus'. Ganz eindeutig kann von hier aus die Notwendigkeit gesellschaftlicher Herrschaft parallel zur ordnungsstiftenden Herrschaft über die Natur konstruiert werden.

"Wie die unordentliche Natur sind auch die Menschen im Naturzustand gewalttätig, sich feindlich, anarchisch. Um dem Chaos zu entgehen, schließen die Menschen den Staatsvertrag, der auf ihrer Furcht voreinander gründet."[74]

Auch in diesem Konstrukt ist der Mensch wieder nur der Mann, zumindest sobald er aus dem Naturzustand heraustritt. Vor einem Menschenbild, nach dem der Mensch/Mann von Natur aus den anderen feindlich gegenübersteht, etablieren sich dann "Herrschaft und Kontrolle von gleicher Art ... über die Natur und über die Gesellschaft"[75].

Merchant, die den Zusammenhang zwischen Frauen- und Ökologiebewegung in einer ausführlichen Untersuchung über den Zusammenhang zwischen Frauen- und Naturbeherrschung verarbeitet,[76] verdeutlicht das feindliche Naturbild mit Theorien von Francis Bacon, dem Begründer der experimentellen Naturwissenschaft. Die Verbindung zwischen Natur und Frauen liefert Bacon nach Merchant gleich mit, wenn er impliziert,

---

[74] Scheich (1985), S. 80

[75] Scheich (1985), S. 80

[76] vergleiche Merchant (1987). Vergleiche auch Scholz (1992)

"... daß man der Natur ihre Geheimnisse auf ähnliche Weise ent-
reißen müsse, wie man die Geheimnisse des Hexenwesens durch
inquisitorisches Verhör entschleiert habe ... Der Mann der neuen
Wissenschaft soll nicht glauben, daß das Verhör der Natur etwas
Unerlaubtes oder Verbotenes sei. De Natur muß durch die
'Mechanik' 'bezwungen' und 'bearbeitet' werden."[77]

Auf dem Erklärungsmuster der Herrschaft über die Natur lassen sich in
Kombination mit der Identifizierung der Frau mit der Natur ebenfalls männliche
und weibliche Idealtypen konstruieren: Der männliche Charakter macht die
Naturbeherrschung möglich; er ist geprägt durch ordnendes, stringentes,
zweckrationales Denken und das Prinzip der Effektivität. Der weibliche Charakter wird komplementär dazu entworfen und entsprechend der Vorstellung von
der Natur. Die Frau ist demnach von Gefühlen geleitet und ebenso sprunghaft
und in sich widersprüchlich wie die Natur. Nach den Überlegungen der Feministinnen wird so die Herrschaft über Frauen durch die Notwendigkeit der Herrschaft über die Natur begründet.

Ich denke, daß dieses Modell das Verhältnis der Moderne zur Natur nicht
richtig erfaßt. Denn die Naturwissenschaften haben der Natur den Charakter der
gefährlichen Urgewalt ja gerade genommen, indem sie die Natur
operationalisierbar gemacht haben. Auch kann die Idealisierung von Frauen
innerhalb dieses Gedankengebäudes genausowenig erklärt werden, wie die
moderne Vorstellung von Weiblichkeit als harmonischer Natürlichkeit.

Trotzdem kann die Parallele zwischen Natur- und Frauenbeherrschung zur
Erklärung der Imaginationen von Weiblichkeit in der Moderne beitragen. Das
oben besprochene Naturharmonie- und Idealisierungsmodell ist nicht in der
Lage, die Dimensionen der Weiblichkeit in der Moderne ganz zu erfassen:
Nachdem die Aufklärung die sexuelle Differenz nicht thematisiert, muß sie nicht
nur die vormoderne geschlechtsspezifische Arbeitsteilung und das Machtver-
hältnis zwischen Mann und Frau in ihre Konzeption einbauen. Auch die religiöse
Vorstellung der Frau als Gefahr, als Versuchung für den Mann, bedarf der Mo-
difizierung und Weiterführung. Mit dem dienenden und ergänzenden Charakter
der Frau kann allerdings ihre Gefährlichkeit für den Mann nicht erklärt werden.

Über einen Zusammenhang zwischen harmonischem und feindlichem
Naturverständnis ist jedoch auch dieser Aspekt der Weiblichkeit in die Konzeption der Moderne integriert. Das vermittelnde Glied in dieser Konstruktion ist
das autonome Subjekt, dessen Autonomie Implikationen bezüglich seines Verhältnisses zur Natur hat:

---

[77]   Merchant (1987), S. 178f

Die Natur ist zwar in der Denkstruktur der Moderne harmonisch, geordnet, operationalisierbar und auch idyllisch, aber nur solange sie dem autonomen Subjekt äußerlich ist. Wird das Individuum auf seine eigenen natürlichen Bedingungen verwiesen, so ist seine Autonomie in Gefahr, in diesem Sinne kann die Natur feindlich sein. Ein natürliches Überbleibsel im Menschen/Mann ist die Sexualität. Ganz egal, ob Frauen Sexualität zugebilligt wird oder nicht, sind sie auf jeden Fall in der Lage, dieselbe im Mann zu aktivieren. Frauen stellen also die Autonomie des Mannes in Frage, insoweit sie den Mann auf seine Abhängigkeiten von der Natur verweisen. In diesem Sinne sind Frauen eine Gefahr. Natur und Frau sind eine Herausforderung und Bedrohung für das autonome Subjekt Mann, die Angst macht, die aber gebändigt werden kann. Die eigene Abhängigkeit von der Natur wird an die Frau delegiert und verurteilt, um selbst autonom und frei sein zu können.[78]

Mit der Interpretation des modernen Verhältnisses zur Natur als feindlich kann vor allem erklärt werden, warum die Sexualfeindlichkeit der Moderne besteht, und warum diese zur Unterdrückung der Sexualität von Frauen führt. Die widersprüchlichen Konzeptionen und Funktionen der Sexualität in der Moderne reichen von der Leugnung weiblicher Sexualität bis zur ständigen Bedrohung der Mannes durch die weibliche Sexualität. Die Sexualrepressivität ist genauso, wie die patriarchale Struktur des Geschlechterverhältnisses aus vormoderner Zeit in die Moderne übernommen worden. So wie im religiösen Legitimationszusammenhang Sexualität Sünde, und damit die Frau aus der Perspektive des Mannes in der Nähe des Bösen war (sie bedrohte seine religiöse Reinheit), ist im Legitimationszusammenhang der Vernunft die Sexualität negativ besetzt. Die Frau ist aus der Perspektive des Mannes der Autonomie des Subjekts abträglich, da sie ihn auf seine natürliche Bedingtheit verweist.

Die Aufklärung will mit Hilfe der Vernunft die Gestaltungsmöglichkeiten der Gesellschaft neu verteilen. Bezüglich der Sexualität sehen die Aufklärer ebenso wie bezüglich ihrer Macht über Frauen keinen Handlungsbedarf. Die Sexualrepressivität bedarf wie das Patriarchat lediglich einer neuen Legitimation durch die Aufklärung. Beide Legitimationen bröckeln erst in den letzten Jahr-

---

[78] Das Bild der Frau als Gefahr und Versuchung für den Mann ist auch heute noch nicht überwunden. Die Auseinandersetzungen um den Beitrag der Frauen an Sexualdelikten spiegelt beispielsweise auch die Vorstellung wider, daß Frauen sich mitschuldig machen, wenn sie einem Mann Anlaß geben, erregt zu sein, und daß Männer teilweise dadurch ent-schuldet sind, daß sie ihre Triebhaftigkeit nicht zügeln können. Vergleiche Abschnitt 4.2.2.3

zehnten der Moderne unwiederbringlich ab - durch die sogenannte sexuelle Revolution und durch das Einklagen moderner Ansprüche auch für Frauen.

Die für die Moderne konstitutiven Begriffe 'Vernunft', 'Freiheit' und 'Autonomie' sind patriarchal geprägt. Diese Begriffe sind die "ideellen 'Möglichkeitsbedingungen'"[79] des modernen Menschen, das heißt, sie ermöglichen dem modernen Menschen, sich selbst zu verwirklichen und die Gemeinschaft mitzugestalten. In den Deutungsmustern der Moderne werden Frauen diese Möglichkeitsbedingungen abgesprochen oder nur in einer (durch Weiblichkeit) eingeschränkten Form zugesprochen.

Die Tatsache, daß den Frauen die Voraussetzungen des aufgeklärten Subjekts nicht in gleicher Weise zugestanden werden, wie den Männern, steht mit den konkreten politischen Implikationen 'weiblich' und 'männlich' in einer Wechselwirkung. Denn diese Zuweisung findet nicht nur im Denken statt, hat nicht nur kognitive, definitorische Wirkungen, sondern rechtfertigt auch soziale Gegebenheiten, hat also eine soziale, normative Bedeutung: Die Zuschreibung einer weiblichen Persönlichkeit legitimiert konkrete Manifestationen patriarchaler Herrschaft, die wiederum die patriarchalen Erklärungsmuster belegen und damit festigen.

Die Beschränkung der Frau auf den privaten Binnenraum erscheint auf der Basis von Deutungsmustern mit geschlechtsspezifischen Charakteren vernünftig. Das Tätigkeitsfeld der Frau ist in der Konzeption der Moderne die psychische, physische und biologische Reproduktion der autonomen Individuen. Der weitgehende Ausschluß der Frauen aus der Politik ist durch diese natürliche Aufgabe als vernünftig legitimiert.

5.3   Das 'andere' im modernen Denken

Für die Interpretation der Realität ist in der Moderne die Dichotomie von herausragender Bedeutung. Realität wird erfaßt in entweder-oder-Begriffen, die eine Entscheidung fordern und eine dritte Möglichkeit nicht zulassen. So stellt Kant beispielsweise fest, daß "alle Einteilung a priori durch Begriffe Dichotomie sein muß"[80].

Wenn wir uns also intersubjektiv über Situationsdefinitionen verständigen, bedienen wir uns gemeinsamer lebensweltlich verankerter Dichotomien, um

---

[79]   List (1986), S. 83

[80]   Immanuel Kant. *Kritik der reinen Vernunft*, B 110

unsere Wahrnehmungen zu ordnen. Auch die Konzeption von weiblich und männlich in der Moderne ist Teil dieser dichotomen Wirklichkeitserfassung. Weiblich und männlich, als Eigenschaftskomplex und Lebensraum, schließen sich gegenseitig aus, konstituieren sich in der Abgrenzung voneinander und umfassen gemeinsam alle Aspekte menschlicher Gemeinschaft.

Ich will daher auf den Stellenwert der Dichotomie im modernen Denken näher eingehen unter dem speziellen Aspekt, welche Rolle die dichotome Weltsicht für das Geschlechterverhältnis hat.

5.3.1   *Rationalität - Nichtrationalität als grundlegende Dichotomie*

Die grundlegende Dichotomie der Moderne ist Rationalität-Nichtrationalität. Alle Pole von Dichotomien sind mit einem dieser beiden assoziiert (z.B. Kultur-Natur, männlich-weiblich). Die Spaltung in rational-vernünftig und nichtrational-sinnlich[81] ist - wie sich bereits gezeigt hat - auch für die Herrschaftsbeziehung zwischen den Geschlechtern von entscheidender Bedeutung. Die patriarchale Herrschaft entsteht auch dadurch, daß der positive Pol dieser für die Moderne grundlegenden Dichotomie (Rationalität - Nichtrationales) eher Männern und der negative eher Frauen zugeordnet wird. Parallel zur Zuweisung von Rationalität und Nichtrationalem werden auch Natur und Kultur geschlechtsspezifisch assoziiert.

> "In Western cultures, the body-flesh is not only linked with the female pole, but subordinate to the superior male pole of mind-spirit."[82]

In der Moderne verbindet sich die Zuweisung, nach der Frauen näher an der Natur sind als Männer, mit der geschlechtsspezifischen Assoziation von Rationalität und Nichtrationalem und der herausragenden Position der Rationalität in einer für die Moderne charakteristischen Weise. Vom Stellenwert der Rationalität in der Moderne ausgehend, ergibt sich eine nähere Bestimmung dieses Musters in der patriarchalen Lebenswelt der Moderne.

Die Priorität der Rationalität gegenüber Nichtrationalem ist für das Projekt der Moderne charakteristisch. Mit Hilfe der Rationalität gelingt es nicht nur, Handlungen durch intersubjektive Begründungen zu legitimieren. In die Ratio-

---

[81]   Um die negative Bewertung nicht vorwegzunehmen, verwende ich den Begriff 'nichtrational' anstatt des üblichen 'irrational'.

[82]   Gershuny (1984), S. 192

nalität wird auch die Hoffnung gesetzt, daß sie 'richtige' Entscheidungen begründen kann.

Durch diese Pole wird in der Moderne auch die Wirklichkeit definiert. Dem Gegensatzpaar Rationalität - Nichtrationales entsprechen weitere Gegensatzpaare, deren Gesamtheit eine bestimmte Form der Wirklichkeitsdefinition ergibt. Das heißt, in der Moderne wird die Wirklichkeit ganz wesentlich durch Dichotomien definiert. Ausgangspunkt der Definitionen ist die Rationalität, die gleichzeitig schon ihren eigenen Gegenpol (alles Nichtrationale) ausgrenzt.

Diese Dichotomien sind Konstrukte, die gemeinsam alles umfassen, bei denen sich jeder Pol durch den anderen erst definiert (gegenseitige Abhängigkeit) und gleichzeitig den anderen ausschließt. Der logische Satz vom ausgeschlossenen Dritten hat daher herausragende Bedeutung.

Als Beispiele seien einige Gegensatzpaare genannt:

Nichtrationales	-	Rationalität
konkret	-	abstrakt
Natur	-	Kultur
Chaos	-	Gesetze, Ordnung
beherrscht	-	herrschend
Intuition	-	Wissenschaft
Sinnlichkeit	-	Vernunft
Abhängigkeit	-	Autonomie
privat	-	öffentlich

Alle Pole, die eher der Rationalität als dem Nichtrationalen zugeordnet sind, erfahren eine höhere Bewertung als ihre Gegenpole. Denn die Rationalität ist nicht nur ein Pol, sondern auch Ausgangspunkt und Methode der Definitionen. Das heißt, die Rationalität setzt sich zunächst selbst als Maßstab, indem sie alles Nichtrationale ausgrenzt und abwertet, und überträgt dann die so vorgenommene Wertung auf alle anderen mit Hilfe der Rationalität entstandenen Gegensatzpaare.

Aber die Pole sind nicht nur unterschiedlich bewertet, sondern auch geschlechtsspezifisch zugeordnet: Das positive Rationale entspricht eher dem Mann, das negative Nichtrationale entspricht eher der Frau. Bei der Diskussion um biologische Geschlechtsunterschiede, bei der Charakterisierung des bürgerlichen Frauenideals und des autonomen Individuums und bei den empirisch festzumachenden Zuweisungen geschlechtsspezifischer Eigenschaften (zu denen ich noch komme), wird die geschlechtsspezifische Assoziation dichotomer Begriffspaare deutlich. Die Fülle der Zuordnungen erlaubt die These, daß sich diese geschlechtsspezifische Zuweisung und Bewertung durch alle die Moderne prägenden Dichotomien zieht.

Brown gelingt es dennoch, das dichotome Deutungsmuster zu entthronen:

> "Dichotomy is the simplest, most reductionistic and uninteresting way to render and organize difference ... Active/passive, dominant/submissive, aggressive/receptive, violent/peaceful - what living creature finds its own complexity or its relations with others accurately rendered by these terms?"[83]

Die normative Kraft und damit politische Bedeutung dieser abstrakten (nach Brown kontrafaktischen) Bestimmung wird sich aber im weiteren zeigen und kann kaum überschätzt werden. Wie ich bereits im Zusammenhang mit der Kritik der Politikwissenschaft dargestellt habe, ist beispielsweise die Trennung zwischen öffentlich-politisch und privat die Dichotomie, die die Zuständigkeit der Frauen für den häuslichen Arbeitsbereich festschreibt und ihnen wenig Möglichkeiten läßt, darüber hinaus als gleichwertig akzeptiert zu werden. Der sich aus dieser Dichotomie ergebende, eingeschränkte Politikbegriff läßt aus dem Deutungsprozeß, der politische Themen auswählt und der daher politischen Entscheidungen vorausgeht, Frauen und ihnen zugeordnete Lebenszusammenhänge herausfallen.

> Die "vertraute Zuordnung dieser Prädikate [weiblich und männlich; S.O.] ... erweist sich aus feministischer Sicht als politischer Euphemismus, hinter dem sich, kaum verschlüsselt, ihr eigentlicher Sinn verbirgt: der von 'Beherrschung' und 'Unterwerfung'."[84]

Die Macht der Männer über Frauen ist nicht nur in diesem dichotomen Deutungsmuster angelegt, sondern wird durch dieses auch gerechtfertigt. Den geschlechtsspezifischen Zuordnungen und patriarchalen Bewertungen entspricht auch die gesellschaftliche Arbeitsteilung und Machtverteilung.

5.3.2   Das 'andere' Geschlecht

Dichotomien gewährleisten in der Lebenswelt die Vorstellung von zwei Sphären, weiblich und männlich, die sich gleichzeitig ausschließen, einander voraussetzen und gemeinsam alles umfassen. Das 'andere', Ausgegrenzte ist für die Konzeption von Dichotomien unerläßlich. Die dichotomen Pole konstituieren sich zwar gegenseitig, stehen jedoch nicht gleichwertig nebeneinander. Der rationale Pol

---

[83]   Brown (1988), S. 191

[84]   List (1989), S. 24

dominiert, er ist der Ausgangspunkt der dichotomen Wirklichkeitsdefinitionen. Alles 'andere', das dem Nichtrationalen entspricht, wird nicht nur ausgegrenzt, sondern auch niedrig bewertet.

"Das andere Geschlecht" heißt de Beauvoirs "Le Deuxième Sexe"[85] in der deutschen Übersetzung. 'Das andere' setzt eine Perspektive voraus, von der aus etwas als anders, als abweichend erkannt werden kann. Die Dominanz der männlichen Perspektive macht die Frauen zum 'anderen' Geschlecht. Die darin bereits enthaltene Wertung wird im Französischen deutlicher. Denn 'le premier' und 'le deuxième' stehen nicht gleichwertig als Reihenfolge nebeneinander, sondern 'le premier' ist gleichzeitig der 'Primus'.

Das autonome Subjekt der Moderne konstituiert sich, indem es sich abgrenzt von allem, was nicht zum eigenen Konzept paßt: Natur, Abhängigkeiten (von andere Menschen), Gefühl, Fremdbestimmung usw. Das 'andere', der Gegenpol des autonomen Subjekts ist also Natur, Sinnlichkeit, Fremdbestimmung, Abhängigkeit. Das 'andere' muß auf einen Ort projiziert werden, von dem aus es die Autonomie nicht gefährden, aber zu ihrer Konstituierung beitragen kann. Gänzlich geleugnet darf das 'andere' auf keinen Fall werden. Denn dann würde es verschwinden und mit ihm das autonome Subjekt, das sich nicht mehr in Abgrenzung von dem 'anderen' definieren könnte.

Aufgrund der sozialen und ideellen Ausgestaltung der sexuellen Differenz in vormoderner Zeit bietet sich die Frau als Ort des 'anderen' an. Die Frau ist im göttlichen Legitimationszusammenhang des Mittelalters dem Mann Untertan und vom Mann abhängig. Eine im Rahmen der Aufklärung analog zum Mann konzipierte Frau würde die Machtstrukturen zwischen den Geschlechtern in Frage stellen. Auf die Lebensbedingungen übertragen heißt das, daß eine unbeschränkt gleichberechtigte Bürgerin das traditionelle soziale Gefüge gefährden würde. Um nicht das Geschlechterverhältnis ganz neu definieren zu müssen, wird die Frau zu diesem anderen, sie bildet den abhängigen, nichtrationalen Gegenpol, der das autonome (männliche) Subjekt erst möglich macht.

Das Herrschaftsverhältnis zwischen Mann und Frau wird in der Konzeption des 'anderen' von der Aufklärung weitergeführt. Auf dieses andere, von der Norm Abweichende wird all jenes projiziert, was 'das Eine' aus der eigenen Person ausgrenzen muß, um autonom zu sein. Das Selbst-Bewußtsein kann seine Identität nur ausbilden, wenn es sich von allem, was Unfreiheit, Abhängigkeit bedeutet, loslöst und abgrenzt. Die aufgeklärte Persönlichkeit delegiert alles

---

85   erstmals 1949 veröffentlicht

Nichtrationale, der Autonomie Abträgliche an das 'andere Geschlecht' - die Frau. Auf diese Weise macht die Ausgrenzung des Nichtrationalen die Autonomie der aufgeklärten Persönlichkeit erst möglich.[86]

"In unserer Kultur wird 'Weiblichkeit' komplementär zu 'Männlichkeit' aufgefaßt und ihr untergeordnet; meist dient sie als Abfalleimer dessen, was im Bild von männlichen Menschen nicht mitgedacht werden soll."[87]

Die lebensweltliche Verankerung des 'anderen' hat sowohl einen objektiven als auch einen normativen Weltbezug. Als zweiter Teil des dichotomen Modells weiblich-männlich ist das 'andere' unabdingbar notwendig. Die Interpretation der sozialen Wirklichkeit, die Konzeption und das begriffliche Erfassen von Wissen sind ohne den 'anderen' Teil nicht möglich. Das 'andere' kann und muß alles umfassen, was in dem 'einen' nicht Platz hat. Die normative Dimension erlangt das 'andere' durch die hohe Bewertung des 'Einen': Schließlich ist das autonome Individuum Ziel und Adressat politischer Ansprüche in der Moderne.

Der Entwurf des 'anderen' entsteht jedoch nicht in einem bewußten Akt der Männer, die gemäß einem großen Plan die Weiblichkeit in der Moderne so konstruieren, daß sie die Frauen weiterhin unterdrücken können. Der patriarchale Charakter der vormodernen Deutungsmuster ist vielmehr schlicht kein Thema der Aufklärung, er bedarf lediglich einer neuen, zur Moderne kompatiblen und konstistenten Legitimation. Die Aufklärung ist demnach zwar eine geistige Revolution, die auch politische Revolutionen nach sich zieht; die Aufklärung ist aber auch ein harmonischer Prozeß, der das Herrschaftsverhältnis zwischen den Geschlechtern mit einer neuen patriarchalen Lebenswelt versieht.

Das Geschlechterverhältnis kann in der Aufklärung gar nicht in Frage gestellt werden, sondern muß in die Konzeption der Moderne integriert werden. Denn unter der Voraussetzung, daß Frauen ebenso wie Männer potentiell autonome Subjekte sind, wäre nicht nur die soziale Ausgestaltung des Geschlechterverhältnisses in der Moderne ungerecht, sondern die Konstitution des einen, autonomen könnte auch nicht durch die Abgrenzung vom anderen Geschlecht vorgenommen werden. Daß den Maßstäben der Aufklärung die Allgemeingül-

---

86   De Beauvoir, die den Begriff des 'anderen Geschlechts' geprägt hat, wird inzwischen vorgeworfen, diesen zentralen Stellenwert des 'anderen' in der dichotomen Konzeption der Moderne nicht erkannt zu haben. Vergleiche Abschnitt 8.1.1.1

87   Berger (1988), S. 48

tigkeit über die sexuelle Differenz hinweg nicht zugemessen wird, ist also eine Konstituierungsbedingung des autonomen Subjekts.

> "Die realen Praktiken und historischen Institutionen politischer Rechtfertigungsdiskurse blieben hinter ihren eigenen Ansprüchen auf allgemeine Gültigkeit und Akzeptabilität zurück, nicht zuletzt deshalb, weil sie ihr Verständnis dessen, was ihr als vernünftig galt, aus philosophischen Überlieferungen bezogen, die ihrerseits dem kulturellen Erbe einer ungebrochenen patriarchalen Tradition entstammte, dem der Antike und des christlichen Mittelalters."[88]

Das 'andere' der Autonomie wird aber in der Moderne nicht als äußerer Zwang oder normative Bindung konstruiert. Denn äußerer Zwang ist ja nur unter der Voraussetzung einer gewissen Autonomie möglich.[89] Das 'andere' der Autonomie ist nicht der äußere Zwang, sondern die Determinierung. Die Konstruktion heißt also nicht: 'Die Frau darf sich nicht', sondern 'die Frau kann sich nicht in der Weise von natürlichen Abhängigkeiten lösen wie der Mann'.

Durch die geschlechtsspezifische Verteilung von Determination und Autonomie entsteht in der Kozeption der Moderne eine idealtypische Arbeitsteilung: Dadurch, daß die Frau an die Natur gebunden ist, kann sie sämtliche natürlichen Determinierungen des Mannes übernehmen, und es entsteht trotzdem nicht der Eindruck, daß die Frau zu irgendetwas gezwungen wird. In die Natur kann sie ja nur eingebunden und nicht durch äußeren Druck gezwungen sein. Systemischen Zwängen steht nur der Mann gegenüber. Nur er kann sie aufgrund seiner potentiellen Autonomie überwinden. Er hält damit die äußeren Zwänge auch von der Frau fern, die aufgrund ihrer Determinierung den äußeren Zwängen nichts entgegenzusetzen hat. Der patriarchale Charakter dieses Deutungsmusters und der Konstruktion der Frau als anderes Geschlecht verschwindet durch die Argumentation, daß die Frau 'natürlich', ihrem 'Wesen' nach ihren Wirkungsort im privaten Bereich hat. Aufgrund der normativen Kraft der Teleologie des Naturverständnisses ist die geschlechtsspezifische Zuweisung der Lebensbereiche damit legitimiert. Frauen bleiben zwar von den Ansprüchen des autonomen Individuums ausgeschlossen, haben aber in der Gesellschaft ihre natürliche Aufgabe zu erfüllen.

> "Die Herausbildung des modernen Patriarchats verkörpert auch eine neue Art und Weise, Frauen einzubeziehen ... Frauen wurden eingeschlossen als Untergeordnete, als das 'andere Geschlecht' ... Aber das bedeutet nicht, daß Frauen keinen politischen Beitrag zu leisten und keine politische Pflicht zu erfüllen hatten. Ihre politische Pflicht (wie

---

88   List (1986), S. 83

167

ihr Ausschluß vom Staatsbürgerrecht) leitet sich ab von ihrer Differenz gegenüber Männern, bemerkenswerterweise von ihrer Fähigkeit zur Mutterschaft."[90]

Der Ausschluß der Frauen von den Zielen der Aufklärung geschieht jedoch nicht nur durch den expliziten Verweis auf die Funktion des nichtautonomen Gegenpols. Die Bedeutung der sprachlichen Leugnung der Frauen und ihrer Lebenszusammenhänge darf nicht unterschätzt werden.[91] Da Frauen meist sprachlich ignoriert und damit in bezug auf Allgemeingültigkeit automatisch nicht mit gemeint werden, kann sich das den eigenen Ansprüchen nicht genügende Konzept der Aufklärung als konsistentes Gebäude durchsetzen.

"Die Wirksamkeit solcher ihren eigenen Idealen und Prinzipien offenkundig widersprechender Ausschließungsmechanismen verdankt sich dem Umstand, daß die Männer der Wissenschaft und der Politik lange beanspruchen konnten, tatsächlich im Namen der Allgemeinheit und damit der Vernunft zu sprechen."[92]

Da die männliche Form im Deutschen die geschlechtsindefinite Form ist,[93] scheinen Frauen in allgemeinen Aussagen mit eingeschlossen zu sein. Gleichzeitig sind Frauen jedoch nicht gemeint. Frauen sind auch nicht mitrepräsentiert. Das autonome Individuum vertritt nicht auch die Interessen des von ihm abhängigen anderen Pols. In dieser partikularen Umsetzung des Allgemeinheitsanspruches der Moderne liegt gleichzeitig eine Angriffsfläche auf die Konzeption der Moderne. Seit 200 Jahren wird bereits die Frage gestellt, warum das autonome Individuum nicht auch eine Frau sein kann.

Zunächst dient jedoch die Assoziation des Mannes mit dem Menschen und mit der Betätigung im öffentlich-politischen Bereich als autonomes Individuum und der Frau als dem abhängigen anderen, das seinen Platz in Privatheit und Familie hat, dem Auschluß der Frauen und deren Lebensbereiche aus dem politischen Interesse - und dem Interesse der Politikwissenschaft.

---

[89] Und würde ganz offensichtlich den aufklärerischen Ansprüchen widersprechen.

[90] Pateman (1992), S. 56f. Rousseau schrieb beispielsweise nicht nur über *Émile* sondern auch über *Sophie* und ihre Aufgaben in der Gesellschaft. Er schrieb also auch an *Sophie*/die Frauen. Vergleiche Thomas (1991)

[91] vergleiche Abschnitt 7.1.1

[92] List (1986), S. 75f

[93] vergleiche Abschnitt 7.1.1

6. Die Erfahrung geschlechtsspezifischer Unterschiede

Der kulturelle Wissensvorrat, der als nichthinterfragte Hintergrundannahmen in Situationsdefinitionen eingeht, enthält Wissen über biologische Geschlechtsunterschiede, das unsere patriarchale Gesellschaftsstruktur letztendlich legitimiert. Außerdem basiert die normative Integration der einzelnen in die Gemeinschaft in bezug auf das Geschlechterverhältnis auf den modernen Konzeptionen des bürgerlichen Frauenideals und des autonomen Individuums, die als intersubjektiv geteilte normative Ansprüche auch nicht ständig hinterfragt werden müssen. In einem dritten Schritt gilt es jetzt zu prüfen, inwieweit diesem geteilten Wissen und den akzeptierten Normen auch Persönlichkeitsstrukturen und individuelle Erfahrungen entsprechen, die die patriarchale Struktur der Lebenswelt vervollständigen. Inwieweit erfahren die sozial Handelnden die ausgeführten geschlechtsspezifischen Unterschiede an sich selbst und an anderen?

> "Wenn ... die Persönlichkeitssysteme eine so feste Identität ausgebildet haben, daß sie realitätsgerecht die in ihrer Lebenswelt auftretenden Situationen bewältigen können, besteht der Beitrag der Sozialisationsprozesse zur Erhaltung *der beiden* anderen Komponenten einerseits in *Interpretationsleistungen* und andererseits in *Motivationen für normenkonforme Handlungen*"[1].

Auf geschlechtsspezifische Unterschiede bezogen heißt das: Erfahrungen mit der sozialen Interpretation von Geschlechtsunterschieden an sich selbst und an anderen helfen bei der Interpretation von Situationen, da auf diese Erfahrungen immer wieder zurückgegriffen werden kann. Wenn geschlechtsspezifisches Verhalten als integrationsfördernd erfahren wird, wächst die Motivation, sich weiterhin normkonform weiblich oder männlich zu verhalten. Entsprechen die Erfahrungen nicht den oben ausgeführten normativen Schemata und dem Wissen um biologische Geschlechtsunterschiede, so kommt es zu Brüchen. Die intersubjektive Handlungsabstimmung wird erschwert, da nicht von einer gemeinsamen Lebenswelt im Sinne ähnlicher Wahrnehmungen der Umwelt ausgegangen werden kann.

---

[1] Habermas (1985b), S. 215f

"... bei Störungen des Sozialisationsvorgangs ... reichen die Fähigkeiten der Aktoren nicht aus, die Intersubjektivität gemeinsam definierter Handlungssituationen aufrechtzuerhalten ... eine realitätsgerechte Teilnahme an Interaktionen [ist; S.O.] beeinträchtigt"[2].

Außerdem ist der Zusammenhang der drei lebensweltlichen Bezüge gestört. Die Legitimation der Normen und die Wahrheit des vermittelten Wissens werden in Frage gestellt, wenn sie zu den subjektiven Erfahrungen im Widerspruch stehen. Dadurch kann eine Dynamik in der Lebenswelt ausgelöst werden, die darauf abzielt, die Konsistenz der Deutungsmuster wiederherzustellen.

Der Frage, inwieweit sich die sozial Handelnden (noch) mit den geschlechtsspezifischen Ansprüchen identifizieren, wie sie die soziale Interpretation von Geschlechtsunterschieden leben und erleben, werde ich mich mit Hilfe von empirischen Untersuchungen von mehreren Seiten nähern. Zunächst differenziere ich anhand zweier Untersuchungen aus den USA (Anfang der 70er Jahre) zwischen den Vorstellungen, die Befragte von sich selbst, von anderen oder von Idealfrauen und -männern haben. Diese drei Bezüge machen deutlich, daß die einzelnen durch die Art, wie sie andere erfahren und in Auseinandersetzung mit diesen Erfahrungen ihre eigene Persönlichkeit herausbilden. Sie entwerfen so das normative Bild von Idealfrauen und -männern, das sie als Anspruch wiederum an andere herantragen. Gerade die Idealvorstellungen binden die empirischen Ergebnisse an die normative Kraft der modernen Konzeptionen von Frauen und Männern an. Ein Auseinanderfallen dieser drei Bezüge Selbst-, Fremd- und Idealzuweisung, würde auf Veränderungen im Wertgefüge und in den Lebensweisen hindeuten (Abschnitt 6.1).

In einem zweiten Schritt versuche ich, punktuell einen Eindruck davon zu geben, daß die Geschlechterverhältnisse in der Bundesrepublik (Anfang der 90er Jahre) nur weitgehend parallel zu den modernen Konzeptionen von Frauen und Männern erfahren werden können. Denn die tatsächlichen Lebensformen und Arbeitsteilungen entsprechen in weiten Bereichen (aber nicht ganz) diesen Modellen. Die Ansprüche und Zielvorstellungen von Frauen und Männern haben sich jedoch vor allem bei der Jugend aneinander angeglichen (Abschnitt 6.2).

Die normative und faktische Kraft der modernen Konzeptionen werden immer noch durch die individuellen Erfahrungen mit geschlechtsspezifischen Unterschieden bestätigt. Geschlechtsspezifische Interessen und Erfahrungen

---

2   Habermas (1985b), S. 213

zeigen, wie heute noch die bereits vor 200 Jahren entworfenen Frauen- und Männerbilder die politische Realität prägen. Denn die sich selbst und anderen zugeschriebenen Eigenschaften gehen als beobachtete und erfahrene Geschlechtsunterschiede in die Situationsdefinitionen ein.

6.1 Fremd-, Selbst- und Ideal-Zuweisungen geschlechtsspezifischer Eigenschaften

Aus dem bürgerlichen Frauenideal und dem Bild des autonomen Individuums ergibt sich ein Bündel an Ansprüchen, die an die Sozialisation und an das Verhalten von Männern und Frauen gerichtet werden. Indem sie diesen Ansprüchen genügen, perpetuieren und bestätigen Männer und Frauen die oben genannten Deutungsmuster. Die geschlechtsspezifischen Zuweisungen blieben dabei - wie sich zeigen wird - über die letzten zwei Jahrhunderte relativ konstant. Das bürgerliche Frauenideal hat seine normative Kraft bis heute nicht verloren. Es spiegelt sich in den Eigenschaften und Rollen wider, die den Frauen in der heutigen Gesellschaft zugeschrieben werden, und die sie sich auch selbst zuschreiben.

Drei Dimensionen geschlechtsspezifischer Zuweisungen können unterschieden werden:[3]

- Inwieweit werden Eigenschaften vor allem mit Frauen beziehungsweise mit Männern assoziiert? (Abschnitt 6.1.1)

   Der Abstand zwischen den Befragten und dem Gefragten ist hier am größten. Die Befragten lassen ein Bild davon entstehen, welche Eigenschaften sie bei den Frauen und Männern in ihrer Umgebung finden, und auf welche Eigenschaftsverteilung sie sich in ihrer Umgebung einstellen, das heißt, mit welchen Deutungsmustern und Vor-Urteilen sie operieren.

- Entsprechen die Selbstkonzepte der Befragten den von ihnen in ihrer Umgebung beobachteten Rollenzuweisungen? (Abschnitt 6.1.2)

   Die Befragten versuchen hier zu erfassen, inwieweit sie sich selbst von den von ihnen beschriebenen typischen Vertreterinnen und Vertretern ihres Geschlechts unterscheiden, und inwieweit sie selbst in die eigenen Deutungsmuster passen.

---

3   Vergleiche dazu die ausführliche Untersuchungsbeschreibung von Broverman/Vogel/ Broverman/Clarkson/Rosenkrantz (1975)

171

- Wie stellen sich die Befragten die Ideal-Frau und den Ideal-Mann vor? (Abschnitt 6.1.3)

Nicht nur die normativen Ansprüche an die Umgebung, die Partnerinnen und Partner und sich selbst werden hier deutlich, sondern auch, ob und wie die in der Gesellschaft gültigen Deutungsmuster kritisiert und als änderungsbedürftig angesehen werden.

Sowohl die Assoziationen mit weiblichen und männlichen Eigenschaften als auch die Selbstkonzepte und die Ideale der Befragten spiegeln das bürgerliche Frauen(und Männer)ideal wider, das in der Aufklärung entworfen wurde und sich mit der zunehmenden Trennung zwischen ökonomischer und privater Sphäre, das heißt zwischen systemischen 'männlichen' und lebensweltlichen 'weiblichen' Zusammenhängen, verfestigte, und für das auch die Wissenschaft Begründungsmuster findet. Der Eindruck, den die im folgenden zuammengestellten Resultate hinterlassen, mag klischeehaft wirken, reflektiert jedoch lediglich die Antworten der Befragten.

6.1.1 Assoziierte Eigenschaften

Zunächst zu den Wahrnehmungen und Erwartungen, die in unseren Deutungsmustern verankert sind und die wir in den westlichen Gesellschaften in großem Maße teilen. Jede und jeder hat eine Vorstellung davon, was typisch weiblich und typisch männlich ist. "These ideas tend to be remarkably similar from person to person"[4], ganz egal, welche Gruppe von Personen herangezogen wird. Geschlecht, Alter, Religion, Familien- oder Bildungsstand der Befragten spielen keine wesentliche Rolle. Das folgende Ergebnis einer Befragung von amerikanischen Studentinnen und Studenten kann daher auf andere Bevölkerungsgruppen bezüglich seiner geschlechtsspezifischen Zuordnungen übertragen werden, obwohl die befragte Gruppe nicht repräsentativ ist[5] (auch wenn die Eindeutigkeit der Zuordnungen, also der Stellenwert der mittleren Spalte, zwischen unterschiedlichen Bevölkerungsgruppen variieren mag). Es ist zu erwarten, daß die geschlechtsspezifischen Zuordnungen bei der Gesamtbevölkerung stärker ausgeprägt sind als bei Studierenden. Da geschlechtsspezifische Rollenmuster langsam an Bedeutung verlieren, ist davon auszugehen, daß sich ein Wertewandel eher bei jungen Menschen bemerkbar macht. Darüber hinaus sind Studierende noch

---

4   Martin/Voorhies (1975), S. 40

5   vergleiche Martin/Voorhies (1975), S. 41

nicht in die Erwerbsarbeit und in eine eigene Familie integriert, die aufgrund geschlechtsspezifischer Arbeitsteilung die Zuweisungen verstärken. Das heißt, Studierende können Vorstellungen entwickeln und Wahrnehmungen zulassen, unabhängig davon, ob sie diese Vorstellung auch leben können, wenn sie später mit den auf geschlechtsspezifische Arbeitsteilung ausgerichteten gesellschaftlichen Strukturen konkret konfrontiert werden.

Die Studierenden wurden gefragt, welche der aufgeführten Eigenschaften sie für Männer, für Frauen oder für beide gleichermaßen für charakteristisch halten. Die meisten Eigenschaften wurden mit großer Mehrheit mit einem Geschlecht assoziiert. Und auch die drei mehrheitlich als geschlechtsneutral eingestuften Eigenschaften (Objectivity, Abstract Reasoning, Verbal Ability) wurden von der Minderheit signifikant Männern oder Frauen zugeordnet.

Attitudes of college students concerning the association of some personality traits and sex

	PERCENTAGE OF RESPONDENTS		
TRAIT	ASSOCIATED WITH MALES, %	ASSOCIATED WITH NEITHER SEX, %	ASSOCIATED WITH FEMALES, %
Aggressiveness	85	14	—
Emotionality	—	13	87
Independence	72	27	—
Objectivity	32	62	3
Nurturance	—	16	83
Intelligence			
Abstract Reasoning	35	64	—
Verbal Ability	9	71	18
Ambitiousness	56	42	—
Empathy/Intuition	—	40	58

aus: Martin/Voorhies (1975), S. 41

Zu einer sehr viel differenzierteren Eigenschaftstabelle gelangten Broverman u.a. im Jahre 1972. Sie fragten nicht nur, welche Eigenschaften männlich und welche weiblich assoziiert werden, sondern auch, welche als wünschenswerter gelten. Die Ergebnisse dieser mehrstufigen, sehr sorgfältigen Untersuchung kombinierten die Autorinnen und Autoren zu folgender Tabelle.

| Competency Cluster: Masculine pole is more desirable | |
Feminine	Masculine
Not at all aggressive	Very aggressive
Not at all independent	Very independent
Very emotional	Not at all emotional
Does not hide emotions at all	Almost always hides emotions
Very subjective	Very objective
Very easily influenced	Not at all easily influenced
Very submissive	Very dominant
Dislikes math and science very much	Likes math and science very much
Very excitable in a minor crisis	Not at all excitable in a minor crisis
Very passive	Very active
Not at all competitive	Very competitive
Very illogical	Very logical
Very home oriented	Very worldly
Not at all skilled in business	Very skilled in business
Very sneaky	Very direct
Does not know the way of the world	Knows the way of the world
Feelings easily hurt	Feelings not easily hurt
Not at all adventurous	Very adventurous
Has difficulty making decisions	Can make decisions easily
Cries very easily	Never cries
Almost never acts as a leader	Almost always acts as a leader
Not at all self-confident	Very self-confident
Very uncomfortable about being aggressive	Not at all uncomfortable about being aggressive
Not at all ambitious	Very ambitious
Unable to separate feelings from ideas	Easily able to separate feelings from ideas
Very dependent	Not at all dependent
Very conceited about appearance	Never conceited about appearance
Thinks women are always superior to men	Thinks men are always superior to women
Does not talk freely about sex with men	Talks freely about sex with men

| Warmth-Expressiveness Cluster: Feminine pole is more desirable | |
Feminine	Masculine
Doesn't use harsh language at all	Uses very harsh language
Very talkative	Not at all talkative
Very tactful	Very blunt
Very gentle	Very rough
Very aware of feelings of others	Not at all aware of feelings of others
Very religious	Not at all religious
Very interested in own appearance	Not at all interested in own appearance
Very neat in habits	Very sloppy in habits
Very quiet	Very loud
Very strong need for security	Very little need for security
Enjoys art and literature	Does not enjoy art and literature at all
Easily expresses tender feelings	Does not express tender feelings at all easily

aus: Broverman/Vogel/Broverman/Clarkson/Rosenkrantz (1975), S. 35

Aus diesen Ergebnissen[6] arbeiteten Broverman u.a. die Geschlechterrollen heraus, also die gesellschaftlich bestimmten Verhaltensweisen, die von weibli-

---

6   die beispielsweise auch eine der empirischen Grundlagen von Carol Gilligans *Die andere Stimme* waren. Vergleiche Gilligan (1984)

chen Frauen und männlichen Männern erwartet werden. Die typische Frau zeichnet sich demnach aus durch Emotionalität, Einfühlungsvermögen, Wärme, erzieherische Fähigkeiten. Sie ist eher intuitiv, sensibel, passiv, abhängig, expressiv, weniger objektiv und weniger logisch. Der typische Mann ist gekennzeichnet durch Aggressivität, Unabhängigkeit, Strebsamkeit, Aktivität, Kompetenz, Selbstbehauptung, wenig Sensibilität und wenig Wärme. Er denkt eher rational, objektiv, abstrakt.

Diese Eigenschaftskomplexe entsprechen denen, die die Biologie wissenschaftlich zu begründen versucht, und die im bürgerlichen Frauenideal und im autonomen Individuum konzipiert sind. Das heißt, Frauen und Männer werden weitgehend anhand der Maßstäbe wahrgenommen, wie sie in der Moderne konzipiert sind. Es ergibt sich kein grundsätzlicher Bruch zwischen den gesellschaftlich gültigen Normen und dem allgemein geteilten Wissen auf der einen Seite und den Erfahrungen und Wahrnehmungen der einzelnen mit geschlechtsspezifischem Verhalten der sie umgebenden Personen auf der anderen Seite. Die direkte Linie vom Entwurf der Deutungsmuster 'weiblich' und 'männlich' in der Aufklärung bis heute ist Anfang der 70er Jahre augenfällig - beispielsweise im Vergleich mit Darwins Äußerungen:

"Der Mann ist muthiger, kampflustiger und energischer als die Frau und hat einen erfinderischeren Geist."[7]

Die Verfasserinnen und Verfasser stellten auch fest, daß sowohl die geschlechtsspezifischen Zuweisungen als auch die Bewertung der männlichen und weiblichen Eigenschaften von Frauen und Männern ganz ähnlich vorgenommen wurden. Frauen und Männer sind sich darin einig, daß die männlichen Eigenschaften in höherem Maße 'gesellschaftlich wünschenswert' sind. Aus ihren eigenen Ergebnissen und unter Hinzuziehung anderer Untersuchungen schließen Broverman u.a. außerdem, "that men and masculine characteristics are more highly valued in our society than are women and feminine characteristics"[8]. Weibliche Eigenschaften sind eher negativ besetzt.

Die unterschiedliche Bewertung der Eigenschaftskomplexe entsteht jedoch durch einen speziellen Blickwinkel. Bei der empirischen Untersuchung von Broverman u.a. ist die gesellschaftliche Relevanz im Sinne einer 'öffentlichen' Relevanz Grundlage der Beurteilungen. Unter dem Gesichtspunkt des Bestehens gegenüber systemischen Zwängen sind dann die Charakteristika des bürgerlichen

---

7   Darwin (1986), S. 629

8   Broverman/Vogel/Broverman/Clarkson/Rosenkrantz (1975), S. 36

Frauenideals negativ besetzt. Denn für diese Aufgaben ist die Weiblichkeit ja gar nicht konzipiert, sie soll ihnen gegenüber gar nicht bestehen können. In den patriarchalen Denkstrukturen der Moderne muß das Kriterium der gesellschaftlichen (das heißt öffentlichen) Relevanz das letztendlich Dominierende sein. Da die Fähigkeiten, die Männern zugeschrieben werden, auch die sind, die über das Bestehen im öffentlichen Leben entscheiden (z.B Unabhängigkeit, Selbstbehauptung), spiegelt die Höherbewertung des Männlichen gleichzeitig den Vorrang des Öffentlichen vor dem Privaten wider. Die weiblichen Eigenschaften befähigen eher für den sekundären Bereich des Privatlebens.

Die Frage nach 'social desirability' halte ich daher auch für problematisch, denn sie provoziert möglicherweise genau die Antworten, die den Schluß über die Höherbewertung männlicher Eigenschaften zur Höherbewertung des Öffentlichen nahelegen. Wenn die Befragten mit 'gesellschaftlich' nicht die gesamte Gesellschaft, also die Einheit von öffentlich und privat, assoziieren, sondern nur einen Teil, nämlich den öffentlichen, dann müssen die Antworten ein verzerrtes Bild ergeben. Es können dann nur die Eigenschaften als 'socially desirable' erkannt werden, die auf das Leben in systemischen Zwängen spezialisiert sind - die männlichen Eigenschaften.

Durch die eingeschränkte Assoziation 'gesellschaftlich = öffentlich' werden die Ergebnisse allerdings nicht banal, denn diese Einseitigkeit beinhaltet eine Wertung. Privater und öffentlicher Bereich sind in unserer Gesellschaft als sich ergänzende Prinzipien konstruiert. Wenn der private Bereich unter dem Gesichtspunkt 'gesellschaftlich' nicht als relevant miteinbezogen, nicht mitgedacht wird, so kann nicht mehr von gleichwertigen, sich ergänzenden Prinzipien gesprochen werden. Der öffentliche Bereich gilt offensichtlich als wichtiger für die Erhaltung der Gesamtgesellschaft (also beider Pole) als die vernachlässigbare Konstante des Privaten.

Die Höherbewertung des öffentlichen Bereichs und der männlichen Eigenschaften entspricht der dominanten Position der Männer und der gesellschaftlichen Zweitrangigkeit der Frauen. Die höhere Bewertung männlicher Gesellschaftsmitglieder gegenüber weiblichen schlägt sich beispielsweise im Kinderwunsch nieder. Broverman u.a. fanden heraus,[9] daß eine zweite Schwangerschaft die Frauen glücklicher macht, wenn das erste Kind eine Tochter war. Der

---

[9]   vergleiche Broverman/Vogel/Broverman/Clarkson/Rosenkrantz (1975), S. 37. Die Mißachtung von Frauen ist in anderen Kulturen noch viel offensichtlicher. So ist in Indien der Frauen- und Mädchenmord noch verbreitet (vergleiche Benard/Schlaffer, 1984, Kapitel 3).

Abstand zwischen den Kindern ist größer, wenn das erste Kind ein Sohn war. Und der Wunsch nach einem dritten Kind ist größer, wenn die ersten beiden Kinder Mädchen waren, als wenn es Jungen waren. Darüber hinaus wären wesentlich mehr Frauen lieber ein Mann als umgekehrt.

Broverman u.a. ermittelten auch, daß die für Erwachsene (geschlechtsunspezifisch) erstrebenswerten Eigenschaften näher an der Männern zugeordneten Gruppe von Fähigkeiten angesiedelt werden. Für Frauen ergibt sich daraus ein Zielkonflikt:

> "If women adopt the behaviors specified as desirable for adults, they risk censure for their failure to be appropriately feminine; but if they adopt the behaviors that are designated as feminine, they are necessarily deficient with respect to the general standards for adult behavior."[10]

Der Erwachsenenstatus wird also eher männlich assoziiert, und er ist auch dementsprechend konzipiert. Diese Verbindung entpricht vor allem den naturwissenschaftlichen Ergebnissen bis Anfang des 20. Jahrhunderts. Beispielsweise wurde die Entwicklung des weiblichen Gehirns als weniger weit fortgeschritten angesehen.[11]

6.1.2 Selbstkonzeption

Für Männer wie für Frauen gilt, daß sie die von ihnen beobachteten geschlechtsspezifischen Eigenschaften und Deutungsmuster dort kritisieren, wo ihre Selbstkonzeption nicht mit diesen Stereotypen übereinstimmt. Die Erwartung, daß Frauen die ihnen zugewiesenen Eigenschaften aufgrund deren negativer Bewertung in ihrem Selbstkonzept ablehnen, trifft jedoch nur sehr begrenzt zu. Sie bauen die negativ besetzten Charakteristika in ihr Selbstkonzept ein, betonen jedoch die positiv besetzten Aspekte von Weiblichkeit und schreiben sich selbst ein höheres Maß an männlichen Eigenschaften zu als ihren Geschlechtsgenossinnen.[12] Auf diesem Weg schaffen sie es, sich mit Charakteristika zu identifizieren, die auch von ihnen selbst als minderwertig eingestuft werden.[13] Dadurch,

---

[10]   Broverman/Vogel/Broverman/Clarkson/Rosenkrantz (1975), S. 45

[11]   vergleiche Abschnitt 4.2.2

[12]   vergleiche Broverman/Vogel/Broverman/Clarkson/Rosenkrantz (1975), S. 38

[13]   Die oft übersteigerte Identifikation der Frauen mit ihrer Rolle hat Betty Friedan in ihrem Buch *Der Weiblichkeitswahn* (1963 in den USA erstmals erschienen) eindrucksvoll beschrieben.

daß sich Frauen mit dem identifizieren, was sie als zweitrangig einstufen, nehmen sie sich auch selbst die Motivation, mit den ihnen zugewiesenen Eigenschaften unzufrieden zu sein. Darin liegt, denke ich, ein wesentlicher Beitrag der Frauen an der ständigen Neukonstruktion der Deutungsmuster, die ihre Minderwertigkeit voraussetzen, und damit an ihrer eigenen zweitrangigen gesellschaftlichen Position.

"Inferiority becomes habitual, and the inferior place assumes the familiarity - and even desirability - of home"[14].

Frauen erfahren sich auch als dieses 'natürlich' andere, Ausgegrenzte der Vernunft und akzeptieren diese Rolle zu einem großen Teil. Sie unterstützen damit die Konzeption des 'anderen' und ihre eigene sekundäre Stellung in der Gesellschaft.

"Wir sind zu Mittäterinnen geworden, wenn wir uns den Ergänzungsideen gefügt, nämlich komplementär zum 'männlichen' ein 'weibliches' beschränktes Verhaltensrepertoire entwickelt und praktiziert haben; ein Gegengewicht; wenn Frauen sich dem Mann hinzuaddieren als das untergeordnete andere Geschlecht; wenn Frauen das männliche Individuum stützen und abschirmen, indem sie ihre Ressorts - speziell die des Hauses, des 'sozialen Gedankens' und der Menschlichkeit - so strukturieren, daß der Mann für seine Taten freigesetzt wird."[15]

"Die fundamentale Abhängigkeit des Menschen von der Natur und von den Anderen, ... [wird; S.O.] dem Autonomieanspruch untergeordnet"[16], wenn der Mensch/Mann die nichtrationalen Elemente negiert und der Frau zuordnet. Diese Persönlichkeit läßt sich dann durch die in der Frau imaginierte versöhnte Natur ergänzen. Insoweit sich Frauen mit dieser Ergänzungsfunktion identifizieren und die ihnen zugeschriebenen kommunikativen Fähigkeiten ausfüllen, stabilisieren sie das System, das durch die Ausgrenzung der Frauen erst entsteht. Sie lassen sich funktionalisieren für ihre eigene Diskriminierung.

Umgekehrt beschreiben sich Männer selbst nicht ganz so männlich, wie sie andere Männer einstufen, und gleichen damit die ja auch vorhandenen negativen männlichen Aspekte aus.[17] Da es aber mehr negative weibliche als männliche Charakteristika gibt, tendieren Frauen dazu, mehr negative Aspekte

---

14 Henley/Freeman (1975), S. 391

15 Thürmer-Rohr (1988a), S. 41f

16 Conrad/Konnertz (1986a), S. 15

17 Z.B. 'blunt', 'rough', 'loud'. Vergleiche Broverman/Vogel/Broverman/Clarkson/Rosenkrantz (1975), S. 35

in ihre Selbstkonzeption einzubauen als Männer.[18] Die Abweichung der Selbstkonzeptionen von den Wahrnehmungen der anderen ist jedoch nicht nur im Sinne einer Integration der positiv bewerteten Aspekte des anderen Gechlechtscharakters und als Abschwächung der negativen Aspekte des eigenen zu interpretieren. Daß die Selbstkonzeption der Frauen männlicher und die der Männer weiblicher ist als die Zuweisungen bei anderen Personen, deutet auch auf eine tendenzielle Angleichung der Interessen und Zielvorstellungen von Frauen und Männern hin.[19]

6.1.3   Ideale

Die Ideal-Partnerin und der Ideal-Partner entsprechen hingegen wieder den bei anderen beobachteten Stereotypen.

> "The ideal woman is perceived as significantly less aggressive, less in-
> dependent, less dominant, less active, more emotional, having greater
> difficulty in making decisions, etc., than the ideal man; the ideal man
> is perceived as significantly less religious, less neat, less gentle, less
> aware of the feelings of others, less expressive, etc., than the ideal
> woman."[20]

Erstaunlich ist, daß diese geschlechtsstereotypen Deutungsmuster von College-Angehörigen so weitgehend akzeptiert und für erstrebenswert gehalten werden. College-Angehörige gelten als im Vergleich zu anderen Bevölkerungs-gruppen kritischer gegenüber traditionellen gesellschaftlichen Normen. Außer-dem sind sie sehr jung. Ein gesellschaftlicher Wertewandel müßte sich also in ihren Selbstkonzeptionen und ihren Vorstellungen von der Ideal-Partenerin und dem Ideal-Partner niederschlagen. Es kann davon ausgegangen werden, daß in anderen Bevölkerungsgruppen über geschlechtsspezifische Zuschreibung, Bewertung und Wünschbarkeit von Eigenschaften, sowohl im gesellschaftlichen als auch im individuellen Bereich ein noch breiterer Konsens besteht[21] - bezie-hungsweise noch Anfang der 70er Jahre bestand. Gerade in bezug auf die Ideal-vorstellungen aber auch auf die Selbstkonzepte wäre eine Wiederholung der Untersuchung wünschenswert. Die Untersuchung von Broverman u.a. entstand 1972. Die Veränderungen in den Deutungsmustern bezüglich der Selbstkonzep-

---

18   vergleiche Broverman/Vogel/Broverman/Clarkson/Rosenkrantz (1975), S. 38

19   vergleiche Abschnitt 6.2.2

20   Broverman/Vogel/Broverman/Clarkson/Rosenkrantz (1975), S. 39

21   vergleiche Broverman/Vogel/Broverman/Clarkson/Rosenkrantz (1975), S. 39

tionen und der Idealvorstellungen, die sich in den Wunschvorstellungen in der Bundesrepublik zwanzig Jahre später zeigen,[22] sind ein Indiz dafür, daß die gesellschaftlichen Bedingungen für Frau-Sein und Mann-Sein sich verändern, aber immer noch am bürgerlichen Frauenideal und an den Vorstellung des autonomen Individuums orientiert sind. Ich gehe darauf im nächsten Abschnitt ein.

Zusammenfassend läßt sich sagen, daß die Grundkategorien der bürgerlichen Geschlechterrollen bis heute wirken. Frauen gelten als eher emotional und passiv, Männer als eher rational und aktiv. Auch die auf den Grundkategorien aufbauenden Charaktereigenschaften der Frau sind größtenteils konstant geblieben: nachgiebig, häuslich, schutzbedürftig, entscheidungsscheu usw.[23] So wurden Frauen bereits vor zwei Jahrhunderten beschrieben - vielleicht mit etwas anderen Worten.

Es zeigen sich keine grundsätzlichen Brüche zwischen dem Ende des 18. Jahrhunderts entstandenen bürgerlichen Frauenideal und den heute Frauen zugeschriebenen Eigenschaften. Aufgrund der Befragungen ergeben sich lediglich keine Idealtypen, deren Charakteristika ausschließlich Frauen oder ausschließlich Männern zugeschrieben werden. Eigenschaften gelten als eher weiblich oder eher männlich, eher negativ oder eher positiv. Ein grundsätzlicher Bruch entsteht durch diese Relativierung nicht, sie ist zunächst nur ein Zugeständnis an die Realität, die nicht so dichotom sein kann wie das Modell. Eventuelle Verschiebungen, die sich in den letzten zwei Jahrhunderten in der Bedeutung des Wörtchens 'eher' ergeben haben, ändern nichts an der Kontinuität der Deutungsmuster 'weiblich' und 'männlich'.

Die Kategorien 'weiblich' und 'Frau' werden genauso wie die Kategorien 'männlich' und 'Mann' gleich- und die beiden Paare zueinander in Opposition gesetzt. Diese Gleich- und Entgegensetzung ist die zentrale gesellschaftliche Zuweisung. Sie geht wesentlich über die Feststellung hinaus, daß es verschiedene Charaktereigenschaften gibt (wir nennen die eine Gruppe 'männlich' und die andere 'weiblich'), die in jedem Menschen individuell ausgeprägt sind. Die Zuweisung erhebt einen Wahrheitsanspruch.

Der Wahrheitsanspruch, mit dem die Zuweisung versehen ist, führt jedoch dazu, daß die Feststellung, daß eine Person eine Frau ist, nicht nur der Information dient (die war schon vorher offensichtlich), sondern der Bewertung einer

---

22   vergleiche Abschnitt 6.2

23   vergleiche Broverman/Vogel/Broverman/Clarkson/Rosenkrantz (1975), S. 35

Handlung. Mit dem Kriterium Frau-Sein ist das Deutungsmuster 'weiblich' ganz eng verbunden. In die Definition jeder sozialen Situation gehen mit der Feststellung des Geschlechts der Beteiligten die Deutungsmuster 'weiblich' und 'männlich' mit ein. Eine soziale Situation wird also anders wahrgenommen und interpretiert, je nach dem, ob eine Frau oder ein Mann handelt, da in dem Deutungsprozeß geschlechtsspezifische Anspruchpakete aktualisiert werden.

Das Deutungsmuster 'weiblich' wird zur Beurteilung (z.B. moralisch und juristisch) einer Handlung von einer Frau herangezogen. Daß die Feststellung des biologischen Frau-Seins durchaus nicht wertneutral ist, sondern mit vielen auf geschlechtsspezifischen Verzerrungen beruhenden wissenschaftlichen Ergebnissen zusammenhängt, legitimiert den Wahrheitsanspruch, mit dem die geschlechtsspezifische Zuweisung weiblicher und männlicher Eigenschaften auftritt.[24]

6.2   Die Umsetzung moderner Ansprüche in konkrete Lebensformen

Durch die eben ausgeführten Zuweisungen schaffen die sozial Handelnden eine bestimmte Ordnung in ihren Erfahrungen. Neue Erfahrungen werden mit Hilfe dieser vorgefaßten Ordnung kategorisiert und bereits vorhandenen Erfahrungen hinzugefügt. Die geschlechtsspezifischen Zuweisungen von Charaktereigenschaften werden in der sozialen Umwelt wahrgenommen und über die Interpretation im Sinne der Zuweisungen immer wieder bestätigt.

Der Sozialisationsprozeß vermittelt Erfahrungen, die mit dem kultuell überlieferten Wissen und den legitimen Ordnungen weitgehend übereinstimmen.

> "Die Sozialisation der Angehörigen einer Lebenswelt stellt ... sicher, daß neu auftretende Situationen in der Dimension der historischen Zeit an die bestehenden Weltzustände angeschlossen werden: sie sichert für nachwachsende Generationen den Erwerb *generalisierter Handlungsfähigkeiten* und sorgt für die *Abstimmung* von *individuellen Lebensgeschichten* und *kollektiven Lebensformen*."[25]

Die Abstimmung der individuellen Lebensgeschichten und der kollektiven Lebensformen geschieht im Sinne einer geschlechtsspezifischen Arbeitsteilung, die ich bereits beschrieben habe. Die statistischen Ergebnisse zur konkreten Ausgestaltung des Geschlechterverhältnisses machen jedoch deutlich, daß die

---

24   vergleiche dazu Kapitel 4
25   Habermas (1985b), S. 213

individuelle Umsetzung des bürgerlichen Frauenideals und des autonomen Individuums in konkrete Lebensformen nicht 'ideal' geschieht, sondern auch durch signifikante Abweichungen von diesen Idealen. Die Lebensformen sind so individualisiert, daß nur eine mehr oder weniger große Übereinstimmung der konkreten Umsetzung mit den normativen Ansprüchen der Moderne erreicht wird.

Ich will im folgenden einen Einblick geben in die konkreten Ausprägungen der normativen Ansprüche und Zuweisungen. Statistische Daten zum Geschlechterverhältnis in der Bundesrepublik zeigen, welche Lebensformen Frauen und Männer in ihrer Umgebung erfahren (und dann deuten) und gleichzeitig selbst leben. Darüber hinaus können auch die Idealvorstellungen umrissen werden, indem der Grad der Zufriedenheit erfaßt wird. Zahlen über die Gesamtbevölkerung zeigen die statistische Realität moderner Ansprüche (teilweise nach Ost- und Westdeutschland differenziert) (Abschnitt 6.2.1). Die Gegenüberstellung mit Ergebnissen aus der Jugendforschung erlaubt, Vermutungen über die Entwicklungstendenzen anzustellen. Ein Blick auf die Einstellungen und Lebensentwürfe von Jugendlichen kann einen Eindruck vermitteln, wie stark die nachwachsende Generation noch in dem konsistenten lebensweltlichen Modell der Geschlechtsunterschiede verhaftet ist (Abschnitt 6.2.2).

6.2.1 Statistische Realität moderner Ansprüche

Es würde zu weit führen, hier ein vollständiges statistisches Bild des Geschlechterverhältnisses in der Bundesrepublik zeichnen zu wollen. Ich beschränke mich darauf, die im Zusammenhang mit dem bürgerlichen Frauenideal und dem autonomen Individuum wichtigsten Aspekte geschlechtsspezifischer Lebensbereiche in der Bundesrepublik schlaglichtartig zu betrachten, wie sie in der eigenen Familie und sozialen Umgebung wahrgenommen werden.

Meine Quellen sind im wesentlichen die Veröffentlichung des Bundesministeriums für Frauen und Jugend *Frauen in der Bundesrepublik Deutschland* von 1992, die Studie *Gleichberechtigung von Frauen und Männern - Wirklichkeit und Einstellungen in der Bevölkerung* vom Institut für praxisorientierte Sozialforschung (Datenerhebung 1991), sowie Materialien des Statistischen Bundesamtes und des Statistischen Landesamtes Baden-Württemberg. Die statistischen Ämter sind seit einigen Jahren dabei, ein Instrumentarium zu schaffen, das die Erfassung von Haus- und Familienarbeit ermöglicht. Die bisherigen Ergebnisse sind entweder Schätzungen, die auch durch internationale Vergleiche entstehen, oder erste regionale Versuche der Quantifizierung, die aber durchaus Aussagekraft über den begrenzten regionalen Bereich hinaus haben.[26] Die genauere Untersuchung von Haus- und Familienarbeit hat zum einen einen wirtschaftlichen Aspekt, das heißt, es soll die unbezahlte Wertschöpfung für Haushalt und Familie in ihrem Ausmaß und als Wohlfahrtssteigerung für die Gesellschaft abgebildet werden. Zum anderen hat sie einen sozialpolitischen Aspekt: Art, Umfang und Verteilung der Hausarbeit (auch in unterschiedlichen Haushalts- und Familientypen) sollen dargestellt und bisher verkannte Problemfelder von Hausarbeit (z.b. ständige Verfügbarkeit, häufiger Wechsel von Aktivitäten) bewußt gemacht werden.[27]

Die naheliegendste Überprüfung der Umsetzung moderner Ansprüche in konkrete Lebensformen ist die Betrachtung der Erwerbstätigkeit der Frauen.

Anteil der weiblichen Erwerbspersonen an 100 Frauen der jeweiligen Altersgruppe (Erwerbsquoten)[1]							
Alter von	zusammen		ledig	verheiratet		verwitwet	geschieden
...bis unter ...Jahren	zum Vergleich			zum Vergleich			
	1990	1961	1990	1990	1961	1990	1990
15-20	37,3	73,7	37,2	39,4	62,8	-	-
20-25	75,7	75,9	79,1	63,7	52,5	-	82,5
25-30	71,6	52,8	84,3	62,3	40,4	-	81,5
30-35	66,9	44,1	90,1	60,0	36,0	71,7	84,3
35-40	68,0	45,1	92,7	63,1	37,2	71,2	86,6
40-45	69,4	45,2	91,9	65,5	37,7	71,6	90,3
45-50	66,7	41,5	90,0	62,3	34,6	71,0	90,0
50-55	57,8	38,1	85,2	53,3	31,2	62,0	84,6
55-60	43,8	33,2	74,1	39,2	26,5	45,4	70,8
60-65	12,5	21,4	21,3	11,0	17,8	11,8	22,3

[1] Ergebnisse des Mikrozensus 1990
Quelle: Statistisches Bundesamt Wirtschaft und Statistik 7/1990

aus: BMFJ (1992), S. 45
(die Zahlen beziehen sich auf Westdeutschland)

Interessant ist vor allem der Vergleich mit 1961. Die Erwerbsquote der Frauen stieg in diesem Zeitraum von 49 % auf 58,5 % (Frauen sind jetzt ca. 40 % aller Erwerbstätigen), wobei Frauen 1990 später ins Erwerbsleben eintreten (längere Schulausbildung) und früher wieder ausscheiden (frühere Verrentung),

---

26   Die Haus- und Familienarbeit in Baden-Württemberg ist durchaus vergleichbar mit anderen Bundesländern.

27   vergleiche Blanke (1991), S. 156f

so daß der durchschnittliche Anstieg der Erwerbsquote vor allem durch die mittleren Jahrgänge bedingt ist. Die Erwerbsquote sinkt erst bei den 50- 55jährigen wieder unter 60 %. Bei den 50- bis 65jährigen ist außerdem zu berücksichtigen, daß sie zweimal in der Statistik vorkommen. Ihre Erwerbslebensläufe gingen 1961 als die der 20- bis 35jährigen in die Statistik ein. Die Ansprüche und Arbeitsformen, die Anfang der 60er Jahre bei jungen Frauen üblich waren, wirken also auch noch heute nach.

Von einer eindeutigen geschlechtsspezifischen Aufteilung der Lebenssphären in eine private von Frauen dominierte und eine öffentliche (zu der das Erwerbsleben gehört) von Männern dominierte kann also nicht gesprochen werden - jetzt noch weniger als 1960. Frauen nehmen zunehmend am Erwerbsleben teil, wobei nicht übersehen werden darf, daß so gut wie alle Teilzeitarbeitsplätze (deren Anzahl in den letzten 30 Jahren stark anstieg) von Frauen ausgefüllt werden.[28] Dieses zunehmende Eindringen der Frauen in die öffentliche Sphäre ist jedoch in der Bundesrepublik kombiniert mit einer Beibehaltung geschlechtsspezifischer Arbeitsteilungen innerhalb des Erwerbslebens.

Erwerbstätige Frauen im April 1989 nach Berufsgruppen[1]		
Berufsgruppe	Verteilung auf Berufsgruppen (%)	Frauenanteil je Berufsgruppe (%)
Bürofach-, Bürohilfskräfte	23.9	67.9
darunter Bürofachkräfte	19.4	63.8
Warenkaufleute	12.3	62.0
Gesundheitsdienstberufe (ohne Ärzte und Apotheker)	8.4	85.4
darunter Krankenschwestern, -pfleger, Hebammen	6.8	82.3
Reinigungsberufe	4.4	83.5
Landwirtschaftliche Arbeitskräfte (Tierpfleger/innen)	2.9	78.8
Rechnungskaufleute, Datenverarbeitungskaufleute	3.5	53.1
Lehrer/innen	3.5	48.3
Sozialpflegerische Berufe	3.5	79.9
Bank-, Versicherungskaufleute	2.6	43.0
Gästebetreuer/innen	2.2	62.0
Zwischensumme	67.2	66.1
Sonstige Berufsgruppen	32.8	21.1
Frauen insgesamt	100.0	38.9

[1] Ergebnisse des Mikrozensus 1989

Quelle: Statistisches Bundesamt, Fachserie FS1, Reihe 4 1 2, 1989

aus: BMFJ (1992), S. 46

---

28   vergleiche BMFJ (1992), S. 44 und S. 65

Berufe, die Qualifikationen erfordern, wie sie in der Moderne für Frauen in ihrem häuslichen und familiären Arbeitsbereich entworfen und wie sie immer noch Frauen zugeschrieben werden, werden auch hauptsächlich von Frauen ergriffen. Besonders sichtbar wird dies in allen pflegerischen und sozialen Berufen. Die geschlechtsspezifischen Berufsfelder machen deutlich, daß das bürgerliche Frauenideal und der Anspruch des autonomen Individuums stark strukturierend auf den Arbeitsmarkt wirken.

Die Gültigkeit moderner Ansprüche zeigt sich auch bei der Frage nach der Akzeptanz der mit der zunehmenden Erwerbsbeteiligung einhergehenden ökonomischen Unabhängigkeit und bei der Frage, ob Frauen in der Erwerbssphäre auch als gleichwertig anerkannt werden. Die Akzeptanz von Frauenerwerbstätigkeit ist in den neuen und den alten Bundesländern unterschiedlich. Dies ist wohl darauf zurückzuführen, daß in der ehemaligen DDR fast alle Frauen berufstätig waren.[29] Immerhin ein Drittel der Männer in Westdeutschland sind der Meinung, daß die Berufstätigkeit von Frauen nicht gefördert werden sollte.

Meinen Sie, daß mehr getan werden sollte, um die Berufstätigkeit von Frauen zu fördern oder meinen Sie das nicht?

WEST		GESCHLECHT	
Prozentwerte	Gesamt	männl.	weibl.
Anzahl	1554	732	821
BERUFSTÄTIGKEIT DER FRAU			
fördern	73	65	79
nicht fördern	24	32	17

OST		GESCHLECHT	
Prozentwerte	Gesamt	männl.	weibl.
Anzahl	1079	499	580
BERUFSTÄTIGKEIT DER FRAU			
fördern	86	81	90
nicht fördern	14	19	9

aus: IPOS (1992), S. 37

Die ökonomische Unabhängigkeit der Frauen wird zwar kaum mehr für unwichtig erachtet, dennoch ergeben sich signifikante Unterschiede in den

---

[29] In den neuen Bundesländern stellten 1989 Frauen 49 % aller Berufstätigen. Vergleiche BMFJ (1992), S. 54

Einschätzungen von Männern und Frauen. Frauen (in Ost und West) halten ihre Unabhängigkeit für wichtiger als Männer die Unabhängigkeit der Frauen.

Wie wichtig ist es Ihrer Meinung nach, daß eine Frau, auch wenn sie verheiratet ist, wirtschaftlich auf eigenen Füßen steht? Ist das sehr wichtig, wichtig, nicht so wichtig oder völlig unwichtig?

WEST		GESCHLECHT	
Prozentwerte	Gesamt	männl.	weibl.
Anzahl	1554	732	821
WIRTSCH. UNABHÄNGIGKEIT			
sehr wichtig	29	20	37
wichtig	52	54	50
nicht so wichtig	16	22	11
völlig unwichtig	2	3	1

OST		GESCHLECHT	
Prozentwerte	Gesamt	männl.	weibl.
Anzahl	1079	499	580
WIRTSCH. UNABHÄNGIGKEIT			
sehr wichtig	38	27	48
wichtig	52	58	47
nicht so wichtig	9	13	5
völlig unwichtig	1	2	1

aus: IPOS (1992), S. 86

Was die Qualität der Arbeit anbelangt, so werden Frauen in Männerberufen bereits weitgehend akzeptiert, obwohl sie dort noch kaum zu finden sind. Erstaunlicherweise befürworten Frauen und Männer in Ostdeutschland jedoch in viel stärkerem Maße einen geschlechtsspezifisch segmentierten Arbeitsmarkt als in Westdeutschland.

186

Was meinen Sie, sollten Frauen auch Berufe ergreifen, die hauptsächlich von Männern ausgeübt werden oder sollten sie das nicht?			
WEST		**GESCHLECHT**	
Prozentwerte	Gesamt	männl.	weibl.
Anzahl	1554	732	821
MÄNNERBERUFE ERGREIFEN			
sollten Frauen tun	79	78	81
sollten sie nicht tun	19	21	17
OST		**GESCHLECHT**	
Prozentwerte	Gesamt	männl.	weibl.
Anzahl	1079	499	580
MÄNNERBERUFE ERGREIFEN			
sollten Frauen tun	61	55	66
sollten sie nicht tun	38	45	33

aus: IPOS (1992), S. 96

Die hohe Erwerbsquote in der ehemaligen DDR hat also nicht dazu geführt, daß auch die geschlechtsspezifische Verteilung der Arbeit aufgehoben wurde. Auch die Zustimmung weiblichen Vorgesetzten und zu Frauen in wirtschaftlichen Führungspositionen ist in Ostdeutschland geringer als in Westdeutschland.[30]

Zusammenfassend läßt sich sagen, daß Frauen zwar zunehmend am Erwerbsleben teilnehmen, daß dadurch das bürgerliche Frauenideal jedoch kaum in Frage gestellt wird. Nahezu alle Teilzeitarbeitsplätze werden von Frauen ausgefüllt. Das heißt, die Tätigkeiten, die Frauen durch das bürgerliche Frauenideal in Haushalt und Familie zugewiesen sind, haben immer noch einen relativ hohen Stellenwert bei der sozialen Wahrnehmung von Frauen und tragen somit zur ständigen Neukonstruktion des bürgerlichen Frauenideals bei. Darüber hinaus wird das traditionelle Frauenbild durch den stark geschlechtsspezifisch segmentierten Arbeitsmarkt immer wieder bestätigt. Frauen sind vor allem in sozialen und dienenden Funktionen tätig, in denen ähnliche Qualifikationen verlangt werden, wie sie Frauen im bürgerlichen Frauenideal ohnehin zugeschrieben werden.

---

[30] IPOS (1992), S. 98 und 114;
- lieber einen Mann als Vorgesetzten wollen: Ost 27 %, West 18 %
- mehr Frauen in wirtschaftlichen Führungspositionen wollen: Ost 48 %, West 59 %

Bei der geschlechtsspezifischen Aufteilung der Lebenssphären und Arbeitsbereiche darf jedoch nicht nur die Erwerbsarbeit betrachtet werden. Wie stark das bürgerliche Frauenideal und das autonome Individuum als Modelle die gesellschaftliche Realität prägen und damit durch die Erfahrungswelt der Frauen und Männer auch immer wieder bestätigt werden, zeigt sich in viel stärkerem Maß in der geschlechtsspezifischen Verteilung der Arbeit, die im sogenannten privaten Bereich anfällt: alle häuslichen Tätigkeiten für die Familie.

"Verschiedene Untersuchungen über den Zeitaufwand für Hausarbeit kommen zu dem Ergebnis, daß sie bei nicht erwerbstätigen Frauen zwischen 50 und 70 Stunden in der Woche in Anspruch nimmt, bei erwerbstätigen Frauen zwischen 40 und 60 Stunden in der Woche. Eine Untersuchung hat die in den Haushalten jährlich geleistete Arbeit auf 53 Mrd. Stunden mit einem Wert in Höhe von 1,08 Billionen DM geschätzt. Dies entspräche, bezogen auf 1982, 68 % des Bruttosozialprodukts der Bundesrepublik Deutschland."[31]

Das BMFJ geht hier von einer vorsichtigen Schätzung aus. Die Quantifizierung und Bewertung von Haus- und Familienarbeit steckt noch in den Anfängen und beruht und auf einer ganzen Reihe von Fiktionen.[32] Haus- und Familienarbeit ist auch schwer gegen andere Tätigkeiten abzugrenzen (z.B. gegenüber der Freizeit). Andere Schätzungen aus dem Statistischen Bundesamt quantifizieren den gesamtwirtschaftlichen Wert dieser Leistungen auf 80-100 % des jetzigen Bruttosozialprodukts. Würden Haus- und Familienarbeit in das Bruttosozialprodukt der Bundesrepublik eingerechnet, ergäbe sich ein Anteil der Haus- und Familienarbeit am gesamten Bruttosozialprodukt von 30-50 %.[33] Für die Beurteilung der geschlechtsspezifischen Arbeitsteilung ist also die Verteilung der Haus- und Familienarbeit genauso wichtig wie die Erwerbsarbeit.[34]

---

[31] BMFJ (1992), S. 76

[32] Beispielsweise ist die Bewertung der Haus- und Familienarbeit in DM nur solange aussagekräftig, solange nicht wirklich für diese Arbeiten bezahlt wird. Würden Haus- und Familienarbeit entsprechend bezahlt, würde sich das gesamte Lohngefüge völlig verändern und sich auch der Zeitaufwand für diese Arbeiten verschieben.

[33] vergleiche Blanke (1991), S. 155

[34] Die Schätzung, daß ca. zwei Drittel der Arbeit in der Bundesrepublik von Frauen geleistet werden, geht von folgenden Annahmen aus: Haus- und Familienarbeit wird nahezu vollständig von Frauen erbracht, hinzu kommt ca. ein Drittel des Bruttosozialprodukt aus Erwerbsarbeit. Zusammen sind das 46-66 % des gesamten Bruttosozialprodukt. Wird berücksichtigt, daß Frauen im allgemeinen die geringer bezahlten Positionen im Erwerbsbereich ausfüllen und auch für gleiche Arbeit nicht gleich bezahlt werden, erscheint mir die obere Grenze der Schätzung realistisch. Frauen erbringen demnach annähernd zwei Drittel der gesamten Arbeit in der Bundesrepublik.

Die Frage nach den Haushaltstätigkeiten Putzen, Kochen und Einkaufen zeigt, daß ganz überwiegend Frauen für den Haushalt verantwortlich sind. Lediglich beim Einkaufen erhalten die Frauen in größerem Maß Unterstützung durch die Männer.

In einer Partnerschaft stellt sich immer wieder die Frage nach der Aufgabenverteilung im Haushalt. Wer übernimmt bei Ihnen überwiegend das Putzen? Und wer übernimmt bei Ihnen überwiegend das Kochen? Und wer übernimmt bei Ihnen überwiegend das Einkaufen für den Haushalt?

Auswahl: GEMEINSAME WOHNUNG

WEST		GESCHLECHT	
Prozentwerte	Gesamt	männl.	weibl.
Anzahl	1090	501	588
PUTZEN ÜBERNIMMT			
der Mann	2	3	1
die Frau	77	75	79
beide, alle	15	16	14
Großeltern	0	0	1
die Kinder	0	–	1
Haushaltshilfe	6	6	5
KOCHEN ÜBERNIMMT			
der Mann	7	7	7
die Frau	78	77	79
beide, alle	13	15	12
Großeltern	1	–	1
die Kinder	0	–	0
Haushaltshilfe	1	1	0
EINKAUFEN ÜBERNIMMT			
der Mann	13	14	13
die Frau	52	46	57
beide, alle	34	39	30
Großeltern	–	–	–
die Kinder	1	1	1
Haushaltshilfe	–	–	–

aus: IPOS (1992), S. 27

In einer Partnerschaft stellt sich immer wieder die Frage nach der Aufgabenverteilung im Haushalt. Wer übernimmt bei Ihnen überwiegend das Putzen? Und wer übernimmt bei Ihnen überwiegend das Kochen? Und wer übernimmt bei Ihnen überwiegend das Einkaufen für den Haushalt?

Auswahl: GEMEINSAME WOHNUNG

OST		GESCHLECHT		
Prozentwerte		Gesamt	männl.	weibl.
	Anzahl	848	391	457
PUTZEN ÜBERNIMMT				
der Mann		3	4	3
die Frau		70	70	69
beide, alle		25	25	25
Großeltern		1	–	1
die Kinder		0	–	0
Haushaltshilfe		–	–	–
KOCHEN ÜBERNIMMT				
der Mann		7	6	8
die Frau		74	74	74
beide, alle		17	20	14
Großeltern		1	0	1
die Kinder		0	–	0
Haushaltshilfe		–	–	–
EINKAUFEN ÜBERNIMMT				
der Mann		12	13	12
die Frau		42	38	45
beide, alle		43	48	39
Großeltern		1	1	1
die Kinder		1	0	1
Haushaltshilfe		–	–	–

aus: IPOS (1992), S. 28

Für die Beurteilung des Fortwirkens moderner Ansprüche an Frauen und Männer ist auch hier wieder wichtig, inwieweit die geschlechtsspezifische Arbeitsteilung auch akzeptiert wird.

"Trotz dieser recht ungleichen Verteilung der Aufgaben im Haushalt sind 88 % der Frauen im Westen und 89 % der Frauen im Osten im großen und ganzen mit der Aufgabenverteilung im Haushalt zufrieden. Ganze 9 % der Frauen im Westen und 7 % der Frauen im Osten meinen, der Mann im Haushalt sollte mehr tun ... Die ... Männer sind im großen und ganzen zufrieden mit der Aufgabenverteilung. Selbst unter den berufstätigen Frauen sind im Westen ganze 13 % unzufrieden mit der Aufgabenverteilung in ihrem Haushalt, im Osten sind es 10 % ... Eine Mehrbelastung durch Haushalt und Kinder wird bei berufstätigen Frauen deutlich wahrgenommen, allerdings nicht in einem Ausmaß, wie man erwarten könne. Die Zufriedenheit mit der Aufgabenverteilung in Familie und Haushalt, die bei Männern und

Frauen sehr hoch ist, leidet auch bei den berufstätigen Frauen durch die Mehrbelastung nicht."[35]

Die Frauen identifizieren sich nicht nur weitgehend mit den ihnen zugeschriebenen Charaktereigenschaften, die für die Erfüllung der Aufgaben im privaten Bereich konzipiert sind.[36] Sondern sie akzeptieren auch zum überwiegenden Teil die geschlechtsspezifische Arbeitsteilung, die sich aus diesen Zuweisungen ergibt. Sie fühlen sich tendenziell alleine für Haus- und Familienarbeit verantwortlich. Die zunehmende Erwerbstätigkeit der Frauen kommt zu dieser Arbeit hinzu, wird also als Doppelbelastung realisiert.

Neben der bereits erläuterten Haus- ist auch die Familienarbeit nach dem Modell des bürgerlichen Frauenideals Frauenarbeit. Die hauptsächliche Zuständigkeit für die Betreuung kleiner Kinder wird immerhin noch von Rund einem Drittel der Bevölkerung den Frauen zugewiesen. Auch hier sind wieder die Ostdeutschen etwas stärker im Rollendenken verhaftet als die Westdeutschen.[37]

---

[35]   IPOS (1992), S. 29ff

[36]   vergleiche Abschnitt 6.1

[37]   Wie sich auch im weiteren zeigen wird, hat die hohe Erwerbsquote der Frauen und die ausreichende Versorgung mit Kinderbetreuungseinrichtungen nicht dazu geführt, daß die Zuweisung geschlechtsspezifischer Rollen aufgebrochen wurde. Es liegt eher der Schluß nahe, "that the special treatment that mothers enjoyed was not really a privilege for them but rather served to relieve fathers from family responsibilities" (Hübner, 1991, S. 29).

Wenn es um die Betreuung der kleinen Kinder geht: Wer sollte da in erster Linie zuständig sein, die Mutter, der Vater oder beide gleich?
Und wenn es um die Erziehung der älteren Kinder geht: Wer sollte da in erster Linie zuständig sein, die Mutter, der Vater oder beide gleich?

WEST — GESCHLECHT

Prozentwerte		Gesamt	männl.	weibl.
	Anzahl	1554	732	821
BETREUUNG DER KLEINEN KINDER				
von der Mutter		30	33	27
vom Vater		0	–	0
von beiden gleich		70	67	73
ERZIEHUNG DER ÄLTEREN KINDER				
von der Mutter		4	4	4
vom Vater		3	5	2
von beiden gleich		92	90	94

OST — GESCHLECHT

Prozentwerte		Gesamt	männl.	weibl.
	Anzahl	1079	499	580
BETREUUNG DER KLEINEN KINDER				
von der Mutter		34	33	34
vom Vater		1	1	0
von beiden gleich		66	66	66
ERZIEHUNG DER ÄLTEREN KINDER				
von der Mutter		5	2	7
vom Vater		2	3	1
von beiden gleich		94	96	92

aus: IPOS (1992), S. 57

Hingegen sind Ostdeutsche in bezug auf die Kindererziehung weniger stark an das dazugehörige bürgerliche Familienbild gebunden. Die Betreuung von Kindern in einer Krippe halten sie mit großer Mehrheit für unschädlich, während ca. zwei Drittel der Westdeutschen eine Unterbringung von Kleinkindern außerhalb der Familie für grundsätzlich schädlich halten.

Was meinen Sie, schadet es der Entwicklung eines Kindes, wenn es vor dem Kindergartenalter in einer staatlichen Kinderkrippe betreut wird oder schadet ihm das nicht?			
WEST		**GESCHLECHT**	
Prozentwerte	Gesamt	männl.	weibl.
Anzahl	1554	732	821
BETREUUNG IN KINDERKRIPPE			
schadet nicht	21	25	18
schadet der Entwicklung	12	8	15
außerhalb immer schädlich	63	63	63
OST		**GESCHLECHT**	
Prozentwerte	Gesamt	männl.	weibl.
Anzahl	1079	499	580
BETREUUNG IN KINDERKRIPPE			
schadet nicht	57	60	54
schadet der Entwicklung	4	3	5
außerhalb immer schädlich	39	36	41

aus: IPOS (1992), S. 64

Durch die Unterbringung der Kinder (egal welchen Alters) wird allerdings die geschlechtsspezifische Arbeitsteilung nicht in dem Sinn aufgebrochen, daß Männer sich mehr an der Kindererziehung beteiligen. Die Angebote Tagesmutter, Kinderkrippe, Kindergarten, Kinderhort sind eindeutig frauendominierte Arbeitsbereiche. Die Unterbringung der Kinder außerhalb der Familie ist also lediglich eine Umverteilung der Arbeit von unbezahlt zu Hause arbeitenden zu bezahlt in verschiedenen Einrichtungen arbeitenden Frauen. Daß die Frauen nicht ganz alleine als für die Kindererziehung zuständig angesehen werden, heißt also noch nicht, daß sich Männer in größerem Maß an der Familienarbeit beteiligen.

Der häusliche Arbeitsbereich bleibt "weiterhin Domäne der Frau, und sie hat gegenüber ihrem Mann einen längeren Arbeitstag, wenn sie erwerbstätig ist"[38]. Dennoch ist zwischen den Erhebungen in Baden-Württemberg 1983 und 1988 wohl ein behutsamer Wandel erkennbar.[39] Männer beteiligen sich etwas mehr an ausgewählten Bereichen der häuslichen Arbeit. Das Spektrum reicht von so gut wie keiner Beteiligung an der Wäschepflege bis zu verstärkter Partizi-

---

[38] Kössler (1990), S. 543

[39] vergleiche Kössler (1990), S. 543; zur geschlechtsspezifischen Verteilung der von Männern und Frauen verrichteten Hausarbeiten vergleiche Kössler (1992), S. 63

pation an der Kinderbetreuung. Ein behutsamer Wandel ist auch darin zu sehen, daß die Mitarbeit der Männer im Haushalt inzwischen von der Erwerbsbeteiligung der Frau abhängig ist. Während noch vor einigen Jahren die eindeutige Zuständigkeit der Frau für die Tätigkeiten in Haus und Familie unabhängig vom Umfang ihrer Berufstätigkeit bestand, wird heute der zeitlichen Belastung der erwerbstätigen Frauen Rechnung getragen. Je umfangreicher die berufliche Einbindung der Frau, desto eher übernimmt der Mann Aufgaben in Haus und Familie. Dies kann als Indiz dafür gesehen werden, daß die Paare die Gesamtarbeit (Erwerbs- und Haus- und Familienarbeit) auch unabhängig von geschlechtsspezifischen Zuordnungen gerechter verteilen wollen.[40]

Um die Arbeitsbelastung von Frauen und Männern als Ganzes einschätzen zu können, ist es anschaulich, die Freizeit zu quantifizieren, die nach Erwerbsarbeit und Haus- und Familienarbeit übrigbleibt. Nach einer Differenzierung nach dem Ausmaß der Erwerbstätigkeit und nach Anzahl und Alter der in einem Haushalt zu versorgenden Kinder ergibt sich, daß Männer in allen Konstellationen mehr Freizeit haben als Frauen - mit einer Ausnahme: "Nur eine nichterwerbstätige Ehefrau ohne Kinder hat ähnlich viel Freizeit wie ein erwerbstätiger Vater."[41] Also nur die am wenigsten belastete Frau erreicht den am meisten belasteten Mann in ihrem Freizeitbudget.

---

[40]   Kössler (1990), S. 540

[41]   Eggen (1992), S. 485

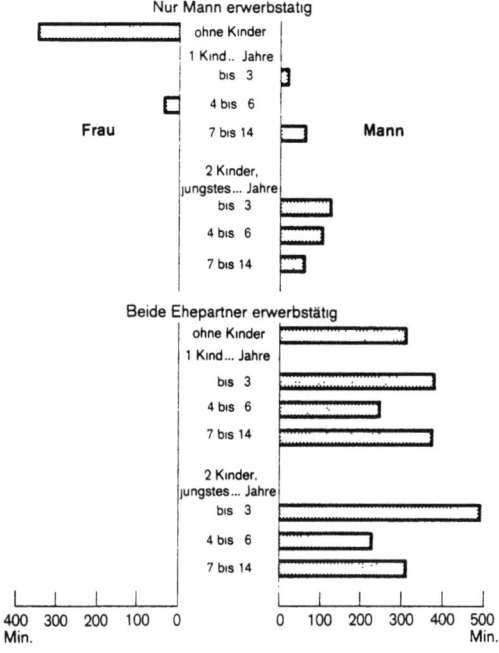

Unterschiede zwischen Ehepartnern in Bezug auf den
wöchentlichen Freizeitumfang*) in Baden-
Württemberg 1988 nach Anzahl und Alter der Kinder
sowie Beteiligung der Frau am Erwerbsleben

Nur Mann erwerbstätig

ohne Kinder

1 Kind.. Jahre

bis 3

4 bis 6

Frau   7 bis 14   Mann

2 Kinder,
jungstes... Jahre
bis 3

4 bis 6

7 bis 14

Beide Ehepartner erwerbstätig
ohne Kinder
1 Kind... Jahre

bis 3

4 bis 6

7 bis 14

2 Kinder.
jungstes... Jahre
bis 3

4 bis 6

7 bis 14

400 300 200 100 0   0 100 200 300 400 500
Min.   Min.

*) Freizeit eines Ehepartners, uber die er mehr verfugt als sein Partner
Statistisches Landesamt Baden-Wurttemberg

aus: Eggen (1992), S. 486

Zusammenfassend läßt sich sagen, daß die zunehmende ökonomische
Unabhängigkeit der Frauen als Folge der zunehmenden Erwerbsquote an der
Situation der Männer kaum etwas verändert hat. Sie führt bisher lediglich zur
Doppelbelastung der Frauen. In bezug auf die modernen Ansprüche an Frauen
und Männer heißt das: Die Frauen brechen ein Stück aus dem bürgerlichen
Frauenideal aus und leben auch Ansprüche, die in der Moderne dem autonomen
Individuum Mann zugeschrieben sind. Die Männer hingegen beschränken sich
weiterhin auf die Ansprüche des autonomen Individuums und übernehmen
kaum einen Teil der Aufgaben, die mit dem bürgerlichen Frauenideal zusammenhängen. Diese Asymmetrie führt zur physischen und psychischen Doppel-

belastung der Frauen, die trotz zunehmender Einbindung in systemische Zwänge weitgehend alleine zuständig bleiben für die psychische, physische und biologische Reproduktion nicht nur ihrer selbst, sondern auch des Mannes.

6.2.2   Identifikation Jugendlicher mit geschlechtsspezifischen Rollen

Diese Asymmetrie - die relativ breite Erwerbsbeteiligung der Frauen unter Beibehaltung der traditionellen modernen Geschlechterrollen - wird auch von den Jugendlichen in ihrem Elternhaus und in ihrer Umgebung erfahren. Die Frage ist, inwieweit Jugendliche (vor allem Mädchen) sich in diese Rollenverteilung einfügen, die modernen Ansprüche an Frauen und Männer internalisieren und sich damit bruchlos integrieren. Schließen sie ihre Erfahrungswelt an die von ihnen wahrgenommene soziale Umwelt an? Ist ihre soziale Integration durch die Einhaltung der tradierten Normen gesichert, und wird das patriarchale Geschlechterverhältnis als nichthinterfragtes Hintergrundwissen als wahr in ihre Lebenswelt eingebaut? Spiegeln die Lebensverhältnisse von Jugendlichen die der Gesamtbevölkerung wider?

Zur Darstellung von Lebensformen, Interessen und Ansprüchen der Jugendlichen in Deutschland beziehe ich mich auf die Untersuchung des Jugendwerks der Deutschen Shell *Jugend '92 - Lebenslagen, Orientierungen und Entwicklunsperspektiven im vereinigten Deutschland* und vergleiche die Ergebnisse mit der Untersuchung des Jugendwerks der Deutschen Shell *Jugendliche und Erwachsene '85 - Generationen im Vergleich*.[42]

Bereits die Frage nach der persönlich verfügbaren Freizeit zeigt die Ähnlichkeit der Lebensbedingungen der Jugendichen (zwischen 13 und 29 Jahre) mit denen der Gesamtbevölkerung. Weibliche Jugendliche haben sowohl unter der Woche als auch an den Wochenenden weniger Freizeit als männliche. Wobei auch hier das traditionellere Rollenverständnis in Ostdeutschland deutlich wird. Der Unterschied zwischen dem Freizeitbudget von Mädchen und Jungen ist in Ostdeutschland etwas größer als in Westdeutschland.

---

[42]   Ich zitiere diese Studien verkürzt als "Jugend '92" und "Jugend '85".

aus: Jugend '92, Band 4, S. 144

Frage 23b: Wieviel Stunden reine Freizeit zu Deiner ganz persönlichen Verfügung hast Du in der letzten Woche am Sonnabend gehabt?

	Total	West Total	Ost Total	männlich Total	weiblich Total	West männlich	West weiblich	Ost männlich	Ost weiblich	West 13-16 Jahre	West 17-20 Jahre	West 21-24 Jahre	West 25-29 Jahre	Ost 13-16 Jahre	Ost 17-20 Jahre	Ost 21-24 Jahre	Ost 25-29 Jahre
Total Basis	4005	3142	863	1983	2022	1551	1591	432	431	624	638	806	601	343	357	384	252
Recall Basis	4005	3142	863	1983	2022	1551	1591	432	431	624	638	806	601	343	357	384	252
MITTELWERT	100	103	93	107	94	109	96	101	84	102	113	106	95	105	110	91	76
STANDARDABWEICHUNG	45	45	45	43	46	43	46	43	45	39	42	45	48	36	42	44	46
RECALL	3850	3032	818	1920	1930	1505	1527	415	403	620	624	779	567	342	343	364	230
99 trifft nicht zu	4	3	5	3	5	3	4	4	7	1	2	3	6	0	4	5	9

Frage 23b: Wieviel Stunden reine Freizeit zu Deiner ganz persönlichen Verfügung hast Du in der letzten Woche am Sonntag gehabt?

	Total	West Total	Ost Total	männlich Total	weiblich Total	West männlich	West weiblich	Ost männlich	Ost weiblich	West 13-16 Jahre	West 17-20 Jahre	West 21-24 Jahre	West 25-29 Jahre	Ost 13-16 Jahre	Ost 17-20 Jahre	Ost 21-24 Jahre	Ost 25-29 Jahre
Total Basis	4005	3142	863	1983	2022	1551	1591	432	431	624	638	806	601	343	357	384	252
Recall Basis	4005	3142	863	1983	2022	1551	1591	432	431	624	638	806	601	343	357	384	252
MITTELWERT	110	112	99	117	102	120	105	108	89	112	122	116	105	107	114	99	85
STANDARDABWEICHUNG	43	43	44	40	45	40	45	41	45	37	39	42	47	36	39	42	47
RECALL	3855	3035	821	1927	1928	1514	1521	414	407	617	625	782	568	340	345	362	233
99 trifft nicht zu	4	3	5	3	5	2	4	4	6	1	2	3	5	1	3	6	8

Frage 23b: Wieviel Stunden reine Freizeit zu Deiner ganz persönlichen Verfügung hast Du in der letzten Woche an einem durchschnittlichen Werktag gehabt?

	Total	West Total	Ost Total	männlich Total	weiblich Total	West männlich	West weiblich	Ost männlich	Ost weiblich	West 13-16 Jahre	West 17-20 Jahre	West 21-24 Jahre	West 25-29 Jahre	Ost 13-16 Jahre	Ost 17-20 Jahre	Ost 21-24 Jahre	Ost 25-29 Jahre
Total Basis	4005	3142	863	1983	2022	1551	1591	432	431	624	638	806	601	343	357	384	252
Recall Basis	4005	3142	863	1983	2022	1551	1591	432	431	624	638	806	601	343	357	384	252
MITTELWERT	5.6	58	5.1	60	53	61	54	55	47	57	63	60	53	55	58	48	46
STANDARDABWEICHUNG	40	41	35	41	38	42	39	37	33	34	40	43	42	31	3.7	30	39
RECALL	3856	3061	796	1933	1923	1528	1532	405	391	619	626	781	580	333	341	356	220
99 trifft nicht zu	4	3	8	3	5	1	4	6	9	1	2	3	3	3	4	7	13

Die Zeit, die Mädchen zusätzlich arbeiten, geht auf das Konto der Hausarbeit. Es werden mehr Mädchen als Jungen zur Hausarbeit herangezogen, und Mädchen werden auch früher mit Hausarbeiten beauftragt als Jungen. Diese Unterschiede sind in Ostdeutschland wiederum weniger ausgeprägt. Die Doppelbelastung ist für Mädchen und Frauen (in Ost und West) also eine Selbstverständlichkeit, in die sie hineinwachsen.

	Total	West Total	Ost Total	männlich Total	weiblich Total	West männlich	West weiblich	Ost männlich	Ost weiblich	West 13-16 Jahre	West 17-20 Jahre	West 21-24 Jahre	West 25-29 Jahre	Ost 13-16 Jahre	Ost 17-20 Jahre	Ost 21-24 Jahre	Ost 25-29 Jahre
Total	4005	3142	863	1983	2022	1551	1591	432	431	624	638	806	601	343	357	384	252
Recall Basis	3988	3133	855	1976	2012	1546	1587	429	426	621	636	804	600	341	355	330	249
MITTELWERT	11 7	12 1	10 3	12 0	11 5	12 4	11 9	10 7	10 0	10 2	11 9	12 6	12 8	9 2	10 3	10 4	10 9
STANDARDABWEICHUNG	3 6	3 7	3 2	3 8	3 5	3 9	3 5	3 4	3 0	2 4	2 9	3 6	4 2	2 4	3 0	3 1	3 6
RECALL	3693	2869	824	1743	1950	1337	1532	406	418	537	560	738	574	322	337	376	241
1 habe schon erlebt	93	92	96	88	97	86	97	95	98	86	88	92	96	94	95	99	97
9 noch nicht erlebt	7	8	4	12	3	14	3	5	2	14	12	8	4	6	5	1	3
erlebt im Alter																	
1 bis 14 Jahre	75	71	89	68	82	64	79	85	93	85	73	65	68	93	89	92	84
2 15 bis 17 Jahre	12	14	5	13	11	15	13	6	4	2	13	19	17	1	5	4	8
3 18 bis 20 Jahre	4	4	2	5	3	5	4	2	2	0	3	6	7	0	1	2	3
4 21 bis 24 Jahre	1	1	1	2	1	2	1	1	0	0	0	2	3	0	0	1	2
5 25 bis 29 Jahre	0	1	0	1	0	1	1	0	0	0	0	0	2	0	0	0	0

aus: Jugend '92, Band 4, S. 170

Die Art der Arbeiten, die Jugendliche zu Hause verrichten, ist ebenfalls geschlechtsspezifisch.[43] Während Mädchen mehr als Jungen waschen, kochen, putzen und sich um Kinder kümmern, erledigen Jungen häufiger als Mädchen Fahrten mit dem Auto und Reparaturen im Haus. Beim Einkaufengehen ist kein Unterschied festzumachen - also genau in dem Bereich, in dem auch in der Gesamtbevölkerung am ehesten von einer Arbeitsteilung zwischen Frauen und Männern gesprochen werden kann.

Obwohl die zitierten Untersuchungen der Jugendlichen und der Erwachsenen nicht direkt vergleichbar sind, scheinen doch offensichtlich die Unterschiede zwischen der Beteiligung von Mädchen und Jungen an der häuslichen Arbeit nicht so groß zu sein wie in der Gesamtbevölkerung. Dies liegt sicher daran, daß entscheidende Kriterien, die geschlechtsspezifische Arbeitsteilung nach sich ziehen, erst in einer späteren Lebensphase greifen: die Zuständigkeit für die Kinderbetreuung und -erziehung sowie die Erwerbsbeteiligung.

Eine Einschätzung, ob die Jugendlichen, wenn sie selbst Partnerschaften eingehen oder Familien gründen, in das tradierte und von den Eltern vorgelebte Muster einschwenken werden, oder ob sie wenigstens versuchen werden, die geschlechtsspezifische Arbeitsteilung nicht nahtlos zu übernehmen, ist über die Wünsche der Jugendlichen an eine Partnerschaft und über unterschiedliche Interessen der Jugendlichen möglich. Wünsche sind gleichzeitig Ansprüche an die eigene Lebensweise und an gemeinsame Lebensformen, und unterschiedliche

---

43   vergleiche Jugend '92, S. 195f

Interessen können später in unterschiedliche Arbeitsbereiche umgesetzt werden. Die spätere Einhaltung oder Ablehnung geschlechtsspezifischer Rollen hängt mit den Ansprüchen und Wünschen an eine Partnerschaft zusammen.

"Mädchen und Frauen wünschen sich entschiedener als das andere Geschlecht eine Partnerschaft, in der beide Partner gleich viel zu sagen haben. Sie legen auch mehr Wert darauf, daß beide Partner gleich viel in ihrer beruflichen Planung auf Kinder Rücksicht nehmen, sich gleich viel Gedanken über ihre Kinder machen, die Hausarbeit teilen und gleiche Zeit haben, ihren Freizeitinteressen nachzugehen. Partnerschaftliches Verhalten in den Beziehungen ist offizieller Konsens bei jungen Leuten. Die Abweichungen zwischen den Geschlechtern liegen darin, daß männliche Jugendliche ihr halbherziger, weibliche nachdrücklicher zustimmen."[44]

„Ich wünsche mir eine Partnerschaft, in der beide Partner gleich viel zu sagen haben" - Vorerhebung - Angaben in Prozenten				
	weibliche Jugendliche		männliche Jugendliche	
	West	Ost	West	Ost
total (n)	203	192	194	185
trifft überhaupt nicht zu	0	0	0.5	0
trifft weniger zu	1.5	1.0	3.6	7.6
trifft zu	36.5	32.8	52.1	45.9
trifft sehr zu	62.0	66.2	43.8	46.5
	100.0	100.0	100.0	100.0

aus: Metz-Göckel/Müller/Nickel (1992), S. 343

Die unterschiedliche Intensität, mit der von Jugendlichen partnerschaftliches Verhalten gewünscht wird, erlaubt den Schluß, daß in einer späteren Partnerschaft junge Männer eher bereit sein werden, traditionelle Rollenmuster in der eigenen Lebensform wiederaufleben zu lassen. Junge Frauen werden eher versuchen, neue Lebensformen zu finden, die partnerschaftlichen Umgang leichter ermöglichen, als die bürgerliche Familie. Diese Asymmetrie zwischen männlichen und weiblichen Jugendlichen weist darauf hin, daß sich die Tendenz fortsetzen wird, nach der Frauen zunehmend an den Ansprüchen des autonomen Individuums partizipieren, während sich das Rollenmuster der Männer kaum verändert.

---

[44]   Metz-Göckel/Müller/Nickel (1992), S. 342

Eine völlige Angleichung der Ansprüche und Zielsetzungen der weiblichen und männlichen Jugendlichen ist bei der eigenen Einordnung in die Gesellschaft und in die Beziehungen zu anderen zu beobachten.

Auf diesen Kärtchen stehen einige Aussagen dazu, wie sich der Einzelne im Leben und in der Gesellschaft verstehen kann. Bitte sage Du mir, ob eine Aussage Dein Lebensgefühl sehr gut, gut, weniger gut oder gar nicht trifft.
INT.: FOLGENDE KENNZIFFERN EINTRAGEN
4 = sehr gut, 3 = gut, 2 = weniger gut, 1 = überhaupt nicht

	Total	West Total	Ost Total	männlich Total	weiblich Total	West männlich	West weiblich	Ost männlich	Ost weiblich	West 13-16 Jahre	West 17-20 Jahre	West 21-24 Jahre	West 25-29 Jahre	Ost 13-16 Jahre	Ost 17-20 Jahre	Ost 21-24 Jahre	Ost 25-29 Jahre
Total	4005	3142	863	1983	2022	1551	1591	432	431	624	638	806	601	343	357	384	252
1 Ich bin zufrieden, wenn ich mein Privatleben gestalten kann (mean)	3.1	3.1	3.2	3.1	3.2	3.1	3.2	3.2	3.2	3.0	3.1	3.2	3.2	3.2	3.2	3.2	3.2
(s)	0.8	0.7	0.8	0.8	0.7	0.8	0.7	0.8	0.8	0.7	0.8	0.8	0.8	0.7	0.8	0.8	0.8
(n)	3990	3129	861	1976	2015	1546	1584	430	431	620	636	803	599	343	356	384	251
2 Ich kümmere mich nur wenig um Dinge außerhalb meiner privaten Welt (mean)	2.1	2.2	2.1	2.2	2.1	2.2	2.1	2.0	2.1	2.2	2.1	2.2	2.1	2.1	2.0	2.0	2.1
(s)	0.8	0.8	0.7	0.8	0.8	0.8	0.8	0.8	0.7	0.8	0.8	0.8	0.8	0.7	0.7	0.8	0.8
(n)	3990	3129	861	1976	2015	1546	1584	430	431	620	636	803	599	343	356	384	251
3 Man sollte sein Leben leben und froh sein, wenn man nicht von außen belästigt wird (mean)	2.5	2.5	2.4	2.5	2.4	2.5	2.5	2.4	2.3	2.7	2.5	2.4	2.5	2.4	2.3	2.3	2.4
(s)	0.9	0.8	0.9	0.8	0.9	0.8	0.9	0.9	0.9	0.8	0.9	0.9	0.8	0.9	0.9	0.9	0.9
(n)	3990	3129	861	1976	2015	1546	1584	430	431	620	636	803	599	343	356	384	251
4. Ich will in Frieden für mich leben und komme gar nicht auf die Idee mich gegen alles aufzulehnen (mean)	2.5	2.6	2.3	2.5	2.5	2.6	2.6	2.4	2.3	2.7	2.5	2.6	2.6	2.4	2.3	2.3	2.4
(s)	0.8	0.8	0.8	0.8	0.8	0.8	0.8	0.9	0.8	0.8	0.9	0.8	0.8	0.9	0.8	0.8	0.9
(n)	3990	3129	861	1976	2015	1546	1584	430	431	620	636	803	599	343	356	384	251
5. Ich will machen, was ich will, und die anderen sollen machen, was sie wollen (mean)	2.6	2.6	2.4	2.6	2.5	2.7	2.6	2.5	2.4	2.7	2.6	2.6	2.6	2.6	2.4	2.5	2.4
(s)	0.9	0.9	0.9	0.9	0.9	0.9	0.9	0.9	0.9	0.9	0.9	0.9	0.9	1.0	0.9	0.9	0.9
(n)	3990	3129	861	1976	2015	1546	1584	430	431	620	636	803	599	343	356	384	251
6 Ich glaube nicht, daß alle meine Wünsche in Erfüllung gehen, denn ich muß mich der allgemeinen Lage anpassen (mean)	2.7	2.7	2.7	2.7	2.7	2.7	2.7	2.7	2.8	2.8	2.7	2.7	2.7	2.8	2.7	2.8	2.7
(s)	0.8	0.7	0.8	0.8	0.7	0.8	0.7	0.8	0.8	0.7	0.8	0.8	0.8	0.7	0.8	0.8	0.8
(n)	3990	3129	861	1976	2015	1546	1584	430	431	620	636	803	599	343	356	384	251
7 Die Menschen müssen lernen, mit dem zufrieden zu sein, was sie haben (mean)	2.7	2.7	2.5	2.7	2.7	2.7	2.8	2.4	2.5	3.0	2.7	2.7	2.7	2.5	2.5	2.5	2.3
(s)	0.9	0.9	0.9	0.9	0.9	0.9	0.8	0.9	0.9	0.8	0.9	0.8	0.9	0.9	0.9	0.9	0.9
(n)	3990	3129	861	1976	2015	1546	1584	430	431	620	636	803	599	343	356	384	251
8. Unterordnung und Anpassung gehören mal einmal zu den Dingen, die man im Leben können muß (mean)	2.7	2.7	2.8	2.7	2.8	2.7	2.8	2.8	2.8	2.8	2.7	2.7	2.7	2.9	2.8	2.8	2.7
(s)	0.8	0.8	0.8	0.8	0.8	0.8	0.8	0.8	0.8	0.8	0.8	0.8	0.8	0.8	0.8	0.8	0.7
(n)	3990	3129	861	1976	2014	1546	1584	430	430	620	636	803	599	342	356	384	251
9 In der heutigen Zeit darf man nicht wählerisch sein, sondern muß die Möglichkeiten nehmen, die sich einem bieten (mean)	2.4	2.4	2.6	2.4	2.4	2.4	2.4	2.7	2.5	2.5	2.4	2.4	2.4	2.6	2.6	2.6	2.6
(s)	0.8	0.8	0.8	0.8	0.8	0.8	0.8	0.9	0.8	0.8	0.8	0.8	0.8	0.8	0.8	0.8	0.9
(n)	3990	3129	861	1976	2015	1546	1584	430	431	620	636	803	599	343	356	384	251
10 Man sollte schon versuchen, sich etwas anzupassen und nicht bei jeder Gelegenheit einen großen Aufstand machen (mean)	2.9	2.9	2.8	2.8	2.9	2.8	2.9	2.8	2.9	3.0	2.9	2.8	2.9	2.9	2.9	2.9	2.8
(s)	0.7	0.7	0.7	0.7	0.7	0.7	0.7	0.7	0.7	0.7	0.7	0.7	0.7	0.7	0.7	0.7	0.7
(n)	3990	3129	861	1976	2015	1546	1584	430	431	620	636	803	599	343	356	384	251
11 Ich möchte versuchen, aus dem Zwang dieser Gesellschaft auszubrechen (mean)	2.2	2.3	2.2	2.2	2.2	2.3	2.3	2.2	2.1	2.2	2.4	2.3	2.2	2.1	2.3	2.2	2.1
(s)	0.8	0.8	0.8	0.8	0.8	0.8	0.8	0.8	0.9	0.8	0.9	0.8	0.8	0.9	0.8	0.8	0.8
(n)	3990	3129	861	1976	2014	1546	1584	430	430	620	636	803	599	342	356	384	251
12 Ich will nicht nach Vorschrift und Plan leben, sondern tun, was mir gerade Spaß macht (mean)	2.8	2.8	2.7	2.8	2.8	2.8	2.8	2.7	2.7	3.0	2.9	2.8	2.7	3.0	2.8	2.7	2.5
(s)	0.8	0.8	0.8	0.8	0.8	0.8	0.8	0.8	0.8	0.8	0.8	0.8	0.8	0.9	0.8	0.8	0.8
(n)	3990	3129	861	1976	2015	1546	1584	430	431	620	636	803	599	343	356	384	251
13 Ich will leben und nicht nur im Strom der anderen schwimmen (mean)	3.1	3.1	3.1	3.0	3.1	3.0	3.1	3.1	3.0	3.1	3.0	3.0	3.0	3.2	3.1	3.1	2.9
(s)	0.7	0.7	0.8	0.7	0.7	0.7	0.7	0.7	0.8	0.7	0.7	0.7	0.7	0.7	0.8	0.8	0.8
(n)	3990	3129	861	1976	2015	1546	1584	430	431	620	636	803	599	343	356	384	251
14 Ich strenge mich an, um mich von den gesellschaftlichen Anforderungen nicht unterkriegen zu lassen (mean)	2.9	2.9	3.0	2.9	2.9	2.9	2.8	3.0	3.0	2.9	2.9	2.9	2.8	3.0	3.0	3.1	2.9
(s)	0.7	0.7	0.7	0.7	0.7	0.7	0.7	0.7	0.7	0.7	0.7	0.7	0.7	0.8	0.7	0.7	0.8
(n)	3990	3129	861	1976	2015	1546	1584	430	431	620	636	803	599	343	356	384	251
15 Die Menschen sind zu Rädchen in einem undurchsichtigen Getriebe geworden (mean)	2.4	2.4	2.4	2.5	2.4	2.5	2.4	2.4	2.4	2.4	2.5	2.4	2.5	2.2	2.5	2.5	2.4
(s)	0.9	0.8	0.9	0.9	0.8	0.9	0.8	0.9	0.9	0.8	0.9	0.9	0.8	0.8	0.9	0.9	0.9
(n)	3990	3129	861	1976	2015	1546	1584	430	431	620	636	803	599	343	356	384	251

aus: Jugend '92, Band 4, S. 154

Anpassungsbereitschaft, Spontaneität, Wille zum Ausbruch aus der Gesellschaft, Rückzug in die Privatheit, Resignation - alle diese Konzeptionen der eigenen Beziehungen zur Gesellschaft, sind gleichermaßen bei Jungen und bei Mädchen zu finden.[45] Weder ein größerer Duchsetzungswille bei Jungen noch eine größere soziale Orientierung bei Mädchen ist hier festzustellen. Ob sich allerdings diese Lebenseinstellungen auch in geschlechtsunspezifischen Lebensläufen niederschlagen werden, ist zweifelhaft. Denn ein viel geschlechtsspezifischeres Bild ergibt sich, wenn die Interessen der Jugendlichen an verschiedenen Technikbereichen als Indizien dafür gesehen werden, wie später die Arbeitsteilung zwischen Frauen und Männern verlaufen wird. Sowohl in Ost- als auch in Westdeutschland interessieren sich deutlich mehr Jungen für Technik als Mädchen.[46] Während sich 55 % der Jungen *sehr* oder *ziemlich stark* für Technik und technische Fragen interessieren (West: 53 %, Ost: 62 %) ist bei 58 % der Mädchen ein entsprechendes Interesse *kaum* oder *gar nicht* vorhanden (West: 60 %, Ost: 54 %). Knapp ein Drittel aller weiblichen und männlichen Jugendlichen in West- und Ostdeutschland zeigen *etwas* Interesse an Technik und technischen Fragen.[47] Nur in den Bereichen Hauhaltstechnik, Photo, Optik und Umweltschutz ist das technische Interesse der Mädchen größer als das der Jungen.[48]

---

[45]   In der Shell-Studie von 1985 war die Übereinstimmung zwischen Mädchen und Jungen bei der eigenen Einordnung in die Gesellschaft ähnlich groß. Vergleiche Jugend '85, Band 5, S. 175

[46]   Gegenüber der Shell-Studie 1985 hat sich das Interesse an Technik bei Mädchen mehr verstärkt als bei Jungen. Vergleiche Jugend '85, Band 5, S. 203

[47]   vergleiche Jugend '92, Band 4, S. 133

[48]   Es gibt keinen prinzipiellen Unterschied zu den Ergebnissen der Shell-Studie 1985. Interessant ist, daß die Mädchen beim Interesse an Computern gegenüber den Jungen aufholen (1985: Jungen 32 %, Mädchen 16 %). Vergleiche Jugend '85, Band 5, S. 204

Frage 17: INT.: LISTE 6 VORLEGEN; MEHRFACHNENNUNGEN MÖGLICH
In welche Richtung gehen Deine technischen Interessen? Ich habe hier eine Liste mit
Möglichkeiten. Was davon interessiert Dich?

	Total	West Total	Ost Total	männ-lich Total	weib-lich Total	West männ-lich	West weib-lich	Ost männ-lich	Ost weib-lich	West 13-16 Jahre	West 17-20 Jahre	West 21-24 Jahre	West 25-29 Jahre	Ost 13-16 Jahre	Ost 17-20 Jahre	Ost 21-24 Jahre	Ost 25-29 Jahre
Total	4005	3142	863	1983	2022	1551	1591	432	431	624	638	806	601	343	357	384	252
Recall Basis	3425	2641	784	1915	1510	1490	1151	425	359	511	541	697	500	291	327	362	231
1 technisches Spielzeug Basteln	23	24	19	26	20	26	22	26	12	31	17	22	27	19	15	20	21
2 Auto, Motorrad	50	48	56	65	30	63	28	73	35	33	51	52	51	45	63	59	55
3 Elektrotechnik	18	18	18	29	4	29	4	29	4	20	18	17	17	16	19	19	17
4 Funk, Fernsehen, Fernmelde-technik	22	22	25	28	16	26	16	34	15	25	23	23	19	27	26	26	23
5 Motoren, Maschinen	25	25	25	40	6	40	6	41	5	22	29	25	25	18	26	27	26
6 Bauen, technisches Zeichnen	15	17	10	16	14	17	16	12	7	19	15	16	16	12	10	8	10
7 Technik im Haushalt	30	28	37	22	40	21	38	27	49	18	22	28	36	18	29	44	47
8 Industrie, Produktion	12	13	7	16	7	18	8	9	3	7	14	13	16	2	5	6	10
9 Weltraum, Raketen	18	20	12	24	11	26	12	18	5	30	20	17	17	22	13	11	7
10 Photo, Optik	29	32	21	26	33	28	36	19	24	30	31	34	31	20	24	22	20
11 Fahrrad	34	34	33	34	34	34	34	34	32	48	33	32	30	52	28	27	31
12 neue Formen der Energie	27	30	18	28	26	30	29	19	16	25	26	32	33	15	16	20	19
13 Umweltschutz	47	49	38	39	56	42	59	31	48	49	50	47	51	48	40	37	33
14 Video-Technik	26	24	33	35	16	33	14	41	24	30	26	22	23	37	29	33	35
15 Computer	41	41	41	46	35	47	33	42	40	54	33	37	40	59	41	39	33
GESAMT	417	425	393	474	348	480	355	455	319	441	408	417	432	410	384	398	387

aus: Jugend '92, Band 4, S. 134

Der Wunsch nach Partnerschaftlichkeit ist also nicht kombiniert mit dem Wunsch nach den gleichen Tätigkeiten. Entsprechend den geschlechtsspezifischen Interessen steht zu erwarten, daß in einer späteren Lebensphase die geschlechtsspezifische Arbeitsteilung im Sinne von unterschiedlichen Arbeitsbereichen und Berufsfeldern fortgeführt wird, die auch in der Gesamtbevölkerung zu beobachten ist. Erhärtet wird diese Annahme durch die unterschiedlichen Schwerpunkte, die in der Schule gewählt werden. Während Mädchen eher zu Deutsch, Fremdsprachen und musischen Fächern als Lieblingsfächern neigen, bevorzugen Jungen Mathematik und die Naturwissenschaften.[49] Die geschlechtsspezifischen Interessen können auch noch weiter in die Kindheit zurückverfolgt werden.

In Kinderspielen werden genau die Rollen eingeübt, die in der Gesamtbevölkerung die geschlechtsspezifische Arbeitsteilung ausmachen: Die Mädchen lernen eher den Bezug zu Haushalt, Fürsorge und Kindererziehung, die Jungen lernen eher den Bezug zu Technik, Durchsetzungskraft und die Aus-

---

[49]   vergleiche Jugend '92, Band 4, S. 159

einandersetzung mit Gleichrangigen. Wobei die Zuordnung der Kinderspiele nicht eindeutig ist. Auch Mädchen spielten *Cowboy und Indianer*, und auch Jungen spielten *Puppendoktor* - nur jeweils seltener.

Frage 41: Denke jetzt einmal an die Zeit, als Du im Alter so zwischen 3 und 12 Jahren warst. Welche der Spiele auf dieser Liste hast Du da häufig gespielt?
INT.: LISTE 12 VORLEGEN; REIHENFOLGE ROTIEREN   Vorgaben nennen

	Total	West Total	Ost Total	West männ-lich Total	West weib-lich Total	West männ-lich	West weib-lich	Ost männ-lich	Ost weib-lich	West 13-16 Jahre	West 17-20 Jahre	West 21-24 Jahre	West 25-29 Jahre	Ost 13-16 Jahre	Ost 17-20 Jahre	Ost 21-24 Jahre	Ost 25-29 Jahre
Total	4005	3142	863	1983	2022	1551	1591	432	431	624	638	805	601	343	357	384	252
1 Vater-, Mutter- und Kind-Spiele	24	24	25	19	30	19	29	19	30	24	25	23	24	25	23	24	25
	10	10	10	08	09	08	09	08	09	10	10	10	10	10	10	10	10
	3996	3135	861	1977	2019	1546	1589	431	430	623	638	804	599	343	356	384	251
2 Kinderküche, Puppenküche	21	21	20	13	27	13	28	13	27	20	21	20	21	20	20	20	20
	11	11	10	06	09	06	09	06	09	10	10	10	10	10	10	10	10
	3995	3136	859	1977	2019	1546	1590	430	429	621	638	805	600	343	355	384	250
3 Kaufladen spielen	23	24	23	19	28	19	28	18	28	23	23	23	24	24	23	22	24
	10	10	10	08	09	08	09	08	09	10	10	10	10	10	10	10	10
	3997	3136	861	1976	2021	1545	1591	431	430	623	638	805	599	343	354	384	252
4 Puppendoktor	19	19	21	14	25	14	24	15	26	18	19	19	19	20	20	20	21
	10	10	10	07	09	07	09	07	09	10	10	10	10	10	10	10	10
	3995	3134	861	1975	2020	1545	1590	431	430	623	637	804	599	343	354	384	252
5 Cowboy und Indianer	26	26	25	31	21	31	21	31	19	24	26	27	27	24	25	26	26
	11	11	11	08	10	08	10	08	10	11	10	10	10	11	11	11	11
	4001	3139	862	1980	2021	1548	1591	431	430	625	638	806	600	343	355	384	252
6 Räuber und Gendarm	26	26	26	32	21	32	21	31	20	26	27	27	25	24	25	26	27
	10	10	11	08	10	08	10	09	10	10	10	10	10	11	11	11	11
	4002	3141	861	1982	2020	1550	1591	431	430	624	637	806	601	343	354	384	252
7 Krieg, Soldaten spielen	18	18	19	24	12	24	12	26	11	18	18	18	17	19	19	19	19
	10	10	11	10	05	10	05	11	05	10	10	10	10	11	11	11	11
	4002	3141	861	1981	2020	1550	1591	431	430	623	638	806	601	343	354	383	252
8 mit Spielzeugpistolen, Spielzeuggewehren spielen	20	20	20	27	13	27	13	28	12	20	20	20	20	21	20	20	20
	11	11	11	10	06	10	06	10	05	11	11	10	11	12	11	11	11
	4000	3138	862	1981	2019	1549	1589	431	430	624	638	805	599	343	355	384	252
20 sich verkleiden	25	25	24	20	29	21	29	20	28	25	25	25	24	23	23	25	25
	10	10	09	09	09	09	09	09	09	10	10	10	10	10	10	10	09
	4000	3140	860	1980	2020	1549	1591	431	429	624	637	805	601	342	354	383	252
21 Experimentierkästen/ Kosmos-Kasten	16	16	16	20	13	20	13	20	12	16	16	15	17	16	16	17	15
	09	09	09	10	06	10	06	10	05	09	09	09	09	09	09	09	09
	4001	3141	860	1981	2020	1550	1591	430	430	624	638	805	601	342	354	383	252
22. mit Metallbaukasten spielen	17	16	22	22	13	20	12	29	16	15	16	16	17	21	23	23	22
	10	09	11	11	06	10	05	09	08	09	09	03	09	11	11	11	11
	3998	3137	861	1978	2020	1546	1591	431	429	624	637	804	600	342	354	384	252
23. Technik-Baukasten	17	17	18	23	12	22	12	25	12	16	17	17	18	18	20	19	18
	10	10	10	10	06	10	06	10	05	10	10	10	10	10	11	10	10
	4001	3140	861	1980	2020	1549	1591	431	430	624	637	805	601	342	355	383	252
24 Chemiekasten, Physikkasten, Elektrokasten	15	15	16	19	12	18	12	20	12	14	15	15	15	15	16	17	16
	09	08	09	10	05	10	05	11	06	08	08	08	09	09	10	10	09
	4003	3142	861	1983	2020	1551	1589	431	429	624	638	805	601	342	354	384	252

aus: Jugend '92, Band 4, S. 160f (Ausschnitt)[50]

Zusammenfassend läßt sich sagen, daß zwar die Ansprüche und Zielsetzungen, mit denen sich die Jugendlichen in die Gesellschaft einfügen wollen,

---

[50]   Die Jugendlichen sollten angeben, ob sie zwischen 3 und 12 Jahren die angegebenen Spiele nie (1), gelegentlich (2), häufig (3) oder sehr häufig (4) spielten.

kaum Unterschiede zeigen. Die Interessen und Vorlieben allerdings, die sich in späteren Lebensphasen in Arbeitsschwerpunkte verwandeln können, sind geschlechtsspezifisch verschieden. So steht ein (vor allem von Mädchen) relativ hoch gesetzter Gleichheitsanspruch doch einer zu erwartenden geschlechtsspezifischen Teilung der Lebens- und Arbeitsbereiche gegenüber. Genau diese geschlechtsspezifische Arbeitsteilung ist Bestandteil der modernen Konzeption des bürgerlichen Frauenideals und des autonomen Individuums, die eben nicht auf Gleichheit aufbaut. Daß sich die Gleichheitsansprüche mit der geschlechtsspezifischen Arbeitsteilung konsistent vereinbaren lassen, ist unwahrscheinlich, da mit den geschlechtsspezifischen Interessen auch die unterschiedliche Bewertung verschiedener Tätigkeiten internalisiert wird. Eher steht zu erwarten, daß die Töchter den Trend ihrer Mütter fortsetzen werden, also zunehmend an den Ansprüchen des autonomen Individuums partizipieren wollen, während die Söhne den Trend der Väter fortsetzen, sich also nur sehr zaghaft aus ihrer herkömmlichen Rolle befreien.

Unterstützt wird die Entwicklung sowohl der Mädchen als auch der Jungen sicherlich dadurch, daß in den Wahrnehmungen ihrer Umwelt immer mehr verschiedene Lebensformen vorkommen.

"Frauen und Männer heute sind auf der Suche, auf Zwangssuche durch Ehe ohne Tauschein, Scheidung, Vertragsehe, Ringen um Vereinbarkeit von Beruf und Familie, Liebe und Ehe, um 'neue' Mutterschaft und Vaterschaft, Freundschaft und Bekanntschaft hindurch."[51]

Diese Suche erleben Jugendliche in ihrer sozialen Umwelt. Die Differenzierung und Individualisierung von Lebensformen erweitert den Horizont der Möglichkeiten für die eigene Lebensplanung.[52] Es werden dadurch mehr Lebensformen denk-bar, daß die bürgerliche Kleinfamilie aus unterschiedlichen Gründen nicht mehr die einzige Lebensart ist, die Jugendliche erfahren und damit als möglich (wenn auch mit unterschiedlicher Akzeptanz) in ihren lebensweltlichen Horizont integrieren.

---

[51] Beck/Beck-Gernsheim (1990b), S. 9

[52] Zur statistischen Signifikanz anderer Lebensformen: ca. 15 % der Haushalte in Bayern sind Einpersonenhaushalte (1970 waren es ca. 9 %), ca. 6 % aller Mehrpersonenhaushalte in der Bundesrepublik sind nichteheliche Lebensgemeinschaften oder Wohngemeinschaften. aus: Bayerisches Staatsministerium für Arbeit, Familie und Sozialordnung (1991), S. 13f

7. Die Sprache als patriarchales Deutungsmuster und als Kommunikationsmedium

Alle drei Bezüge der Lebenswelt - das von allen geteilte Hintergrundwissen, die tradierten Normen und die subjektiven Erfahrungen - ermöglichen uns die Deutung einer konkreten Situation und gegebenenfalls die Abstimmung unserer Handlungen. Wenn es uns gelingt, uns über eine Situationsdeutung zu verständigen, sind die momentan relevanten lebensweltlichen Aspekte erfolgreich angewandt, und das heißt bestätigt. Der gemeinsame Anschluß der konkreten Situation an den lebensweltlichen Hintergrund ist gelungen und damit auch die ständige Neukonstruktion des lebensweltlichen Hintergrunds. Die Abstimmungen der Situationsdeutungen geschehen sprachlich, das heißt, die Lebenswelt ist konstitutiv sprachlich.

Die Sprache spielt im Prozeß der ständigen Neukonstruktion der patriarchal strukturierten Lebenswelt also eine herausragende Rolle. Sprachlich geschieht die Situationsdeutung, sprachlich geschieht die Tradierung von Wissen und Normen und die Einfügung von Erfahrungen in die Persönlichkeit, und sprachlich geschieht auch die Reflexion über lebensweltliche oder systemische Zusammenhänge. Mit der zunehmenden Rationalisierung der Lebenswelt wächst auch die Bedeutung der Sprache. Denn wenn in der Moderne zunehmend Gründe angegeben werden müssen für eine bestimmte Verhaltensweise oder Interpretation, dann erfordert dies auch eine höhere Qualität sprachlicher Rationalisierungen - die Anforderungen an das Rationalisierungspotential der Sprache wächst.

Das Rationalitätspotential verständigungsorientierten Handelns "setzt sich in eine Rationalisierung der Lebenswelt sozialer Gruppen in dem Maße um, wie die Sprache die Funktionen der Verständigung, der Handlungskoordinierung und der Vergesellschaftung von Individuen übernimmt und damit zu dem Medium wird, über das sich kulturelle Reproduktion, soziale Integration und Sozialisation vollziehen."[1]

---

[1]   Habermas (1985b), S. 427

Die Sprache ist aber auch selbst eine Struktur, die in der Lebenswelt verankert ist. Sie ist nicht nur das Medium, über das sich kulturelle Reproduktion, soziale Integration und Sozialisation vollziehen, sondern sie ist auch selbst ein Stück gesellschaftlich geteilten Wissens, tradierter Normen und ein Stück unserer Erfahrungswelt. Die Sprache selbst ist eine unserer Hintergrundannahmen, die in der konkreten Situation in unsere Deutung miteingeht. Wir benutzen die Sprache, und dadurch, daß mit Hilfe der Sprache Verständigung möglich ist, bestätigen wir die Sprache und konstituieren sie immer wieder neu. Als eine unserer Hintergrundannahmen in einer patriarchalen Gesellschaft hat die Sprache daher auch selbst patriarchale Elemente.

Die Sprache ist ein patriarchales Deutungsmuster. Sie spiegelt in ihrer Struktur und in ihrer Anwendung gesellschaftliche Machtverhältnisse wider. Von der Sprache als 'neutralem' Punkt, von dem aus diskursiv Veränderungen entworfen werden können, kann nicht gesprochen werden. Sprache ermöglicht jedoch die Reflexion, die wiederum das Erkennen und Hinausschieben der momentanen Grenzen des Denkens ermöglicht.

Daß mit Hilfe der Sprache auch die Reflexion über genau diesen ständigen Neukonstruktionsprozeß patriarchaler Denkstrukturen möglich ist, zeigt die große Bedeutung, die sie im Hinblick auf gewünschte (oder unerwünschte) Veränderungen innerhalb der patriarchal geprägten Denkstruktur und auch innerhalb des Systems hat. Auch in diesem Reflexionsprozeß kann allerdings der patriarchale Charakter der Sprache nicht gänzlich abgelegt werden. Denn eine gänzlich nichtpatriarchale Sprache ist in unserer Moderne nicht denkbar. Mit einer nichtpatriarchalen Sprache könnte auch keine Verständigung mehr stattfinden, sie wäre zu unserer lebensweltlichen und systemischen Realität nicht kompatibel. Welche Frauen und Männer sollten sich in dieser Sprache unterhalten können - und worüber? Eine nichtpatriarchale Sprache könnte unsere Gesellschaft nicht abbilden und interpretieren.

Zunächst erläutere ich die frauendiskriminierenden Aspekte in der Sprachstruktur und im Sprachgebrauch des Deutschen (Abschnitt 7.1.1 und 7.1.2). In einem zweiten Schritt stelle ich dar, daß die Verzerrungen unserer Wahrnehmung bereits durch die Tätigkeit des Sprechens immer wieder reproduziert werden (Abschnitt 7.2.1), und daß die patriarchale Qualität der Verzerrungen durch die Ausgestaltung der gesellschaftlichen Defnitionsmacht in der Moderne sichergestellt ist (Abschnitt 7.2.2). Dieser Zusammenhang macht die Sprache zum Medium des ständigen Neukonstruktionsprozesses des Patriarchats. Die Hoffnungen, die Habermas in die Sprache setzt, sind nicht einlösbar

(Abschitt 7.3.1). Über ihr Reflexionspotential bietet die Sprache jedoch die Möglichkeit, aus diesem Neukonstruktionsprozeß auszubrechen (Abschnitt 7.3.2).

7.1   Sprache als patriarchales Deutungsmuster

Mißachtung äußert sich sehr häufig sprachlich. Menschengruppen können durch sprachliche Äußerungen oder auch durch Sprachstrukturen (z.B einen speziellen Wortschatz) diskriminiert werden. Der sprachliche Umgang mit Ausländerinnen und Ausländern oder sozialen Randgruppen zeigt dies besonders deutlich. Psychische Gewaltanwendungen beispielsweise durch Beschimpfung, Demütigung, Abwertung und Ignorieren sind sprachliche Akte.

Entsprechend der Ungleichbehandlung in der Gesellschaft werden Frauen und Männer auch in der Sprache ungleich behandelt - meist auf Kosten der Frauen. Die Sprache transportiert aber nicht nur patriarchale Strukturen, sondern diese sind auch in ihr selbst angelegt und werden durch Sprachanwendung immer wieder von neuem konstituiert.

"Unsere Sprache ist sexistisch, und unser Sprachgebrauch ist sexistisch. Unsere Gesellschaft ist sexistisch, und wir sind sexistisch"[2].

In allen politischen Richtungen der Neuen Frauenbewegung wird daher Sprachkritik (in unterschiedlicher Intensität) praktiziert.[3] Im folgenden untersuche ich zunächst, wie die geschlechtsspezifischen Zuweisungen und die Bewertung von Eigenschaften und Lebenszusammenhängen in dem patriarchalen Deutungsmuster Sprache angelegt sind. Sowohl in der Sprachstruktur (Wortschatz und Grammatik) als auch im Sprachgebrauch spiegeln sich die gesellschaftlichen Verhältnisse wider. Eine strenge Trennung dieser beiden Aspekte von Sprache ist jedoch nicht möglich. Die Sprachstruktur lebt nur durch ihren Gebrauch, und der Sprachgebrauch kann sich nur innerhalb der von der Struktur vorgegebenen Regeln abspielen. Wenn nach den Wurzeln eines patriarchalen Phänomens in der Sprache gesucht wird, sind lediglich unterschiedliche Schwerpunkte festzustellen: Ein Phänomen basiert mehr auf der Struktur, ein anderes mehr auf dem Gebrauch der Sprache.

---

[2]   Trömel-Plötz (1984b), S. 53

[3]   Zu den verschiedenen Ebenen der Sprachkritik vergleiche Pusch (1990b): *Laiinnen, Linguistinnen, Literatinnen - die drei 'L' der internationalen feministischen Sprachkritik*

Zu den patriarchalen Aspekten, die eher der Sprachstruktur zugeordnet sind, gehören

- der sprachliche Ausschluß von Frauen,

- die Notwendigkeit der Ableitung der weiblichen Form aus der männlichen,

- die stereotype Rollenzuweisung und Minderbewertung von Frauen durch die den Wörtern zugeordneten Begriffe.

Dem Sprachgebrauch zugeordnet sind

- die dominante und die unterwürfige Gesprächsführung,

- das weibliche Sprachregister.

Die Änderungsvorschläge aus den Reihen der Neuen Frauenbewegung, die als realisierbare Alternativen gedacht sind, gehen von den bestehenden Möglichkeiten der Sprache aus, die entweder verstärkt (z.B. die explizite Benennung von Frauen) oder gar nicht mehr (z.B. das generische Maskulinum) benutzt werden sollen. Dabei sind Rückwirkungen auf den Wortschatz aber auch auf die Grammatik nicht nur nicht zu vermeiden, sondern sogar erwünscht.

Provokative Änderungsvorschäge hingegen beziehen sich direkt auf die Sprachstruktur. Die offensichtlichste sprachliche Provokation ist die Verkehrung der Sprachstrukturen und die Verkehrung des damit zusammenhängenden Denkens. In bezug auf das Geschlecht heißt das, die Rollen von Tätern und Opfern zu vertauschen. Ein sehr konsequenter Versuch einer Verkehrung der Welten ist der Roman *Die Töchter Egalias* von Gerd Brantenberg. In *Egalia* füllen die Frauen die sozialen Rollen aus, die bei uns Männer wahrnehmen, und umgekehrt. *Egalia* ist eine matriarchal strukturierte Gesellschaft, die die für uns gewohnten Machtverhältnisse verkehrt, und lediglich ein paar Besonderheiten aufweist, da die Gebärfähigkeit weiterhin bei den Frauen liegt.

Ein kurzer Textausschnitt mag einen Eindruck davon vermitteln, wie sich diese Machtverhältnisse in Sprache und Denken der Egalianerinnen und Egalianer niederschlagen:

"Schließlich sind es immer noch die Männer, die die Kinder bekommen", sagte Direktorin Bramberg und blickte über den Rand der Egalsunder Zeitung zurechtweisend auf ihren Sohn. Es war ihr anzusehen, daß sie gleich die Befrauschung verlor. "Außerdem lese ich Zeitung." Verärgert setzte sie ihre Lektüre fort, bei der sie unterbrochen worden war.
"Aber ich will Seefrau werden! Ich nehme die Kinder einfach mit", sagte Petronius erfinderisch.

"Und was glaubst du wohl, wird die Mutter des Kindes dazu sagen? Nein, mein Lieber. Es gibt gewisse Dinge im Leben, mit denen du dich abfinden mußt. Du wirst
allmählich lernen, auch das zu mögen, womit du dich abfinden mußt. Selbst in einer
egalitären Gesellschaft wie der unseren können es nicht alle Wibschen
gleichhaben. Es wäre zudem tödlich langweilig. Grau und trist."
"Es ist viel grauer und trister, nicht werden zu dürfen, was dam will."
"Wer hat denn gesagt, daß du nicht werden darfst, was du willst? Ich sage nur, du
sollst realistischer sein. Keine kann das Ei essen und dazu gleich das Küken haben
wollen. Bekommst du Kinder, so bekommst du Kinder. Hör mal zu, Petronius. In
meiner Jungmädchenzeit hatte ich auch eine Menge hochfliegener Träume von
dem, was ich werden wollte. Seefrauenromantik. Daran leidest du. Du solltest auf-
hören, all die abenteuerlichen Erzählungen über die Taten von Frauen zu lesen,
und dich lieber in Jünglingsromane vertiefen. Dabei bekommst Du viel realisti-
schere Vorstellungen. Außerdem ist das kein richtiger Mann, der zur See fahren
will."
"Aber die meisten Seefrauen, die ich kenne, haben doch auch Kinder!"
"Das ist doch etwas ganz anderes! Eine Mutter, Petronius, kann nie Vaterstelle bei
einem Kind vertreten."

aus: Brantenberg (1979), S. 7f

Die Sprache und die Handlungen erscheinen uns fremd, aufgesetzt, gekünstelt.

"Der von *Brantenberg* angestrebte und erzielte Lerneffekt der gesamten, langen Lektüreerfahrung ist der, daß uns *unsere* Bedingungen, die des Frauseins im Patriarchat, allmählich oder auch schlagar-
tig genauso fremd, absurd, unerhört und ungeheuerlich vorkommen"[4].

Die Bedingungen des Mannseins im Patriarchat sind natürlich nicht weniger be-
fremdend.

In der egalitanischen Sprache ist die Frau die Norm und der Mann das
weniger Wichtige, aber immer Mitgemeinte. Ähnlich wie im Egalitanischen gibt
es auch im Deutschen Versuche, alle Wörter zu feminisieren, auch jene, die
keine Personenbezeichnung sind, aber eine enthalten (z.B. Leserbrief). Nie mas-
kuline Bezeichnungen zuzulassen heißt, der 'Kriegerinnenschaft' nicht mehr
'feindinlich' gegenüberzustehen, sondern sich mit ihr 'anzufreundinnen'. Die
feminine Form wird hier als Universalisierungsform verwendet.[5] So wird offensichtlich und bewußt, daß im Deutschen die männliche die Universalisierungsform ist.

---

4   Pusch (1984c), S. 72

5   Pusch (1984d), S. 76ff verwendet die weibliche als geschlechtsindefinite Form - aller-
     dings nur bei Personenbezeichnungen. Für 'ironisch-spielerische und ernsthafte Argu-
     mente für die Totale Feminisierung' vergleiche Pusch (1992), S. 7-11

Eine Universalisierung der femininen Form ist auch die Ersetzung des 'man' durch 'frau'. Männer fühlen sich dadurch nicht mehr angesprochen und sollen merken, daß 'man' die Frauen sprachlich ausschließt.

Die Wahrnehmung der einen Änderungsvorschläge als realisierbar und der anderen als provokativ hängt genau damit zusammen, daß Eingriffe direkt in die Struktur als weitergehend und eher unakzeptabel angesehen werden. Änderungen in der Verwendung vorhandener Strukturen hingegen scheinen an der Sprache selbst nichts zu verändern, da die vorhandenen Strukturen 'nur' anders genutzt aber nicht verändert werden. Unberücksichtigt bleibt dabei, daß die Sprache aus ihrem Gebrauch lebt. Wenn die einen Möglichkeiten der Sprache nicht mehr genutzt und dafür andere erschlossen werden, fallen auch Denk-Möglichkeiten weg und neue kommen hinzu.

7.1.1   Sprachstruktur und Wortschatz

In ihrer Struktur entspricht die deutsche Sprache den gesellschaftlichen Verhältnissen. Ausschluß, grammatikalische Ableitung und Abwertung von Frauen in der Sprache entspricht der gesellschaftlichen Position der Frauen.

7.1.1.1   Sprachlicher Ausschluß von Frauen

"Wer ja sagt zur Familie, muß auch ja sagen zur Frau"[6]. Gleichbedeutend mit dieser Äußerung von Helmut Kohl ist der Satz: 'Wer ja sagt zur Familie, der muß auch ja sagen zur Frau'. 'Wer ... der' - nur Maskulina können mit dem Pronomen 'wer', aber auch mit 'man', 'jemand', 'jeder' usw. benannt werden. Zwar werden theoretisch in der deutschen Sprache mit diesen Pronomen Frauen und Männer gleichermaßen gekennzeichnet (die männliche ist gleichzeitig die geschlechtsindefinite Form), doch sind meist nicht alle Menschen gemeint, sondern nur Männer.

Frauen müssen immer 'ja sagen zur Frau', unabhängig davon, was sie unter 'Frau' verstehen, und losgelöst von ihrer Einstellung gegenüber der Familie. Kohls 'wer' sind also nur Männer. Das Beispiel macht deutlich, daß zwischen dem sprachlichen Ausschluß über die Benutzung von Maskulina und dem Ausschluß der Frauen aus dem Denken nur ein kleiner Schritt liegt. Die Benutzung der männlichen als geschlechtsindefinite Form, auf die nur männlich referiert

---

[6]   Helmut Kohl, 1983; zitiert nach Pusch (1984f), S. 15

werden kann, bewirkt im Deutungsmuster Spache, daß auch nur Männer assoziiert werden - in geschlechtsindefiniten Sätzen.

Die nur maskulin verwendbaren Pronomen können auch zu skurrilen Sätzen führen, nämlich dann, wenn inhaltlich nur Frauen gemeint sein können:

'Wer hat seinen Lippenstift vergessen?',
'Wie man sein Kind stillt',
'Jemand, der seinen Mann betrügt'.

Sprachlicher Ausschluß von Frauen findet auch durch Ausdrücke wie 'Brüderlichkeit', 'Otto Normalverbraucher', '120 000 Studenten in München', 'die Väter des Grundgesetzes' statt. Artikel 3 GG verdanken wir den Müttern des Grundgesetzes (vor allem Elisabeth Selbert), deren Existenz in dem letzten Ausdruck geleugnet wird. Frauen zu ignorieren heißt ja auch, ihre Leistungen zu leugnen, eventuell anderen (Männern) zuzuschreiben. Und es heißt, sich nicht positiv auf Frauen zu beziehen. Politikerinnen und Politiker, die nur Mitbürger, Freunde, Genossen und Kollegen ansprechen, brauchen Frauen auch nichts zu bieten - und werden dann auch nicht von ihnen gewählt. Politikerinnen und Politikern unterläuft dieser Fehler daher auch kaum noch.

Für die sprachliche Gleichstellung der Frauen gilt daher folgendes Prinzip, das gleichzeitig deutlich macht, wie Frauen bisher in gesprochenen und geschriebenen Texten vorkommen: abgeleitet, zweitrangig, respekt- und würdelos, unsichtbar, implizit und asymmetrisch.

"Grundprinzip:
Frauen werden in gesprochenen und geschriebenen Texten als eigenständige, gleichberechtigte und gleichwertige menschliche Wesen behandelt. Sie werden mit Respekt, Würde und Ernsthaftigkeit dargestellt. Frauen werden sichtbar gemacht. Frauen werden explizit, symmetrisch und an erster Stelle genannt."[7]

Feststehende Ausdrücke können meist auch in geschlechtsneutrale oder in Frauen und Männer explizit benennende Begriffe umgewandelt werden: 'Geschwisterlichkeit', 'Mütter und Väter der Grundgesetzes', '120 000 Studierende in München'. Es muß jedoch im Einzelfall abgewogen werden, ob ein Wort verändert werden kann, oder ob es aufgrund seiner Bezüge als historischer Begriff in der nur männlichen Form bleiben muß (z.B. Bürgertum, Arbeiterpartei).

---

[7]   Häberlin/Schmid/Wyss (1992), S. 12 (Hervorhebung durch die Autorinnen). Frauen stehen an erster Stelle, solange "Frauen und Männer nicht gleichwertig in Texten behandelt werden ... da die Reihenfolge in der Sprache meistens die Rangordnung angibt. Die Erststellung drückt somit die Wichtigkeit der Frauen aus" (a.a.O., S. 13).

Der sprachliche Ausschluß der Frauen muß auch unter dem Gesichtspunkt, daß an Frauen alles Nichtautonome delegiert wird, reflektiert werden. Aus der Perspektive der Sprache erschließt sich noch einmal der theoretische Stellenwert des 'anderen' Geschlechts in der Konzeption der Moderne.

Daß von Frauen nicht die Rede ist, heißt, daß geschlechtsspezifische Unterschiede nicht thematisiert werden. Zwar werden Mann und Frau von Natur aus unterschiedliche Fähigkeiten zugeschrieben, aber die Differenz wird nicht sprachlich deutlich gemacht. So verschwinden die geschlechtsspezifischen Zuweisungen aus dem Blickfeld. Sobald die dichotome Konzeption von Frauen und Männern und die Funktionalisierung der Frauen als das 'andere' jedoch sprachlich offengelegt wird, steht auch in Frage, worum es in Aussagen über die Menschen bisher ging - tendenziell um Männer.

Das Mitdenken geschlechtsspezifischer Zuweisungen kann sprachlich operationalisiert werden, indem Frauen explizit genannt und damit in allen gesellschaftlichen Bereichen auch denkbar werden. Frauen werden dadurch einerseits dort sichtbar, wo sie bisher aus der Betrachtung herausfielen (z.B. Studentinnen und Studenten), und andererseits wird auch das Fehlen von Frauen sichtbar, wo bisher die Abwesenheit von Frauen selbstverständlich war (z.B. Managerinnen und Manager).

Wenn immer Frauen und Männer benannt werden, fallen inhaltliche Ungereimtheiten sofort auf. Die Einbeziehung in die Sprache erschwert den Ausschluß der Frauen aus dem Denken. Oder würde Kohl nichts auffallen, wenn er sagen würde: 'Die Frauen und Männer, die ja sagen zur Familie, die Frauen und Männer müssen auch ja sagen zur Frau'?

Auch in bezug auf das Pronomen ist die Einbeziehung der Frauen möglich. Pronomen wie 'wer', 'man', 'jemand' können ganz vermieden werden. Durch geringfügige Umformulierungen verschwinden sie von selbst. Diejenigen, die diese (männlichen) Pronomen vermeiden, verzichten lediglich auf eine Ausdrucksmöglichkeit, die die Sprache bietet. Aber sie verändern dadurch auch die Sprache (und das Denken). Denn an die Stelle dieser Pronomen treten andere Formulierungen, die geschlechtsunspezifisch sind. Bürgern sich diese Formulierungen ein, verschwinden die Satzkonstruktionen, in denen nur männliche Bezüge hergestellt werden können. Damit werden auch die geschlechtsspezifischen Assoziationen in den Deutungsmustern zurückgedrängt.

Ein Beispiel für den Verzicht auf die Verwendung der männlichen als geschlechtsindefinite Form ist diese Arbeit, in der Pronomen, auf die nur männlich referiert werden kann, die aber alle Frauen und Männer bezeichnen sollen, nicht vorkommen.[8] Damit breche ich jedoch auch mit einem der Ansprüche an wissenschaftliche Arbeiten. Es ist üblich, durch Konstruktionen mit 'man' die Distanz zum Gegenstand auch sprachlich zu dokumentieren.[9] Diese Möglichkeit der Distanzierung bleibt mir verschlossen. Die möglichen Alternativen bergen teilweise Probleme, die aber meines Erachtens im Vergleich zum sprachlichen Ausschluß von Frauen zu vernachlässigen sind: Passivkonstruktionen wirken oft umständlich; die Bedeutung des Plurals (z.B. 'wir') als Substantiv ist oft unklar; und die Ich-Perspektive schließlich steht im Verdacht, die Distanz zum Gegenstand nicht zu halten. Diese Schwierigkeiten treten jedoch nur auf, solange versucht wird, Pronomen zu ersetzen, also Übersetzungsarbeit zu leisten. Mit der Zeit formen sich bereits die Gedanken ohne distanzierende Pronomen und mit benennbaren Subjekten und Objekten.[10]

Die Ich-Perspektive als Ersatz für die Man-Perspektive zeigt den Zusammenhang zwischen Denken und Sprache in der Wissenschaft besonders deutlich. Durch Fomulierungen mit 'man' entsteht zwar die Assoziation mit Wissenschaftlichkeit, die Wissenschaftlichkeit ist dadurch aber nicht gewährleistet, sie kann auch nur erscheinen. Durch die Ich-Perspektive stoße ich immer wieder auf die Frage, ob in meine Analyse nicht Bewertungen, Vorurteile und Erfahrungen einfließen, die intersubjektiv nicht nachvollziehbar sind. Als Schreiberin bin ich auch ständig damit konfrontiert, das Geschriebene auf sich selbst anzuwenden, oder mich zu fragen, ob ich das Geschriebene wirklich vertreten kann. Ich sehe darin keinen Störfaktor der wissenschaftlichen Arbeit, sondern eine zusätzliche Kontrolle des Gedankengangs. Die wissenschaftliche Sprache verliert zwar (mit dem Verzicht vor allem auf 'man') eine sprachliche Distanzierungsmöglichkeit, gewinnt aber gleichzeitig einen Reflexionsanspruch, der von Wissenschaftskritikerinnen und -kritikern ohnehin unabhängig von jeder Sprachkritik erhoben wird. Eine Änderung der Wissenschaftssprache kann also auch den wissenschaftlichen Anspruch der distanzierten Objektivität problematisieren und die Forderung der kritischen Selbstreflexion sprachlich umsetzen.

---

8   Außer in Zitaten

9   vergleiche Poenicke/Wodke-Repplinger (1977). *Wie verfaßt man wissenschaftliche Arbeiten?* S. 106

10   Im Gespräch fällt diese Sprachänderung allerdings sehr viel schwerer als beim Schreiben, da der Prozeß des Schreibens bewußter abläuft und Korrekturen möglich sind.

7.1.1.2 Sprachliche Ableitung und Abwertung von Frauen

'Frau Baumeister' und 'Frau Ingenieur' gehören inzwischen weitgehend der Vergangenheit an. Aber 'Arztfrauen' und 'Politikerfrauen' sind durchaus noch häufig anzutreffen, und so manche 'Frau Doktor' wird ab und zu gefragt, ob ihr Mann Arzt sei. Die Frau wird hier offensichtlich über den Mann definiert. Sie hat keine eigenständige Persönlichkeit, sondern ist 'die Frau von ...'.

Auch in 'Familie Franz Schmidt' spielt die Frau nur eine zweitrangige Rolle. Einzig wichtig ist 'Franz', das sogenannte Familienoberhaupt. Frau und Kinder sind nicht nennenswert. Subtiler ist die abhängige Definition der Frau in Ausdrücken wie 'Hans kommt mit seiner Freundin' oder 'Michail Gorbatschow und seine Frau'. Das einzige, was wir über die Frauen erfahren ist, daß sie mit dem jeweiligen Mann liiert oder verheiratet sind. Wir erfahren keine Namen, keine Titel (von denen Raissa Gorbatschowa genug hat), keine Funktionen - außer der Funktion 'Partnerin'. Zur Bezeichnung eines Mannes reicht es offenbar, seinen Namen zu nennen. Bei der Frau ist der Name unerheblich. Es reicht, ihr Verhältnis zum Mann zu nennen. Dabei wäre es einfach, zu sagen: 'Familie Helga und Franz Schmidt', 'Sabine kommt mit Hans' und 'Michail Gorbatschow und Raissa Gorbatschowa'.[11]

Das Russische setzt im Gegensatz zum Deutschen auch an die Namen der Frauen noch eine Endung. Das Deutsche kennt die Geschlechtsspezifikation durch Endung 'nur' bei Substantiven. Die grammatikalische Asymmetrie bei der Geschlechtsspezifikation und Pluralbildung unterstützt die Sonder- und Geringerstellung von Frauen. Wie entsteht diese grammatikalische Asymmetrie im Deutschen und welche Alternativen wären dazu möglich?

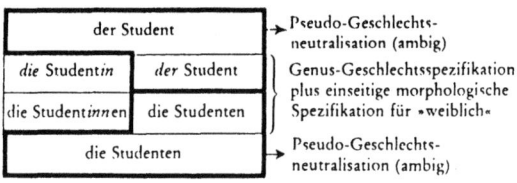

aus: Pusch (1984b), S. 54

---

[11] Die Darstellung von Hillary Clinton in der Öffentlichkeit bricht den Umgang mit Frauen wichtiger Männer auf. Ihre Fähigkeiten, ihr Beruf und ihr Einkommen werden sogar betont.

Die Grundform ist männlich, von ihr wird die weibliche Form als Sonderfall abgeleitet.

"Wie so manche sprachliche Absurdität läßt sich auch diese historisch erklären. Das formal gesehen unökonomische und absurde System ist ökonomisch und sinnvoll genau dann, wenn die männliche Hälfte der Menschheit als Norm gilt und im Zentrum des Interesses steht und die weibliche Hälfte von der männlichen abhängig ist und auch so wahrgenommen wird"[12].

Nur eine Frau kann Studentin sein. Nur eine Gruppe von Frauen kann mit 'Studentinnen' bezeichnet werden. Dagegen muß sich eine Studentin auch gefallen lassen, als 'Student' angesprochen zu werden. Auch kann eine Gruppe von 'Studenten' aus 99 Frauen und einem Mann bestehen, und selbst dieser eine Mann ist sprachlich zu entbehren. Denn auch eine große Gruppe von Frauen kann mit 'Studenten' benannt werden. Die männliche Bezeichnung wird universalisiert, für Frauen und Männer oder auch nur für Frauen verwendet. Janssen-Jurreit legt dar, daß diese Universalisierung kein spezifisches Merkmal des Deutschen ist:

"Daß die Sprache männliche Herrschaftsstrukturen besitzt, zeigt sich auch daran, daß in Sprachen, wo es das grammatische Geschlecht und unterschiedliche Pronomina für männlich und weiblich gibt, das männliche Pronomen für gemischtgeschlechtliche Gruppen benutzt werden muß."[13]

Daß der Mann die Norm ist und die Frau die Abweichung, ist besonders in den Sprachen anschaulich, die nur ein Wort für Mann und Mensch kennen: man, homo, homme, hombre, uomo. Hier ist "die Definition des Mannes als der eigentliche Mensch in das Sprachsystem eingegangen ... Die Bezeichnung für das Wichtige soll stellvertretend auch das weniger Wichtige einschließen"[14]. Umgekehrt würde sich ein Mann von der Aufforderung 'die nächste Kundin bitte' wohl kaum angesprochen fühlen.

Wenn jedoch nur von Männern gesprochen wird, liegt es nahe, auch nur Männer zu meinen. Die Universalisierung der männlichen Form funktioniert daher nicht immer, manchmal sind Frauen aus der Universalisierungsform ausgeschlossen. "Nicht möglich ist ... der Satz 'Alle Lehrer und ihre Männer kamen

---

12   Pusch (1984b), S. 54

13   Janssen-Jurreit (1979), S. 639

14   Trömel-Plötz (1982a), S. 149

zur Abiturfeier', obwohl mit 'alle Lehrer' doch angeblich sowohl Männer als auch Frauen gemeint sind."[15]

In unsere Lebenswelt ist der Mann als Normalfall eingebaut, und Situationen werden daher tendenziell auch als nur von Männern bevölkert gedeutet. Lebenszusammenhänge, die in unserer Gesellschaft Frauen zugeordnet sind, fallen daher leicht aus der Betrachtung heraus. Dieser Schluß wird auch dadurch plausibel, daß bis weit ins 19. Jahrhundert hinein die Universalisierung der männlichen Form von der Sprachforschung abgelehnt wurde, weil nur Männliches mit Männlichem bezeichnet werden kann.

> "Dabei geht es [in der Sprachforschung; S.O.] seit über zweitausend Jahren darum, ob das grammatische Geschlecht aus dem natürlichen abzuleiten ist, das heißt, ob die Wortendungen der Nomina und der Pronomina sowie die Artikel eine Ausweitung der als männlich oder weiblich geltenden Qualitäten in die Sprache bedeuten."[16]

Für einige Wörter sind im Deutschen gar keine weiblichen Formen vorgesehen: z.B. 'General', 'Kapitän', 'Dienstherr'. Wir könnten uns aber sicher auch an die 'Generalin', die 'Kapitänin' und die 'Dienstherrin' (oder 'Dienstdame'?) gewöhnen. Die 'Ministerin' (erst von Süßmuth offiziell eingeführt) wird inzwischen wieder als Bezeichnung zurückgedrängt. Zukünftig wird auf Dokumenten, Veröffentlichungen, Briefköpfen usw. nicht mehr 'Bundesminister für ...' stehen, sondern 'Bundesministerium für ...', so beschloß es das Bundeskabinett am 20. Januar 1993. Die grammatikalische Unkorrektheit, daß eine Person ja kein Ministerium sein kann, scheint für die Bundesregierung tragbarer zu sein als die Bezeichnung 'Ministerin'. Während jedoch die 'Ministerin' sprachlich kein Problem wäre, bereiten der 'Krankenbruder' und die 'männliche Hebamme' mehr Schwierigkeiten. Die hierfür neu eingeführten Bezeichnungen 'Krankenpfleger' und 'Geburtshelfer' haben nicht nur Männer sprachlich sichtbar gemacht, sondern den Berufen auch einen höheren Status verliehen, da Berufe, die auch von Männern ausgeführt werden, nicht den gleichen niederen Status haben können wie reine Frauenberufe. Männer erfahren von vorne herein eine höhere gesellschaftliche Bewertung.

Gleichbehandlung in der Sprache heißt ja, beide Geschlechter gleich zu meinen. Aber analog zur gesellschaftlichen Gleichberechtigung kann auch Gleichbehandlung in der Sprache nicht heißen, daß die Situation der Frauen so verändert wird, daß sie der der Männer gleich ist.

---

15   Bickes (1992), S. 4

16   Janssen-Jurreit (1979), S. 623

"Nur wenn die Situation der Männer gleichzeitig mit geändert wird, ist eine gerechte Lösung für Frauen möglich. Auf die (deutsche) Sprache übertragen bedeutet das: Nur wenn die Bezeichnungen für Männer gleichzeitig mit geändert werden, ergeben sich gleiche sprachliche Chancen für Frauen und Männer"[17].

Die Situation der Männer kann dadurch geändert werden, daß die Möglichkeit der Universalisierung der männlichen Form durch eine wirkliche Geschlechtsabstraktion ersetzt wird.

Von den verschiedenen Entwürfen, die es zu einer solchen zweiseitigen Veränderung gibt, hat allein die Forcierung der movierten Form mit '-in' Chancen auf gesellschaftliche Durchsetzung. Immer, wenn Männer und Frauen gemeint sind (ganz egal in welchem Zahlenverhältnis), müssen danach auch Männer und Frauen genannt werden. Es muß also beispielsweise immer 'Studentinnen und Studenten' heißen. Wenn nicht klar ist, ob eine Frau oder ein Mann angesprochen ist, muß die Offenheit auch sprachlich wiedergegeben werden ('der/die Student/in'). An der Sprachstruktur ändert sich dabei nichts. Es wird lediglich darauf verzichtet, die Universalisierungsmöglichkeit der männlichen Form zu nutzen. Das Ausweichen auf abstrakte Begriffe, die keine Menschen mehr bezeichnen (z.B. von Bürgerbüro zu Informationsbüro, von Minister zu Ministerium), ist keine Lösung, da Frauen nicht sichtbarer werden, wenn Männer aus den Bezeichnungen auch verschwinden. Die Zielsetzung ist, Frauen sichtbar, und nicht, Männer unsichtbar zu machen.

7.1.1.3 Geschlechtsspezifische Assoziation von Begriffen

Die Wörter an sich (als Buchstabenkombinationen) sind nicht sexistisch, aber die Begriffe, die in unserer modernen Gesellschaft hinter den Wörtern stehen. Frauen und Männern werden schon im Wortschatz unterschiedliche stereotype Rollen zugewiesen - nämlich genau die, die ich in den Deutungsmustern des bürgerlichen Frauenideals und des autonomen Subjekts beschrieben habe. In einer Untersuchung über das Duden-Bedeutungswörterbuch stellt Pusch heraus, daß Wortbedeutungen nicht geschlechtsneutral sind.[18] Die geschlechtsspezifischen Besetzungen von Wörtern und Begriffen, die uns das Duden-Bedeutungswörterbuch als Norm anbietet, spiegeln alle nur denkbaren Rollenklischees wider. Auf-

---

17   Pusch (1984b), S. 49

18   vergleiche Pusch (1984e)

grund der Verteilung der Macht, Wirklichkeit zu definieren, sind die den Frauen zugeordneten Rollen und damit Wortgruppen von geringerem Wert.

"Frauen haben ein loses Mundwerk oder eine böse Zunge, wohingegen Männer mit böser Zunge ironisch oder sarkastisch sind. Frauen klatschen, ratschen, keifen, meckern, gackern, kichern, wimmern, flennen etc. Männer tun das alles anders"[19].

Wenn es überhaupt männliche Entsprechungen zu den Frauen zugeordneten Wörtern gibt, so sind diese eher positiv besetzt (z.B 'alte Jungfer' - 'Junggeselle').

Über diese Rollen hinausgehende Interessen und Fähigkeiten werden den Frauen im Deutungsmuster Sprache nicht zugebilligt und umgekehrt den Männern nicht zugemutet. Das Hinauswachsen über die geschlechtsspezifische Rolle, das für die Frauen eine Aufwertung bedeutet, wertet den Mann ab. Seinem Status kann es nur schaden, wenn er sich sprachlich in die Niederungen weiblicher Rollen begibt.

So gibt es "eine Formel für Lobsprüche mit folgender Struktur:

'Er/Sie ist ein zweiter x.'"[20]

'x' ist normalerweise ein Mann.

'Er/sie ist ein zweiter Einstein.'

Wenn eine Frau gelobt werden soll, kann 'x' auch eine Frau sein.

'Sie ist eine zweite Marie Curie.'

Wenn ein Mann gelobt werden soll, kann 'x' keine Frau sein, da in unserem semantischen System Feminisierung eines Mannes gleichbedeutend ist seiner Abwertung. Folgender Satz ist deshalb nicht als Lob geeignet.

'Paul Celan war eine männliche Ingeborg Bachmann.'

Es liegt nahe, daß mit diesem vorgeprägten Wortschatz auch entsprechend umgegangen wird. Mit diesem Deutungsmuster Sprache ist es leicht, von Frauen herablassend zu sprechen und sie lächerlich zu machen. In der Sprache spiegelt sich die patriarchale Struktur der Lebenswelt und der Gesellschaft wider. Die Sprache hat sich so entwickelt, daß sie die Gesellschaft, in der sie gesprochen wird, angemessen abbilden kann und Deutungsprozesse über in dieser patriarchalen Gesellschaft auftretende Situationen ermöglicht. Hintergrundwissen,

---

19   Trömel-Plötz (1978), S. 56

20   Pusch (1984d), S. 77

Normen und geteilte Erfahrungen sind mit dieser Sprache im patriarchalen Sinne adäquat zu erfassen. Durch den Prozeß der Sprachanwendung wird sowohl die Struktur der Sprache als auch die Struktur der Lebenswelt und der zu deutenden Realität immer wieder hergestellt. Mit diesem Deutungsmuster Sprache die geschlechtsspezifischen Zuweisungen und Bewertungen nicht zu reproduzieren, ist dagegen schwierig und anstrengend. Der Gebrauch des patriarchalen Wortschatzes trägt also zur ständigen Neukonstruktion der patriarchalen Denkstrukturen bei und reproduziert damit die Macht der Männer, auch die Realität der anderen (der Frauen) definieren zu können.

Im Zusammenhang mit der geschlechtsspezifischen Zuweisung von Eigenschaften und Lebensbereichen und deren Bewertung habe ich bereits auf die geschlechtsspezifische Assoziation des Begriffs 'gesellschaftlich' hingewiesen.[21] Es liegt auch unter dem Gesichtspunkt, daß die dominante Stellung des Mannes in die Sprache integriert ist, nahe, daß sich die gesellschaftliche Dominanz des Mannes in der männlichen Assoziation des Begriffs 'gesellschaftlich' widerspiegelt. Die weibliche Form ist die sprachliche Ausnahme, die gesondert spezifiziert werden muß (z.B. durch eine Endung). Parallel dazu müssen, wenn nach gesellschaftlichen Phänomenen gefragt wird, die Frauen zugeordneten Bezüge ausdrücklich genannt werden, damit sie mitgemeint sind. Sonst bleiben diese Bezüge als Ausnahmen außerhalb des Blickfeldes. Männern zugeordnete Lebenszusammenhänge stehen selbstverständlich im Mittelpunkt. Unter dem Kriterium 'socially desirable' werden demnach auch Männern zugeschriebene Eigenschaften eher als positiv und wichtig eingestuft. Sogenannte weibliche Eigenschaften sind vor allem im Frauen zugewiesenen privaten Bereich wünschenswert.

Wie die unterschiedliche Charakterzuweisung auch die unterschiedliche Besetzung von Begriffen bedingt, die je nachdem, ob sie im Zusammenhang mit einer Frau oder einem Mann gebraucht werden, verschieden gefüllt sind, zeigt sich auch an dem Begriff 'Liebe'.[22] So wird mit 'Liebe von Frauen' vor allem Gefühlsäußerung, Fürsorge und Sprechen über Gefühle, sowie Fähigkeit zur Intimität assoziiert. Während den Männern ein Liebesbegriff zugeordnet wird, der durch wechselseitige Nützlichkeit und physische Aspekte geprägt ist. Die beiden Liebesbegriffe stehen allerdings nicht gleichwertig nebeneinander. Nach Cancian (sie bezieht sich dabei auf Untersuchungen der siebziger und frühen

---

21   vergleiche Abschnitt 6.1.1

22   vergleiche Cancian (1986)

achtziger Jahre) wird der weibliche Liebesbegriff entweder allein als Liebe assoziiert oder höher bewertet als der männliche. Die Verwirklichung der Vorstellung von weiblicher Liebe wird als Rezept zur Vervollkommnung von Beziehungen propagiert.

Der Zusammenhang zwischen den heutigen Geschlechtsstereotypen und
dem bürgerlichen Frauen(und Männer-)ideal wird hier besonders deutlich. Der
geteilte Liebesbegriff verweist direkt auf das in der Liebe sich erfüllende
bürgerliche Frauenideal und die Entstehung der bürgerlichen Familie. "Work
became identified with what men do for money while love became identified with
women's activities at home"[23]. Die ehemals gleichwertigen ökonomischen
Fähigkeiten der Frau[24] werden zur Fürsorglichkeit, die im Zentrum des heutigen
Begriffs von weiblicher Liebe steht.

Der in den kommunikativen Bezügen der Familie eingebundenen Frau
entspricht der fürsorgliche Liebesbegriff, sie ist einfühlsam und sensibel. Zum
Mann paßt - wenn in den systemischen Zwängen, in denen er steht, überhaupt
von Liebe gesprochen werden kann - der kameradschaftliche Liebesbegriff. Er
ist noch am ehesten mit Rationalität und Zielstrebigkeit zu vereinbaren. Der
Liebesbegriff "was split into feminine and masculine fragments by the seperation
of home and workplace"[25]. Der Aufspaltung des Liebesbegriffs entspricht eine
Trennung von weiblichen und männlichen Charakteren, von lebensweltlichen
und systemischen Bezügen.[26]

Die geschlechtsspezifisch assoziierten Begriffe einfach nicht mehr zu benutzen, kann keine Lösung sein. Es ist auch gar nicht möglich, ohne 'sprachlos' zu
werden. Wir müssen deshalb die Begriffe ändern. Indem wir Wörter bewußt zur
Beschreibung der Hälfte der Menschheit heranziehen, die normalerweise nicht

---

[23]   Cancian (1986), S. 698

[24]   vergleiche Duden (1977), S. 133

[25]   Cancian (1986), S. 694

[26]   Ein weiteres Beispiel für die Aufspaltung eines Begriffs in einen weiblich und einen
männlich assoziierten ist das Alter (vergleiche Bell, 1975). Als alt gelten die Personen,
die die ihnen gesellschaftlich zugewiesenen Aufgaben bereits erfüllt haben oder nicht
mehr erfüllen können. Zu der Zeit, in der die Frau die wichtigste der ihr zugewiesenen
Aufgaben erfüllt hat (nämlich das Großziehen der Kinder), entspricht sie auch nicht
mehr dem jugendlichen Schönheitsideal, das zur Erfüllung der häuslichen Glücksvorstellungen der Männer propagiert wird. Ein gleichaltriger Mann ist jetzt auf dem Höhe-
punkt seiner Karriere und hat das Maximum des für ihn möglichen gesellschaftlichen
Prestiges erreicht. Er ist 'in den besten Jahren', während die gleichaltrige Frau bereits
unattraktiv und uninteressant wird (vor allem für jüngere Männer). Auch der Begriff
'Alter' wird geschlechtsspezifisch interpretiert. Er geht, je nach dem, ob er sich auf
eine Frau oder einen Mann bezieht, unterschiedlich in die Deutung von Situationen ein.

damit bezeichnet wird, weichen wir die Geschlechtsspezifik der Wörter auf. Das Wort 'keifen' beispielsweise kann seine negative Bedeutung behalten, aber wir müssen uns dazu durchringen, daß auch Männer 'keifen' können. Der Prozeß, Begriffe bei gleicher Wertung geschlechtsindefinit zu machen, ist bereits in vollem Gange.

7.1.2 Gesprächsführung

Die Gesprächsführung ist eine soziale Beziehung, ein Prozeß, in dem sich Hierarchien, Bewertungen, Statuszuweisungen usw. immer wieder herstellen. Im Gespräch wird nicht nur eine Abstimmung von Situationsdeutungen vorgenommen, sondern das Gespräch ist auch selbst eine soziale Situation. Die Art und Weise, wie ein Gespräch geführt wird, definiert die soziale Beziehung in dieser Situation. Die so konstituierten sozialen Beziehungen gelten dann als akzeptabel, wenn zwischen den Beteiligten eine Verständigung über die soziale Beziehung erzielt wird. Dieses Einverständnis wird eher dann erreicht, wenn die soziale Beziehung mit dem nicht hinterfragten Hintergrundwissen über die Sprache, den tradierten Normen der Gesprächsführung und den geteilten Erfahrungen mit Gesprächssituationen in Einklang steht.

Durch Gespräche hergestellte soziale Beziehungen sind also dann akzeptabel, wenn sie lebensweltlich verankert sind. Lebensweltlich verankert sind in der Moderne wiederum die sozialen Beziehungen, die die Dominanz des Männlichen über das Weibliche transportieren. Eine Gesprächsführung, die patriarchale Strukturen transportiert, ist also gewissermaßen der Normalfall, in dem die Gesprächsart nicht problematisiert werden muß.

Die durch das Gespräch konstituierten sozialen Beziehungen sind für die Beteiligten selbstverständlich und dadurch können sich die Beteiligten auf das eigentliche Thema des Gesprächs konzentrieren. Werden die konstituierten sozialen Beziehungen nicht anerkannt, entstehen Verständigungsschwierigkeiten, da nicht auf eine gemeinsame Deutung der sozialen Situation zurückgegriffen werden kann. Dadurch ist eine Metadiskussion über den Gesprächsstil nötig, das Thema des Gesprächs tritt in den Hintergrund.

Die Gesprächsteilnehmerinnen und -teilnehmer, die in bezug auf das Gesprächsthema eine Zielsetzung verfolgen, müssen also den Gesprächsstil akzeptieren, um nicht vom Thema abzulenken. Für Frauen heißt das, daß sie das ihnen zugewiesene Gesprächsrepertoire so einsetzen müssen, daß ihnen trotz der patriarchalen sozialen Beziehungen, die im Gespräch entstehen, ein Erfolg bezüglich des Themas möglich ist.

Ich will im folgenden zum einen beschreiben, durch welche Mechanismen in Gesprächen patriarchale soziale Beziehungen prägend wirken und gleichzeitig selbst wiederhergestellt werden. Zum anderen gehe ich genauer auf das weibliche Sprachregister ein, das dazu beiträgt, daß der niedere Status von Frauen in Gesprächen auch immer wieder neu konstituiert wird.

7.1.2.1 Dominante und unterwürfige Gesprächsführung

Dominante und unterwürfige Gesprächsführung setzen die patriarchale Sprachstruktur in soziale Beziehungen um. Aufgrund geschlechtsspezifischer Erwartungen und Verhaltensweisen (Sprachregister) in Gesprächen ist der Status von Frauen und Männern in Gesprächen unterschiedlich.

Nach den von Aries, Klann, Trömel-Plötz und Wagner/Stahl/Schick zusammengetragenen Untersuchungsergebnissen sind sowohl formelle als auch inhaltliche Unterschiede im Gesprächsverhalten von Frauen und Männern festzustellen.[27]

Die geschlechtsspezifischen Unterschiede im Diskussions- und Gesprächsverhalten lassen sich folgendermaßen systematisieren:

Formelle Unterschiede:

- Männer reden häufiger und länger als Frauen.

- Männer neigen eher zu Rededuellen, während Frauen eher versuchen, zu harmonisieren.

- Männer unterbrechen häufiger als Frauen andere Gesprächsteilnehmerinnen und -teilnehmer. Frauen werden häufiger unterbrochen - besonders von Männern.

- Männern wird länger und geduldiger zugehört. Frauen stehen mehr unter dem Druck, sich ihr Rederecht zu erkämpfen und sich dann Aufmerksamkeit zu erhalten.

- Männer wenden sich häufiger an die ganze Gruppe als Frauen. Frauen wenden sich häufiger an Einzelpersonen als Männer.

---

[27] vergleiche Aries (1984), Klann (1983), Trömel-Plötz (1982a), (1984b) und (1984c) und Wagner/Stahl/Schick (1981)

- Männer werden häufiger direkt angesprochen als Frauen. Vor allem Frauen richten sich häufig direkt an Männer.

Inhaltliche Unterschiede:

- Frauen werden häufiger belehrt und zurechtgewiesen als Männer. Ihre Aussagen werden eher angezweifelt.

- Frauen werden häufiger respektlos angeredet und lächerlich gemacht als Männer.

- Redebeiträge von Frauen werden häufiger als die von Männern nicht gehört, mißverstanden und ignoriert.

- Männer haben mehr Einfluß auf das Gesprächsthema. Frauen beharren weniger auf ihren Themen.

- Frauen leisten mehr Gesprächsarbeit. Sie nehmen Themen auf, entwickeln sie und halten das Gespräch aufrecht, ohne jedesmal Position zu beziehen. Männer springen oft zu anderen Aspekten und legen dazu gleich ihre Position dar.

- Männer haben wesentlich mehr Einfluß auf eine Gruppenentscheidung als Frauen (bei gleicher Kompetenz).

Konversationelle Unterschiede beginnen bereits im Kindesalter - allerdings sind zunächst die Mädchen den Jungen überlegen:

"Mädchen lernen früher sprechen als Jungen, Mädchen lernen schneller lesen als Jungen, Mädchen machen weniger Rechtschreibfehler als Jungen, Mädchen sprechen grammatisch korrekter als Jungen, und Mädchen haben einen reichhaltigeren Wortschatz zur Verfügung als Jungen gleichen Alters. Vielleicht ist diese sogenannte weibliche Sprachbegabung aber bereits Ausdruck der Tatsache, daß Frauen vom Kind an lernen, sich in unserer Gesellschaft unterzuordnen, und entsprechend stärker als Männer bemüht sein müssen, sprachlich nicht negativ aufzufallen."[28]

Von besonderer Bedeutung ist der relative Charakter aller Aussagen. 'Häufiger' und 'eher' heißt, daß sowohl Frauen als auch Männer zu sowohl dominantem als auch zu unterwürfigem Gesprächsverhalten fähig sind, ihr Verhaltensrepertoire aber unbewußt unterschiedlich einsetzen. Analog dazu verläuft ja auch die geschlechtsspezifische Zuweisung von Eigenschaften nicht absolut. Frauen identifizieren sich eher mit 'weiblichen' Eigenschaften und Männer eher

---

[28]   Bickes (1992), S. 5

mit 'männlichen'. Da auch die Erwartungen von diesen Zuordnungen geprägt sind, müssen Frauen und Männer mit negativen Reaktionen rechnen, wenn sie zu sehr vom erwarteten Sprachverhalten abweichen.

Die unterschiedlichen Verhaltensweisen in Gesprächen hängen offenbar damit zusammen, daß Männern oft in Gesprächen ein höherer Status zugeschrieben wird als allen Frauen (unabhängig vom sozialen Status außerhalb des Gesprächs). "Sexus dominiert Status"[29]. Empirisch faßbar ist ein höherer Gesprächsstatus einer Person dadurch, daß die Person selten unterbrochen wird (in Relation zur Redehäufigkeit), und daß sich viele Beiträge anderer Gesprächsteilnehmerinnen und -teilnehmer direkt auf die Person beziehen.

Die einer Person zuerkannte Stellung im Gespräch kann von ihrem tatsächlichen Status abweichen. Der zuerkannte Rang hängt von der sozialen Wahrnehmung ab, die wiederum durch Erwartungen verzerrt ist. Jede Person macht ihr Verhalten (Unterbrechen, Sich-Anschließen) gegenüber anderen Gesprächsteilnehmerinnen und -teilnehmern davon abhängig, welchen Stellenwert sie ihnen im Gespräch zumißt. Frauen wird im Gespräch eine wesentlich niedrigere Position zugesprochen als Männern mit gleichem sozialen Status (außerhalb des Gesprächs). So entsteht oft die Situation, daß in einem Gespräch allen Männern ein höherer Rang zuerkannt wird als allen Frauen. Wenn sich die Frauen nicht gegen den zugeschriebenen niedrigen Platz in der Rangordnung im Gespräch wehren, erreichen sie auch tatsächlich einen geringeren Stellenwert als alle Männer. Meist wehren sich die Frauen nicht und tragen dadurch zu ihrem eigenen niedrigen Status bei oder bestätigen ihn zumindest.

7.1.2.2 Weibliches Sprachregister

Es gibt keine Frauensprache und keine Männersprache im Sinne von sich ausschließenden Sprachen.

> "In bestimmten Situationen sind Männer in der Rolle des Unterdrückten oder Untergebenen und würden dann in ähnlicher Weise höflicher sprechen und ihre Äußerungen einschränken und abschwächen wie Frauen es vielleicht eher gemeinhin tun. Der Begriff des weiblichen Registers bietet sich deshalb als Präzisierung des Terminus Frauensprache an. Auch Männer beherrschen dieses

---

[29] Häberlin/Schmid/Wyss (1992), S. 83. Der Status außerhalb des Gesprächs ist festzumachen an Bildung, beruflicher Stellung, Einkommen usw. Vergleiche auch Trömel-Plötz (1984a), S. 293 und Aries (1984), S. 119

Register durchaus und müssen es in bestimmten Situationen ziehen"[30].

Um Ursachen der unterschiedlichen Interaktionsstile zu erkennen und schließlich Gegenstrategien entwickeln zu können, bedarf es einer genaueren Analyse des weiblichen Sprachregisters.[31]

- Frauen setzen häufig Euphemismen und Diminuative ein. Die Rede wirkt dadurch gefällig, Frauen schwächen so ihre Aussagen ab und verharmlosen sie. Die Frau erscheint liebenswürdig und emotional beteiligt. Sie kann sich daher in der Kommunikation, die rationale Ziele verfolgt, weniger behaupten als Männer. Auch durch die Syntax verstärken Frauen den unverbindlichen und unverfänglichen Charakter ihrer Aussagen. Satzkonstuktionen, die mit 'scheinbar', 'vielleicht', 'ich meine', 'ich möchte dazu noch sagen' beginnen, lassen immer noch einen Ausweg offen und entbinden die Gesprächspartnerinnen und -partner von der Pflicht, sich mit der Aussage auseinanderzusetzen.

- Wie Fachleute über Fachsprachen, so verfügen auch Frauen und Männer über einen unterschiedlichen Wortschatz.[32] Aufgrund unterschiedlicher Lebensbezüge bildet sich einerseits ein weiblicher Wortschatz für den privaten Bereich (Kinder, Küche, Kleider, Gefühle) und andererseits ein männlicher Wortschatz für den öffentlichen (Produktion, Politik, Sport) heraus. Die unterschiedliche Bewertung der Lebenszusammenhänge 'privat' und 'öffentlich' bedingen eine unterschiedliche Bewertung des entsprechenden Wortschatzes und damit eine Minderbewertung der Frau als Gesprächsteilnehmerin. Die Tatsache, daß sich Frauen um eine exaktere Ausdrucksweise bemühen (eher Hochdeutsch sprechen), der höheres Prestige zukommt, kann sie nicht ausreichend aufwerten.

- Auf Derbheiten zur Verstärkung ihrer Aussagen verzichten Frauen weitgehend. Durch die Schönheit, Höflichkeit und Bescheidenheit, die die Ausdrucksform widerspiegelt, treten die Inhalte in den Hintergrund, sie werden harmlos. Außerdem bekommen die Gesprächspartnerinnen und

---

30 Trömel-Plötz (1978), S. 62. Die Bezeichnungen 'weibliches' und 'männliches' Sprachregister sind daher auch problematisch. Vergleiche Mills (1992)

31 Bereits in dem Aufsatz, der die Diskussion über Frauensprache in der Bundesrepublik 1978 einleitete, beschrieb Trömel-Plötz die unterschiedlichen Gesprächsstile (Trömel-Plötz, 1978).

32 Eine ausführliche Zusammenstellung zu geschlechtsspezifischen Sprachen im internationalen Vergleich findet sich in Janssen-Jurreit (1979), S. 623-643

-partner der Frauen durch diese unaufdringliche Art Raum, die Gesprächsführung an sich zu ziehen. Die Kooperations- und Rückzugsbereitschaft führt so zu Autoritätsverlust.

Die geschlechtsspezifischen Gesprächsrepertoires ergeben in Kombination mit den bereits erörterten, Frauen und Männern zugeordneten Charaktereigenschaften eine Art 'idealen' Gesprächsverlauf, der als Erwartungsmuster in Gesprächen wirkt. Wenn Frauen die ihnen zugeschriebenen Eigenschaften leben und auch in Sprache umsetzen, bestätigen sie die ihnen zugeschriebene Rolle und damit ihre niedriger bewertete Position. Sie machen sich aber gleichzeitig auch angreifbar, obwohl sie die an sie gestellten Erwartungen erfüllen. Da Frauen eher Emotionalität zugesprochenen wird als Männern, äußern sie ihre Gefühle auch früher, während Männer Gefühle nicht so spontan zeigen und aussprechen.[33] Frauen geben dadurch schneller ein Stück ihrer Persönlichkeit preis und bieten Männern im Gespräch eine Angriffsfläche. Da Frauen gleichzeitig mehr Gesprächsarbeit leisten (Themen entwickeln), während Männer eher einen aggressiven Gesprächsstil pflegen (Unterbrechen, Rededuelle, Selbstdarstellung), entsprechen die Machtverhältnisse in Gesprächen den gesamtgesellschaftlichen patriarchalen Machtverhältnissen. Zusätzlich stabilisiert werden die Machtverhältnisse, wenn der Mann die im zugeordnete Eigenschaft 'Aktivität' auch in Gesprächen lebt. Es liegt dann an ihm, den Verlauf eines Gesprächs (z.B. den Grad der Intimität) festzulegen - die Frau reagiert.

Ich betone nochmals, daß ein Gespräch nicht grundsätzlich in dieser Art verläuft, sondern daß es eher so verläuft als umgekehrt oder ausgewogen. Auch ist es wichtig, die aktive Rolle der Frauen in Gesprächen, in denen sie dominiert werden, immer wieder hervorzuheben. Frauen orientieren sich genauso wie Männer an ihrem lebensweltlichen Hintergrund und an dem patriarchalen Charakter des Sprache. Frauen lassen Männer dominieren und gewinnen. Sie unterstützen und verteidigen die Männer sogar, wenn deren Dominanz in Gefahr ist. Durch ihre Aufmerksamkeit und ihre Fähigkeit zuzuhören, bezeugen sie den Männern Respekt und geben den Themen der Männer mehr Gewicht als den eigenen. Frauen schenken den Männern mehr Aufmerksamkeit als den Frauen. Sie entwickeln die Themen der Männer weiter und stellen die der Frauen zurück.

Dieses Netz aus Erwartungen und Vorurteilen, das die ungleiche Verteilung von konversationellen Rechten nach sich zieht, fordert einen weiblichen

---

[33]   vergleiche Henley/Freeman (1975)

Interaktionsstil, der einerseits den Rollenerwartungen entspricht und andererseits trotzdem einen gewissen Gesprächserfolg sicherstellt. Gesprächserfolg heißt hier nicht Dominanz, sondern Durchsetzung von Inhalten im Gespräch. Um nicht in einer (oben beschriebenen) 'idealen' Gesprächssituation zur völligen Bedeutungs- und Einflußlosigkeit herabzusinken, entwickeln Frauen Strategien, die doch noch einen Gesprächserfolg ermöglichen.

Unbewußt geben Frauen vor allem Männern um des Gesprächserfolgs willen mehr Anerkennung, weil sie dann auch mehr Aufmerksamkeit erlangen können. Unbewußt drücken sie sich exakter aus, um einen höheren Status zu erlangen. Frauen respektieren die Hierarchie einer Gesprächssituation und zeigen sich kooperativ. Nur durch Kooperation (mit Männern) haben sie die Möglichkeit, ihre Inhalte in eine Entscheidung einzubringen. So können die Frauen Einfluß nehmen, ohne daß ihre Leistung zur Entscheidung oder zum Gesprächsergebnis in Erscheinung tritt, und natürlich ohne daß ihre Leistung honoriert wird. Trömel-Plötz nennt diese Art, auf Gespräche Einfluß zu nehmen, "subversiv"[34]. Wobei der Begriff subversiv nicht darüber hinwegtäuschen darf, daß diese Strategien meist nicht bewußt eingesetzt werden.[35]

Eine spezielle subversive Strategie ist die des Sich-Anschließens.[36] Sich an eine Vorrednerin oder einen Vorredner anzuschließen heißt, das gleiche noch einmal zu sagen, das Gesagte zu bestätigen und zu unterstützen. Wenn sich Frauen an Männer anschließen, werten sie sich selbst auf, sie nutzen die Autorität des Mannes, um selbst mehr Autorität zu erlangen. Die durch den Anschluß erreichte Aufmerksamkeit können sie dazu nutzen, zuzustimmen, ihre eigenen Inhalte durchzusetzen oder zu widersprechen. Wichtig ist nur, daß der Beitrag als Anschluß erscheint.

Die Technik des Sich-Anschließens ist in keiner Weise Frauen vorbehalten - bei jedem Rhetorikseminar wird sie gelehrt. Interessanterweise wird sie von Frauen (auch ohne Rhetorikseminar) öfter angewandt. Da Frauen in einem Gespräch eher ein niedrigerer Status zugewiesen wird, haben sie auch tendenziell mehr Möglichkeiten, sich anzuschließen - nämlich an alle Männer. Männer hingegen müssen sich ihre Anschlußpartner sorgfältig aussuchen. An Frauen sollten sie sich nicht anschließen, da deren Status im Gespräch normalerweise

---

[34]   Trömel-Plötz (1984a), S. 290

[35]   Zu möglichen bewußten Strategien zum Gesprächserfolg vergleiche Schlüter-Kiske (1987), vor allem S. 51-97 und S. 253-264

[36]   vergleiche Trömel-Plötz (1984a), S. 300

keine Aufwertung bringen kann: es schließt sich ja kaum eine Sprecherin oder ein Sprecher an eine Frau an.

Wenn sich Frauen bewußt nicht auf 'subversive' Taktiken einlassen wollen, müssen sich Sprecherinnen selbst im Gespräch neu definieren. Nur so können sie gegen ihre strukturelle Benachteiligung in Gesprächen ankämpfen. Diese Neudefinition beinhaltet, Männer nicht immer gewinnen zu lassen, sie zu kritisieren, gleiche Aufmerksamkeit zu verlangen, auf gleichem Rederecht zu bestehen (länger und öfter zu reden), Unterbrechungen zu unterbinden und auf Regelverletzungen aufmerksam zu machen. Frauen müssen ihre eigenen Themen wichtiger nehmen. Sehr hilfreich kann es für Frauen auch sein, wenn sie sich gegenseitig unterstützen, so daß sie sich zu einem höheren Status im Gespräch verhelfen. Sie können einander Aufmerksamkeit und Respekt zollen, Kompetenz zugestehen, sich persönlich ansprechen, aufeinander Bezug nehmen, einander wichtig nehmen. Frauen können sich gegenseitig unterstützen, wenn es darum geht, Rederechte einzuklagen und Unterbrechungen zu unterbinden.

Wenn Frauen ihr Gesprächsrepertoire bewußt in dieser Weise erweitern, werden sie tendenziell als geschwätzig, arrogant, aggressiv, unfein und unfeminin kritisiert. Diese Kritik hat zum Ziel, die traditionelle Machtverteilung in Gesprächen und bei der Definition der Wirklichkeit aufrechtzuerhalten. Kritik definiert ja die Kritisierenden und die Kritisierten in bestimmter Weise. Frauen mehr Möglichkeiten in Gesprächen einzuräumen heißt für die Männer, Möglichkeiten abzugeben. Es steht nicht zu erwarten, daß sie dies freiwillig tun.

Der Einfluß geschlechtsspezifischer Zuweisungen ist so groß, daß Frauen und Männer nicht in gleicher Weise gehört und verstanden werden, auch wenn sie das gleiche sagen. Äußerungen werden zunächst immer im Rahmen des geschlechtsspezifischen Sprachrepertoires interpretiert. Verzichten Frauen darauf, diesem Muster zu entsprechen, müssen sie sich nicht nur inhaltlich auseinandersetzen, sondern auch noch ihren extravaganten Gesprächsstil immer wieder durchsetzen und rechtfertigen. Konversationelle Unterschiede werden während eines Gesprächs ständig neu konstituiert, so daß auch ständig gegen zugewiesene Unterschiede gearbeitet werden muß.

7.2 Verzerrungen unserer Wahrnehmung durch Sprache

Die Sprache ist nicht nur selbst patriarchal geprägt, sondern sie ist auch das alle Deutungsmuster verbindende Medium. Die Geltungsansprüche Verständlichkeit, Wahrheit, Richtigkeit und Wahrhaftigkeit, die bei jeder Sprachanwendung formuliert werden, verbinden auch verschiedene Deutungsmuster, da sonst keine konsistente Denkstruktur entstehen kann. In den Deutungsprozessen, auf deren Grundlage wir politische Entscheidungen fällen, wird zwischen den Deutungsmustern genauso wie zwischen den Deutungsmustern und dem sozialen Handlungsfeld spachlich vermittelt. Die Deutungsprozesse sind also nicht nur dadurch geprägt, daß unser gesamtes lebensweltliches Hintergrundwissen patriarchal ist, sondern auch durch die patriarchale Sprache. Die Sprache schränkt die Möglichkeiten der Situationsdeutungen ein. Da wir uns sprachlich über Situationsdefinitionen einigen, können wir uns nur so verständigen, wie es die Sprache zuläßt.

7.2.1   Die Tätigkeit des Sprechens

So bedeutet bereits das Sprechen selbst eine geschlechtsspezifische Einschränkung. Denn über die Sprache, die wir benutzen, definieren wir nicht nur die Wirklichkeit um uns herum, sondern auch uns selbst. Nicht nur Muttersprache und Dialekt, sondern beispielsweise auch Bildungsgrad, Lebensbereiche und Spezialgebiete erschließen sich den Zuhörenden aus unserer Sprache. Die individuellen Lebensumstände lassen eine für jede Person spezifische Lebenswelt entstehen, die auch eine spezifische Sprache enthält. An den Eindrücken, die sie erwecken, können die Sprecherinnen und Sprecher jedoch arbeiten. Sie können versuchen, anders zu wirken, oder sich neue sprachliche Bereiche erschließen. Nur an einem Eindruck läßt sich nichts ändern: Sprecherin oder Sprecher werden als Frau oder Mann identifiziert.

Sobald eine Sprecherin als Frau identifiziert ist, stehen ihr alle Erwartungen gegenüber, die in unserer Gesellschaft an Frauen gestellt werden. Neben jeder Frau steht dann das Bild der Frau, und das ist in unserer Gesellschaft patriarchal geprägt. Die Klischees werden von den Frauen durch ihr Sprachregister auch immer wieder bestätigt. Durch die Tatsache, daß wir sprechen, und durch die Art unseres Sprechens (Sprachregister), ordnen wir uns gesellschaftlich ein. Wir sind dadurch eingebunden in die lebensweltlichen Kenntnisse, Ansprüche und Erfahrungen der Zuhörenden. Die Art und Weise, wie wir uns in einem Gespräch selbst definieren, muß jedoch von den Beteiligten auch akzeptiert werden.

"Es genügt nicht, einfach die gleichen Sprechhandlungen zu benützen wie die Männer. Sie müssen, wenn sie gelingen sollen, auch ratifiziert werden. Sie müssen so, wie wir sie intendierten, akzeptiert werden."[37]

Und dadurch sind wir auch begrenzt, denn um zu einer gemeinsamen Situationsdefinition zu gelangen, müssen wir in gewissem Maße den lebensweltlich verankerten Bildern von Frau und Mann auch entsprechen. Nur wenn wir uns so definieren, daß es für die Beteiligten auch annehmbar ist, ist eine Verständigung erreichbar.

Frauen, die nicht den Erwartungen genügen, gelten als 'Mannweiber', das heißt, eine Frau kann nicht einfach so reden wie ein Mann. Bestimmte Sprechhandlungen sind eher Männern vorbehalten und den Frauen verwehrt (z.B. Zweifel an der Kompetenz eines Mannes), wenn Frauen ihre Chance erhöhen wollen, ernstgenommen zu werden. Das Informieren war beispielsweise eine männliche Domäne. Frauen wurde lange Zeit zwar zugetraut, über das Abendprogramm zu informieren, aber Nachrichtensprecherinnen tauchten im ZDF erst 1971 und in der ARD erst 1976 auf. Bei der Deutschen Welle sprach wenigstens bis 1983 keine Frau die Nachrichten.[38] Inzwischen sprechen vor allem in den privaten Fernsehsendern sehr viele Frauen Nachrichtensendungen. Informieren wird inzwischen auch Frauen zugetraut.

Gespräche über Gespräche zeigen, daß auch die Wahrnehmung von Gesprächen durch Rollenerwartungen verzerrt ist.[39] Frauen werden hinsichtlich ihrer Redehäufigkeit unterschätzt, Männer überschätzt. Vorschläge von Männern werden höher bewertet als die von Frauen (bei gleicher Kompetenz). Männer bevorzugen Männer zur weiteren Zusammenarbeit, wohingegen Frauen keine Präferenzen hinsichtlich des Geschlechts ihrer zukünftigen Arbeitspartnerinnen und -partner haben.[40] Letzteres bedeutet, daß Männer bei Frauen als Gesprächspartner beliebter sind als umgekehrt.

Jede Sprecherin und jeder Sprecher definiert sich über die eigene Sprechweise. Dies bietet auch die Möglichkeit, den Definitionen nicht zu folgen, sondern sich selbst zu definieren. Der unsere Gesellschaft prägenden Definitionsmacht des Mannes steht hier die individuelle Möglichkeit gegenüber, die eigene Persönlichkeit selbst zu definieren. Die feministische Ausgestaltung dieser indi-

---

37   Trömel-Plötz (1984d), S. 55

38   vergleiche Remus (1984), S. 228ff. Die Entwicklung in der B.B.C. beschreibt Kramarae (1984).

39   vergleiche Wagner/Stahl/Schick (1981)

40   vergleiche die unterschiedliche Akzeptanz von Frauen als Chefs (Abschnitt 6.2.1)

viduellen Definitionsmacht trägt dazu bei, die Vorstellungen von 'weiblich' und 'männlich' zu relativieren. Die realitätsbildende Funktion der Sprache kann von jeder einzelnen Sprecherin dazu genutzt werden, das Männern zuerkannte Monopol der Realitätskonstitution zu durchbrechen und abzubauen. Wenn Frauen ihre Sprechweise ändern und damit die Erwartungen, die an Sprecherinnen gestellt werden, immer wieder enttäuschen, werden sich die Erwartungen ändern. Veränderte Erwartungen an eine Sprecherin bedeuten aber gleichzeitig, daß die geschlechtsspezifischen Charakteristika der Sprecherin in Frage gestellt sind. Das heißt, daß der zugewiesene Katalog an weiblichen Eigenschaften so lange revidiert werden muß, bis er der die 'alten' Erwartungen ständig enttäuschenden Sprecherin entspricht. Über Veränderungen in der Sprachpraxis kann aber nicht nur die Zuordnung von Eigenschaften, sondern auch die von Lebenszusammenhängen in Frage gestellt werden. Denn schließlich finden 'weibliche' und 'männliche' Eigenschaften ja in den Lebensbereichen 'privat' und 'öffentlich' ihre Entsprechung, und hängen mit der geschlechtsspezifischen Zuweisung von lebensweltlichen und systemischen Bezügen zusammen.

Letztendlich bedeutet dies für die Frauen aber eine Auseinandersetzung auf zwei Ebenen. Einerseits hat jedes Gespräch ein Thema, auf das sich auch die Argumente beziehen, und das ein Ziel anstrebt. Andererseits muß eine Frau, die die in einem Gespräch an sie als Frau gestellten Erwartungen enttäuscht, sich für diese Übertretungen rechtfertigen. Sie stellt der legitimen, allgemein geteilten Situationsdeutung eine nichtlegitimierte, nicht selbstverständliche gegenüber. Es ist gleichgültig, ob diese Rechtfertigung explizit abverlangt wird, das heißt, die Gesprächsführung irgendwann zum Thema wird, oder ob die Frau ihre Übertretungen durch Kompetenz ausgleichen muß (sie muß dann aber besser sein als die Männer). In jedem Fall steht sie als 'Ausnahme', als 'Abweichung' unter einem Legitimationsdruck, der ihr allerdings auch einen Gestaltungsspielraum bietet. Die Frau kann bewußt planen, welche an sie gestellten Erwartungen sie erfüllt und welche nicht. Sie kann den Schwerpunkt der Auseinandersetzung selbst festlegen und danach abwägen, in welcher Weise sie auftreten muß, um die von ihr gesetzte Priorität zu verfolgen.

7.2.2 Definitionsmacht

Neben der Tätigkeit des Sprechens sind es auch die Inhalte, die eine Sprache immer mit sich trägt, die unser Denken und Handeln begrenzen. Im Zusammenhang mit der Untersuchung natürlich-biologischer Geschlechtsunterschiede stellte sich bereits die Frage:

"To what extend does that medium [die patriarchal geprägte Sprache; S.O.] become the message? ... This problem is usually ignored by scientists, who tend to regard language as a neutral medium that can push subjective experience into an objective realm without tampering with its meaning."[41]

Die Sprache ist in der Lage, die gesellschaftlichen Verhältnisse darzustellen, und gleichzeitig kann sie auch nur diese Verhältnisse darstellen. Eine andere Sprache ist nur in einer anderen Gesellschaft sinnvoll anwendbar, nur dort kann sie wieder Realität abbilden. Genauso wie die Sprache und die anderen patriarchalen Deutungsmuster hängen Sprache und Gesellschaft in dreifacher Hinsicht zusammen. Wir produzieren, reproduzieren und reflektieren die gesellschaftliche Wirklichkeit mit Hilfe der Sprache. Diese drei Aspekte der Wechselwirkung zwischen Sprache und Gesellschaft treten immer gemeinsam auf. Ihre analytische Trennung ist jedoch sinnvoll.

Die gesellschaftliche Wirklichkeit existiert für uns nur so, wie wir sie uns vorstellen, und das geschieht sprachlich. Im Zusammenhang mit Modellen menschlicher Evolution ist bereits deutlich geworden, daß alle Aspekte des Fortschritts Männern zugeschrieben werden, Frauen dadurch zum notwendigen Anhängsel werden und teilweise sogar als evolutionär zurückgeblieben betrachtet werden. Genauso ist ein gesellschaftliches Ereignis, das nicht über Medien sprachlich vermittelt wird, für die nicht direkt Beteiligten nicht existent, es wird 'totgeschwiegen'. Am Beispiel der Geschichtsschreibung kann gezeigt werden, daß das Nichtausgesprochene auch aufhört zu existieren, das heißt, daß die "Geschichtslosigkeit der Frau ... durch die Geschichtsschreibung hergestellt"[42] wird. In einer Untersuchung zur traditionellen Geschichtsschreibung kommt Janssen-Jurreit zu dem Schluß:

"So scheint denn die nationale Geschichtsschreibung hauptsächlich eine Veranstaltung zur Unterschlagung des weiblichen Beitrags zur Entwicklung der Völker zu sein."[43]

---

41   Fried (1979), S. 39

42   Janssen-Jurreit (1979), S. 28. Vergleiche auch Schröder (1983), die den Ausschluß der Frauen am Beispiel der für verschiedene Gesellschaftsstrukturen üblichen graphischen Darstellungen (z.B der Lehenspyramide) zeigt, und versucht, Graphiken zu entwickeln, in denen die Stellung der Frauen berücksichtigt ist.

43   Janssen-Jurreit (1979), S. 53

Auch wenn ein gesellschaftlicher Tatbestand erst hergestellt werden soll, bedienen wir uns der Sprache, um Interaktionen mit anderen Gesellschaftsmitgliedern zu koordinieren.

Aber die Sprache, in die wir sozialisiert werden, gibt uns nur begrenzte Möglichkeiten, die Gesellschaft zu erfassen. Deshalb reproduzieren wir durch Sprachanwendung immer wieder die gesellschaftlichen Strukturen, für die diese Sprache das adäquate Ausdrucksmittel ist.

Nicht zuletzt ist in der Sprache auch die Möglichkeit angelegt, aus diesem Kreislauf von Produktion und Reproduktion auszubrechen - durch Reflexion. Das Mittel der Reflexion ist wiederum die Sprache, mit der wir sowohl die Gesellschaft als auch die Sprache selbst kritisieren können. Da die Sprache ein offenes System ist, das sich ständig entwickelt, und da die Sprache mit dem, was sie objektiviert, in einer Wechselbeziehung steht, kann sie zugleich Subjekt und Objekt der Kritik sein.

Der Gebrauch von Sprache ist immer gesellschaftliches Handeln. Und somit ist die Sprache den gleichen Machtfaktoren ausgesetzt, die die Gesellschaft prägen. Nicht alle haben die gleichen Möglichkeiten, auf die sprachliche Definition von Wirklichkeit einzuwirken. Nicht jede und jeder kann Sprachänderungen, also neue Definitionen, durchsetzen. Der Zugang zu den Sprachmedien ist an politische und wirtschaftliche Macht gekoppelt. Macht heißt dann, auch gegen den Willen anderer die eigene Definition der gesellschaftlichen Wirklichkeit als Norm durchsetzen zu können. Die Politik des Begriffebesetzens, wie sie von allen politischen Parteien versucht wird, ist beispielhaft dafür, wie dieser Zusammenhang politisch verwertet wird. Da der Einfluß auf die Sprache ungleich verteilt ist, spiegelt sich die gesellschaftliche Rangordnung auch in der Sprache wider. Die Basis der sprachlichen Diskriminierung ist eine politische: es geht um die Macht, die Privilegierung einer Gruppe auf Kosten der anderen so in der Sprache und in der Sprachanwendung zu verankern, daß Situationsdefinitionen nur im Sinne dieser Priviliegien möglich sind.

Diese Definitionsmacht ist dort angesiedelt, wo auch gesellschaftliche Macht ausgeübt wird, das heißt, wo Entscheidungen über die Gestaltung des gesellschaftlichen Zusammenlebens fallen. Die beiden Machtbereiche der Wirklichkeitsdefinition und der gesellschaftlichen Gestaltung hängen eng zusammen. Denn eine politische Maßnahme kann nur innerhalb der in der Gesellschaft akzeptierten Erklärungsmuster legitimiert werden. Umgekehrt kann durch eine politische Maßnahme (z.B. Öffentlichkeitsarbeit) die gültige Wirklichkeitsdefinition beeinflußt werden. Patriarchale Gesellschaften sind auch dadurch gekennzeichnet, daß die Macht, Wirklichkeit zu definieren, weitgehend bei den Männern liegt.

Diese Grenzen modernen Denkens bestehen jedoch nicht, weil die Denkstrukturen von Männern entwickelt und durchgesetzt wurden. Auch bezüglich der Denkstrukturen besteht die Gefahr, in biologistische Argumentationen zu verfallen, die dann ungefähr nach dem Muster ablaufen: 'Das Denken ist so, weil die Männer so denken und die Definitionsmacht haben. Und deshalb ist das Denken patriarchal. Aber wir Frauen denken ja ganz anders.'

Der Zusammenhang zwischen der Definitionsmacht der Männer und den in der Moderne gültigen Denkstrukturen ist komplexer. Da die Definitionsmacht vor allem bei Männern liegt, können Annahmen über das Geschlechterverhältnis, die von Männern weitgehend akzeptiert werden, unreflektiert in die Realitätsdefinition eingehen. Das heißt, mit dem Anspruch auf allgemeine Gültigkeit wird ein begrenztes und verzerrtes Modell entworfen. Da die Begrenztheit des Modells nicht reflektiert wird, ist es durch Implikationen geprägt, die sich nicht wegkürzen und als Universalien erscheinen. Die Implikationen, die dadurch entstehen, daß vor allem Männer die Wirklichkeit definieren, machen den patriarchalen Charakter unseres Denkens aus.

Die Form, in der diese Wirklichkeitsdefinition vorgenommen wird, ist kulturell bedingt. Aber gleichgültig, ob die Definitionsmacht in einem religiösen oder einem wissenschaftlichen Monopol angelegt ist: Gegenüber dieser Definitionsmacht treten andere Bestimmungsfaktoren patriarchaler Herrschaft in den Hintergrund. Beispielweise sagen Matrilinearität und Matrilokalität,[44] die oft als Beweis für die Existenz matriarchaler Strukturen herangezogen werden, nichts darüber aus, wie die Macht, Wirklichkeit zu definieren, zwischen den Geschlechtern verteilt ist.

Alledings kann das Patriarchat auch nicht unabhängig von Zeit und Ort nur als Denkform definiert werden,[45] ohne argumentativ in den unendlichen Regreß zu geraten. Denn dann muß erklärt werden, warum die Menschen anfingen, ausgerechnet in patriarchalen Denkstrukturen zu denken, und warum die Frauen den Männern das Definitionsmonopol überließen.

Zwar messe ich den Herrschaftsmechanismen, die in der in einer Gesellschaft gültigen Denkstruktur angelegt sind, eine herausragende Bedeutung bei.

---

[44] Matrilinearität: Erbfolge in der mütterlichen Linie
      Matrilokalität: Übersiedlung des Mannes zur Familie der Frau

[45] wie es z.B. Wisselinck (1984, S. 8) versucht

Ich halte jedoch ein eindimensionales Ursache-Wirkungs-Modell nicht für geeignet, die Komplexität patriarchaler Strukturen in der Lebenswelt und im System zu erfassen. Da ich mit meinen Erörterungen an einem Zeitpunkt ansetze (in der Moderne), an dem das Patriarchat als Zusammenspiel verschiedener patriarchaler Herrschaftsfaktoren bereits besteht, stellt sich für mich das Problem des unendlichen Regresses auch nicht in der Form. Da also die Definitionsmacht des Mannes unabhängig von der Entstehungsgeschichte des Patriarchats in dem hier behandelten Zeitraum besteht, beschränke ich mich darauf, die Grenzen dieses weitgehend von Männern entwickelten Denkens aufzuzeigen.

Aus der politischen Zielsetzung heraus, patriarchale Strukturen überwinden zu wollen, ist es meines Erachtens auch nicht unbedingt hilfreich, letzte Ursachen für patriarchale Strukturen zu finden. Denn letzte Ursachen liefern, vor allem, wenn sie entwicklungsgeschichtlich in grauer Vorzeit angesiedelt sind, nicht automatisch eine Änderungsstrategie. Wenn es allerdings gelingt, patriarchale Strukturen als von Menschen gesetzte und begrenzte Strukturen darzustellen, ist der Wahrheitsanspruch, mit dem das Patriarchat auftritt, ebenfalls gebrochen, und gleichzeitig liegt das Augenmerk auf der prinzipiellen Veränderbarkeit und auf der Beurteilung von laufenden Veränderungen unserer patriarchalen Gesellschaft.

7.3   Reflexionspotential statt Sprachoptimismus

Eschers zeichnende Hände können die drei Dimensionen der Sprache bezüglich der patriarchalen Denkstrukturen der Modene verdeutlichen. Die Sprache 'zeichnet' die Denkstrukturen, und die Denkstrukturen 'zeichnen' die Sprache.

> "Hier zeichnet eine linke Hand (LH) eine rechte Hand (RH), während gleichzeitig RH LH zeichnet. Wieder kehren sich Ebenen, die gewöhnlich als hierarchisch angesehen werden - das, was zeichnet, und das, was gezeichnet wird - gegen sich selbst und erzeugen so eine Verwickelte Hierarchie."[46]

---

[46]   Hofstadter (1986), S. 735

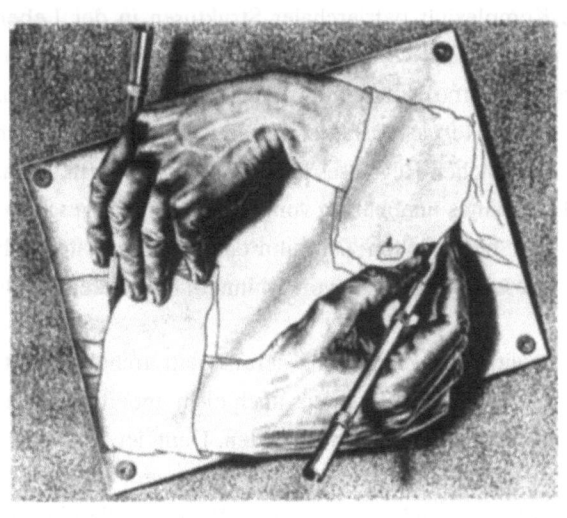

Maurits Cornelis Escher: Zeichnen. Lithographie 1948
aus: Hofstadter (1986), S. 734

Diese scheinbare Paradoxie kann durch eine dritte, reflexive Ebene gelöst werden, die es einerseits ermöglicht, diese 'Verwickelte Hierarchie' zu erkennen, und die andererseits den Handlungsspielraum eröffnet, in das gegenseitige Zeichnen einzugreifen, die Zeichnung zu verändern.

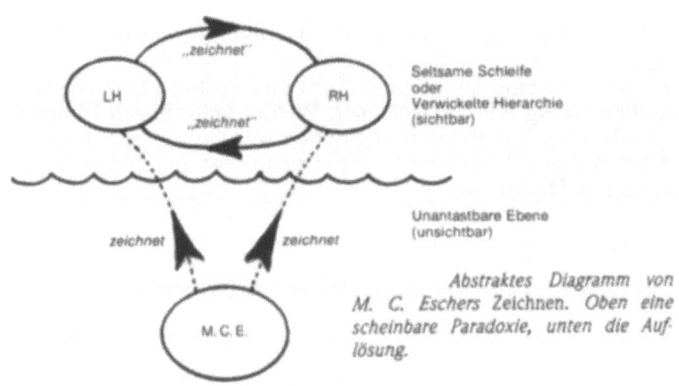

aus: Hofstadter (1986), S. 734

236

Im Zusammenhang von Sprache und patriarchaler Denkstruktur ist die Sprache die sich in ihrem reflexiven Charakter nicht verändernde Ebene. Die Sprache vermittelt auch die Möglichkeit, aus dem Prozeß der ständigen Neukonstruktion patriarchaler Denkstrukturen herauszukommen. Die reflexive Dimension, die sowohl Herrschaftsverhältnisse außerhalb als auch innerhalb der Sprache bewußt macht, eröffnet Handlungsspielräume, in die durchaus Hoffnungen gesetzt werden können. Als neutraler Punkt, von dem aus Veränderungen stattfinden, kann die Sprache allerdings nicht angesetzt werden. Sie muß selbst in den Veränderungsprozeß integriert sein.

7.3.1 Kritik an Habermas' Sprachoptimismus

Hier ist die Grenze der Anwendbarkeit des Habermas'schen Modells erreicht. Denn Habermas setzt in das rationale Potential und dessen Umsetzung im herrschaftsfreien Diskurs große Hoffnungen.

"Die ideale Sprechsituation schließt systematische Verzerrungen der Kommunikation aus. Nur dann herrscht ausschließlich der eigentümlich zwanglose Zwang des besseren Argumentes, der die methodische Überprüfung von Behauptungen sachverständig zum Zuge kommen läßt und die Entscheidung praktischer Fragen rational motivieren kann."[47]

Diese ideale Sprechsituation ist nicht einlösbar, da die Sprache selbst ein Teil der patriarchalen Lebenswelt ist. Der Sprachoptimismus bei Habermas wird an der Unterscheidung zwischen kommunikativer Handlung und Diskurs besonders deutlich. Im Diskurs soll von allen Kontexten, in denen kommunikativ Handelnde stehen, abgesehen werden. Im Diskurs sind nur sprachliche Äußerungen zugelassen.

"In Gesprächen, die als kommunikatives Handeln fungieren ... und umgekehrt bei Interaktionen, die Gesprächsform haben ... sind Äußerungen als kommunikatives Handeln gerade daran zu erkennen, daß sie in den Kontext außersprachlicher Äußerungen eingelassen sind. In Diskursen hingegen sind nur sprachliche Äußerungen thematisch zugelassen; die Handlungen und Expressionen der Beteiligten begleiten zwar den Diskurs, aber sie sind nicht dessen Bestandteil. Wir können mithin zwei Formen der Kommunikation (oder der 'Rede') unterscheiden: kommunikatives Handeln (Interaktion) auf der einen Seite, Diskurs auf der anderen Seite."[48]

---

47   Habermas (1971), S. 137

48   Habermas (1971), S. 114f

Habermas berücksichtigt dabei nicht, daß das Sprechen an sich uns immer in einem Kontext verortet, und daß die Sprache so unsere gesellschaftliche Situation widerspiegelt, daß wir mit der Sprache den gesellschaftlichen Kontext automatisch in den Diskurs hineintragen. 'Nur sprachliche Äußerungen' (also ohne lebensweltlichen Hintergrund) sind nicht möglich. Beispielsweise ist die Wahrnehmung des Geschlechts der Sprechenden mit den entsprechenden Assoziationen ein Stück des Kontextes kommunikativen Handelns - ein Kontext, der nicht ausgeblendet werden kann. Es besteht sogar die Gefahr, daß gerade das Ausklammern des sozialen Umfeldes Machtverhältnisse erst richtig zur Geltung bringt.

> "Insofar as the bracketing of social inequalities in deliberating means proceeding as if they don't exist when they do, this does not foster participatory parity. On the contrary, such backeting usually works to the advantage of dominant groups in society and to the disadvantage of subordinates. In most cases it would be more appropriate to *unbracket* inequalities in the sense of explicitly thematizing them"[49]

Die Rationalisierung von Machtverhältnissen ist zwar innerhalb einer kommunikativen Situation auch in Habermas' Modell vorgesehen, ja sogar gefordert. Trotz dieser Reflexionsmöglichkeit ist aber das tatsächliche Ausblenden des lebensweltlichen Hintergrundes letztendlich nicht möglich. Auch die speziellen Ansprüche, die Habermas an die Diskursteilnehmerinnen und -teilnehmer stellt, helfen nicht über diese Schwierigkeit hinweg.

> "Wir unterstellen, daß zurechnungsfähige Subjekte jederzeit aus einem problematisierten Handlungszusammenhang heraustreten und einen Diskurs aufnehmen könnten."[50]

> "... die Zurechnungsfähigkeit eines kommunikativ handelnden Subjekts ... Darunter verstehe ich Willensstärke, Glaubwürdigkeit und Zuverlässigkeit, also kognitive, expressive und moralisch-praktische Tugenden eines an Geltungsansprüchen orientierten Handelns."[51]

Die Tugenden Willensstärke, Glaubwürdigkeit und Zuverlässigkeit, sind Ansprüche, die beim verständigungsorientierten Handeln an die Teilnehmenden immer gestellt werden.

> "Die 'diskursethisch angelegte praktische Vernunft' schließt Frauen überall da aus entsprechenden Diskursen aus, wo Frauen per definitionem in der Geschichte nicht als Vernunftwesen anerkannt

---

49   Fraser (1992b), S. 120

50   Habermas (1971), S. 119

51   Habermas (1985b), S. 270

werden. Und die verschiedenen Bereiche der heutigen Lebenswelt, gerade auch der gesellschaftlichen Institutionen, seien das die institutionalisierte Politik, das institutionalisierte höhere Lehrwesen, sprich: Universitäten, usw., demonstrieren trotz gewisser Ausnahmen immer noch eindrücklich, daß den Frauen Vernunft nicht ohne weiteres zugemutet, geschweige den zugetraut wird."[52]

Als erfüllte Geltungsansprüche einer idealen Diskurssituation bleiben diese Tugenden jedoch fiktiv. Die Sprachanwendung geht zwar immer mit den Geltungsansprüchen Wahrheit, Wahrhaftigkeit und Richtigkeit einher, muß diesen aber gleichzeitig auch immer widersprechen. Die Sprache kann nicht wahr sein, sie kann nicht normativ richtig sein, und sie kann nicht authentisch sein. Die Sprache ist eine als wahr gesetzte, eine als normativ richtig gesetzte und eine historisch tradierte Struktur, die Implikationen über das Geschlechterverhältnis hat.

Die kommunikative Vernunft, die durch Sprache wirksam wird, ist nach Habermas in ihrer Theorie und in ihrer Praxis rational. Um mit Hilfe der Vernunft eine angestrebte Verständigung unter Sprachanwendung zu erzielen, müssen die intersubjektiv anerkannten, kritisierbaren Geltungsansprüche Wahrheit, Wahrhaftigkeit und Richtigkeit verwirklicht werden. Für ein kommunikatives Einverständnis sind letztlich Gründe entscheidend.[53] Durch die Sprachanwendung realisiert sich der hohe Stellenwert der Rationalität, der sich mit zunehmender Rationalisierung der Lebenswelt auch noch vergrößert.

Habermas' Sprachbegriff bleibt in seiner Beschränkung auf Rationalität ein unrealistisches Gerüst. Denn es ist doch gerade die Sprache, die - wie sich gezeigt hat - eben nicht nur Rationalität in sich birgt. Sie ist nicht nur eine vernünftige Aneinanderreihung von Wörtern. "Durch Rhythmus und Intonation, Mimik und Körpergestik erhält die Sprache eine zusätzliche Dimension, wird sie körperlich wahrnehmbar"[54].

Da die Sprache nicht vollständig rational ist, ist auch fraglich, welche Hoffnungen in die Sprache gesetzt werden können. Kann Sprache Freiheit begründen? Gibt es herrschaftsfreie Sprache?

"Ob freilich die Eigenlogik der Objekte und Beziehungen ... wirklich derart in Sprache ihren Niederschlag finden kann, daß Kommunikation, die Hoffnung auf Versöhnung, utopische Formen der Intersub-

---

[52] Weisshaupt (1986), S. 244. Vergleiche auch Fraser (1992a), S. 119f

[53] vergleiche Habermas (1985a), S. 37

[54] Nölleke (1985), S. 44

239

jektivität und damit ... 'Vergesellschaftung ohne Repression', also Freiheit begründen kann, muß dahingestellt bleiben"[55].

Die momentane historische Ausprägung der Sprache ist sicherlich nicht herrschaftsfrei. Denn sie gibt in ihrer Struktur und in den Formen ihrer Anwendung die bestehenden gesellschaftlichen Herrschaftsverhältnisse wieder. Prinzipiell ist eine nicht patriarchale Sprache nur in einer Gesellschaft möglich, die nicht auf der Herrschaft zwischen den Geschlechtern beruht, denn auch das Fehlen eines Herrschaftsverhältnisses wäre in der Sprache wiederzufinden. Der herrschaftsfreie Diskurs ist unter geschlechtsspezifischen Gesichtspunkten vor allem dadurch behindert,

> "... wie in verschiedenen Gesprächssituationen durch implizite und explizite Redeverbote und Einschränkungen ihrer Rederechte Frauen dominiert werden. Männer dagegen bezeugen ihre Dominanz durch die Auswahl bestimmter konversationeller Mittel und stellen ihre Dominanz in der Verwendung dieser Mittel her"[56].

Nun abstrahiert ja aber Habermas von der geschichtlichen Konkretion, und die momentane Ausprägung der Sprache könnte ja auf Kolonialisierung der Sprache zurückzuführen sein, die es einfach rückgängig zu machen oder zu bekämpfen gilt.

Die feministische Sprachkritik legt diesen Gedanken auch nahe, denn sie versucht, Wege aufzuzeigen, wie Sprache verändert werden kann.[57] Gleichzeitig wird in der Sprachkritik aber deutlich, daß eine Veränderung der Sprache mit einer Veränderung der Gesellschaft untrennbar verbunden ist.

Jede Gesellschaft bildet sich mit ihren Herrschaftsformen in ihrer Sprache ab. Lebenswelt, System und Sprache sind patriarchal geprägt, nur so können sie konsistent zusammenwirken. Der patriarchale Charakter der Sprache ist demnach keine Kolonialisierung, sondern genauso wie patriarchale Lebenswelt und patriarchales System konstitutiv für die Moderne. Die Sprache als neutralen Punkt anzusetzen, von dem aus Veränderungen stattfinden, widerspricht der Struktur unserer Sprache. Patriarchale Elemente der Sprache können auch nicht in dem Sinn rückgängig gemacht oder bekämpft werden, daß ein neutrales Medium gewonnen wird. Sprachänderungen können jedoch die Konsistenz des Zusammenwirkens von Lebenswelt, System und Sprache stören, so daß gesellschaftliche Verhältnisse bewußt (d.h. rationalisiert) werden. Zu- und Mißstände

---

55   Schmidt-Waldherr (1985), S. 52

56   Opitz (1984a), S. 45

57   vergleiche beispielsweise Pusch (1984b), S. 61ff

werden mit Hilfe der Sprache bewußtgemacht, aber eben auch Zu- und Mißstände in der Sprache selbst, die somit mitverändert werden muß. Das reflexive
Potential der Sprache kann zur Änderung der patriarchalen Deutungsmuster
und der systemischen Bezüge eingesetzt werden.

7.3.2   Veränderungen der Sprache und des Denkens

Veränderungen in der Gesellschaftsstruktur ziehen sprachliche Veränderungen
nach sich. Umgekehrt regen Sprachneuerungen, die die sprachliche Gleichbehandlung von Frauen und Männern bewirken, die Gesellschaft an, sich an die
neuen Definitionen von Wirklichkeit anzunähern, ja - sie sind aufgrund des gesellschaftlichen Charakters der Sprache selbst Veränderungen der Gesellschaft.
Welche Möglichkeiten der Sprachveränderung denkbar sind, wird an den Ansprüchen, Forderungen und Vorschlägen deutlich, die in bezug auf Sprachveränderungen in der Bundesrepublik erhoben werden. Feministische Sprachkritik
trägt dazu bei, den patriarchalen Charakter der Denkstrukturen zu verändern.
Frauen haben immer gesprochen, und die Sprache ist immer in bestimmter
Weise mit ihnen umgegangen, mit der Kategorie 'Geschlecht' beschäftigen sich
die Sprachwissenschaften aber erst seit Ende der 70er Jahre. Wie andere Frau-
enforschungsbereiche auch versuchen sie, Löcher im Diskurs zu füllen. Die
Frauen müssen auch hier erst sichtbar gemacht werden. Sie waren lange genug
'kein Thema'.[58]

Über das Sichtbarmachen der Frauen hinaus verfolgen die feministischen
Sprachwissenschaftlerinnen zusammen mit allen Feministinnen, die die Gesellschaft auch über die Sprache verändern wollen, das Ziel, patriarchale Sprach-
elemente bewußtzumachen, öffentlich zu diskutieren und zu verändern.[59] Fol-

---

[58] Über die systematische Verhinderung der Etablierung feministischer Sprachwissen-
schaft in der Bundesrepublik schreibt Trömel-Plötz ausführlich in *Der Ausschluß der
Frauen aus der Universität* (Trömel-Plötz, 1992, S. 21-44). Die Abwehr der Linguistik
gegen frauenspezifische Fragestellungen wird sehr anschaulich in Kalverkämper (1979a
und b).

[59] Nach amerikanischem Vorbild wurden 1982 die *Richtlinien zur Vermeidung sexistischen
Sprachgebrauchs* entwickelt (Trömel-Plötz/Guentherodt/Hellinger/Pusch, 1982). Die
Richtlinien richten sich "an alle, die professionell und offiziell geschriebene und gespro-
chene Sprache produzieren" (a.a.O., S. 84). Der Schwerpunkt der Richtlinien liegt auf
den eher der Sprachstruktur zugeordneten patriarchalen Elementen der Sprache. Zu
den Reaktionen auf die *Richtlinien* vergleiche Hellinger (1984). Häberlin/Schmid/Wyss
gehen in *Übung macht die Meisterin - Ratschläge für einen nichtsexistischen Sprachgebrauch* sowohl auf alternative Formulierungen als auch auf Gegenstrategien im Gesprächsverhalten ein (Häberlin/Schmid/Wyss, 1992).

gende Teilziele, die natürlich mit unterschiedlicher Intensität verfolgt werden, lassen sich formulieren:

- Dokumentation und Erklärung der gesellschaftlichen Bedingtheit von Geschlechtsunterschieden im Gesprächsverhalten.

- Analyse des Stellenwerts von Sprachstrukturen und -gebrauch im gesellschaftlichen Machtgefüge.

- Aufzeigen besonderer Gebiete ungleichen Sprachgebrauchs und Entwicklung von alternativen Verhaltensformen.

- Gleiche Chancen für Frauen und Männer, in der Sprachstruktur und in der Sprachanwendung gemeint zu sein und identifiziert zu werden.

- Änderung des eigenen Sprachstils und Einflußnahme auf den Stil anderer durch Entwicklung alternativer Sprachstrukturen.

- Entwicklung von Möglichkeiten des Ausdrucks von Weiblichkeit. Die patriarchal strukturierte Sprache bietet keine Mittel, um spezifisch weibliches Empfinden und Denken auszudrücken. Gefordert wird daher eine 'weibliche Ästhetik'.[60]

Wir können zwar keine neue Sprache erfinden, die allen genannten Ansprüchen genügt, da wir zu sehr in der Sprache, die wir ständig benutzen, verwurzelt sind. Aber wir können 'zur Sprache bringen', daß die Sprache etwas Erlerntes ist. Wir müssen aus der uns eingewachsenen Sprache in unserem Bewußtsein wieder etwas machen, das uns übergestülpt ist.

> Die Sprache "liegt uns auf der Zunge, sie liegt uns in den Ohren, wir werden sie nicht los, und wir müssen sie verändern, damit wir mit ihr leben können"[61].

Eine Schwierigkeit bei der Änderung des Gesprächsstils ist, daß Frauen und Männer nicht in gleicher Weise gehört und verstanden werden, auch wenn sie das Gleiche sagen. Frauen und Männern steht nicht das gesamte Sprachrepertoire zur Verfügung, wenn sie ihren Rollen entsprechen wollen. Verzichten sie auf letzteres, bringen sie sich selbst unter ständigen Legitimationsdruck. Jede Sprecherin und jeder Sprecher definiert sich auch über ihre oder seine Sprechweise. Und das heißt, nur wenn die Frauen ihre Sprechweise

---

60   Dieser Punkt ist umstritten, da nicht klar ist, was hier unter 'Weiblichkeit' zu verstehen ist. Vergleiche Keitel (1984) und Lachmann (1984)

61   Trömel-Plötz (1982a), S. 75

ändern, das heißt, die Erwartungen, die an Sprecherinnen gestellt werden, immer wieder enttäuschen, werden sich die Erwartungen ändern. Die Umsetzung dieser Forderung ist nicht nur schwierig, weil es auch politische Widerstände gegen zu weit gehende Sprachänderungen gibt,[62] sondern weil auch bei Frauen teilweise eine Abneigung besteht, das zu verwerfen, was so lang gelernt und eingeübt wurde. Die psychischen Erwartungen und Einstellungen, die sich in der Sprache äußern, können nicht von einem Tag auf den anderen geändert werden, da Teile der Lebenswelt nicht einfach ausgetauscht werden können.

Die Vorschläge aus den Reihen der Neuen Frauenbewegung, die Sprache zu verändern, wollen das Bewußtsein für sprachliche und für gesellschaftliche Diskriminierungen der Frauen schärfen. Sprechen über Sprache heißt, die Sprache aus dem Dunkel der selbstverständlichen lebensweltlichen Hintergrundannahme ans Licht zu holen. Sprachkritikerinnen schöpfen die Möglichkeit der Reflexion, die uns die Sprache gibt, voll aus. Sie versuchen, über neue Sprechweisen (z.B. die explizite Nennung von Frauen) soziale Tatbestände (z.B. die Existenz von Frauen in bestimmten Bereichen) denkbar zu machen, genauso wie neu auftretende soziale Phänomene auch immer sprachlich manifest werden.

Der Begriff 'Bürgerinitiative' entstand beispielsweise als diese gesellschaftlichen Zusammenschlüsse auftauchten, und jede neue Erfindung bekommt einen Namen. Die Bewußtseinsänderungen der letzten 100 Jahre in bezug auf das Geschlechterverhältnis haben auch bereits Früchte mit sprachlichen Folgen getragen. So weist § 611b BGB darauf hin, daß Arbeitsplätze nicht nur für Frauen oder nur für Männer ausgeschrieben werden sollen. Und durch einen Erlaß des Bundesinnenministeriums von 1972 wurden alle Behörden angewiesen, für weibliche Erwachsene die Anrede 'Frau' zu verwenden. Die Anrede 'Fräulein' muß extra verlangt werden.[63]

Die Änderung offizieller Bezeichnungen darf nicht unterschätzt werden, da dadurch sehr schnell sehr viele Sprachänderungen durchgesetzt werden können. Öffentliche Sprachanwenderinnen und -anwender multiplizieren Änderungen in der Sprache, da sie die Definition von Wirklichkeit am stärksten beeinflussen. Zu diesen Multiplikatorinnen und Multiplikatoren gehören alle Massenmedien, alle politischen Institutionen (die sehr viel Sprachliches produzieren, sei es als Gesetze, als Verordnungen oder auch nur als Formblätter) sowie das gesamte

---

62   siehe unten

63   Zur Geschichte und Praxis der genannten Regeln vergleiche Guentherodt (1982)

Erziehungswesen. Es ist davon auszugehen, daß Sprachänderungen, die diese Einrichtungen übernehmen, am schnellsten zur gesellschaftlichen Norm werden.

Wie schnell und in welchem Umfang die Sprache durch den jüngsten Beschluß des Bundestags geändert wird, muß sich jedoch erst erweisen, zumal es sich lediglich um eine Empfehlung an die Bundesregierung handelt, die auch Ausnahmen zuläßt. Am 17. Januar 1993 beschloß der Deutsche Bundestag die Empfehlung:

> "- in bezug auf konkrete Personen in der Amtssprache die voll ausgeschriebene Parallelformulierung als die sinnvollste Lösung anzusehen;
>
> - auf die Verwendung des generischen Maskulins in der Amtssprache ganz, in der Vorschriftensprache so weit wie möglich zu verzichten, wenn Gründe der Lesbarkeit und Verständlichkeit dem nicht entgegenstehen;
>
> - statt dessen so weitgehend wie möglich Pluralformen subtantivierter Partizipien und Adjektive, andere Satzgestaltungen und geschlechtsindifferente Substantive zu verwenden ... und
>
> - Kurzformen wie Schrägstrich- oder Klammerausdrücke und das große Binnen-I nicht zu verwenden."[64]

Die SPD-Bundestagsfraktion konnte sich mit ihrer Forderung, "auf die Verwendung des generischen Maskulins in der gesamten Rechtssprache grundsätzlich zu verzichten"[65] (ohne Einschränkung), nicht durchsetzen. Dies zeigt aber auch, daß die Bedeutung einer grundlegenden Sprachänderung durchaus bekannt ist.

Eine Bezeichnung zieht jedoch nicht automatisch die Existenz des Bezeichneten nach sich (Art. 3 GG ist dafür beispielhaft). Es stellt sich deshalb die Frage:

> "Was für einen Einfluß haben Momente verbaler interaktioneller Gleichheit von Frauen und Männern auf die größere gesellschaftliche Struktur?"[66]

Da es wenige Momente sprachlicher Gleichbehandlung gibt, fehlen auch die entsprechenden Untersuchungen und Forschungsergebnisse zu dieser Frage. Wir sind auf Vermutungen und Argumentationsketten angewiesen. Ich denke, eine veränderte Sprache ist bereits eine gesellschaftliche Veränderung, und sie

---

[64] Deutscher Bundestag, Drucksache 12/2775, S. 3

[65] Deutscher Bundestag, Drucksache 12/4095, S. 1

[66] Edelsky (1984), S. 331

kann über eine Reihe indirekter Kanäle Veränderungen sowohl in lebensweltlichen als auch in systemischen Bezügen anregen.

Eine andere Sprache zu benutzen heißt, die gesellschaftliche Wirklichkeit anders zu definieren, über die Wirklichkeit anders zu denken, die Handlungen, die in die Wirklichkeit eingreifen, mit diesem Denken zu gestalten und damit eine andere Wirklichkeit zu produzieren. Gesellschaftliche Veränderungen anzustreben heißt letztendlich also auch, die Änderung der Sprache zu wollen, damit die neuen gesellschaftlichen Strukturen und die Sprache wieder zusammenpassen.

Die eigene Sprache zu ändern, ist für Feministinnen aber nicht nur ein Gebot der Glaubwürdigkeit. Frauen und Männer, die an ihrer Sprache arbeiten, entwickeln auch eine größere Sensibilität für patriarchalen Sprachgebrauch. So wie die Sprache selbst ein dynamisches System ist, so ist das Bewußtsein über Sprache ein Prozeß. Mit Sicherheit haben wir noch nicht alle patriarchalen Aspekte von Sprache erkannt, und bei der Entwicklung von Alternativen ist noch viel Kreativität nötig. Die Änderung der eigenen Sprache kann jedoch helfen, Alternativen zu erproben, Sensibilität zu steigern und schließlich in neue Alternativen umzusetzen.

Wenn Frauen (und Männer) ihre Sprache ändern, kann auch eine Wechselbeziehung mit solchen Personen entstehen, die bis jetzt noch wenig Sensibilität für patriarchale Sprache entwickelt haben, denen die Argumentation aber einleuchtet. Sie sehen bzw. hören gleich, daß und wie Sprache auch anders funktionieren kann. Das Aufzeigen von Alternativen kann Tragweite und Möglichkeiten von Sprache schneller bewußt machen als theoretische Ausführungen.

An den Stellen, an denen die veränderte Sprache und damit das veränderte Denken auf die alten gesellschaftlichen Strukturen stößt, entstehen Brüche zwischen den aus dem lebensweltlichen Repertoire möglichen und nötigen Situationsdeutungen und den gesellschaftlichen Strukturen, die diesen Interpretationen nicht mehr entsprechen. Daraufhin setzt ein Reflexionsprozeß ein, in dessen Verlauf eine Entscheidung fallen muß: Entweder für die alte Struktur (d.h. eine erneute Sprachänderung) oder für die veränderte Sprache (d.h. eine veränderte Struktur) oder für eine dritte Möglichkeit bzgl. Sprache und Gesellschaft. Die Bezeichnung zieht zwar die Existenz des Bezeichneten nicht nach sich. Aber die Bezeichnung macht einen Vorschlag, durch welche Gesellschaft die als patriarchal erkannte alte ersetzt werden könnte. Der Gebrauch einer weniger patriarchalen Sprache ist die ständig präsente Utopie einer Gesellschaft, die ohne patriarchale Herrschaft auskommt.

8. Die Veränderbarkeit der Denkstruktur Patriarchat

In den Kapiteln 4 bis 7 wurde bereits deutlich, daß die Deutungsmuster - vermittelt über die Sprache - zusammenwirken bei der Gestaltung eines konsistenten lebensweltlichen Hintergrunds. Die beschriebenen Deutungsmuster weisen in ihrem patriarchalen Charakter eine große Kontinuität auf, sind aber durchaus auch historischen Veränderungen unterworfen. Das Wissen über biologische Geschlechtsunterschiede, die dichotomen normativen Ansprüche (die im bürgerlichen Frauenideal und in der Konzeption des autonomen Individuums liegen), die Erfahrung geschlechtsspezifischer Unterschiede in der sozialen Umgebung und auch die Sprache sind ein Teil der Dynamik moderner Gesellschaften. Wie sich beispielsweise an den Wunschvorstellungen vor allem von weiblichen Jugendlichen zeigt, gibt es dabei auch Entwicklungen weg von den patriarchalen Denkstrukturen der Moderne.

Ich will im folgenden noch näher auf den Zusammenhang zwischen der patriarchalen Kontinuität und der historischen Veränderbarkeit der Deutungsmuster eingehen. Soziale Situationen werden auf der Basis unseres lebensweltlichen Hintergrundes gedeutet, und gleichzeitig werden unsere Hintergrundannahmen durch den Deutungsprozeß bestätigt. Die lebensweltlichen Annahmen werden jedoch auch weiterentwickelt - nämlich durch die Deutung von Situationen, die nicht ganz nahtlos zu den vorhandenen lebensweltlichen Annahmen passen. Diese Anpassungsfähigkeit der Deutungsmuster sichert die Deutungsfähigkeit und die Stabilität der Denkstruktur. Denn nur durch einen ständigen Prozeß der Anpassung an veränderte systemische und lebensweltliche Bedingungen können die einzelnen Deutungsmuster in ihrem patriarchalen Gehalt stabil bleiben. Der patriarchale Gehalt der Denkstruktur kann durch Anpassungsprozesse variiert werden (z.B. eine andere Legitimation erhalten), ohne zu verschwinden. Würden Deutungsmuster nicht angepaßt, sondern wegfallen, wenn sie zur Deutung von Situationen nicht mehr geeignet sind (z.B. die religiöse Legitimation geschlechtsspezifischer Unterschiede), würde dem patriarchalen Grundprinzip der Denkstruktur der Boden entzogen (in diesem Beispiel die Legitimation).

Umgekehrt sichert die Stabilität des patriarchalen Gehalts der Deutungsmuster auch deren Anpassungsfähigkeit. Denn durch die Kontinuität ihres patriarchalen Gehalts bleibt die Konsistenz der Lebenswelt erhalten, auch wenn Verschiebungen auftreten und Anpassungsprozesse nötig sind, um die Deutung neuer Situationen zu ermöglichen. Da der patriarchale Gehalt der Denkstruktur konstant bleibt, ist es beispielsweise möglich, eine religiöse Legitimation geschlechtsspezifischer Unterschiede durch eine wissenschaftliche zu ersetzen und trotzdem an den Rest der Denkstruktur konsistent anzuschließen.

Die Anpassungsfähigkeit und die Stabilität der Denkstruktur Patriarchat können jedoch auch für politische Veränderungen genutzt werden. Denn auch nach absichtlichen Veränderungen im System oder in der Lebenswelt (z.B. die Infragestellung biologischer Erklärungsmuster) stellt sich die Stabilität der Lebenswelt wieder ein, da durch die Veränderungen Anpassungsprozesse in den Deutungsmustern angeregt werden (z.B. bei den normativen Ansprüchen an Frauen und Männer).

Vor dem Hintergrund dieser Wechselwirkung zwischen Anpassungsfähigkeit und Stabilität sind Versuche zu diskutieren, die den patriarchalen Charakter von Deutungsmustern und systemischen Strukturen beenden wollen. Sowohl Forderungspakete als auch Begrenzungen der Veränderungsmöglichkeiten sind unter dem Gesichtspunkt des Zusammenwirkens von Anpassungsfähigkeit und Stabilität zu beurteilen.

Zunächst werde ich zwei Forderungspakete/Veränderungsstrategien unter dem Blickwinkel diskutieren, wie sie die lebensweltliche Verankerung von patriarchalen Wissensvorräten, Normen und Erfahrungen beeinflussen können (Abschnitt 8.1.1). Sowohl die Ausdehnung der modernen Ansprüche auf Frauen (8.1.1.1) als auch die Neubewertung von Weiblichkeit und Männlichkeit (8.1.1.2) führen zu grundlegenden Veränderungen in der patriarchalen Lebenswelt. In der politischen Praxis haben die zwei Forderungspakete allerdings unterschiedliche Erfolgsaussichten. Die Definitionsmacht hat als Multiplikatorin lebensweltlicher Veränderungen einen herausragenden Stellenwert auf dem Weg zu einer nicht patriarchalen Gesellschaft (Abschnitt 8.1.1.3). Die prinzipielle Möglichkeit, Alternativen und Strategien zu entwickeln, ist - unabhängig von den Erfolgsaussichten der Strategien - jedoch begrenzt, da die Lebenswelt der Kritikerinnen und Kritiker ebenfalls patriarchal geprägt ist (Abschnitt 8.1.2). Dies gilt auch für feministische Ansätze in der Politikwissenschaft. Dabei kann die Akzeptanz dieser Gebundenheit zu einer kreativen Auseinandersetzung mit der Begrenztheit der eigenen Modelle führen (Abschnitt 8.2).

8.1 Stabilität und Anpassungsfähigkeit der Denkstruktur Patriarchat als Hemmnis und Chance der Veränderung

Aus der Anpassungsfähigkeit und der sozialen Konstituierung der Lebenswelt ergeben sich auch individuelle Unterschiede. Jede Person hat ihre eigene Lebenswelt, eine individuelle Kombination aus Wissen, Normen und Erfahrungen. Dementsprechend ist auch die Reflexion über patriarchale Strukturen verschieden stark ausgeprägt.

Für das Ziel, patriarchale Strukturen zu beenden, hat die Diskontinuität, die die Deutungsmuster historisch und bei jeder Person zeigen, eine große Bedeutung. Diskontinuität bedeutet, daß Deutungsmuster prinzipiell Veränderungen unterliegen. Auf dem Weg zu einer weniger patriarchalen Denkstruktur ist entscheidend, daß das Zusammenspiel der Deutungsmuster innerhalb der patriarchalen Denkstruktur unwiederbringlich gestört ist. Wenn die Deutungsmuster sich so verändern, daß sie zusammen kein konsistentes Modell zur Interpretation sozialer Situationen mehr ergeben, dann ist die Lebenswelt nicht mehr geeignet, eine verständigungsorientierte Handlungsabstimmung zu gewährleisten. Es müssen also Anpassungsprozesse einsetzen, die die Konsistenz wiederherstellen, und die zu einer weniger patriarchalen Lebenswelt führen. So erfreulich jeder kleine Erfolg gegen patriarchale Strukturen auch sein mag, notwendig ist, daß er nicht vollständig rückgängig gemacht und auch nicht in den Prozeß der ständigen Neukonstruktion patriarchaler Strukturen integriert werden kann.

An der Sprache wird besonders anschaulich, daß die Tatsache der Diskontinuität allein bei der Veränderung eines Deutungsmusters nicht ausreicht. Die Sprache ist ein dynamischer Prozeß. Ständig werden neue Wörter und Ausdrücke entwickelt oder aus anderen Sprachen entlehnt, und ständig fallen auch Wörter aus der Denkmöglichkeit heraus, sie werden ungebräuchlich. Die meisten dieser Prozesse sind gegenüber der Funktion der Sprache als Medium der Vermittlung zwischen patriarchalen Denkstrukturen neutral. Soweit Sprachveränderungen jedoch mit der patriarchalen Struktur der Sprache zusammenhängen, können sie auch bewußt aufgegriffen und zum Zweck einer größeren Veränderung potenziert werden. Das Ziel wäre dann, eine Sprache zu erzeugen, die nicht mehr ein Spiegel der patriarchalen Denkstrukturen ist, die nicht mehr bruchlos alle patriarchalen Gesellschaftsstrukturen wiedergibt und die nicht mehr nahtlos zwischen den lebensweltlich verankerten Deutungsmustern als Medium dienen kann. Beispielsweise macht das Insistieren auf der weiblichen Form einerseits Frauen sichtbar, wo sie bis jetzt aus der Betrachtung herausfielen (z.B. Studentinnen und Studenten), und andererseits auch das Fehlen von Frauen sichtbar, wo bis jetzt die Abwesenheit von Frauen selbstverständlich war (z.B. Managerinnen und Manager). Sie macht damit einen sozialen Sachverhalt, der kaum existiert, leichter denkbar. Diese Initiativen zur sprachlichen Gleichstellung der Frauen können vielleicht so verstärkt werden, daß das Zusammenwirken und gegenseitige Bestätigen mit anderen Deutungsmustern nicht mehr bruchlos funktioniert, und daß die Veränderung auch bleibend ist. Wenn Frauen in allen Gesetzen, Verordnungen, amtlichen Papieren, Briefen, Formularen usw. genauso und genauso oft auftauchen wie Männer, dann stimmt die Sprache nicht mehr mit dem bürgerlichen Frauenbild und der Vorstellung vom autonomen Individuum überein. Denn diese zwei Deutungsmuster ergänzen sich so, daß der Mann der Normalfall und die Frau das abgeleitete andere ist, das bestenfalls mitgedacht wird.

Wenn Frauen überall explizit angesprochen werden, sind sie auch dort denkbar, wo sie bisher nicht auftauchten. Die denkbaren Situationen gehen damit über die gesellschaftlich erfahrbaren hinaus. Die normativen Begrenzungen auf bestimmte Lebensbereiche, die Frauen zugewiesen sind, werden damit relativiert. Dadurch wiederum kann die wissenschaftliche Legitimation dieser Lebensbereiche fragwürdig werden.

Eine systemische oder lebensweltliche Veränderung muß also letztlich die Geltungsansprüche der drei lebensweltlichen Aspekte (Hintergrundwissen, tradierte Normen und gemeinsame Erfahrung) unwiederbringlich stören, wenn sie die modernen Denkstrukturen hin zu weniger patriarchalen Denkstrukturen entwikkeln soll. In der konkreten Handlungsabstimmung ist es jedoch notwendig, sich auf die Destruktion von Detailaspekten zu konzentrieren. Denn zum einen werden in jeder sozialen Situation nur die Teile des lebensweltlichen Hintergrundes aktualisiert, die zur Interpretation der jeweiligen Situation nötig sind. Versuche, alternative Definitionen auszuhandeln, können sich daher auch immer nur auf Teile der Lebenswelt beziehen.

"Jeder Verständigungsprozeß findet vor dem Hintergrund eines kulturell eingespielten Vorverständnisses statt. Das Hintergrundwissen bleibt als ganzes unproblematisch; nur der Teil des Wissensvorrates, den die Interaktionsteilnehmer für ihre Interpretationen jeweils benützen und thematisieren, wird auf die Probe gestellt. In dem Maße, wie die Situationsdefinitionen von den Beteiligten *selber* ausgehandelt werden, steht mit der Verhandlung jeder neuen Situationsdefinition auch dieser thematische Ausschnitt aus der Lebenswelt zur Disposition."[1]

Zum anderen muß sich die Neudefinition einer Situation auf Detailaspekte beschränken, weil eine Verständigung über eine weniger patriarchale Situationsdefinition nur dann zustandekommt, wenn noch ein Stück des gemeinsamen lebensweltlichen Hintergrunds da ist. Es ist in jeder einzelnen Situation lediglich möglich, Teilaspekte patriarchalen Denkens zu verändern. Denn eine Verständigung über eine neue Situationsdeutung kann nur auf der Basis der lebensweltlichen Annahmen erfolgen, die weiterhin unstrittig sind.

Entscheidungen über die soziale Ordnung sind an die Bedingung geknüpft, daß die Entscheidenden auf eine weitgehend gemeinsame Lebenswelt zurückgreifen können. Um Entscheidungen in Richtung einer weniger patriarchalen Gesellschaft zu befördern, ist es daher nötig, die lebensweltlichen Hintergrundannahmen der Entscheidenden zu verändern - damit meine ich in politischen Prozessen sowohl die Wählenden als auch die Gewählten (beide können sich gegenseitig beeinflussen).

Um die Zusammenhänge und Wirkungsweisen bei Veränderungen der Deutungsmuster herauszuarbeiten, erörtere ich im folgenden zwei Forderungspakete, die die dichotome Konzeption der patriarchalen Denkstruktur angreifen. Die Dichotomie zieht sich als logische Struktur durch alle lebensweltlichen Deutungsmuster. Sowohl im Hintergrundwissen als auch in den tradierten Normen als auch in bezug auf unsere gemeinsamen Erfahrungen spielt die Dichotomie eine herausragende Rolle. Definitionsprozesse laufen entlang der dichotomen Linie weiblich-männlich, wobei diese Dichotomie gleichzeitig auch die höhere Bewertung des Männlichen enthält. Sowohl die dichotome Zuordnung als auch die Bewertung müssen demnach auf dem Weg zu einer nichtpatriarchalen Gesellschaft abgelöst werden. In diesem Sinne ist eine politische Forderung dann emanzipatorisch, wenn sie in den Deutungsmustern entweder die geschlechtsspezifische Zuordnung zur Disposition stellt, ohne die Bewertung der Pole zu festigen, oder die Bewertung der Pole zur Disposition stellt, ohne die geschlechtsspezifische Zuordnung zu festigen, oder sowohl die Zuordnung als auch die Bewertung der Pole angreift.

---

[1]   Habermas (1985a), S. 150

8.1.1 Ständige Anpassungsprozesse innerhalb der Deutungsmuster

Die von mir beschriebenen lebensweltlichen Deutungsmuster können nicht beliebig ausgetauscht werden. So kann beispielsweise nicht von heute auf morgen die Zuweisung geschlechtsspezifischer Eigenschaften (sozusagen per Dekret) durch geschlechtsunspezifische Charaktere ersetzt werden, denn zu diesen neuen Charakteren gibt es weder ein passendes Hintergrundwissen, noch ein passendes Frauen- und Männerbild, noch passende Erfahrungen, noch eine passende (nämlich geschlechtsunspezifische) Sprache. Es können auch nicht alle Deutungsmuster auf einmal ausgetauscht werden, selbst wenn die einzelnen neuen Elemente dann wieder aufeinander abgestimmt wären. Denn es gibt keine Menschen, die in einer solchen völlig neuen Lebenswelt denken und handeln könnten.

Die lebensweltliche Verankerung von Wissen, Normen und Erfahrungen ist davon abhängig, daß die einzelnen konsistent an ihre bisher gemachten Erfahrungen, erlernten Normen und Wissensbestandteile anknüpfen können. Der Austausch eines oder mehrerer Deutungsmuster ist daher nur eine theoretische Möglichkeit der Veränderung patriarchaler Strukturen. Denn die verschiedenen Aspekte lebensweltlichen Hintergrunds könnten dann nicht mehr konsistent ineinandergreifen. Situationsdeutungen würden sowohl individuell als auch sozial unmöglich. Der Austausch der gesamten patriarchalen Denkstruktur durch eine konsistente nichtpatriarchale Denkstruktur ist auch (selbst wenn der Entwurf einer solchen neuen Denkstruktur denkbar wäre) nur eine theoretische Möglichkeit. Das neue Modell wäre zwar in sich konsistent, könnte aber in keiner Weise an die alte Denkstruktur anschließen. Die ständig laufenden Anpassungsprozesse innerhalb der Lebenswelt bieten daher eher eine Angriffsfläche für Veränderungen in Richtung einer weniger patriarchalen Denkstruktur als der Austausch von Deutungsmustern.

Die laufenden Anpassungsprozesse reagieren auf Veränderungen z.B. im System, um Situationsdeutungen weiterhin zu gewährleisten. Anpassungsprozesse deuten also auf Brüche in der lebensweltlichen Konsistenz moderner Gesellschaften hin. Habermas weist darauf hin, daß solche Brüche zunehmend festzustellen sind.

"Die neuen Konflikte entstehen ... in Bereichen der kulturellen Reproduktion, der sozialen Integration und der Sozialisation; ... Kurz, die neuen Konflikte entzünden sich nicht an *Verteilungsproblemen*, sondern an Fragen der *Grammatik von Lebensformen*. Dieser neue Konflikttypus ist Ausdruck jener 'stillen Revolution', die R. Inglehart am Wert- und Einstellungswandel ganzer Populationen festgestellt hat."[2]

Diese Konflikte müssen durch Anpassungsprozesse in den Deutungsmustern ausgetragen werden. Habermas nennt diesen Prozeß die Institutionalisierung systemischer Enwicklungen in der Lebenswelt. In diese Veränderungsprozesse kann eingegriffen werden, das heißt, wir müssen versuchen, laufende Veränderungen und Anpassungsprozesse zu steuern.

Die Veränderungen im Frauenbild, die sich durch verstärkte Teilnahme der Frauen am Erwerbsleben ergeben, sind beispielsweise eine solche Dynamik, genauso wie die Tendenz der Wirtschaft, aus ökonomischen Gründen Frauenförderung zu betreiben. Beide Tendenzen müssen in Forderungskataloge eingebettet werden, die die Dynamik unumkehrbar machen und eine Entwicklung in Richtung einer weniger patriarchalen Denkstruktur fördern. Die Fixierung dieser Entwicklungen kann beispielsweise durch gesetzliche Regelungen zur Frauenförderung im öffentlichen Dienst und in der Wirtschaft und durch die Steuerung der öffentlichen Auftragsvergabe nach frauenpolitischen Gesichtspunkten geschehen.

In den neuen Bundesländern ist im Augenblick genau der umgekehrte Prozeß zu beobachten. Die politische Zielvorstellung, die neuen Bundesländer auf den gleichen gesellschaftlichen und ökonomischen Standard zu bringen wie die alten Bundesländer, beinhaltet auch, daß die Stellung der Frau auf Westniveau sein wird, wenn diese Gleichstellung erreicht ist. Die Verdrängung aus dem Arbeitsmarkt (zwei Drittel der Arbeitslosen in Ostdeutschland sind Frauen) wird auf dem Weg der Integration Ostdeutschlands zwar nicht bewußt angestrebt, aber billigend in Kauf genommen.

Anpassungsprozesse können jedoch nicht nur durch die bereits erwähnten Frauenförderprogramme verstärkt werden. Entsprechend dem dichotomen Charakter patriarchaler Denkstrukturen ergeben sich zwei Forderungsschwerpunkte: Entweder werden die geschlechtsspezifischen Zuordnungen oder die patriarchalen Bewertungen der Pole abgebaut. Die Beendigung geschlechtsspezifischer Zuordnungen läuft letztendlich auf die Ausdehnung der Ansprüche des autonomen Individuums auf Frauen und des bürgerlichen Frauenbildes auf Männer hinaus. In der momentanen Diskussion spielt jedoch die Veränderung der Männer noch keine große Rolle. Dies hängt sicherlich mit der unterschiedlichen Bewertung der Lebensbereiche und Qualifikationsprofile zusammen. Die

---

2   Habermas (1985b), S. 576

Aufhebung der Bewertungen hingegen gleicht die Wertigkeiten von bürgerlichem Frauenideal und autonomem Individuum aneinander an oder dreht sie um. Weibliche Qualifikationen werden aufgewertet (als gesellschaftlich relevante Kompetenzen, nicht als Stilisierung der naturnahen Frau) und männliche Qualifikationen erfahren eine Abwertung (als nicht allein gesellschaftlich relevant). Beide politischen Zielrichtungen laufen in der Bundesrepubik zur Zeit parallel[3] und schließen sich - wie sich zeigen wird - auch nicht gegenseitig aus.

8.1.1.1 Die Ausdehnung moderner Ansprüche auf Frauen

Die Ideale der Aufklärung, die Ansprüche des autonomen Subjekts, sind die normative Grundlage dieses Forderungsschwerpunktes (ich nenne ihn im weiteren aufklärerisch). Nachdem immer größere Teile der männlichen Bevölkerung in den Genuß der zunächst nur für das Bürgertum konzipierten Möglichkeiten gelangt sind, sollen auch Frauen in das Projekt der Aufklärung einbezogen werden. Die Moderne soll modernisiert werden.

Aufklärerische Forderungen gehen davon aus, daß die Polarität zwischen dem bürgerlichen Frauenideal und dem autonomen Subjekt eindeutig etwas Gewordenes und damit Veränderbares ist. Eine natürliche Weiblichkeit gibt es nicht. Geschlechtsspezifische Denkstrukturen sind gewachsen. Aufklärerischen Feministinnen gilt die Weiblichkeit als "primäres Mittel zur Unterdrückung der Frau"[4]. Aufgrund des Konstrukts der Weiblichkeit werden den Frauen immer noch ihre politischen Entfaltungsmöglichkeiten vorenthalten.

Die patriarchalen Deutungsmuster werden durch die Ausdehnung der modernen Ansprüche auf Frauen verändert. Denn die geschlechtsspezifische Zuweisung unterschiedlicher Lebensbereiche und Eigenschaften für Frauen und Männer wird durch die Modernisierung der Moderne aufgehoben. Die Aufgaben innerhalb einer modernen Gesellschaft werden anders (nicht mehr geschlechtsspezifisch) verteilt. Frauen und Männer sollen gleichermaßen in allen gesellschaftlichen Teilbereichen tätig sein.

Die Trennung zwischen 'öffentlich' und 'privat' bleibt jedoch auch bei der Einbeziehung der Frauen in moderne Ansprüche als wesentlicher Bestandteil der Moderne bestehen und soll auch nicht aufgehoben werden.

---

3   vergleiche Meyer (1992), S. 12ff und Gerhard/Jansen/Maihofer/Schmid/Schultz (1990), Teil 2. Für die USA vergleiche Pateman (1992)

4   Young (1989), S. 39

"Privatheit und Öffentlichkeit [sind; S.O.] zwei komplementäre Bereiche politischen Handelns und sozialen Lebens ... die für die soziale Ökologie einer Gesellschaft, zumindest einer hochdifferenzierten wie der modernen, beide unerläßlich sind. Die Trennung von Bereichen des Öffentlichen und Privaten ist konstitutiv für das politische Paradigma der Moderne, und unter ihren Bedingungen für ein Politikverständnis, das sich an den Prinzipien der Freiheit und Gleichheit aller Menschen orientiert ... Und eine staatsbürgerliche Existenz ... schließt das Recht auf öffentliches Handeln ebenso ein wie das Recht auf Privatheit."[5]

Vor allem gilt es, das Recht der Frauen zu erstreiten, in allen gesellschaftlichen Institutionen gleichberechtigt mitzuwirken. Obwohl die in aufklärerischer Tradition stehende neue Arbeitsteilung Veränderungen sowohl der Frauen als auch der Männer beinhaltet, steht im Mittelpunkt, daß Frauen und Männer gleichermaßen in den öffentlichen Bereich einbezogen werden sollen. Von einem Ausgleich im privaten Bereich ist seltener die Rede. Die Geschichte der Frauenbewegung ist von Anfang an geprägt durch die Forderung nach gleichen Möglichkeiten, die Öffentlichkeit zu gestalten. Hier zieht sich eine Linie von der Erklärung der Rechte der Frau 1791[6] über die Forderung nach gleichen Bildungsmöglichkeiten und dem Wahlrecht vor allem in der zweiten Hälfte des 19. Jahrhunderts bis hin zu den aktuellen Bestrebungen, über Frauenförderpläne und Quotierung den Frauen ihr Recht auf politische Macht formell zu sichern.

Die Veränderungen des Arbeitsfeldes der Männer werden dagegen kaum artikuliert. Meines Erachtens gibt es dafür zwei Gründe: Zum einen formuliert die Frauenbewegung genauso aus der einseitigen Perspektive der Frauen, wie jede politische Forderung einseitig aus der Perspektive derer gestellt wird, die ihre Position verbessern wollen. Zum anderen aber wird die Veränderung des privaten Bereichs wohl deshalb nicht näher spezifiziert, weil die aufklärerischen Feministinnen sehr in dem traditionellen Deutungsmuster von 'öffentlich' und 'privat' verhaftet sind. Sie tendieren daher eher dazu, den privaten Bereich niedrig zu bewerten und auszublenden. Daß diese Einseitigkeit in der momentanen Umsetzung von Gleichstellungstendenzen die Doppelbelastung der Frauen zur Folge hat, wird meines Erachtens zu wenig problematisiert.

Als die wichtigste Vertreterin dieser aufklärerischen Tradition des Feminismus in der Neuen Frauenbewegung gilt immer noch Simone de Beauvoir. Sie hat in ihrem in Frankreich bereits 1949, in der Bundesrepublik 1951 erschienenen Werk *Das Andere Geschlecht*, erstmals und umfassend das Geschlechter-

---

5   List (1986), S. 78f

6   Durch Olympe de Gouges. Vergleiche Schwarzer (1983b), S. 141ff

verhältnis analysiert.[7] Mit dem Ergebnis, daß Frauen "genau wie die Männer"[8] Möglichkeiten zur Entfaltung ihrer autonomen Persönlichkeit haben sollten. De Beauvoir beschreibt ausführlich, warum die Frauen ihrer eigenen Befreiung entgegenwirken, und konstatiert, daß es notwendig ist, "die Frau neu zu schaffen"[9], um ihre Emanzipation zu verwirklichen. Zwar hält sie die Überwindung der geschlechtsspezifischen Arbeitsteilung auch in dem Sinn für notwendig, daß Männer an den weiblichen Arbeitsbereichen beteiligt werden müssen. Aber im Zentrum stehen die aufklärerischen Ansprüche des autonomen Subjekts, in deren Genuß die Frauen kommen sollen.

De Beauvoir war mit ihrer Analyse nicht nur wegweisend für die Neue Frauenbewegung, sondern ist auch immer noch beispielhaft für den aufklärerischen Schwerpunkt feministischer Forderungen.[10] Die Argumente, die inzwischen gegen ihre Analyse vorgebracht werden, zeigen daher die theoretischen und praktischen Schwächen der eher aufklärerischen Richtung der Neuen Frauenbewegung auf:

> "Simone de Beauvoirs Ontologie reproduziert die in der westlichen Tradition verankerten Gegensätze von Natur und Kultur, Freiheit und bloßem Leben, Geist und Körper."[11]

Diese theoretische Kritik greift de Beauvoir vor allem als Sozialistin an, die alle Menschen in den Genuß der aufklärerischen Ansprüche bringen will.[12] Letztlich wird den aufklärerischen Feministinnen vorgeworfen, daß nach ihren Vorstellungen die Aufgaben lediglich anders verteilt werden sollen - der patriarchale Wertekanon jedoch erhalten bleibt. Aus der androzentrischen Perspektive kommt de Beauvoir nicht heraus:

> "Beauvoirs Humanismus identifiziert Menschsein mit Männlichkeit."[13]

---

7   Sie beeinflußte mit dieser Analyse auch bereits sehr früh erschienene Bestseller der Neuen Frauenbewegung, z.B. Betty Friedans *The Feminine Mystique* (1963)

8   de Beauvoir (1968), S. 675

9   de Beauvoir (1968), S. 678

10   Nicht umsonst wird sie als "Mutter der feministischen Philosophie" (Young, 1989, S. 37) bezeichnet. "... little of it [the contemporary western feminist theory; S.O.] addresses issues that she did not anticipate perceptively in 1949" (Dietz, 1992, S. 74).

11   Young (1989), S. 44

12   De Beauvoir bezeichnete sich erst 1972 selbst als Feministin. Vergleiche dazu Schwarzer (1983a)

13   Young (1989), S. 43

Schmidt geht sogar so weit, der aufklärerischen Richtung der Neuen Frauenbewegung das Prädikat 'feministisch' abzusprechen:

> "Während jedoch traditionelle Emanzipationsbewegungen ... bei der Formulierung ihrer allgemeinmenschlichen Forderungen nach Selbstbestimmung und Gerechtigkeit den androzentrischen Charakter der Gesellschaft unangetastet ließen ... ja ihn sogar funktional benötigten, setzt der Feminismus genau dort an."[14]

Zu diesen traditionellen Emanzipationsbewegungen gehört beispielsweise auch die SPD, die erst in ihrer letzten Programmdiskussion begann, von ihrer aufklärerischen Androzentrik abzugehen. Der dem Programm vom Dezember 1989 zugrundeliegende Arbeitsbegriff zeigt, daß sich die SPD dahingehend entwickelt, sowohl die Aufhebung der geschlechtsspezifischen Zuweisungen als auch die der patriarchalen Bewertungen anzustreben.

> "Alle Formen gesellschaftlich notwendiger Arbeit müssen gleich bewertet und zwischen Männern und Frauen gleich verteilt werden."[15]

Vordergründig scheinen die Forderungen, die Ansprüche der Moderne auf Frauen auszudehnen, an den unterschiedlichen Bewertungen der dichotomen Pole weiblich und männlich nichts zu ändern. In der Lebenswelt führt diese Politik jedoch dazu, daß die Zuordnung weiblich-Frau und männlich-Mann zur Interpretation von Situationen nicht mehr geeignet ist. Es entstehen Brüche in den Situationsdefinitionen, da Frauen in männlichen Bereichen auftauchen. Die Förderung von Frauen in der Wirtschaft und Quotenregelungen in der Politik widersetzen sich der einfachen Angliederung sozialer Situationen an das bestehende Hintergrundwissen, an die tradierten Normen und an die individuellen Erfahrungen. 'Weiblich' kann nicht mehr einfach mit 'Frau' assoziiert werden.

Der dichotome Pol 'Weiblichkeit' kann allerdings auch nicht einfach aufgelöst werden, auch wenn Frauen ihm zunehmend nicht entsprechen. Denn die moderne Weiblichkeit ist der Gegenpol, der notwendig ist, damit sich die Rationalität als allgemeingültiger Maßstab etablieren kann. Nach einem rein aufklärerischen Modell, das Frauen die gleichen Möglichkeiten eröffnet wie Männern, wäre die Weiblichkeit obsolet. Mit der Weiblichkeit würde jedoch das 'andere' verschwinden, an das die nichtrationalen, determinierten Aspekte der Menschen/Männer in der Moderne delegiert werden. Da dieses 'andere' aber

---

[14] U. C. Schmidt (1989), S. 17

[15] Grundsatzprogramm der Sozialdemokratischen Partei Deutschlands (Dezember 1989), Kapitel IV,2, Abschnitt *Die Bedeutung der Arbeit*

notwendig ist, um die Unterscheidung rational-nichtrational, männlich-weiblich zu ermöglichen, und die Dominanz der Rationalität (bzw. des Männlichen) zu rechtfertigen, muß das Deutungsmuster 'Weiblichkeit' weitergeführt werden. Wenn Frauen als Projektionsort nicht mehr zur Verfügung stehen, und eine dritte Möglichkeit nicht besteht, können die bisher Frauen zugewiesenen Aspekte zusammen mit der Männlichkeit des autonomen Subjekts in die Konzeption jedes einzelnen Individuums eingehen. Dadurch bleiben Weiblichkeit und Männlichkeit bestehen, verlieren jedoch den Charakter der entgegengesetzten Pole. Das heißt, daß jeder Mensch seine weiblichen und männlichen Eigenschaften als wesentlichen Bestandteil seiner Persönlichkeit akzeptieren muß. Die Umsetzung aufklärerischer Forderungen greift also sehr tief in die Konzeption der Moderne ein.

Die aufklärerische Politik hat auch Folgen für die systemischen Strukturen, in denen dann Frauen und Männer stehen. Die an dem Bild des autonomen Individuums Mann orientierten administrativen und wirtschaftlichen Strukturen erfahren ebenfalls eine Relativierung. Die auf die männlich assoziierten Eigenschaften Effizienz und Rationalität hin konzipierten Strukturen, die am Zeitablauf eines 'Nurberufstätigen' orientiert sind, verlieren ein Stück ihrer Akzeptanz, wenn Frauen und Männer in ihnen arbeiten und dadurch die Zuordnungen männlich-öffentlich und weiblich-privat an Legitimationskraft verlieren. Das heißt, daß auch die politischen Strukturen sich verändern müssen, wenn die Individuen, die weibliche und männliche Eigenschaften integrieren, eine demokratische Gesellschaft bilden sollen.

Wenn Frauen als Projektionsort für alles Nichtautoome wegfallen, erfährt auch die Dominanz der Rationalität (bzw. des Männlichen) eine Relativierung, und die nichtrationalen Aspekte werden aufgewertet. Wie bereits dargelegt, besteht die Tendenz, sich von sich selbst ein konsistentes Bild zu machen und sich selbst positiver zu sehen als andere Frauen und Männer. Die zunehmende Integration von weiblichen und männlichen Aspekten heißt also nicht zuletzt, daß das Nichtrationale nicht mehr delegiert werden kann, sondern akzeptiert werden muß. Dadurch, daß das 'andere' jedem und jeder einzelnen aufgegeben wird, verliert es seinen Charakter als lästiges Anhängsel und wird zum notwendigen Bestandteil der Konzeption jedes Individuums. Diese Aufwertung des 'anderen' ist gleichbedeutend mit einer relativen Abwertung der Rationalität.

Es zeigt sich, daß die konsequente Verallgemeinerung der Ansprüche des autonomen Subjekts gar nicht möglich ist, ohne den Stellenwert der dichotomen Pole zu verändern. In der längeren Frist führt die konsequente Forderung nach

Aufhebung der geschlechtsspezifischen Zuweisung der Dichotomien also doch auch zu einer Veränderung der Bewertung der Pole.

Momentan ist jedoch zu beobachten, daß die Ausdehnung aufklärerischer Ideale auf Frauen zur Doppelbelastung der Frauen führt. Denn die Weiblichkeit ist auch mit spezifischen Arbeitsbereichen verbunden (Hausarbeit, Kindererziehung, psychische und physische Reproduktion des Mannes). Diese Arbeiten sind gesellschaftlich notwendig und können nicht entbehrt werden. Die Vergesellschaftung dieser Aufgaben führte bisher fast nur zur Umverteilung der Arbeit zwischen Frauen - von der unbezahlten Hausfrau und Mutter zur bezahlten Kinderfrau, Putzfrau, Haushälterin usw. Der sogenannte Reproduktionsbereich wird zunächst weiterhin von Frauen (und vielleicht wenigen Männern) ausgefüllt. Steigende Scheidungszahlen sowie ein wachsender Anteil an Einpersonenhaushalten[16] können jedoch ein Indiz dafür sein, daß sich Frauen der Doppelbelastung immer mehr entziehen.

> "Frauen [entschieden sich; S.O.] häufiger freiwillig und bewußt für das Alleinleben ... während Männer ... die Unfreiwilligkeit und Veränderungsbedürftigkeit ihrer Lebenssituation [Alleinleben; S.O.] betonten ... Frauen, die sich gegen eine Ehe (nicht aber gegen eine Partnerschaft) aussprachen, interpretierten die Ehe als Einschränkung eigener Lebensziele. Sie waren nicht bereit, ihre Selbständigkeit aufzugeben."[17]

Allerdings bietet die Überwindung der geschlechtsspezifischen Zuweisungen als Strategie viele Vorteile. Sie greift nämlich in einen bereits laufenden Veränderungsprozeß der patriarchalen Denkstrukturen ein. Denn die Zuweisung von bürgerlichem Frauenideal und autonomem Subjekt funktioniert nicht einwandfrei. Das heißt, es gibt immer mehr Frauen, die diesem Bild nicht mehr entsprechen, auch wenn immer wieder der Anspruch an sie herangetragen wird. Frauen, die im öffentlichen Bereich agieren, durchbrechen diese Zuweisung ständig - in Politik, Wirtschaft, Universitäten, Initiativen usw. Der lebensweltliche Hintergrund muß dieser Entwicklung Rechnung tragen, um Situationsdefinitionen und Handlungsabstimmungen weiter möglich zu machen. Die Entwicklungen, die in der Lebenswelt stattfinden, erleichtern dabei die Anpassung der Situationsdeutungen: Das Hintergrundwissen über biologische Geschlechtsunterschiede wird zunehmend in Frage gestellt. Die tradierten Normen verlieren an bindender Kraft, da die wirtschaftliche und administrative Entwickung andere

---

16 1988 waren 34,9 % aller Haushalte in der Bundesrepublik Einpersonenhaushalte. Vergleiche Brück/Kahlert/Krüll/Milz/Osterland/Wegehaupt-Schneider (1992), S. 145

17 Chopra/Scheller (1992), S. 54

soziale Integrationsmedien entwickelt: weg von der starren Einbindung in Ehe, Familie und Gemeinschaft, hin zu individuellen Lebensentwürfen. Gleichzeitig multiplizieren sich die subjektiven Erfahrungen und werden diffuser, da die Individualisierung der Lebensformen von allen wahrgenommen wird.

Die immer stärkere Beteiligung der Frauen am öffentlichen Leben bietet die Möglichkeit, das bürgerliche Frauenideal endgültig ad absurdum zu führen, genauso wie den Ausschluß der Frau aus dem Modell des autonomen Subjekts. Wenn Frauen immer wieder die Ansprüche enttäuschen, die an sie gestellt werden, können alle patriarchalen Deutungsmuster nachhaltig und unwiederbringlich gestört werden. Eine integrierende Gegenreaktion wird auch dadurch erschwert, daß durch das Eindringen der Frauen in den öffentlichen Bereich ja auch die Definitionsmacht anders verteilt wird.[18]

Trotz dieser grundlegenden Infragestellung der Konzeption der Moderne durch aufklärerische Forderungen ist die Ausdehnung des aufklärerischen Ideals des autonomen Subjekts leicht vermittelbar. Sie ist vordergründig kompatibel zu unseren Denkstrukturen: Die Ausdehnung aufklärerischer Ideale auf alle Menschen (auch Frauen) ist eine moderne Forderung, da die Konzeption der Moderne den Anspruch hat, für alle Menschen zu gelten. Daß die Konzeption der Moderne den Menschen mit dem Mann verwechselt, wird meist nicht rationalisiert. Die aufklärerischen Forderungen entwickeln ihre Sprengkraft gerade daraus, daß sie sich den der Moderne immanenten Widerspruch zwischen ihrem Anspruch auf Universalität und ihrer konstitutiven Androzentrik zunutze macht.

8.1.1.2 Die Neubewertung von Weiblichkeit und Männlichkeit

Die Ausdehnung der modernen Ansprüche auf Frauen nimmt die Moderne beim Wort und integriert alle Menschen in den öffentlich/politischen Bereich der autonomen Bürgerinnen und Bürger. Forderungspakete hingegen, die auf die Neubewertung der dichotomen Pole 'weiblich' und 'männlich' abzielen, wollen die Männlichkeit entthronen. Während in den patriarchalen Denkstrukturen der Moderne weibliche Eigenschaften eher negativ und männliche eher positiv bewertet sind, werden hier die Bewertungen einander angeglichen oder umgekehrt. Die unter dem Begriff 'Neue Weiblichkeit' diskutierten Ansätze propagieren eine Umkehrung der Wertigkeiten der die Moderne prägenden Dichotomien. Die Weiblichkeit wird zu dem Eigenschaftskomplex, der allein die Welt noch ret-

---

[18]   vergleiche Abschnitt 8.1.1.3

ten kann vor den destruktiven Begleiterscheinungen der Dominanz der Männlichkeit.

Der "männlichen Machtsphäre wird eine 'andere' weibliche Sphäre entgegengesetzt, die sehr viel mit dem alten romantischen Entwurf zu tun hat. Körperlichkeit, Unmittelbarkeit, Spontaneität, Theorieferne und Naturhaftigkeit stehen als positiv gesehene weibliche Eigenschaften im Vordergrund ... Begründet wird diese Polarisierung zu einem großen Teil mit biologistischen Argumenten"[19].

Die hohe Wertigkeit der Weiblichkeit wird unterschiedlich hergeleitet. Dabei werden folgende Begründungsmuster für ein spezifisch weibliches Denken auch oft vermischt:

- Unter Rückgriff auf geschlechtsspezifische Körpererfahrungen wird das spezifisch weibliche Denken in der Natur der Frau angesiedelt:

    "Wir werden schwanger. Das ist eine andere Art der Produktion als die der Männer ... Mit der Geburt erleben wir die äußerste Abhängigkeit: all unsere Kräfte müssen wir benutzen zur Unterstützung des sich unerbittlich vollziehenden Naturgeschehens. Weil wir uns als abhängig erfahren von Kräften, die stärker sind als wir, besteht die Aufgabe des matriarchalen Bewußtseins darin, Übereinstimmung herzustellen mit dem Unbewußten, mit den überpersönlichen Gesetzen der Natur."[20]

- Unter Rückgriff auf die Konzeption der Moderne und aktuelle Sozialisationsbedingungen wird weibliches Denken historisch begründet:

    "Aber in den vergangenen Jahrzehnten und Jahrhunderten hat sich das, was man als männlich definiert hat, so sehr vom Prinzip der Menschlichkeit entfernt, dass ein weibliches Prinzip entstanden ist, das notgedrungen identisch geworden ist mit dem menschlichen Prinzip und das für Menschlichkeit schlechthin dasteht ... Dass es heute mehrheitlich Frauen sind, die die Möglichkeit haben, ganzheitliches und lebensbejahendes Denken und Fühlen wieder einzubringen, ist nicht naturgegeben, sondern einfach historisch bedingt."[21]

- Unter Rückgriff auf vorpatriarchale Matriarchate wird weibliches Denken durch die Jahrtausende zurückverfolgt:

    "Solche 'matriarchalen' Gesellschaften standen ... ganz im Zeichen einer weiblichen Subjektivität ... [Es; S.O.] konnten sich Formen und Inhalte magischen Denkens bis weit in die Neuzeit hinein erhalten. Überreste davon spuken noch heute in den Köpfen der weniger von

19   Gerhardt (1984), S. 133

20   Kuby (1975), S. 6f

21   Haller (1984), S. 15

der Ratio infizierten Bevölkerungsschichten herum - allerdings wie alle unterdrückten Kräfte in unentwickelter Form."[22]

Nach der letztgenannten Vorstellung müßten lediglich die männlichen Denkstrukturen mit ihren Zuweisungen und Bewertungen entfernt werden, um verschüttete, weibliche Strukturen wieder zu entwickeln und zur Geltung zu bringen. Zum einen ist es jedoch prinzipiell nicht möglich, die männlichen Denkstrukturen einfach zu entfernen, da in der dichotomen Konzeption die beiden Pole weiblich und männlich einander brauchen, um existieren zu können, und da lebensweltliche Strukturen nicht einfach ausgetauscht werden können. Zum anderen kann nicht davon ausgegangen werden, daß das Wegfallen patriarchaler Denkstrukturen die 'wahre' Weiblichkeit freilegt. Die Entfernung eines Teils der Lebenswelt (die nur hypothetisch möglich ist) kann nicht eine natürliche, nicht-patriarchale Lebenswelt freilegen, da die Lebenswelt immer sozial konsituiert ist. Thürmer-Rohr steht diesem Abgehen von männlichen Denkstrukturen pessimistischer und wohl auch realistischer gegenüber:

"Die Entwertung und Entmystifizierung des Mannes bedeutet ... nicht: Der Frau steht jetzt ihr eigener leergefegter Raum zur Verfügung, der neu möbliert werden kann, ein freundliches Neuland. Vielmehr ist dieses erstmal öde und unbestellt, vorbildlos, vorstellungslos, bildlos, mythenlos."[23]

Eine Annäherung an den Charakter dieser unterstellten, aus vorpatriarchaler Zeit weiterlebenden Weiblichkeit gibt Nölleke. Die weiblichen Vernunftstandards leiten sich danach von den spezifisch weiblichen Denkstrukturen ab: Zyklizität, einfühlendes Verstehen, Ganzheitlichkeit, Einheit von Wahrnehmung, Denken und Gefühl.[24] Da weibliches Denken diese Reste aus der matriarchalen Zeit aufweist, besteht auch ein Zusammenhang zwischen der Definition von Weiblichkeit damals und heute. Die Eigenschaftskomplexe Weiblichkeit und Männlichkeit sind die gleichen, nur daß die Weiblichkeit im Patriarchat als Minderwertigkeit interpretiert wird, um die Herrschaft der Männlichkeit zu etablieren.

Der Übergang vom Matriarchat zum Patriarchat ist in diesem Modell allerdings schwer zu begründen, da die Eigenschaften der Frau mehr oder weniger in ihrer Natur angelegt sind und wenig Veränderungen erfahren. Kuby behilft sich mit der Vorstellung eines blutigen Umsturzes:

---

22   Nölleke (1985), S. 237

23   Thürmer-Rohr (1988b), S. 85

24   vergleiche Nölleke (1985), S. 237ff

"Das Matriarchat ist die allgemeine Kulturform, die jahrtausendelang bestanden hat, bevor die Männer sie mit blutiger Gewalt vernichtet haben."[25]

Doch nicht die Ablehnung und Abwertung weiblicher Aspekte allein machen das Patriarchat nach den Modellen der 'Neuen Weiblichkeit' zu einer nicht akzeptablen Gesellschaftsform. Die patriarchalen Strukturen sind darüber hinaus so beschaffen, daß sie die Existenz der Menschheit und der Erde gefährden.

"Die von Männern beherrschten Aktivitäten mit dem größten Prestige in unserer Gesellschaft - Politik, Wissenschaft, Technologie, Kriegstechnik, Geschäfte - bedrohen das Überleben unseres Planeten und der Menschheit. Daß unsere Gesellschaft diesen Unternehmungen den höchsten Wert beimißt, zeigt nur die tiefgehende Perversität der patriarchalen Kultur."[26]

Zur Verhinderung dieser patriarchalen Selbstdestruktion wird weibliches Denken angeboten.

Die Kritik an diesen gynozentrischen Modellen der 'Neuen Weiblichkeit' faßt List in drei Aspekten zusammen. Auf der für den Feminismus negativen Seite sind danach zu verbuchen:

"Erstens die Tendenz, dem Weiblichen eine intrinsische und überlegene Moralität zuzusprechen ... was unvermutet zu einem Rückfall in biologistische Denkmuster führt; zweitens die Ablehnung jeder um Rationalität und Klarheit bemühten Form des Diskurses als 'männlich', damit zusammenhängend schließlich der kulturalistische Rückzug in eine separate Sphäre des Weiblichen und der Verzicht auf politisches Handeln."[27]

Die Umkehrung der Wertigkeiten wirkt an der Dekonstruktion des Patriarchats nicht direkt mit, aus der Perspektive der politischen Praxis ist sie teilweise eher kontraproduktiv. Die Umwertung birgt die Gefahr, daß Frauen sich selbst in den ihnen zugewiesenen Rollen festschreiben, die dann lediglich höher bewertet sind.

"In der Geschichte des 19. Jahrhunderts können wir ablesen, daß das Reich der Innerlichkeit dasjenige war, das Frauen ungestraft betreten durften ... [Es ist; S.O.] kein besonderer Schritt, wenn Frauen jetzt auf dieser Innerlichkeit beharren und sich ihr verstärkt wie einer Neuentdeckung zuwenden."[28]

---

25   Kuby (1975), S. 8

26   Young (1989), S. 46f

27   List (1989), S. 28f

28   Thürmer-Rohr (1988a), S. 54

An der ungleichen Verteilung der gesellschaftlichen Macht ändert sich durch diese positive Bewertung der Weiblichkeit nichts. Durch die aus der Weiblichkeit resultierende Distanz zur Macht bleibt das Herrschaftsverhältnis zwischen den Geschlechtern konstant. Die Frauen fühlen sich nur wieder wohl dabei. Denn sie konstruieren sich ihre Idyllisierung jetzt selbst. Sie sind damit zufrieden, das moralische Recht auf ihrer Seite zu meinen.

Die Umkehrung der modernen Bewertungen ist meines Erachtens eine Variante der jetzt bestehenden patriarchalen Denkstrukturen. Die Umkehrung der Bewertungen greift die Bewertung der geschlechtsspezifischen Komplexe letztlich nicht an, sondern kehrt sie nur um. Unter der Zielsetzung, sowohl geschlechtsspezifische Zuordnungen als auch Bewertungen zu überwinden, geht es aber nicht nur um die Qualität der Bewertungen, sondern auch um die Kritik der Bewertung an sich. Die geschlechtsspezifische Zuweisung der Eigenschaften und Arbeitsbereiche wird durch die Umkehrung der Wertigkeiten auch nicht angegriffen. Mit umgekehrten Vorzeichen wird die Weiblichkeit wieder in die Natur der Frau verlagert oder zumindest als Ergebnis einer geschichtlichen Entwicklung begrüßt. Unter der Bedingung, daß Frauen über eine herausragende Moralität verfügen, besteht aus der Perspektive der Frau kein Handlungsbedarf im Sinne der Aufhebung geschlechtsspezifischer Zuweisungen.

Zwar hat auch die Umkehr der Wertigkeiten einen hohen politischen Anspruch, denn die Weiblichkeit soll ja schließlich zur dominierenden Denkform und damit handlungsleitend werden. Meines Erachtens kann jedoch der genuin emanzipatorische Anspruch auch dieser Art feministischen Denkens nicht vor konservativer Vereinnahmung schützen, denn die Idealisierung der Weiblichkeit ist im bürgerlichen Frauenideal ja auch angelegt. Zumal völlig unklar ist, wie das matriarchale Prinzip zur Herrschaft (zurück-)kommen soll. Einen blutigen Umsturz kann es wohl kaum wieder geben, da ja die weiblichen Eigenschaften der Art sind, daß sie Gewalttätigkeit ablehnen. Es wird nur unzureichend reflektiert, warum das 'matriarchale Prinzip' nicht das dominierende ist, wenn es doch 'objektiv' besser ist als das patriarchale.

In der Folge beteiligen sich Frauen nicht mehr am patriarchalen Diskurs - sie überlassen damit auch die Entscheidungen über die soziale Ordnung, in denen auch die Frauen leben, den Männern. Der Aufbau von Gegenkulturen und Rückzugsbereichen ändert nichts daran, daß die Rahmenbedingungen weiterhin von Männern definiert werden.

Die Biologin Birke formuliert beispielsweise, daß die Forderung der Umkehrung der modernen Wertigkeiten letztendlich die Frauen auch wieder aus den Wissenschaften auschließen kann.

> "While it *is* necessary to revalue the subjective as that which patriarchy has consistently devalued, we do ourselves a disservice if we remove ourselves from 'objectivity' and rationality: we then simply leave the terrain of rational thought, including science, to men, thus perpetuating the system which excluded us in the first place."[29]

Indirekt bestehen jedoch zwei Möglichkeiten, wie diese Umbewertung zum Abbau patriarchaler Strukturen beitragen kann. Zum einen kann die 'Neue Weiblichkeit' die Grenze dessen, was als extreme politische Position gilt, nach außen verschieben. Das heißt, andere Positionen gelten möglicherweise durch die 'Neue Weiblichkeit' als weniger extrem und können dadurch effektiver politisch arbeiten. Sie können leichter systemisch und lebensweltlich verankert werden. Denn aus der Palette der erfahrbaren feministischen Positionen kristallisieren sich so die aufklärerischen Forderungen als die heraus, die am ehesten mit der Moderne kompatibel sind. Es besteht dann weniger die Möglichkeit, diese relativ gemäßigten Positionen auszugrenzen.

Zum anderen versuchen Vertreterinnen der 'Neuen Weiblichkeit', alternative Denkformen zu entwickeln. Die 'Neue Weiblichkeit' relativiert dadurch zumindest die herrschenden Denkstrukturen und zeigt ihre Grenzen auf, wenn auch meines Erachtens die in diesem Zusammenhang entwickelten Denkstrukturen bisher nicht dazu geeignet sind, zu den dominierenden in der Gesellschaft zu werden.

Ausgehend vom Lebensweltmodell ergibt sich, daß die Umkehrung der Wertigkeiten auch versucht, an bereits laufenden Umwertungsprozessen anzuknüpfen, die allerdings meines Erachtens wesentlich schwächer sind als die Prozesse im Zusammenhang mit der Aufhebung von Zuweisungen. Die empirischen Ergebnisse zu den Zuweisungen geschlechtsspezifischer Eigenschaften haben ergeben, daß weibliche Eigenschaften nicht nur negativ und männliche nicht nur positiv bewertet werden. Die Bewertungen sind von den sozialen Zusammenhängen abhängig, nach denen gefragt wird.

Eine konsequente Umwertung ist jedoch schwer vermittelbar, da nicht klar ist, wie unter diesen neuen Bewertungen der Zusammenhang zwischen Deutungsmustern und systemischen Bezügen funktionieren kann. Die Weiblichkeit ist nicht dafür konzipiert, im öffentlich/politischen Bereich als Deutungs-

---

[29]   Birke (1986), S. 157

muster handlungsleitend zu wirken. Die Dominanz der Weiblichkeit müßte mit ganz anderen systemischen Strukturen einhergehen, die (wenn sie denkbar wären) unter Anwendung der Weiblichkeit wohl kaum durchsetzbar wären. Die Dominanz der Weiblichkeit ist keine zu unserer jetzigen Art der politischen Willensbildung kompatible Forderung.

Veränderte oder umgekehrte Bewertungen sind auch nur indirekt erfahrbar über enttäuschte Erwartungen bei Versuchen der Situationsdeutung. Eine Potenzierung der Neubewertung ist daher schwer möglich. Es besteht die Tendenz, die Abschaffung patriarchaler Denkstrukturen zu individualisieren.

Die Aufhebung der Zuordnungen hingegen ist auch leichter und offensiver operationalisierbar. Frauen im öffentlichen Raum sind sichtbare, wahrnehmbare, erfahrbare Beispiele für die Aufhebung der patriarchalen Zuordnungen.

8.1.1.3 Die Definitionsmacht als Multiplikatorin lebensweltlicher Veränderungen

Die Erörterung der unterschiedlichen Forderungsschwerpunkte, Modernisierung der Moderne und Umkehrung der dichotomen Bewertungen von weiblich und männlich, haben gezeigt, daß lebensweltliche Veränderungen als Zusammenspiel von Anpassungsprozessen gesehen werden müssen. Punktuelle Veränderungen regen Dynamiken an, die auch in anderen Deutungsmustern Anpassungsprozesse nach sich ziehen. Beispielsweise entzieht die Infragestellung der biologischen Begründung sozialer Geschlechtsunterschiede den geschlechtsspezifischen Normstrukturen die natürliche Legitimation, wodurch eine breitere Palette an Lebensformen möglich wird, die als veränderte Prämisse in die Forschung über geschlechtsspezifische Unterschiede eingehen kann.

Den Anspruch, das eindimensionale Kausalitätsdenken zugunsten komplexer Zusammenhänge aufzugeben, kann jedoch nur in der theoretischen Analyse entsprochen werden. Hier können Wechselwirkungen und ständige Neukonstruktionsprozesse herausgearbeitet werden, um die Stabilität und Anpassungsfähigkeit patriarchaler Denkstrukturen deutlich zu machen. In der politischen Umsetzung kann diese differenzierte Analyse nicht durchgehalten werden. In der Moderne sind nur solche Forderungen erfolgversprechend, die sich auf das in der Politik herrschende eindimensionale Ursache-Wirkungs-Schema einlassen. Dieses moderne Denken in Prämissen und Ableitungen hängt eng mit dem Konstrukt der Kausalität zusammen. Neben den Dichotomien ist die Kausalität ein das moderne Denken wesentlich prägendes Konstrukt - sie ist lebensweltlich verankert. Die Moderne neigt dazu, Gleichzeitigkeiten als kausale Zusammenhänge in die Wirklichkeitsdefinition einzubeziehen. 'Kausal' heißt immer 'gerichtet' (auf die Wirkung hin) und meist 'eindimensional' (eine Ursache - eine Wirkung).

Kausalität ist ein Mechanismus, der konkrete Situationen an den lebensweltlichen Hintergrund anschließt. Eine Situationsdeutung ist dann gelungen, wenn die Situation so interpretiert wird, daß sie dem lebensweltlichen Hintergrundwissen, den tradierten Normen und den allgemein geteilten Erfahrungen entspricht. Da der lebensweltliche Hintergrund nicht hinterfragt ist, also als wahr, wahrhaftig und richtig vorausgesetzt wird, sind auch all die Situationen, soziale Phänomene usw. wahr, wahrhaftig und richtig, die bruchlos an diese 'wahre' Lebenswelt angeschlossen werden können. Und da der lebensweltliche Hintergrund eine bestimmte Situationsdeutung präjudiziert, kann die gesetzte Kausalität auch nur bestätigt werden.

Jede lebensweltliche oder systemische Veränderung, die die Möglichkeit konsistenter patriarchaler Situationsdeutungen stört, trägt ein Stück dazu bei, die patriarchale Denkstruktur ins Wanken zu bringen. Die Reichweite der Veränderungen kann jedoch sehr unterschiedlich sein. Individuelle Veränderungen können beispielsweise die eigenen sozialen Beziehungen beeinflussen und darüber hinaus nur sehr indirekt wirken. Systemische Veränderungen hingegen, die durch Mehrheitsprinzip durchgesetzt werden, können systemische Strukturen schaffen, die auch bei der Minderheit, die die Veränderung ablehnt, lebensweltlich verankert werden müssen.

"Gleichzeitig bleibt die Lebenswelt das Subsystem, das den Bestand des Gesellschaftssystems im ganzen definiert. Daher bedürfen die systemischen Mechanismen einer Verankerung in der Lebenswelt - sie müssen institutionalisiert werden."[30]

Eine lebensweltliche Veränderung mit relativ großer Reichweite kann so angeregt werden. Die konkreten Manifestationen der Definitionsmacht des Mannes bieten sich als die Bereiche an, deren Veränderungen sich multiplizieren, also eine große Reichweite erlangen - und zwar sowohl in bezug auf die Quantität der in den Veränderungsprozeß integrierten Personen als auch in bezug auf die letztendliche Qualität der Veränderung.

---

[30]   Habermas (1985b), S. 230

Die Definitionsmacht des Mannes besteht ja nicht nur abstrakt, sondern äußert sich konkret darin, daß fast ausschließlich Männer die Positionen bekleiden, von denen aus in unserer Gesellschaft Wirklichkeitsdefinitionen beeinflußt werden können. Männer haben also nahezu das Monopol, den Prozeß der lebensweltlichen Verankerung systemischer Strukturen zu beeinflussen. Die Forderung nach anderen Wirklichkeitsdefinitionen (nach einer anderen Lebenswelt) kann also am wirkungsvollsten durchgesetzt werden, wenn nicht nur die Legitimität der Definitionsmacht des Mannes begründet angezweifelt wird, sondern gleichzeitig auch die damit verbundenen gesellschaftlichen Positionen neu verteilt werden. Der Zugang zur Definitionsmacht des Mannes ist über den Schwerpunkt der Aufhebung der geschlechtsspezifischen Zuweisung verschiedener Lebensbereiche zu erreichen.

Eine solche aufklärerische Strategie greift einerseits die Definitionsmacht des Mannes direkt an und ist andererseits leicht zu vermitteln. Denn der Ausdehnung der aufklärerischen Ideale auf immer größere Bevölkerungsschichten, und eben auch auf Frauen, kann schwer widersprochen werden. Aufklärerische Forderungen erscheinen als an der Oberfläche der Moderne angesiedelt. Es wird (auch vielen Feministinnen) nicht bewußt, daß die Aufhebung der geschlechtsspezifischen Zuweisungen tief in die Konzeption der Moderne eingreift: Die Integration der Frauen in den öffentlichen Bereich führt eine Wirklichkeitsdefinition ad absurdum, die nur auf Männer in diesem Lebensbereich abgestellt ist. Die Frauen, die in dem öffentlichen Bereich (zum Beispiel als Politikerinnen) tätig sind, schaffen also nicht unbedingt aus eigener Initiative eine neue Wirklichkeitsdefinition. Diese Wirklichkeitsdefinition entsteht bereits dadurch, daß die geschlechtsspezifische Arbeitsteilung aufgebrochen wird. Denn die komplementär konstruierten männlichen und weiblichen Charaktere passen nicht zu einer Arbeitsteilung, bei der das Geschlecht kaum mehr eine Rolle spielt. 'Weiblich' kann nicht mehr eindeutig mit 'Frau' und 'männlich' nicht mehr eindeutig mit 'Mann' identifiziert werden. 'Weibliche' Männer und 'männliche' Frauen werden immer akzeptabler. Auch die Zuordnung von Eigenschaftskomplexen zu bestimmten Lebensbereichen kann nicht mehr in der Form vorgenommen werden, daß Weiblichkeit eher mit Privatheit und Männlichkeit eher mit systemischen Zwängen und Chancen assoziiert wird.

So können auch im öffentlichen Bereich Eigenschaften eine Rolle spielen, die als weiblich gelten. In den Managementetagen setzt sich beispielsweise immer mehr die Erkenntnis durch, daß kooperative, ausgleichende ('weibliche') Eigenschaften dem Arbeitsklima und damit der Arbeitsleistung und dem wirtschaftlichen Erfolg des Unternehmens dienlicher sind, als ('männliches') Konkurrenzdenken, Denken in Hierarchien, Befehl und Gehorsam.[31]

Über diesen Automatismus der Umbewertung, der Umgestaltung der Lebenswelt hinausgehend können Frauen, die an der Definitionsmacht partizipieren, jedoch auch aktiv auf die Umgestaltung des modernen lebensweltlichen Hintergrunds hinarbeiten. Dadurch, daß die Integration der Frauen in den öffentlichen Bereich sie in die Lage versetzt, Wirklichkeit mitzudefinieren, haben sie auch die Möglichkeit, alternative Deutungsmuster zumindest zur Diskussion zu stellen. Frauen können wesentlich dazu beitragen, daß die Gesamtheit der sogenannten weiblichen und männlichen Eigenschaften als Reservoir menschlichen Verhaltens betrachtet wird, auf das Frauen und Männer zurückgreifen können.

Frauen laufen dabei allerdings Gefahr, mit dem Vorwurf der Irrationalität konfrontiert zu werden, denn die explizite Problematisierung lebensweltlicher Selbstverständlichkeiten bedeutet vordergründig eine Aufwertung der weiblich und eine Abwertung der männlich assoziierten Lebensbereiche und Eigenschaften.

Aus zwei Gründen scheint es wesentlich problematischer zu sein, gegen die lebensweltlichen Bewertungen anzudenken als gegen Zuweisungen. Einerseits kann die geschlechtsspezifische Zuweisung von Arbeitsbereichen ja eindeutig innerhalb der modernen Ansprüche als ungerecht entlarvt werden, während die Kritik an lebensweltlichen Bewertungen eher die Konzeption der Moderne anzugreifen scheint. Es hat sich gezeigt, daß beide Ansatzpunkte gleichermaßen die Konzeption der Moderne angreifen, jedoch tritt dies in der konkreten politischen Auseinandersetzung nicht zu Tage. Andererseits bietet das Infragestellen der lebensweltlichen Denkstrukturen politischen Gegnerinnen und Gegnern mehr Angriffspunkte. Schließlich soll bei dieser lebensweltlichen Umgestaltung der dichotome Pol aufgewertet werden, der innerhalb der Moderne als nichtrational gilt und damit niedrig bewertet ist. Der Vorwurf der Irrationalität ist dann auch schwer zu entkräften, denn er ist Ausdruck dessen, was die Feministinnen kritisieren.

Während die Aufhebung geschlechtsspezifischer Zuweisungen über die Öffnung von Lebens- und Arbeitsbereichen für Frauen und Männer unmittelbar in gesellschaftliche Praxis umgesetzt werden kann, gelingt die Veränderung

---

31   Manthey (1991) weist darauf hin, daß dadurch nicht automatisch mehr Frauen in die Managementetagen einziehen.

lebensweltlicher Wertungen nur mittelbar. Die Wertung der Pole der Dichotomien schwingt zwar auch in allen konkreten patriarchalen Strukturen mit. Während jedoch die geschlechtsspezifische Zuordnung verschiedener Lebensbereiche ein Stück weit aufgehoben werden kann, ohne daß alle Beteiligten von der Richtigkeit dieser Maßnahme überzeugt sind (z.B. durch eine Quotierung), kann die Bewertung unterschiedlicher Eigenschaftskomplexe nicht mehrheitlich beschlossen werden. Sie muß durch Veränderungen im Denken und damit in der Sprache erreicht werden. An die realitätsbildende Kraft der Sprache gelangen Frauen jedoch wiederum nur über die Neuverteilung der Positionen, die auf die Sprache und damit auf das Denken Einfluß nehmen können.

Das Einklagen der aufklärerischen Ideale auch für Frauen ist also eine erfolgversprechende Strategie zur Beendigung patriarchaler Denkstrukturen. Aus den lebensweltlich verankerten Ansprüchen der Moderne heraus werden systemische Veränderungen gefordert, die Frauen in die Moderne miteinbeziehen und damit dem lebensweltlichen Hintergrundwissen, den tradierten Normen und den individuellen Erfahrungen widersprechen. Da die veränderten systemischen Strukturen jedoch in der Lebenswelt verankert werden müssen, um konsistente Situationsdeutungen zu gewährleisten, kommen in der Lebenswelt Anpassungsprozesse in Gang. Diese Anpassungsprozesse können dann wiederum auch von Frauen beeinflußt werden, wenn sie in größerem Umfang an der Definitionsmacht partizipieren.

8.1.2 Pragmatische Betrachtungen zu den Veränderungsmöglichkeiten

Die patriarchalen Deutungsmuster sind in der Lebenswelt verankert, und daher können wir auch die Grenzen dieses lebensweltlich geteilten Denkens nicht einfach überspringen. Sie begrenzen das Denkbare in der Moderne. Wir können lediglich an die Grenzen des Denkbaren gelangen. Trotz individueller Unterschiede in der Art und Weise der Reflexion über lebensweltliche Hintergrundannahmen sind Veränderungsvorschläge und -versuche immer auch geprägt von dem, was sie überwinden wollen, sie sind in der gleichen Lebenswelt verwurzelt. Zielvorstellung und Status quo beeinflussen sich gegenseitig und entwickeln sich miteinander.

"Lebenswelt baut sich aus mehr oder weniger diffusen, stets unproblematischen Hintergrundüberzeugungen auf. Dieser lebensweltliche

Hintergrund dient als Quelle für Situationsdefinitionen, die von den Beteiligen als unproblematisch vorausgesetzt werden."[32]

Begrenzungen, denen auch Veränderungsvorschläge unterliegen, sind in den Einschränkungen des Denkens durch den modernen Blickwinkel begündet, dem sich auch Kritikerinnen und Kritiker nicht entziehen können. Auch Kritikerinnen und Kritiker, die patriarchale Denkstrukturen überwinden wollen, haben einen lebensweltlichen Hintergrund, den sie zwar reflektieren und kritisieren, an den sie sich aber auch anschließen müssen - nicht nur aus pragmatischen Gründen, damit ihre Forderungen auch vermittelbar sind, sondern auch, um die Konsistenz und Kontinuität der eigenen Lebenswelt zu gewährleisten. Das in diesem Fall fragwürdige Hintergrundwissen, die kritisierten Normen und die reflektierten Erfahrungen bleiben die Basis, auf der Forderungen entwickelt werden. Dementsprechend sind die Forderungen dann auch geprägt und begrenzt durch das, wovon sie sich abgrenzen.

Das Projekt der Moderne wurde von Männern entworfen, und Männer versuchen, es in die politische Praxis umzusetzen. Dadurch kommt es zu einer Einschränkung auch für Kritikerinnen und Kritiker dieses Sachverhalts. Das Projekt der Moderne entstand nicht im abstrakten, von allen sozialen Bezügen abgehobenen Raum, sondern auf der Basis der sozialen Erfahrungen einer sozialen Gruppe - der Männer. Die in diesem Zusammenhang entscheidende Erfahrung war die der eigenen Position als Mann in einer Gesellschaft, die patriarchal strukturiert war. Von dieser Position aus nehmen nach wie vor Männer Realitätsdefinitionen vor oder versuchen, neue Möglichkeiten der Realitätsdefinition zu entwerfen. Das Projekt der Moderne entsteht dadurch immer wieder neu. Auch Frauen lernen, so die Realität zu definieren. Frauen und Männer sind zwar in einen geschlechtsspezifisch unterschiedlichen Erfahrungshorizont eingebunden, der aber gleichwohl patriarchal bleibt. Diese Verzerrungen treten zu Tage, wenn die Grenzen des Gedankengebäudes rationalisiert und in Frage gestellt werden. Die Grenzen verschwinden dadurch aber nicht automatisch. Modernes Denken ist letztlich dadurch begrenzt, daß die patriarchale Struktur, innerhalb der es sich herausbildet, zwar kritisiert aber nicht abgeschüttelt werden kann.

Begrenzt ist unser Denken beispielsweise durch das vermittelte Wissen über geschlechtsspezifische Unterschiede und auch durch das, was wir nicht wissen. Das Deutungsmuster 'Wissen über geschlechtsspezifische Unterschiede'

---

[32]   Habermas (1985a), S. 107

wirft außer in bezug auf die Biologie noch in einem ganz anderen Feld ein Licht auf die Schwierigkeiten der Überwindung patriarchaler Denkstrukturen. Denn für die Überwindung patriarchaler Denkstrukturen ist neben 'anderem' Wissen über Geschlechtsunterschiede auch das Wissen über Alternativen oder zumindest das Wissen über die Tradition der Auseinandersetzung um patriarchale Strukturen hilfreich. So war am Anfang der Neuen Frauenbewegung die Alte Frauenbewegung im Bewußtsein der Frauen nicht existent, da sie in Geschichtsbüchern nicht vorkam und nicht erforscht war. Erst nach und nach (und dieser Prozeß ist noch nicht abgeschlossen) wurde die Alte Frauenbewegung als Ressource sowohl für einen das Gemeinschaftsgefühl stärkenden Bezugspunkt als auch für die konkrete Politik nutzbar gemacht. Das Anknüpfen an Tradition und Erfahrung wird erleichtert durch die Rückbeziehung auf die Geschichte der eigenen Gruppe bzw. Bewegung. Dieses Traditionsbewußtsein hat nicht nur integrative Funktionen. Ein neuer Wissensbereich konnte in die Lebenswelt aufgenommen werden, der Situationsdeutungen erleichtert, die sich nicht auf die Reproduktion patriarchaler Denkstrukturen beschränken wollen. Die Erschließung 'anderen' Wissens ist ein wichtiger Beitrag der Frauenforschung zur Überwindung patriarchaler Denkstrukturen.

Feministinnen kritisieren den Blickwinkel, unter dem die Realität in der Moderne entsteht, als speziell männlich. Unter dieser Voraussetzung wird die Wirklichkeit aber auch von Feministinnen vergegenständlicht und mit Begriffen bezeichnet. Mit Hilfe der formalen Vernunft werden alternative Muster zur Konstituierung der Welt entwickelt. Die Dichotomien wurden bereits als solche Muster zur Erfassung der Realität erörtert. Die Dichotomien, die die Wirklichkeit in der Moderne erfassen, lassen nur zwei Möglichkeiten der Kategorisierung zu und fordern immer eine Entscheidung zugunsten eines Pols.

Die gleichen dichotomen Denkoperationen stecken auch hinter den Überlegungen der Kritikerinnen und Kritiker von patriarchalen Denkstrukturen. Die Zielsetzung einer nichtpatriarchalen Gesellschaft ist ebenfalls eine dichotome Gegenüberstellung mit der kritisierten jetzigen Struktur. Die Nichthintergehbarkeit dichotomer Denkoperationen zeigt, daß auch Kritikerinnen und Kritiker an die moderne Art zu denken gebunden sind. Dichotomes Denken, Logik und Stringenz sind beispielsweise in der Moderne lebensweltlich verankert und damit auch Ausgangspunkt und Instrumentarium der Kritikerinnen und Kritiker patriarchaler Denkstrukturen.

Ein Beispiel, in dem dichotome Denkoperationen Ausgangspunkt der kritischen Analyse sind, ist die vorliegende Arbeit. Ich treffe eine scharfe Trennung zwischen männlich und weiblich. Diese Trennung ist zwar zunächst von den Personen, die sich männlich oder weiblich sehen und verhalten, unabhängig. Männlich/weiblich werden aber normalerweise Männern und Frauen zugeordnet. Wenn ich diese Assoziation vermeiden wollte (da ich sie überwinden will), dürfte ich diese Begriffe nicht verwenden. Durch die Beschreibung weiblich/männlich wird jedoch nicht nur Ungleichheit analysiert. Es besteht auch die Gefahr, diese dichotome Trennung zu vergegenständlichen, zu konkretisieren und dadurch ständig in gleicher Weise fortzuführen. Die Analyse des Modells 'weiblich/männlich' kann selbst ein Teil dieser Trennung sein, die Trennung also selbst erzeugen.

Mein Modell hat jedoch die Zielsetzung, patriarchale Strukturen aufzuzeigen, damit sie abgeschafft werden können. Wie sich an den Selbstkonzeptionen der Frauen und Männer gezeigt hat, würde zwar ein differenziertes Bild, das auf die Analyse mit Hilfe dichotomer Pole verzichtet, sicherlich eher allen Menschen in ihrer Unterschiedlichkeit gerecht werden. Es entstünde ein integratives Modell, das nicht so sehr die Unterschiede betont, sondern auch die Gemeinsamkeiten zwischen Männern und Frauen herausstellt - die Gemeinsamkeiten aufgrund der breiten Palette an 'weiblichen' und zugleich 'männlichen' Persönlichkeiten sowohl unter den Frauen als auch unter den Männern. Aber die differenzierte Betrachtung auch von Gemeinsamkeiten würde für meine Zielsetzung auch Nachteile bringen:

-   Ganz wichtige Kategorien wie Macht, Struktur, Hierarchie fielen weg. Durch die Konzentration auf die individuelle Ausgestaltung der gesellschaftlichen Restriktionen ginge der Blick für diese Restriktionen verloren.

-   Es bestünde die Gefahr der zu großen Individualisierung der Problemlage, da immer gezeigt würde, daß es Menschen auch möglich ist, die eigene Situation anders zu gestalten. Die 'Schuld' würde individualisiert.

-   Neutrale (nicht weiblich/männlich) Bezeichnungen würden eine Wahlfreiheit vorgaukeln, die nicht da ist - schon gar nicht für Frauen. Sie sind in noch stärkerem Maße durch Strukturen eingeschränkt, können ihr Repertoire an weiblichen und männlichen Anteilen noch weniger verändern und noch weniger selbst wählen als Männer.

Es gibt daher gute Gründe für mein Festhalten an der scharfen Trennung zwischen weiblich und männlich als Analyseinstrumentarium:

- Die Menschen gestalten individuell die Strukturen, die ihnen vorgegeben sind oder die sie sich selbst schaffen. Ich analysiere die Ansprüche 'Weiblichkeit' und 'Männlichkeit', die gestellt und erfahren werden und dadurch handlungsleitend wirken.

- Auch wenn die individuellen Unterschiede innerhalb der Gruppen der Männer und der Frauen bezüglich der Mischung aus männlichen und weiblichen Eigenschaften sehr groß sein mag, die Assoziation männlich-Mann und weiblich-Frau funktioniert nach wie vor, auch wenn die einzelnen dies genau genommen nicht so exakt leben. Zur gemeinsamen Situationsdeutung und Handlungsabstimmung jedenfalls werden diese Assoziationen herangezogen.

- Mir geht es um die Bedingungen von Entscheidungen, die die soziale Ordnung betreffen, also um strukturelle Bedingungen von individueller Lebensführung - und die patriarchale Lebenswelt ist eine solche Struktur.

- Wenn ich die Ansprüche (Bedingungen) beschreibe, die an Männer und Frauen gestellt werden (auch von sich selbst in dieser dichotomen Form), dann präjudiziere ich aber noch nicht, wie diesen Ansprüchen vollständig entsprochen wird.

Solange so wenig Bewußtsein über geschlechtsspezifische Verzerrungen vorhanden ist, ist es nötig, diese zu betonen und herauszustellen. Habermas bezeichnet den lebensweltlichen Hintergrund, das diffuse Alltagswissen, das ich hier analysiere, als eine Art der Ideologie.

"Nun konstituiert sich die Lebenswelt stets in Form eines von den Angehörigen intersubjekiv geteilten Globalwissens; so könnte das gesuchte Äquivalent zu den nicht mehr verfügbaren Ideologien einfach darin bestehen, daß das in totalisierter Form auftretende Alltagswissen diffus bleibt, jedenfalls das Artikulationsniveau gar nicht erst erreicht, auf dem Wissen nach Maßstäben der kulturellen Moderne allein als gültig akzeptiert werden kann."[33]

Die Analyse patriarchaler Implikationen der Lebenswelt ist in dem Sinne ein Aufklärungsprozeß, der das ideologische Alltagswissen reflektiert. Die moderne Lebenswelt wird dem modernen Anspruch der Begründbarkeit unterworfen.

---

[33] Habermas (1985b), S. 521

8.2 Die Verankerung der feministischen Politikwissenschaft in patriarchalen Deutungsmustern

Bereits durch ihre Existenz relativiert feministische Politikwissenschaft die etablierte Politikwissenschaft. Denn durch feministische Ansätze tritt zu Tage, daß die Politikwissenschaft nicht objektiv ist, sondern aus einer spezifisch männlichen Positionen heraus operiert.

Jedoch ist auch die feministische Politikwissenschaft in der Lebenswelt verankert, die sie kritisiert. Die Kritik an der Politikwissenschaft kann deren patriarchale Implikationen zwar reflektieren und rationalisieren, aber sie bleibt an das Kritisierte auch gebunden. Solange die Verbindung mit der Politikwissenschaft bestehen bleibt, muß die feministische Politikwissenschaft sich auch an die Situationsdeutungen der Politikwissenschaft anschließen, um konsistent zu bleiben.

Die Ausweitung des Politikbegriffs auf Aspekte von Entscheidungen, die die soziale Ordnung betreffen, ist ein solcher konsistenter Anschluß an die Politikwissenschaft. Denn einerseits wird der Gegenstand der Politikwissenschaft dadurch wesentlich erweitert - alle sozialen Phänomene können auf politische Aspekte hin untersucht werden. Und andererseits bleibt doch die Trennung zwischen 'politisch' und 'privat', zwischen 'für die soziale Ordnung relevant' und 'irrelevant', bestehen.

Wegen der Gebundenheit der Kritikerinnen und Kritiker an die patriarchale Struktur der Politikwissenschaft sind 'endgültige' Ziele nicht abzusehen, da diese unabhängig vom status quo sein müßten, also nicht von ihm geprägt sein dürften. Eine 'neue' Politikwissenschaft kann nicht entworfen werden. Die feministischen, politikwissenschaftlichen Modelle müssen daher so veränderbar sein, wie die etablierte Politikwissenschaft, die sie verändern wollen. Für feministische Politikwissenschaft ergibt sich also der Anspruch, daß sie nur Konzepte mit begrenzter Reichweite liefert, und sich selbst auch nur als solches betrachtet. Die Begrenzungen der Modelle sind räumlich, zeitlich, in bezug auf Aussagen über zukünftige Entwicklungen, Zielformulierungen, Handlungsanweisungen usw. Feministische Kritik an der Politikwissenschaft muß neu formuliert werden, wenn die Politikwissenschaft beispielsweise ihren Politikbegriff erweitert und normative Aspekte versucht als solche auszuweisen. Wenn feministische Ideen Eingang finden in die Politikwissenschaft, müssen sie sich auch selbst verändern, da sie diese Entwicklung der Politikwissenschaft rezipieren müssen.

Um konsistent zu bleiben, ist es also für die feministische Politikwissenschaft wichtig, auf den Objektivitätsanspruch verzichten, den sie an der traditionellen Politikwissenschaft kritisiert. Die Reichweite feministischer Modelle ist durch diesen bewußten Verzicht auf letzte Wahrheiten kleiner. Die Anwendbarkeit feministischer Modelle ist jedoch eventuell größer als die der 'objektiven' Theorien, da sie eher geeignet sein können, konkrete, lokal und zeitlich begrenzte Strategien mit definitiven, wenn auch provisorischen Zielen zu liefern.

Feministische Politikwissenschaft kann sich gegenüber der etablierten Theorie auch dadurch auszeichnen, daß sie sich aus der Konkurrenz um das 'wahrste' Modell ausklinkt. Da sie ihre eigenen Entstehungsbedingungen zur Kenntnis nimmt, ist feministische Politikwissenschaft in der Lage, Kriterien der Objektivität und Wissenschaftlichkeit in Frage zu stellen.

Aus dem Verzicht auf letzte Wahrheiten ergibt sich jedoch eine Unsicherheit. Feministische Politikwissenschaft stellt die Paradigmen der Politikwissenschaft in Frage, obwohl sie die Situationsdeutungen der Politikwissenschaft nicht ganz abschütteln und keine fertige Alternative anbieten kann.

Aus dieser Verunsicherung heraus können wir an den bestehenden politikwissenschaftlichen Diskursen festhalten, uns ihrer bedienen und sie in unserem Sinne anpassen, wenn wir patriarchale Bestandteile in ihnen aufspüren. Was wir auf diese Modelle aufbauen, droht immer zusammenzubrechen, wenn wir aus den Grundlagen patriarchale Elemente entfernen. Gleichzeitig können wir uns mit der Instabilität abfinden und versuchen, sie zu einem kreativen Potential zu machen.

Meines Erachtens schließen sich die zwei Strategien nicht aus, sondern ergänzen sich gegenseitig. Denn gerade wenn wir die Instabilität der Kategorien akzeptieren, können wir von den bestehenden Diskursen profitieren, Versatzstücke in unsere Modelle integrieren oder auch wieder aus ihnen entfernen, wenn sie nicht aus dem patriarchalen Zusammenhang genommen werden können. So erhalten wir Modelle der Politikwissenschaft und der Politik, die sich ständig verändern, so wie sich ihr Gegenstand ständig verändert. Modelle, die im Zusammenhang feministischer Politikwissenschaft entworfen werden, haben nur begrenzte Reichweite in bezug auf die Denkstrukturen und Kategorien, in denen Modelle entstehen und stehen. Kategorien sind also immer instabil.

Durch diesen reflexiven Ansatz ist auch die Reichweite meiner eigenen Arbeit begrenzt. Da ich in das eingebunden bin, was ich kritisiere, und da ich mit

Hilfe der bestehenden Diskurse meine Situationsdeutung zu begünden versuche, kann die vorliegende Arbeit nur eine Momentaufnahme sein, die - so hoffe ich - den Prozeß, den sie rationalisiert, auch beeinflussen kann.

Literatur

Ackelsberg, Martha / Diamond, Irene (1987). Gender and Political Life: New Directions in Political Science. in: Hess/Ferree (Hrsg.) (1987). S. 504-525

Aiken, Susan Hardy / Anderson, Karen / Dinnerstein, Myra / Lensink, Judy Nolte / MacCorquodale, Patricia (Hrsg.) (1988). Changing Our Minds - Feminist Transformations of Knowledge. New York

Alder, Doris (1992). Die Wurzel der Polaritäten. Geschlechtertheorie zwischen Naturrecht und Natur der Frau. Frankfurt am Main/New York

Andreas-Grisebach, Manon / Weisshaupt, Brigitte (Hrsg.) (1986). Was Philosophinnen denken. Band II. Zürich

Apel, Karl-Otto (Hrsg.) (1976). Sprachpragmatik und Philosophie. Frankfurt am Main

Arbeitsgruppe Ethnologie, Wien (Hrsg.) (1989). Von fremden Frauen: Frausein und Geschlechterbeziehungen in nichtindustriellen Gesellschaften. Frankfurt am Main

Ardener, Shirley (Hrsg.) (1978). Defining Females. The Nature of Women in Society. London/Oxford

Aries, Elizabeth (1984). Zwischenmenschliches Verhalten in eingeschlechtlichen und gemischtgeschlechtlichen Gruppen. in: Trömel-Plötz (Hrsg.) (1984e). S. 114-126

Barash, David (1981). Das Flüstern in uns - Menschliches Verhalten im Lichte der Soziologie. Frankfurt am Main

Baxmann, Inge (1983). Von der Egalité im Salon zur Citoyenne - Einige Aspekte der Genese des bürgerlichen Frauenbildes. in: Kuhn/Rüsen (1983). S. 113-137

Bayerisches Staatsministerium für Arbeit, Familie und Sozialordnung (1991). Politik für Frauen in Bayern - Ausgewählte Daten zur Gleichstellungs- und Frauenpolitik. München

Beauvoir, Simone de (1988). Das andere Geschlecht. Sitte und Sexus der Frau. Reinbek bei Hamburg

Beck, Ulrich (1990). Die irdische Religion der Liebe. in: Beck, Ulrich / Beck-Gernsheim, Elisabeth (1990a), S. 222-266

Beck, Ulrich / Beck-Gernsheim, Elisabeth (1990a). Das ganz normale Chaos der Liebe. Frankfurt am Main

Beck, Ulrich / Beck-Gernsheim, Elisabeth (1990b). Riskante Chancen - Gesellschaftliche Individualisierung und soziale Lebens- und Liebesformen. in: Beck, Ulrich / Beck-Gernsheim, Elisabeth (1990a), S. 7-19

Bell, Inge Powell (1975). The Double Standard: Age. in: Freeman (Hrsg.) (1975). S. 145-155

Benard, Cheryl / Schlaffer, Edit (1984). Die Grenzen des Geschlechts. Anleitung zum Sturz des Internationalen Patriarchats. Reinbek bei Hamburg

Bendkowski, Halina / Weisshaupt, Brigitte (Hrsg.) (1983). Was Philosophinnen denken. Eine Dokumentation. Zürich

Benhabib, Seyla (1989). Der verallgemeinerte und der konkrete Andere. Ansätze zu einer feministischen Moraltheorie. in: List/Studer (Hrsg.) (1989). S. 454-487

Benhabib, Seyla (1992). Models of public space: Hannah Arendt, the liberal tradition, and Jürgen Habermas. in: Calhoun (Hrsg.) (1992). S. 73-98

Benhabib, Seyla / Nicholson, Linda (1987). Politische Philosophie und die Frauenfrage. in: Fetscher/Münkler (Hrsg.) (1987). S. 513-562

Berger, Renate (1988). Weiblichkeit als Leer- und Lehrformel. in: Rüsen/Lämmert/Glotz (Hrsg.) (1988). S. 48-53

Bickes, Hans (1992). Sprache, Sprachgebrauch und Geschlecht. in: Bickes/Brunner (Hrsg.) (1992). S. 3-5

Bickes, Hans / Brunner, Margot (Hrsg.) (1992). Muttersprache frauenlos? Männersprache Frauenlos? PolitikerInnen ratlos? Wiesbaden

Birke, Lynda (1982). Cleaving the mind: speculations on conceptual dichotomies. in: Rose (Hrsg.) (1982). S. 60-78

Birke, Lynda (1986). Women, feminism and biology: the feminist challenge. Brighton

Blanke, Karen (1991). Methodische Folgerungen für die Haupterhebung aus Sicht der Frauen- und Familienpolitik. in: Statistisches Bundesamt (Hrsg.) (1991). S. 155-176

Bleier, Ruth (1984). Science and gender: a critique of biology and its theories on women. New York u.a.

Bleier, Ruth (1985). Biology and women's policy: a view from the biological sciences. in: Sapiro (Hrsg.) (1985c). S. 19-40

Bleier, Ruth (1986a). Sex differences research: science or belief? in: Bleier (Hrsg.) (1986b). S. 147-164

Bleier, Ruth (Hrsg.) (1986b). Feminist approaches to science. New York u.a.

Boulding, Elise (1976). The Underside of History. A View of Women through Time. Boulder

Bovenschen, Silvia (1979). Die imaginierte Weiblichkeit. Exemplarische Untersuchungen zu kulturgeschichtlichen und literarischen Präsentationsformen des Weiblichen. Frankfurt am Main

Brantenberg, Gerd (1979). Die Töchter Egalias. Ein Roman über den Kampf der Geschlechter. Berlin

Broverman, Inge K. / Vogel, Susan Raymond / Broverman, Donald M. / Clarkson, Frank E. / Rosenkrantz, Paul S. (1975). Sex-Role Stereotypes: A Current Appraisal. in: Mednick/Tangri/Hoffmann (Hrsg.) (1975). S. 32-47

Brown, Wendy (1988). Manhood and Politics - A Feminist Reading in Political Theory. Totowa

Brownmiller, Susan (1980). Gegen unseren Willen. Vergewaltigung und Männerherrschaft. Frankfurt am Main

Brück, Brigitte / Kahlert, Heike / Krüll, Marianne / Milz, Helga / Osterland, Astrid / Wegehaupt-Schneider, Ingeborg (1992). Feministische Soziologie. Eine Einführung. Frankfurt am Main/New York

Bultmeyer, Renate / Onnen-Isemann, Corinna / Lüken, Anke (1987). Frauenthemen - Thema: Frau. Eine Literaturzusammenstellung aus der Universitätsbibliothek. Oldenburg

Bundesministerium für Frauen und Jugend (BMFJ) (Hrsg.) (1992). Frauen in der Bundesrepublik Deutschland. Bonn

Burgard, Roswitha / Karsten, Gaby (1981). Die Märchenonkel der Frauenfrage: Friedrich Engels und August Bebel. Berlin

Calhoun, Craig (Hrsg.) (1992). Habermas and the public sphere. Cambridge/London

Cancian, Francesca M. (1986). The Feminization of Love. in: Signs. 11. Jg. Heft 4/1986. S. 692-709

Chafetz, Janet Saltzman (1988). Feminist Sociology - An Overview of Contemporary Theories. Itasca

Chopra, Ingrid / Scheller, Gitta (1992). 'Die neue Unbeständigkeit'. Ehe und Familie in der spätmodernen Gesellschaft. in: Soziale Welt. Heft 1/1992. S. 48-69

Collin, Beate / Schultz, Irmgard (1986). Bibliographie: Frauenforschung über Frauenarbeit in Produktion und Reproduktion. 1979-1984. Bielefeld

Conrad, Judith / Konnertz, Ursula (1986a). Vorwort. in: Conrad/Konnertz (Hrsg.) (1986b). S. 7-20

Conrad, Judith / Konnertz, Ursula (Hrsg.) (1986b). Weiblichkeit in der Moderne. Ansätze feministischer Vernunftkritik. Tübingen

Conte, Maria-Elisabeth u.a. (Hrsg.) (1978). Sprache im Kontext. Akten des 12. Linguistischen Kolloquiums. Pavia 1977. Tübingen

Dalhoff, Jutta / Frey, Uschi / Schöll, Ingrid (Hrsg.) (1986). Frauenmacht in der Geschichte. Beiträge des Historikerinnentreffens 1985 zur Frauenforschung. Düsseldorf

Darwin, Charles (1963). Die Entstehung der Arten - durch natürliche Zuchtwahl. Stuttgart

Darwin, Charles (1986). Die Abstammung des Menschen. Wiesbaden

Dawkins, Richard (1978). Das egoistische Gen. Berlin/Heidelberg/New York

Delphy, Christine (1993). Rethinking sex and gender. in: Women's Studies International Forum. 16. Jg. Heft 1/1993. S. 1-9

Deutscher Akademikerinnenbund e.V. (Hrsg.) (1982). Die Frauenfrage in Deutschland. Bibliographie. Band 10, 1931-1980. bearbeitet von Ilse Delvendahl unter Mitarbeit von Doris Marek. München u.a.

Deutscher Akademikerinnenbund e.V. (Hrsg.) (1983). Die Frauenfrage in Deutschland. Bibliographie. Neue Folge. Bände 1-3. bearbeitet von Ilse Delvendahl. München u.a.

Dietz, Mary G. (1992). Introduction: debating Simone de Beauvoir. in: Signs. 18. Jg. Heft 1/1992. S. 74-88

Dippelhofer-Stiem, Barbara (1991). Techniksozialisation in Familie und Bildungsinstitutionen. Empirische Anhaltspunkte und weiterführende Überlegungen zu einem geschlechtsspezifisch akzentuierten Konstrukt. in: Frauenforschung - Informationsdienst des Forschungsinstituts Frau und Gesellschaft. 9. Jg. Heft 4/1991. S. 3-14

Dobzhansky, Theodosius (1975). Intelligenz - Vererbung und Umwelt. München

Dröge, Annette (1984). Zur Lage der Frau. Ein feministisches Sachbuchverzeichnis. Berlin

Duden, Barbara (1977). Das schöne Eigentum. Zur Herausbildung des bürgerlichen Frauenbildes in der Wende vom 18. zum 19. Jahrhundert. in: Kursbuch. Nr. 47/1977. S. 125-140

Edelsky, Carole (1984). Zwei unterschiedliche Weisen, das Wort zu haben. in: Trömel-Plötz (Hrsg.) (1984e). S. 323-332

Eggen, Bernd (1992). Familie und Freizeit. in: Baden-Württemberg in Wort und Zahl. Nr. 10/1992. S. 481-488

Ehrenberg, Margaret (1992). Die Frau in der Vorgeschichte. München

Engels, Friedrich (1972). Der Ursprung der Familie, des Privateigentums und des Staates. in: Marx/Engels (1972). Bd. VI. S. 15-197

Evans, Judith (1980a). Attitudes to Women in American Political Science. in: Government and Opposition. 15. Jg. Heft 1/1980. S. 101-114

Evans, Judith (1980b). Women and Politics: A Re-Appraisal. in: Political Studies. Jg. 28. Heft 2/1980. S. 210-221

Evans, Judith (1986a). Feminism and Political Theory. in: Evans/Hills/Hunt/Meehan/Tusscher/Vogel/Waylen (1986). S. 1-16

Evans, Judith (1986b). Feminist theory and political analysis. in: Evans/Hills/Hunt/Meehan/ Tusscher/Vogel/Waylen (1986). S. 103-119

Evans, Judith / Hills, Jill / Hunt, Karen / Meehan, Elizabeth / Tusscher, Tessa ten / Vogel, Ursula / Waylen, Georgina (1986). Feminism and Political Theory. London/Beverly Hills/New Delhi

Farganis, Sondra (1991). On re-reading *The Second Sex*: thoughts on contingency and responsibility. in: Women and Politics. 11. Jg. Heft 1/1991. S. 75-91

Fausto-Sterling, Anne (1988). Gefangene des Geschlechts? Was biologische Theorien über Mann und Frau sagen. München/Zürich

Feldmann-Neubert, Christine (1991). Frauenleitbild im Wandel 1948-1988. Von der Familienorientierung zur Doppelrolle. Weinheim

Fetscher, Iring / Münkler, Herfried (Hrsg.) (1987). Pipers Handbuch der politischen Ideen - Band 5. München

Firestone, Shulamith (1987). Frauenbefreiung und sexuelle Revolution. "The Dialectic of Sex". Frankfurt am Main

Fischer-Homberger, Esther (1983). Neue Materialien zur 'Krankheit Frau' (19. und 20. Jahrhundert). in: Pusch (Hrsg.) (1983). S. 308-339

Fraser, Nancy (1992a). Was ist kritisch an der Kritischen Theorie? Habermas und die Geschlechterfrage. in: Ostner/Lichtblau (Hrsg.) (1992). S. 99-146

Fraser, Nancy (1992b). Rethinking the public sphere: a contribution to the critique of actually existing democracy. in: Calhoun (Hrsg.) (1992). S. 109-142

Freeman, Jo (Hrsg.) (1975). Women: A Feminist Perspective. Palo Alto

French, Marilyn (1985). Jenseits der Macht. Frauen, Männer und Moral. Reinbek bei Hamburg

Frevert, Ute (1988). Zwischen Traum und Trauma. Aufklärung, Geschichte und Geschlechterverhältnis. in: Rüsen/Lämmert/Glotz (Hrsg.) (1988). S. 132-147

Fried, Babara (1979). Boys will be boys will be boys: the language of sex and gender. in: Hubbard/Henifin/Fried (Hrsg.) (1979). S. 37-59

Friedan, Betty (1988). Der Weiblichkeitswahn oder Die Selbstbefreiung der Frau. Ein Emanzipationskonzept. Reinbek bei Hamburg

Gerecht, Rita / Kulke, Christine / Scheich, Elvira (1984). Wie gehen Frauen mit der Macht - wie geht die Macht mit Frauen um? Eine Montage zur Demontage eines Begriffes und seiner Wirklichkeit. in: Schaeffer-Hegel (Hrsg.) (1984). S. 264-283

Gerhard, Ute / Jansen, Mechtild / Maihofer, Andrea / Schmid, Pia / Schultz, Irmgard (Hrsg.) (1990). Differenz und Gleichheit. Menschenrechte haben (k)ein Geschlecht. Frankfurt am Main

Gerhardt, Marlis (1984). Über Macht und Ohnmacht. in: Opitz (Hrsg.) (1984b). S. 123-136

Gershuny, H. Lee (1984). The Linguistic Transformation of Womanhood. in: Rohrlich/Baruch (Hrsg.) (1984). S. 189-199

Gilligan, Carol (1985). Die andere Stimme. Lebenskonflikte und Moral von Frauen. München/Zürich

Glück, Helmut (1978). Überlegungen zu Zusammenhängen zwischen Geschlecht und Sprache. in: Conte u.a. (Hrsg.) (1978). S. 35-45

Gould, Carol C. (Hrsg.) (1984). Beyond Domination. New Perspectives on Women and Philosophy. Totowa

Gould, Stephen Jay (1981). The mismeasure of man. New York/London

Green, Judith M. (1992). Aristotle on necessary verticality, body heat, and gendered proper places in the polis: a feminist critique. in: Hypatia - a journal of feminist philosophy. 7. Jg. Heft 1/1992. S. 70-96

Griffiths, Morwenna / Whitford, Margaret (Hrsg.) (1988). Feminist Perspectives in Philosophy. Bloomington/Indianapolis

Grimshaw, Jean (1988). Autonomy and Identity in Feminist Thinking. in: Griffiths/Whitford (Hrsg.) (1988). S. 90-108

Gripp, Helga (1984). Jürgen Habermas. Und es gibt sie doch - Zur kommunikationstheoretischen Begründung von Vernunft bei Jürgen Habermas. Paderborn u.a.

Gross, Elizabeth (1986). Conclusion: What is feminist theory? in: Pateman/Gross (Hrsg.) (1986). S. 190-204

Großmaß, Ruth (1981). Warum philosophische Forschung? in: Großmaß/Schmerl (Hrsg.) (1981). S. 127-131

Großmaß, Ruth / Schmerl, Christiane (Hrsg.) (1981). Philosphische Beiträge zur Frauenforschung. Bochum

Guentherodt, Ingrid (1982). Behördliche Sprachregelungen gegen und für eine sprachliche Gleichberechtigung von Frauen und Männern. in: Heuser (Hrsg.) (1982). S. 60-76

Häberlin, Susanna / Schmid, Rachel / Wyss, Eva Lia (1992). Übung macht die Meisterin - Ratschläge für einen nichtsexistischen Sprachgebrauch. München

Habermas, Jürgen (1971). Vorbereitende Bemwerkungen zu einer Theorie der kommunikativen Kompetenz. in: Habermas/Luhmann (1971)

Habermas, Jürgen (1976). Was heißt Universalpragmatik? in: Apel (Hrsg.) (1976)

Habermas, Jürgen (1978). Theorie und Praxis. Sozialphilosophische Studien. Frankfurt am Main

Habermas, Jürgen (1981a). Die Moderne - ein unvollendetes Projekt. in: Habermas (1981b). S. 444-464

Habermas, Jürgen (1981b). Kleine politische Schriften, Bd. I-IV. Frankfurt am Main

Habermas, Jürgen (1985a). Theorie des kommunikativen Handelns. Band 1. Handlungsrationalität und gesellschaftliche Rationalisierung. Frankfurt am Main

Habermas, Jürgen (1985b). Theorie des kommunikativen Handelns. Band 2. Zur Kritik der funktionalistischen Vernunft. Frankfurt am Main

Habermas, Jürgen (1985c). Der philosophische Diskurs der Moderne. Zwölf Vorlesungen. Frankfurt am Main

Habermas, Jürgen (1985d). Die Neue Unübersichtlichkeit. Kleine Politische Schriften V. Frankfurt am Main

Habermas, Jürgen (1992a). Further reflections on the public sphere. in: Calhoun (Hrsg.) (1992). S. 421-461

Habermas, Jürgen (1992b). Die Moderne - ein unvollendetes Projekt. Philosophisch-politische Aufsätze 1977-1992. Leipzig

Habermas, Jürgen / Luhmann, Niklas (1971). Theorie der Gesellschaft oder Sozialtechnologie. Frankfurt am Main

Hagemann-White, Carol (1985). Zum Verhältnis von Gechlechtsunterschieden und Politik. in: Kulke (Hrsg.) (1985b). S. 146-153

Haller, Gret (1984). Wirklichkeit entstehen lassen. in: Köppel/Sommerauer (Hrsg.) (1984). S. 11-25

Haraway, Donna Jeanne (1989). Primate visions: gender, race, and nature in the world of modern science. New York/London

Haraway, Donna Jeanne (1991). Simians, cyborgs, and women: the reinvention of nature. New York/London

Harding, Sandra (1984). Is Gender a Variable in Conceptions of Rationality? A Survey of Issues. in: Gould, C. C. (Hrsg.) (1984). S. 43-63

Harding, Sandra (1989). The Instability of the Analytical Categories of Feminist Theory. in: Malson/O'Barr/Westphal-Wihl/Wyer (Hrsg.) (1989). S. 15-34

Harding, Sandra / Hintikka, Merrill B. (Hrsg.) (1983). Discovering Reality. Feminist Perspectives on Epistemology, Metaphysics, Methodology, and Philosophy of Science. Dordrecht/Boston/London

Hartsock, Nancy (1990). Political Science as Malestream Discourse: Can This Discipline Be Saved? in: Österreichische Zeitschrift für Politikwissenschaft. Heft 2/1990. S. 151-159

Hausen, Karin (1978). Die Polarisierung der "Geschlechtscharaktere" - Eine Spiegelung der Dissoziation von Erwerbs- und Familienleben. in: Rosenbaum (Hrsg.) (1978). S. 161-191

Hausen, Karin (1992). Öffentlichkeit und Privatheit - Gesellschaftspolitische Konstruktionen und die Geschichte der Geschlechterbeziehungen. in: Hausen/Wunder (Hrsg.) (1992). S. 81-88

Hausen, Karin / Wunder, Heide (Hrsg.) (1992). Frauengeschichte - Geschlechtergeschichte. Frankfurt am Main/New York

Hellinger, Marlis (1984). Reaktionen auf die "Richtlinien zur Vermeidung sexistischen Sprachgebrauchs". in: Opitz (Hrsg.) (1984b). S. 67-76

Hellinger, Marlis (Hrsg.) (1985). Sprachwandel und feministische Sprachpolitik. Internationale Perspektiven. Opladen

Hellinger, Marlis / Schräpel, Beate (1983). Über die sprachliche Gleichbehandlung von Frauen und Männern. in: Jahrbuch für internationale Germanistik. 15. Jg. Heft 1/1983. S. 40-69

Henley, Nancy / Freeman, Jo (1975). The Sexual Politics of Interpersonal Behavior. in: Freeman (Hrsg.) (1975). S. 391-401

Hess, Beth B. / Ferree, Myria Marx (Hrsg.) (1987). Analyzing Gender. A Handbook of Social Science Research. Newbury Park u.a.

Heuser, Magdalene (Hrsg.) (1982). Frauen - Sprache - Literatur. Paderborn u.a.

Hofstadter, Douglas R. (1986). Gödel, Escher, Bach: ein endloses geflochtenes Band. Stuttgart

Hrdy, Sarah Blaffer (1981). The woman that never evolved. Cambridge/London

Hubbard, Ruth (1989). Hat die Evolution die Frauen übersehen? in: List/Studer (Hrsg.) (1989). S. 301-333

Hubbard, Ruth (1990). The politics of women's biology. New Brunswick/London

Hubbard, Ruth / Henifin, Mary Sue / Fried, Barbara (Hrsg.) (1979). Women look an biology looking at women: a collection of feminist critiques. unter Mitarbeit von Vicki Druss und Susan Leigh Star. Boston/Cambridge

Huber, Margaretha (1983). Gibt es eine weibliche Philosophie? Über die Realität eines weiblichen Denkens. in: Bendkowski/Weisshaupt (Hrsg.) (1983). S. 291-297

Hübner, Sabine (1991). Women at the turning point: the socio-economic situation and prospects of women in the former German Democratic Repubic. in: Politics and society in Germany, Austria and Switzerland. 3. Jg. Heft 3/1991. S. 23-33

Inglehart, Ronald (1979). Wertwandel in den westlichen Gesellschaften: Politische Konsequenzen von materialistischen und postmaterialistischen Prioritäten. in: Klages/Kmieciak (Hrsg.) (1979). S. 279-316

Inglehart, Ronald (1989). Kultureller Umbruch: Wertwandel in der westlichen Welt. Frankfurt am Main/New York

Insititut für praxisorientierte Sozialforschung (IPOS), Mannheim (1992). Gleichberechtigung von Frauen und Männern - Wirklichkeit und Einstellungen in der Bevölkerung. Schriftenreihe des Bundesministers für Frauen und Jugend. Band 7. Stuttgart/Berlin/Köln

Jaggar, Alison M. / Bordo, Susan R. (1989a). Introduction. in: Jaggar/Bordo (Hrsg.) (1989b). S. 1-10

Jaggar, Alison M. / Bordo, Susan R. (Hrsg.) (1989b). Gender/Body/Knowledge - Feminist Reconstructions of Being and Knowing. New Brunswick/London

Janssen-Jurreit, Marielouise (1979). Sexismus. Über die Abtreibung der Frauenfrage. Frankfurt am Main

Jónasdóttir, Anna G. (1988). Does Sex Matter to Democracy? in: Scandinavian Political Studies. Heft 4/1988. S. 299-322

Jones, Kathleen B. (1988). Towards the Revision of Politics. in: Jones/Jónasdóttir (Hrsg.) (1988b). S. 11-32

Jones, Kathleen B. / Jónasdóttir, Anna G. (1988a). Introduction: Gender as an Analytic Category in Political Theory. in: Jones/Jónasdóttir (Hrsg.) (1988b). S. 1-10

Jones, Kathleen B. / Jónasdóttir, Anna G. (Hrsg.) (1988b). The Political Interests of Gender - Developing Theory and Research with a Feminist Face. London/Newbury Park/New Delhi

Jugendwerk der Deutschen Shell (Hrsg.) (1985). Jugendliche und Erwachsene '85 - Generationen im Vergleich. Bände 1-5. Opladen

Jugendwerk der Deutschen Shell (Hrsg.) (1992). Jugend '92 - Lebenslagen, Orientierungen und Entwicklungsperspektiven im vereinigten Deutschland. Bände 1-4. Opladen

Kalverkämper, Hartwig (1979a). Die Frauen und die Sprache. in: Linguistische Berichte. Nr. 62/1979. S. 55-71

Kalverkämper, Hartwig (1979b). Quo vadis linguistica? - Oder: Die feministische Mumpismus in der Linguistik. in: Linguistische Berichte. Nr. 63/1979. S. 103-107

Kätsch, Vera / Werner, Gisela (1979). Zur Lage der Frau. Ein Bücherverzeichnis. Berlin

Keitel, Evelyne (1984). Die gesellschaftlichen Funktionen feministischer Textproduktion. in: Opitz (Hrsg.) (1984b). S. 239-254

Klages, Helmut / Kmieciak, Peter (Hrsg.) (1979). Wertwandel und gesellschaftlicher Wandel. Frankfurt am Main/New York

Klann, Gisela (1983). Weibliche Sprache - Identität, Sprache und Kommunikation von Frauen. in: Osnabrücker Beiträge zur Sprachtheorie (OBST). Sonderband 1983. Sprache und Geschlecht. S. 22-73

Köppel, Christa / Sommerauer, Ruth (1984). Frau - Realität und Utopie. Zürich

Kössler, Richard (1990). Die Zeitverwendung in ausgewählten privaten Haushalten 1988. in: Baden-Württemberg in Wort und Zahl. Nr. 11/1990. S. 536-543

Kössler, Richard (1992). Die Zeitverwendung von Ehepaaren ohne Kinder. in: Baden-Württemberg in Wort und Zahl. Nr. 2/1992. S. 58-66

Kramarae, Cheris (1984). Nachrichten zu sprechen gestatte ich der Frau nicht: Widerstand gegenüber dem öffentlichen Sprechen von Frauen. in: Trömel-Plötz (Hrsg.) (1984e). S. 203-228

Kreisky, Eva / Schröcker, Bruni (1984). "Objektivere" und "subjektivere" Nachrichten von einer Minderheit: Frauen in der Politikwissenschaft. in: Österreichische Zeitschrift für Politikwissenschaft. Heft 4/1984. S. 397-412

Kriszio, Marianne (1993). Frauenpolitik an der Hochschule. Entwicklungen im Zuge der Institutionalisierung. in: Blätter für deutsche und internationale Politik. Heft 2/1993. S. 211-221

Kuby, Gabriele (1975). Ende der patriarchalen Herrschaft. in: Frauenoffensive. Journal. Nr. 2/1975. S. 3-15

Kuhn, Annette / Rüsen, Jörn (Hrsg.) (1983). Frauen in der Geschichte III. Fachwissenschaftliche und fachdidaktische Beiträge zur Geschichte der Weiblichkeit vom frühen Mittelalter bis zur Gegenwart. Düsseldorf

Kulke, Christine (1985a). Von der instrumentellen zur kommunikativen Rationalität patriarchaler Herrschaft. in: Kulke (Hrsg.) (1985b). S. 55-70

Kulke, Christine (Hrsg.) (1985b). Rationalität und sinnliche Vernunft. Frauen in der patriarchalen Realität. Unter Mitarbeit von Elvira Scheich. Berlin

Lachmann, Renate (1984). Thesen zu einer weiblichen Ästhetik. in: Opitz (Hrsg.) (1984b). S. 181-194

Leacock, Eleanor (1989). Der Status der Frauen in egalitären Gesellschaften: Implikationen für die soziale Evolution. in: Arbeitgruppe Ethnologie, Wien (Hrsg.) (1989). S. 29-67

Lenz, Ilse / Luig, Ute (Hrsg.) (1990). Frauenmacht ohne Herrschaft - Geschlechterverhältnisse in nichtpatriarchalischen Gesellschaften. München

Lersch, Philipp (1950). Vom Wesen der Geschlechter. München/Basel

Lewontin, Richard C. / Rose, Steven / Kamin, Leon J. (1988). Die Gene sind es nicht ... Biologie, Ideologie und menschliche Natur. München/Weinheim

List, Elisabeth (1986). Homo Politicus - Femina Privata? Thesen zur Kritik der politischen Anthropologie. in: Conrad/Konnertz (Hrsg.) (1986b). S. 75-95

List, Elisabeth (1989). Denkverhältnisse. Feminismus und Kritik. in: List/Studer (Hrsg.) (1989). S. 7-34

List, Elisabeth / Studer, Herlinde (Hrsg.) (1989). Denkverhältnisse. Feminismus und Kritik. Frankfurt am Main

Lutz, Rüdiger (Hrsg.) (1984). ÖKO-LOG-Buch 3. Frauen-Zukünfte. Ganzheitliche feministische Ansätze, Erfahrungen und Lebenskonzepte. Weinheim/Basel

MacCormack, Carol P. (1989). Natur, Kultur und Geschlecht: Eine Kritik. in: Arbeitsgruppe Ethnologie, Wien (Hrsg.) (1989). S. 68-99

Malson, Micheline R. / O'Barr, Jean F. / Westphal-Wihl, Sarah / Wyer, Mary (Hrsg.) (1989). Feminist Theory in Practice and Process. Chicago/London

Manthey, Helga (1991). Die neuen Manager: die allseitig entwickelte männliche Persönlichkeit als Vision vollendeter Autonomie. in: Frauenforschung - Informationsdienst des Forschungsinstituts Frau und Gesellschaft. 9. Jg. Heft 1+2/1991. S. 48-58

Martin, Emily (1989). Die Frau im Körper: Weibliches Bewußtsein, Gynäkologie und die Reproduktion des Lebens. Frankfurt am Main/New York

Martin, M. Kay / Voorhies, Barbara (1975). Female of the Species. New York

Marx, Karl / Engels, Friedrich (1972). Ausgewählte Werke in sechs Bänden. Frankfurt am Main

McAdam, Doug (1988). Gender Implications of the Traditional Academic Conception of the Political. in: Aiken/Anderson/Dinnerstein/Lensink/MacCorquodale (Hrsg.) (1988). S. 59-76

Mednick, Martha Tamara Shuch / Tangri, Sandra Schwartz / Hoffmann, Lois Wladis (Hrsg.) (1975). Women and Achievement. Social and Motivational Analyses. New York u.a.

Meehan, Elizabeth (1986). Women's studies and political studies. in: Evans/Hills/Hunt/Meehan/Tusscher/Vogel/Waylen (1986). S. 1120-138

Merchant, Carolyn (1987). Der Tod der Natur. Ökologie, Frauen und neuzeitliche Naturwissenschaft. München

Metz-Göckel, Sigrid / Müller, Ursula / Nickel, Hildegard Maria (1992). Geteilte Welten - Geschlechterverhältnis und Geschlechterpolarisierung in West und Ost. in: Jugendwerk der Deutschen Shell (Hrsg.) (1992). Band 2. S. 335-352

Meyer, Birgit (1992). Geschlechterverhältnis und politische Herrschaft. in: Frauenforschung - Informationsdienst des Forschungsinstituts Frau und Gesellschaft. 10. Jg. Heft 3/1992. S. 3-15

Millett, Kate (1985). Sexus und Herrschaft. Die Tyrannei des Mannes in unserer Gesellschaft. Reinbek bei Hamburg

Mills, Sara (1992). Discourse competence: or how to theorize strong women speakers. in: Hypatia - a journal of feminist philosophy. 7. Jg. Heft 2/1992. S. 4-17

Möbius, Paul J. (1990). Über den physiologischen Schwachsinn des Weibes. Herausgegeben und eingeleitet von Susanne Wäckerle. München

Morgan, Elaine (1989). Der Mythos vom schwachen Geschlecht. München

Mreschar, Renate I. (1991). Scheidungsursachen im Wandel. in: Deutscher Forschungsdienst (Hrsg.). df digest für Jugend und Bildungseinrichtungen. Sonderausgabe 1/1991. Familie im Wandel, S. 14-16

Neyer, Gerda / Wiederschwinger, Margit (1987). An den Frauen vorbei: Antifeminismus in den Sozialwissenschaften. in: Österreichische Zeitschrift für Politikwissenschaft. Heft 4/1987. S. 341-350

Nölleke, Brigitte (1985). In alle Richtungen zugleich. Denkstrukturen von Frauen. München

O'Brien, Mary (1989). Reproducing the World - Essays in Feminist Theory. Boulder/ San Francisco/London

Opitz, Claudia (1984a). Weiblichkeit oder Feminismus? in: Opitz (Hrsg.) (1984b). S. 9-15

Opitz, Claudia (Hrsg.) (1984b). Weiblichkeit oder Feminismus? Beiträge zur interdisziplinären Frauentagung Konstanz 1983. Weingarten

Ostner, Ilona / Lichtblau, Klaus (1992). Feministische Vernunftkritik. Ansätze und Traditionen. Frankfurt am Main/New York

Owens, Craig (1986). Der Diskurs der Anderen - Feministinnen und Postmoderne. in: Huyssen/Scherpe (Hrsg.) (1986). S. 172-195

Pateman, Carole (1990). 'Does Sex Matter to Democracy?' - A Comment. in: Scandinavian Political Studies. Heft 1/1990. S. 57-63

Pateman, Carole (1992). Gleichheit, Differenz, Unterordnung - Die Mutterschaftspolitik und die Frauen in ihrer Rolle als Staatsbürgerinnen. in: Feministische Studien. 10. Jg. Heft 1/1992. S. 54-69

Pateman, Carole / Gross, Elizabeth (Hrsg.) (1986). Feminist Challenges. Social and Political Theory. Boston

Phillips, Anne (1992). Must feminists give up on liberal democracy? in: Political Studies. 40. Jg. 1992. Sonderheft Prospects for Democracy. S. 68-82

Poenicke, Klaus / Wodke-Repplinger, Ilse (1977). Wie verfaßt man wissenschaftliche Arbeiten? Systematische Materialsammlung - Bücherbenutzung - Manuskriptgestaltung. Mannheim/Wien/Zürich

Pusch, Luise F. (1984a). Das Deutsche als Männersprache. Aufsätze und Glossen zur feministischen Linguistik. Frankfurt am Main

Pusch, Luise F. (1984b). Das Deutsche als Männersprache. Diagnose und Therapievorschläge. in: Pusch (1984a). S. 46-68

Pusch, Luise F. (1984c). "Eine männliche Seefrau! Der blödeste Ausdruck seit Wibschengeden-ken" - Über Gerd Brantenbergs *Die Töchter Egalias*. in: Pusch (1984a). S. 69-75

Pusch, Luise F. (1984d). Frauen entpatrifizieren die Sprache. Feminisierungstendenzen im heutigen Deutsch. in: Pusch (1984a). S. 76-108

Pusch, Luise F. (1984e). "Sie sah zu ihm auf wie zu einem Gott". Das DUDEN-Bedeutungswörterbuch als Trivialroman. in: Pusch (1984a). S. 135-144

Pusch, Luise F. (1984f). Von Menschen und Frauen. in: Pusch (1984a). S. 15-19

Pusch, Luise F. (1990a). Alle Menschen werden Schwestern - Feministische Sprachkritik. Frankfurt am Main

Pusch, Luise F. (1990b). Laiinnen, Linguistinnen, Literatinnen - die drei 'L' der internationalen feministischen Sprachkritik. in: Pusch (1990a). S. 75-84

Pusch, Luise F. (1992). Zur Position der feministischen Linguistik. in: Bickes/Brunner (Hrsg.) (1992). S. 6-12

Pusch, Luise F. (Hrsg.) (1983). Feminismus - Inspektion der Herrenkultur. Ein Handbuch. Frankfurt am Main

Reimers, Tekla (1992). Feministische Forschung in der Biologie. in: Frauenforschung - Informationsdienst des Forschungsinstituts Frau und Gesellschaft. 10. Jg. Heft 3/1992. S. 16-27

Remus, Ute (1984). Die deutsche Nachrichtenfrauen: Gedanken zum Beitrag von Cheris Kramarae. in: Trömel-Plötz (Hrsg.) (1984e). S.228-232

Roper, Lyndal (1992). Männlichkeit und männliche Ehre. in: Hausen/Wunder (Hrsg.) (1992). S. 154-172

Rosaldo, Michelle Zimbalist / Lamphere, Louise (Hrsg.) (1980). Women, Culture and Society. Stanford

Rose, Steven (Hrsg.) (1982). Against biological determinism. London/New York

Rosenbaum, Heidi (Hrsg.) (1978). Seminar: Familie und Gesellschaftsstruktur. Materialien zu den sozioökonomischen Bedingungen von Familienformen. Frankfurt am Main

Rosser, Sue V. (1992). Are there feminist methodologies appropriate for the natural sciences and do they make a difference? in: Women's Studies International Forum. 15. Jg. Heft 5+6/1992. S. 535-550

Rousseau, Jean-Jacques (1977). Politische Schriften. Band 1. Paderborn

Rousseau, Jean-Jacques (1983). Emil oder Über die Erziehung. Paderborn u.a.

Rüsen, Jörn / Lämmert, Eberhard / Glotz, Peter (Hrsg.) (1988). Die Zukunft der Aufklärung. Frankfurt am Main

Saeger, Joni / Olson, Ann (1986). Der Frauenatlas. Daten, Fakten und Informationen zur Lage der Frauen auf unserer Erde. Frankfurt am Main

Sapiro, Virginia (1985a). Biology and women's policy: a view from the social sciences. in: Sapiro (Hrsg.) (1985c). S. 41-64

Sapiro, Virginia (1985b). Introduction. in: Sapiro (Hrsg.) (1985c)

Sapiro, Virginia (Hrsg.) (1985c). Women, biology, and public policy. Beverly Hills/London/New Delhi

Schaeffer-Hegel, Barbara (Hrsg.) (1984). Frauen und Macht. Der alltägliche Beitrag der Frauen zur Politik des Patriarchats. Berlin

Schaeffer-Hegel, Barbara (1990a). Eigentum, Vernunft und Liebe - Paradigmen des Ausschlusses der Frauen aus der Politik. in: Schaeffer-Hegel (Hrsg.) (1990b). S. 149-165

Schaeffer-Hegel, Barbara (Hrsg.) (1990b). Vater Staat und seine Frauen. Erster Band. Beiträge zur politischen Theorie. Pfaffenweiler

Schaeffer-Hegel, Barbara / Watson-Franke, Barbara (Hrsg.) (1989). Männer Mythos Wissenschaft. Grundlagentexte zur feministischen Wissenschaftskritik. Pfaffenweiler

Scheich, Elvira (1985). Denkverbote über Frau und Natur - Zu den strukturellen Verdrängungen des naturwissenschaftlichen Denkens. in: Kulke (Hrsg.) (1985b). S. 72-89

Scheich, Elvira (1991). Die zwei Geschlechter in der Naturwissenschaft: Ideologie, Objektivität, Verhältnis. in: Verein Feministische Wissenschaft, Schweiz, und FrauenForum Naturwissenschaft (Hrsg.) (1991). S. 35-53

Schenk, Herrad (1987). Freie Liebe - wilde Ehe. Über die allmähliche Auflösung der Ehe durch die Liebe. München

Schlüter-Kiske, Barbara (1987). Rhetorik für Frauen. Wir sprechen für uns. München

Schmidt, Pia / Weber, Christina (1986). Von der 'wohlgeordneten Liebe' und der 'so eigenen Wollust des Gechlechts' - Zur Diskussion weiblichen Begehrens zwischen 1730 und 1830. in: Dalhoff/Frey/Schöll (Hrsg.) (1986). S. 150-165

Schmidt, Uta C. (1989). Zwischen 'Abscheu vor dem Paradies' und Suche nach dem 'Absoluten' - Historische Kategorien in der feministischen Theorie. in: Beiträge zur feministischen Theorie und Praxis. 12. Jg. Heft 24/1989. S. 15-24

Schmidt-Waldherr, Hiltraud (1985). Die "Entbindung der Vernunft"? Zur Habermas'schen "Theorie des kommunikativen Handelns". in: Kulke (Hrsg.) (1985b). S. 45-54

Schoenthal, Gisela (1985). Sprache und Geschlecht. in: Deutsche Sprache. Zeitschrift für Theorie, Praxis, Dokumentation. 13. Jahrgang. S. 143-185

Scholz, Susanne (1992). The mirror and the womb: conceptions of the mind in Bacon's discourse of the natural sciences. in: Women - a cultural review. 3. Jg. Heft 2/1992. S. 159-166

Schräpel, Beate (1985). Nichtsexistische Sprache und soziolinguistische Aspekte von Sprachwandel und Sprachplanung. in: Hellinger (Hrsg.) (1985). S. 212-230

Schröder, Hannelore (1983). Feministische Gesellschaftstheorie. in: Pusch (Hrsg.) (1983). S. 449-476

Schwarzer, Alice (1983a). Simone de Beauvoir heute. Gespräche aus zehn Jahren. 1972-1982. Reinbek bei Hamburg

Schwarzer, Alice (1983b). So fing es an! Die neue Frauenbewegung. München

Shanley, Mary Lyndon / Pateman, Carole (Hrsg.) (1991). Feminist Interpretations and Political Theory. Cambridge

Silverberg, Helene (1990). What Happened to the Feminist Revolution in Political Science? in: Western Political Quarterly. Heft 4/1990. S. 887-903

Spretnak, Charlene (1984a). Die kulturellen Ursachen von Krieg und Zerstörung. in: Lutz (Hrsg.) (1984). S. 139-145

Spretnak, Charlene (1984b). Frauen und ganzheitliches Denken. Über die Wurzeln einer neuen Lebenskonzeption. in: Lutz (Hrsg.) (1984). S. 15-19

Star, Susan Leigh (1979). The politics of right and left: sex differences in hemispheric brain asymmetry. in: Hubbard/Henifin/Fried (Hrsg.) (1979). S. 61-74

Statistisches Bundesamt (Hrsg.) (1991). Zeitbudgeterhebung der amtlichen Statistik - Beiträge zur Arbeitstagung vom 30. April 1991 in Wiesbaden. Wiesbaden

Stiehm, Judith Hicks (1983). The Unit of Political Analysis: Our Aristotelian Hangover. in: Harding/Hintikka (Hrsg.) (1983). S. 31-43

Stopczyk, Annegret (1980). Was Philosophen über Frauen denken. München

Thiele, Beverly (1986). Vanishing acts in social and political thought: Tricks of the trade. in: Pateman/Gross (Hrsg.) (1986). S. 30-43

Thomas, Paul (1991). Jean-Jacques Rousseau, sexist? in: Feminist Studies. 17. Jg. Heft 2/1991. S. 195-217

Thürmer-Rohr, Christina (1984). Abscheu vor dem Paradies oder Die Selbstunterforderung der Frauen. in: Lutz (Hrsg.) (1984). S. 53-63

Thürmer-Rohr, Christina (1988a). Aus der Täuschung in die Ent-Täuschung. Zur Mittäterschaft von Frauen. in: Thürmer-Rohr (1988c). S. 38-56

Thürmer-Rohr, Christina (1988b). Feminismus und Moral. in: Thürmer-Rohr (1988c). S. 83-92

Thürmer-Rohr, Christina (1988c). Vagabundinnen. Feministische Essays. Berlin

Todd, Alexandra Dundas (1984). "Die Patientin hat nichts zu sagen": Kommunikation zwischen Frauenärzten und Patientinnen. in: Trömel- Plötz (Hrsg.) (1984e). S. 163-183

Trallori, Lisbeth N. (1992). Politik des Lebendigen. in: Österreichische Zeitschrift für Politikwissenschaft. Heft 1/1992. S. 5-15

Trömel-Plötz, Senta (1978). Linguistik und Frauensprache. in: Linguistische Berichte. Nr. 57/1978. S. 49-68

Trömel-Plötz, Senta (1982a). Frauensprache - Sprache der Veränderung. Frankfurt am Main

Trömel-Plötz, Senta (1982b). Sprache, Geschlecht und Macht. in: Heuser (Hrsg.) (1982). S. 31-42

Trömel-Plötz, Senta (1984a). Die Konstruktion konversationeller Unterschiede in der Sprache von Frauen und Männern. in: Trömel-Plötz (Hrsg.) (1984e). S. 288-319

Trömel-Plötz, Senta (1984b). Gewalt durch Sprache. in: Trömel-Plötz (Hrsg.) (1984e). S. 50-67

Trömel-Plötz, Senta (1984c). Weiblicher Stil - männlicher Stil. in: Trömel-Plötz (Hrsg.) (1984e). S. 354-394

Trömel-Plötz, Senta (1984d). "Zu lehren gestatte ich der Frau nicht". Zur Konstruktion von Dominanz in Gesprächen. in: Opitz (Hrsg.) (1984b). S. 45-55

Trömel-Plötz, Senta (Hrsg.) (1984e). Gewalt durch Sprache. Die Vergewaltigung von Frauen in Gesprächen. Frankfurt am Main

Trömel-Plötz, Senta (1985). Sie reden wie sie aussehen. in: Emma. Heft 8/1985. S. 18-21

Trömel-Plötz, Senta (1992). Vatersprache - Mutterland. Beobachtungen zu Sprache und Politik. München

Trömel-Plötz, Senta / Guentherodt, Ingrid / Hellinger, Marlis / Pusch, Luise F. (1982). Richtlinien zur Vermeidung sexistischen Sprachgebrauchs. in: Heuser (Hrsg.) (1982). S. 84-90

Verein Feministische Wissenschaft, Schweiz, und FrauenForum Naturwissenschaft (Hrsg.) (1991). Im Widerstreit mit der Objektivität - Frauen in den Naturwissenschaften. Zürich/Dortmund

Wagner, Angelika C. / Stahl, Christa / Schick, Hans-Eberhard (1981). Geschlecht als Statusfaktor in Gruppendiskussionsverhalten von Studentinnen und Studenten - eine empirische Untersuchung. in: Linguistische Berichte. Nr. 71/1981. S. 8-25

Weisshaupt, Brigitte (1986). Überlegungen zur Diskursethik von Jürgen Habermas. in: Andreas-Grisebach/Weisshaupt (Hrsg.) (1986). S. 238-247

Werner, Fritjof (1981). Gesprächsarbeit und Themenkontrolle. in: Linguistische Berichte. Nr. 71/1981. S. 26-46

West, Candace (1984). Können "Damen" Ärzte sein?. in: Trömel-Plötz (Hrsg.) (1984e). S. 184-199

Wilson, Edward O. (1975). Sociobiology - the new synthesis. Cambridge/London

Wisselinck, Erika (1984). Frauen denken anders. Straßlach

Woesler de Panafieu, Christine (1985). Zum Übergang von der instrumentellen zur digitalen Vernunft. in: Kulke (Hrsg.) (1985b). S. 30-44

Wunder, Heide (1992). Geschlechtsidentitäten - Frauen und Männer im späten Mittelalter und am Beginn der Neuzeit. in: Hausen/Wunder (Hrsg.) (1992). S. 131-136

Young, Iris Marion (1989). Humanismus, Gynozentrismus und feministische Politik. in: List/Studer (Hrsg.) (1989). S. 37-65

Aus dem Programm Sozialpsychologie

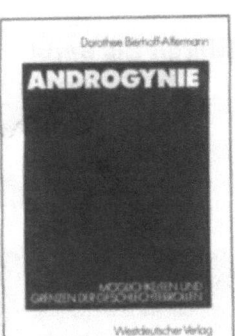

Dorothee Bierhoff-Alfermann

Androgynie

Möglichkeiten und Grenzen
der Geschlechterrollen

1989. 234 S. Kart.
ISBN 3-531-11861-7

Wohin führt die Geschlechterrollen-entwicklung? Was bedeutet es, wenn wir als Mädchen oder als Jungen geboren werden? Sind Geschlechterrollen überhaupt noch sinnvoll in unserer Gesellschaft? Nicht entweder typisch männlich oder weiblich kann die Geschlechterrollenentwicklung verlaufen, sondern eine Kombination beider Richtungen wird als erstrebenswert propagiert. Androgynie hebt die Geschlechterrollengrenzen auf, soll zu einer psychisch gesünderen Entwicklung beitragen und eine individuell wie sozial effizientere Lebensbewältigung ermöglichen. In diesem Buch wird der Androgynie-Ansatz dargestellt, auf seine Vorteile hingewiesen sowie Kritikpunkte und Einwände formuliert.

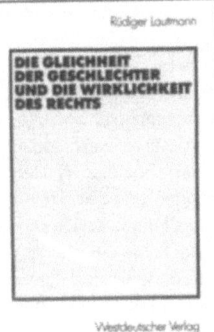

Rüdiger Lautmann

Die Gleichheit der Geschlechter und die Wirklichkeit des Rechts

1990. 328 S. Kart.
ISBN 3-531-11877-3

Illusionen über Gleichheit mögen zerstoben sein, doch die Idee lebt weiter; sie regt Politik und Sozialforschung an. Die Analyse der Gleichheit unterscheidet sich deutlich vom klassischen Thema der Ungleichheit. Eine umfassende Übersicht legt die verzwickte Konzeption von Gleichheit dar. Vielfältige Forschungen makro- und mikrosozialer Art werden auf den Begriff gebracht. Eine solche Bestandsaufnahme fehlte bisher und bildet einen wichtigen Beitrag zur allgemeinen Soziologie. Am Geschlechterverhältnis – dem aktuellen Politikfeld sozialer Gleichheit – wird es konkret. Zu den strategisch hervorstechenden Situationen Ehescheidung und Arbeitslosigkeit wurden in den 70er Jahren egalitäre Rechtsnormen eingeführt, deren Erfolgschancen hier erstmals empirisch untersucht werden.

Gerhard Schwarz

Die „Heilige Ordnung" der Männer

Patriarchalische Hierarchie und Gruppendynamik

2., durchges. Aufl. 1987. 264 S. Kart.
ISBN 3-531-11732-7

Die „Heilige Ordnung der Männer" ist der Versuch, die Krise des hierarchischen Systems zu analysieren und Möglichkeiten einer Weiterentwicklung aufzuzeigen. Einer der möglichen Wege ist dabei eine Neubelebung der Gruppen. Die Entstehung der Hierarchie wird dabei über die Zentralisierung von Funktionen auch als eine Machtergreifung der Männer angesehen, die mit „Militär" und „Logik" bestimmte Teilaspekte der Wirklichkeit herausheben und andere – z. B. die weiblichen Dimensionen – vernachlässigen. Zum Schluß wird gezeigt, welchen positiven Sinn Konflikte für die Umstrukturierung von Hierarchien haben können.

WESTDEUTSCHER
VERLAG
OPLADEN · WIESBADEN

Aus dem Programm
Sozialwissenschaften

Ilse Modelmog

Versuchungen

Geschlechtszirkel und Gegenkultur

1994. 259 S. Kart.
ISBN 3-531-12637-7

Ausgegangen wird von der Grundthese, daß Frauen Erkenntnisträgerinnen sind. Durch bewußte Entscheidung und Gestaltungswillen nehmen sie Einfluß auf den kulturellen Prozeß. Sie bilden überall dort Gegenkultur aus, wo sie den Geschlechtszirkel fester Subjektzuschreibungen durchbrechen. Dabei handelt es sich um Vorgänge sozialer Energie: von Vernunft und Leidenschaft als Versuchungen.

Ilse Modelmog

Die zwei Ordnungen

Industrielles Bewußtsein und Subjektanarchie

1989. 196 S. Kart.
ISBN 3-531-12042-5

Ausgegangen wird von der These, daß Vernunft, weil sie die industrielle Gesellschaft herrschaftlich dominiert, auch das Geschlechterverhältnis entscheidend organisiert. Vernunft wird also als Ordnungsmoment, aber auch als Unruhestifterin verstanden. In diesem Spannungsfeld konstituiert sich industrielles Bewußtsein, das in der Beziehung zwischen Frau und Mann als Ausdruck sowohl von Subjektordnung als auch von Subjektanarchie zu begreifen ist. Die moderne Gesellschaft scheint die Ordnungsfähigkeit den Männern, das Chaos – und damit die „Kulturunfähigkeit" – den Frauen zuschreiben zu wollen. In diesem Bewußtsein legitimiert sich patriarchale Ordnung. Diese Grundthese wird am Beispiel von Institutionen sowie Materialskizzen zu Literatur, Essen, Körperlichkeit und Geist im historischen Kontext analysiert und inhaltlich belegt.

Christoph Sachße

Mütterlichkeit als Beruf

Sozialarbeit, Sozialreform und Frauenbewegung 1871–1929

2. überarb. Aufl. 1994. 368 S. Kart.
ISBN 3-531-12541-9

Moderne Sozialarbeit in Deutschland hat ihre historischen Wurzeln im Deutschen Kaiserreich. Sie ist im Zusammenhang zweier zeitgenössischer Emanzipationsbewegungen entstanden: der bürgerlich-kommunalen Sozialreform und der bürgerlichen Frauenbewegung. Die kommunale Sozialreform fand ihren praktischen Niederschlag in vielfältigen Neuerungen städtischer Fürsorge- und Bildungseinrichtungen, die auf die Integration der städtischen Armutsbevölkerung in die autoritär verfaßte Gesellschaft des kaiserlichen Deutschland zielten. Die bürgerliche Frauenbewegung hat die zeitgenössischen Bestrebungen kommunaler Sozialreform mit ihrem konservativen Emanzipationsideal der „Sozialen Mütterlichkeit" verbunden und soziale Arbeit als weibliche Emanzipation konzipiert. Erst in der Folge der sozialen Umwälzungen von Weltkrieg, Revolution und Inflation hat sich aus diesem – ursprünglich feministisch-emanzipativen – Reformkonzept ein eher schlecht bezahlter, bürokratisch überformter, weiblicher Dienstleistungsberuf entwickelt.

WESTDEUTSCHER
VERLAG

OPLADEN · WIESBADEN